"十四五"全国统计规划教材

统计学：从数据到结论

(第五版)

吴喜之　吕晓玲◎编著

中国统计出版社
China Statistics Press

图书在版编目(CIP)数据

统计学：从数据到结论 / 吴喜之，吕晓玲编著. ——5 版. —— 北京：中国统计出版社，2021.11

ISBN 978－7－5037－9705－7

Ⅰ. ①统… Ⅱ. ①吴… ②吕… Ⅲ. ①统计学 Ⅳ. ①C8

中国版本图书馆 CIP 数据核字(2021)第 222135 号

统计学:从数据到结论(第五版)

作　　者/吴喜之　吕晓玲
责任编辑/罗　浩
执行编辑/荣文雅
封面设计/黄　晨
出版发行/中国统计出版社有限公司
通信地址/北京市丰台区西三环南路甲 6 号　邮政编码/100073
电　　话/邮购(010)63376909　书店(010)68783171
网　　址/http://www.zgtjcbs.com
印　　刷/河北鑫兆源印刷有限公司
经　　销/新华书店
开　　本/787mm×1092mm　1/16
字　　数/357 千字
印　　张/16.25
版　　别/2021 年 11 月第 5 版
版　　次/2021 年 11 月第 1 次印刷
定　　价/48.00 元

国家统计局
全国统计教材编审委员会第七届委员会

出版说明

教材之于教育，如行水之舟楫。统计教材建设是统计教育事业的重要基础工程，是统计教育的重要载体，起着传授统计知识、培育统计理念、涵养统计思维、指导统计实践的重要作用。

全国统计教材编审委员会（以下简称编委会）成立于1988年，是国家统计局领导下的全国统计教材建设工作的最高指导机构和咨询机构，承担着为建设中国统计教育大厦打桩架梁、布设龙骨的光荣而神圣的职责与使命。自编委会成立以来，共组织编写和出版了“七五”至“十三五”七轮全国统计规划教材，这些规划教材被全国各院校师生广泛使用，对中国统计教育事业作出了积极贡献。

党的十九届五中全会审议通过的《中共中央关于制定国民经济和社会发展第十四个五年规划和二〇三五年远景目标的建议》，为推进统计现代化改革指明了方向，提供了重要遵循。实现统计现代化，首先要提升统计专业素养，包括统计知识、统计观念和统计技能等方面要适应统计现代化建设需要，从而提出了统计教育和统计教材建设现代化的新任务新课题。编委会深入学习贯彻党的十九届五中全会精神，准确理解其精神内涵，围绕国家重大现实问题、基础问题和长远问题，加强顶层设计，扎实推进“十四五”全国统计规划教材建设。本轮规划教材组织编写和出版中重点把握以下方向：

1. 面向高等教育、职业教育、继续教育分层次着力打造全系列、成体系的统计教材优秀品牌。

2. 围绕统计教育事业新特点，组织编写适应新时代特色的高质量高水平的优秀统计规划教材。

3. 积极利用数据科学和互联网发展成果，推进统计教育教材融媒体发展，实现统计规划教材的立体化建设。

4. 组织优秀统计教材的版权引进和输出工作，推动编委会工作迈上新台阶。

5. 积极组织规划教材的编写、审查、修订、宣传评介和推广使用。

“十四五”期间，本着植根统计、服务统计的理念，编委会将不忘初心，牢记使命，充分利用优质资源，继续集中优势资源，大力支持统计教材发展，进一步推动统计教育、统计教学、统计教材建设，进一步加强理论联系实际，有序有效形成合力，继续创新性开展统计教材特别是规划教材的编写研究，为培养新一代统计人才献智献策、尽心尽力。

同时，编委会也诚邀广大统计专家学者和读者参与本轮规划教材的编写和评审，认真听取统计专家学者和读者的建议，组织编写出版好规划教材，使规划教材能够在以往的基础上，百尺竿头，更进一步，为我国统计教育事业作出更大贡献。

国家统计局

全国统计教材编审委员会

2021 年 9 月

第五版前言

这本书已经有了十几年的历史，现在将要出第五版。前面四版已经作为参考书或教科书在许多学校使用。各个学校的师生对本书提出许多宝贵的意见，并且指出了很多错误和不妥之处。读者的支持和鼓励，对本书各版的诞生起着关键的作用。第五版在许多地方对前面几版进行了修改和增减。

免费的自由编程的开源软件 R 及 Python 在国际上已经成为数据科学教学和科研的主要软件，本书第五版全部采用 R 及 Python 软件来描述计算过程，R 及 Python 软件非常强大，凡是国际上出现的新方法，都会很快地上传到 R 的网站上或出现在 Python 的应用中，不能想象一个涉及数据科学的教师或者研究生不会熟练使用 R 或者 Python。从 R 和 Python 的功能和使用者的人数来说，它已经远远超过所有的昂贵的商业软件。R 及 Python 软件的绝大部分程序包或模块的代码都是公开的，透明是防止腐败的最好方式。此外，由于 R 及 Python 在中国的普及越来越广泛，网上关于 R 及 Python 的互动和帮助的环境也已经形成，中国学生和实际工作者完全可以赶上国际统计界使用 R 及 Python 的主流。

在强大的免费开源软件不断普及的情况下，对于并非富裕的中国教育系统及师生，继续通过昂贵的商业软件来讲授作为数据科学的统计变得越来越缺乏吸引力。用国外商业软件教学客观上鼓励了非法盗版行为并且抑制了国产软件的发展。课文中所有计算过程都附有可以实现的 R 语句，在每章最后都有相应的 Python 代码。

作为教科书，讲什么或者不讲什么应该根据学生的需要由老师自己安排。实际上，对于任何课程，最好是由任课教师来决定讲哪些内容以及如何讲。因为他们最了解他们所面对的学生。教科书编者的思维方式不见得和老师的一致，而老师最好按照自己的理解来讲述。一个好的教科书，应该给教师以较大的余地和自由。

照本宣科无疑是失败的灌输式教学方式，与此相反，如果一堂课使得学生充满了疑问及进一步探讨的欲望，这堂课就是成功的。科学是在不断对现有知识挑战中发展的，只满足于对已有知识或结论的记忆是不会有前途的。

笔者希望读者在阅读本书时能够以理解统计方法的含义为主，学会处理数据，提高学习和应用能力。在任何环境下都能够生存和发展的知识和能力，就是科学，是人们在生命的历程中应该获得的。

特别赞赏吕晓玲教授参与本书的写作，吕晓玲教授认真负责的精，丰富的教学经验、以及对数据科学的广泛探索及实践对于保证本书的质量是极其宝贵的。希望读者继续对本书予以宝贵的支持和批评指正。

吴喜之

2021 年 11 月

前言

什么在本书中等待着你们去发现，去探讨，去欣赏呢？当然不是数学公式和定理定义的堆砌，也不是和枯燥的公文报表相关的政府工作的培训。这是一门充满了哲学韵味的认识世界的学问。

读者们肯定已经意识到，作为数据科学的统计已经渗入到人们的社会、生活、工作等各个领域。每天新闻媒介报道的各个方面都离不开各种统计数据和各种分析与预测。人们可能对于这些统计内容觉得习以为常，也可能会有一些好奇或神秘感。由于国情不同，统计的地位与人们对统计的看法也不同。在发达国家，一般民众觉得统计学和数学类似，是一门高不可攀但极易找到满意工作的学问。在中国，又有一些人认为统计就是处理政府报表的职业。但自从中国向世界开放之后，越来越明确的一点是，没有什么学科或领域能够真正离开数据科学。

以应用为目标学习作为数据科学的统计，究竟是为什么？是为了流利地背诵一大堆定义、概念和抽象的名词和术语吗？是为了学习如何进行推导和证明一些复杂的定理和公式吗？这些问题不仅学生会思考，更重要的是教师要思考。本书的目的是希望读者在学习之后，能够知道实际中哪些是数据科学的问题，最好能够自己解决至少其中一部分，即使不能解决也知道能够在哪里查到答案和向谁请教。知识固然重要，更重要的是通过学习获得解决和处理问题的能力。

学习并不总是一个令人生畏或至少成为某种负担的过程。人们学会走路、说话、骑车、下棋、打球等大都是在一种乐趣中进行的。为什么涉及日常生活的每一个方面的统计就不能和看侦探小说或玩游戏那么引人入胜呢？其实任何一门科学，都有其趣味性，而只有把科学研究当成游戏的人才会真正成为大师。这门课并不想使读者都成为数据科学家，而仅仅想让读者像学会使用电脑、手机，学会辩论、上网或讨价还价那样愉快地认识或理解在人生中无法避开的数据科学。

本书由浅入深地把统计最基本和最有用的部分在这么一本不厚

的教科书中完整地介绍给读者，而且让读者可以边学习，边着手用统计软件处理数据。篇幅大、语言啰嗦的教材对读者是个负担，不但浪费了资源，也抓不住要领。因此，作者力图惜墨如金，既节省篇幅，又要把该解释的全部说清。希望读者慢慢咀嚼，不必图快。

本书包括了很多的统计内容。我觉得，这些内容本来并不深奥，只是其貌似复杂的数学工具及晦涩不清的逻辑把它搞成阳春白雪，再加上强调数学推导的教学方式，使得统计显得高不可攀。本教材要还这些统计应用以其本来面目。使得统计变成人人都能够基本上理解和掌握的有用工具。多数使用计算机的人都不是计算机专业的，多数开汽车的都不会修汽车，但这对他们毫无妨碍。难道不会推导或背诵与统计有关的数学公式就不能应用统计这个工具了吗？

本书每一章的主要部分是用日常语言来引进和解释一些概念，如果可能，就通过例子来说明。如果不涉及应用，这部分就足够了。在本书例题的分析中，同时提供简洁明了的软件代码，可以使读者一边看书，一边自己计算，这会给多数想要自己动手分析数据的读者以方便。每章后面的小结中还展示了与概念及计算有关的一些数学公式以及软件的说明，使那些精力充沛的读者能更深刻地理解内容。这种安排使得本教材能够适用于各种不同水平、不同要求的读者群体。

本教材不仅可供没有学过概率论和数理统计的非统计专业的本科生和研究生使用，也可以供统计专业的本科生作为理解统计本来含义的教材使用(以代替不能满足需要的“描述统计学”等类课程)，它还可以为各领域的广大实际工作者作为应用各种统计方法的参考书。为了读者可以使用各种软件来进行分析，本书所涉及的所有电子版数据都为文本格式。

软件方面，本书则采用免费的自由软件 R 和 Python[①]。经验表明，在学习统计内容的时候学习软件比上专门的软件操作课更有效。R 软件既采用了最简单的编程语言，又拥有最丰富的统计资源。一个大学本科生通常可以在一天内可学会 R 的基本计算，在一周内学会统计基本课程的计算。Python 不仅是使用最多的通用软件，而且已经超过 R 而成为使用最多的数据分析软件。

这个教材的全部内容曾作为非统计专业硕士和博士的课程分别

---

① 第一版主要使用 SPSS 和部分地应用 Excel，第二版之后加了 SAS 和 R 的应用，第三版则以 R 软件为主，第四版则全部用 R 软件，第五版采用 R 及 Python 两个软件。

在北京大学光华管理学院及中国人民大学讲授过，受到普遍欢迎。后来该书的内容也在几十所大学讲授过，实践证明，这本书的大部分内容完全能够轻轻松松地在一个学期（每周三个学时）中全部讲完。一些热心而又好奇的非统计背景的人士也曾读过本教材的全部内容，没有任何理解上的问题。当然，根据不同的教学对象和需要，有些章节（特别是标有星号的）可以完全不讲或少讲。

本书前面的章节，是对统计基本概念的介绍。而后面的部分则是更有针对性的一些统计模型和方法。一般建议的内容主要是前 5 章，第 6 章属于多元统计分析的课程内容，第 7 章一般属于时间序列课程包含的内容，第 8 章简单介绍了生存分析，第 9 章为关于 R 及 Python 软件的入门及练习。目前大多数流行的统计应用都已包含在本教材内。特别要提到的是，假设检验及区间估计放在了作为附录的第 10 章，该内容仅仅是历史的启示，与前面 9 章内容以及数据科学未来发展基本无关。

本书的编写是在国家统计局教育中心的建议和鼓励下产生，并得到其大力支持。本书还受到北京大学、中国人民大学以及各兄弟院校老师和学生的鼓励和帮助。中国统计出版社一直关心着本书的写作和出版。他们的审校和建议使本书避免了许多错误和不妥之处。没有这些支持和帮助，本书是不可能面世的。谨在此对所有各方面表示衷心的感谢。

吴喜之

目　录

第 1 章　一些基本概念

1.1　统计: 作为数据科学

你想过下面的问题吗?

1. 当你买了一台电脑时, 被告知三年内可以免费保修. 那么, 厂家凭什么这样说? 说多了, 厂家会损失, 说少了, 会失去竞争力, 也是损失. 到底这个保修期是怎样决定的呢?
2. 在同一年级中, 同样统计学的课程可能由一些不同教师讲授. 教师讲课方式当然不一样, 考试题目也不一定相同. 那么如何比较不同班级的统计学成绩呢?
3. 大学或企业的排名是一个非常敏感的问题. 不同的机构得出不同的结果, 各自都说自己是客观、公正和有道理的. 到底如何理解这些不同的结果呢?
4. 任何公司和个人都有一个信用问题. 如果他们在试图得到贷款时并没有不还贷的不良记录, 如何根据其背景资料来判断其信用等级呢?
5. 我国东部和西部的概念是一个比较笼统的概念. 如何能够根据某些标准或需要, 选择一些指标来把各省, 或各市县甚至村进行分类呢?
6. 疾病传播时, 如何能够通过被感染者入院前后的各种经历得到一个疾病传染方式的模型呢?
7. 如何通过问卷调查来得到性别、年龄、职业、收入等各种因素与公众对某项事物 (比如商品或政策) 的态度的关系呢?
8. 一个从来没有研究过红楼梦的统计学家如何根据比较写作习惯得出红楼梦从哪一段开始就不是曹雪芹的手笔了呢?
9. 如何才能够客观地得到某个电视节目的收视率, 以确定插播的广告价格是否合理呢?
10. 如何根据税务部门过去的税收记录来预测下一年的税收收入, 供政府部门制定预算时参考?
11. 如何根据某地区的寿命记录来确定人寿保险的既有竞争力, 又有利可图的定价?

其实, 这些都是统计应用的例子. 这样的例子太多了, 无法一一列举. 因为统计学可以应用于几乎所有的领域, 包括精算、农业、动物学、人类学、考古学、审计学、晶体学、人口统计学、牙医学、生态学、经济计量学、教育学、选举预测和策划、工程、流行病学、金融、水产渔业研究、遗传学、地理学、地质学、历史研究、人类遗传学、水文学、工业、法律、语言学、文学、劳动力计划、管理科学、市场营销学、医学诊断、气象学、军事科学、核材料安全管理、眼科学、制药学、物理学、政治学、心理学、心理物理学、质量控制、宗教研究、社会学、调查抽样、分类学和气象改善、博彩、遥感、卫星数据处理、网络管理、网络数据分析、人工智能等. 当然, 大家用不着也不可能理解所有的统计应用. 只要能够解决自己身边的统计问题就足够了.

在解决上面所提到的若干个应用问题时所需使用的大多数统计分析方法将会在本书后面章节中陆续介绍. 当然书中的例子并不一定就刚好是上面问题中的具体例子, 但至少所使用的分析方法是类似的.

上面的例子并没有明确说出什么是统计. 其实很简单. 上面的所有例子都要通过各种直接或间接的手段来收集**数据** (data), 都要利用一些方法来整理和分析数据, 最后通过分析得到结论. 统计是一门科学, 它以现实世界待解决的问题为目标, 这一点, 和物理学等其他科学一样. 科学研究的方法是: 观测世界或进行试验, 得到数据, 提出可以解释这些观测的假说或理论, 试图尽可能地接近现实世界的规律, 当出现理论或假说无法解释的现象 (数据) 时, 就有可能需要对原有理论进行修正或者代之以新理论. 统计学的假说或理论通常称为模型. 按照不列颠百科全书关于统计的定义, **统计学 (statistics) 是 "收集、分析、展示和解释数据的科学."** [1] 换句话说, **统计应该是数据科学.** 与物理学的假说类似, 统计学的模型仅仅是对现实的近似, 没有任何模型是 "正确" 的, 也无法证明任何模型是正确的. 只能够说, 在某些可能有争议的准则之下, 某些模型比另外一些要更合适一些. 在数学逻辑中存在的确定性在统计中完全不成立. 针对于不同学科问题而发展的统计学中的数学完全不成为一个完整封闭的体系, 也没有必要成为一个数学体系. 能否解决实际问题是评价统计方法的最终标准.

比如要得到某电视节目的收视率, 可能首先要在该节目播出时, 利用电话或别的手段对看电视的人进行采访, 同时问他们在观看什么节目. 在得到了被采访的看电视的总人数, 和其中观看该节目的人数之后, 就有可能得到这部分观众中, 观看该节目的比例, 即粗糙的收视率. 之后还要经过统计分析, 评估这个收视率的可信度和代表性等等. 显然, 这是一个收集数据, 然后通过分析数据得到结论的简单例子.

思考一下:

1. 这里强调作为数据科学的统计学. 难道有不属于数据科学的统计吗? 为了数学推导方便而对数据任意做主观数学假定的做法, 也被人认为是 (数理) 统计学. 说实话, 如何定义无所谓, 关键是人们努力的目标是什么.
2. 你周围经常会有辩论, 是不是这些辩论都是以科学的方法来进行的?
3. 对世界的解释, 除了科学还有信仰, 举例说明科学和信仰之间的区别.
4. 举出一个你认为是统计应用的例子.

1.2 现实中的随机性和规律性, 概率和机会

从中学起, 大家就知道自然科学的许多定律, 例如物理中的牛顿三定律, 物质不灭定律以及化学中的各种定律等等. 但是在许多领域, 很难用如此确定的公式或论述来描述一些现象. 比如, 人的寿命是很难预先确定的. 一个吸烟、喝酒、不锻炼、而且经常吃荤的人可能比一个很少得病, 生活习惯良好的人活得长. 因此, 可以说, 活得长短有一定的**随机性** (randomness). 这种随机性可能和人的经历、基因、习惯等无数不易说清的因素都有关系. 但是从总体来说, 我国公民的平均预期寿命却是非常稳定的, 而且随着生活水平的提高在逐步增长, 比如 1996 年的平均预期寿命为 70.80 岁, 而 2000 年为 71.40 岁, 2019 年我国居

[1] 原文是: **Statistics**, the science of collecting, analyzing, presenting, and interpreting data. 见网页 https://www.britannica.com/science/statistics.

民人均预期寿命达到 77.3 岁, 比 2015 年提高 0.96 岁[2]. 这就是规律性. 一个人可能活过这个预期年龄, 也可能活不到这个年龄, 这是随机的. 但是总体来说, 预期寿命的稳定性, 却说明了随机之中有规律性. 这种规律就是人们希望发现的.

你可能经常听到**概率** (probability) 这个名词. 有一段时间在天气预报中常提到的降水概率. 大家都明白, 如果降水概率是百分之九十, 那就很可能下雨, 但如果是百分之十或者更少, 就不大可能下雨. 因此, 从某种意义说来, 概率描述了某件事情发生的机会. 显然, 这种概率不可能超过百分之百, 也不可能少于百分之零. 换言之, 概率是在 0 和 1 之间 (也可能是 0 或 1) 的一个数, 说明某事件发生的机会有多大.

有些概率是无法精确推断的. 比如你对别人说你下一个周末去公园的概率是百分之八十. 但你无法精确说出为什么是百分之八十而不是百分之八十四或百分之七十八. 其实你想说的是你很可能去, 但又没有完全肯定. 实际上, 到了周末, 你或者去, 或者不去, 不可能有分身术把百分之八十的你放到公园, 而其余的放在别处. 有些概率是可以大体知道的. 比如掷骰子. 只要没有人在骰子上做手脚, 你得到 6 点的概率应该是六分之一. 得到其他点的概率也是一样. 这反映了掷骰子的规律性. 但掷出骰子之后所得到的结果还只可能是六个数目之一. 这体现了随机性. 如果你掷 1000 次骰子, 那么, 大约有六分之一的可能会得到 6 点, 这也说明随机结果也具有规律, 而且有可能通过试验等方法来推测其规律.

思考一下:

1. 有没有大于 1 或小于 0 的概率?
2. 举出若干可以计算的概率和无法计算的概率.
3. 有没有事物和概率无关?
4. 概率论是数学, 不属于统计, 但却是统计最重要的数学工具之一.

1.3 变量和数据

做任何事情都要有对象. 比如一个班上注册的学生有 200 人, 这是一个固定的数目, 称为**常数** (constant) 或者**常量**. 但是, 如果猜测今天这个班有多少人会来上课, 那就没准了. 这有随机性. 可能有请病假或事假的, 也可能有逃课的. 这样, 就要来上课的人数是个**变量** (variable). 另外对于某项政策同意与否的回答, 也有 ‘‘同意’’、‘‘不同意’’ 或者 ‘‘不知道’’ 三种可能值, 这也是变量, 只不过不是数量而已. 当变量所取的值是数量时该变量称为**定量变量**或**数量变量** (quantitative variable). 像性别或观点之类的取非数量值的变量就称为**定性变量**、**属性变量**或**分类变量** (qualitative variable, categorical variable). 这些定性变量也可以由定量变量来描述, 比如男性和女性的数目、同意某政策人数的比例等等. 定性变量只有用数量来描述时, 才能进行数学计算, 才能通过计算机来分析. 上面性别例子中的 ‘‘男性’’ 和 ‘‘女性’’ 及观点例子中的 ‘‘同意’’ 或 ‘‘不同意’’ 被称为定性变量的**类** (class, category) 或**水平** (level).

有了变量的概念, 什么是数据呢? 拿掷骰子来说, 掷骰子会得到什么值, 是个随机变量, 而每次取得 1 至 6 点中任意某点数的概率在理论上都是六分之一 (如果骰子没有作

[2]国家卫健委发布的统计公报, 可在一些网页找到, 比如 http://www.gov.cn/xinwen/2020-10/14/content_5551288.htm.

假). 这依赖于在掷骰子背后的理论或假定, 而在实际掷骰子过程中, 如果掷 100 次, 会得到 100 个由 1 至 6 点组成的数字串, 再掷 100 次, 又得到一个数字串, 和前一次的结果多半不一样. 这些试验结果就是数据. 所以说数据是关于变量的观测值.

通过数据可以验证有关的理论或假定. 比如通过很多次掷骰子验证得到每个点的概率是不是 1/6. 对于顾客是否喜欢某种饮品的调查也类似, 但这里不像掷骰子那样事先可以大致猜测顾客喜欢与否的概率. 在随机问了 1000 人之后, 可能有 364 人说喜欢, 而 480 人说不喜欢, 其余的人可能不回答, 或说不知道, 或从来没有喝过这种饮料. 当然, 它仅仅反映了 1000 个被问到的人的观点, 但这对于估计整个消费群体的观点还是有用的. 从这些数据可以估计出喜欢这种饮料的大约占 364/1000=36.4%. 我们还将会介绍得到数据的一些途径和方法.

1.4 变量之间的关系

现实世界的问题都是相互联系的. 不讨论变量之间的关系, 就无从谈起任何有深度的应用, 而没有应用, 统计的基本概念就仅仅是摆设而已.

人们每时每刻都在关心事物之间的关系. 比如, 职业种类和收入之间的关系、政府投入和经济增长之间的关系、广告投入和经济效益之间的关系、治疗手段和治愈率之间的关系等等. 这些都是二元的关系. 还有更加复杂的诸多变量之间的相互关系, 比如企业的固定资产、流动资产、预算分配、管理模式、生产率、债务和利润等诸因素的关系是不能用简单的一些二元关系所描述的. 下面用例子探索性地说明变量之间可能存在的关系. 这些描述性的例子所涉及的统计方法都会在以后的章节中陆续介绍.

例 1.1 房价和地产面积的关系 (NYC_RS.csv, rollingsales_manhattan.xlsx) 这个数据来自纽约市的官方网站[3], 读者可以自由下载过去一年的数据. 这里的 rollingsales_manhattan.xlsx 是从 2020 年 9 月到 2021 年 8 月的全部数据, 而 NYC_RS.csv 是我们所用的部分数据, 仅包含了 NEIGHBORHOOD (街区), GROSS.SQUARE.FEET (地产总面积, 单位: 平方英尺) 及 SALE.PRICE (售价, 单位美元) 3 个变量.

到底房屋售价与地产总面积之间有没有关系? 还是用二维点图 (称为散点图, 将在第 3 章介绍) 来 "感觉" 一下这个数据. 图 1.4.1 的横坐标代表地产面积, 而纵坐标代表房屋售价的对数. 这些数字就由图中的点表示了. 从该图可以看出, 总起来说, 地产面积越大, 售价越高, 它们之间有很强的相关, 但并不是严格按照这个规律, 在每一个面积范围, 售价差别很大.

一般来说, 人们希望能够从数据回答几个问题, 下面就此例进行初步探讨:

1. 这两个变量是否有关系? 看来, 它们有关系, 关于 (对数) 地产面积及 (对数) 售价散点图 1.4.1 表明. 总体上, 售价是随着地产面积递增而递增.
2. 如果有关系, 是否有普遍性? 即所有的房产销售都都有相同的关系? 显然不是.
3. 这些关系是什么关系? 是否可以用数学模型来描述? 本例看上去是可以拟合一个回归模型 (后面会介绍), 但似乎不是线性的 (用一条直线可以描述的). 具体细节需要进一步的分析.

[3] https://www1.nyc.gov/site/finance/taxes/property-rolling-sales-data.page.

4. 这些关系是不是还受到其他关系的影响, 从常识判断也应该是, 房地产受到大量其他变量的影响, 诸如经济情况, 贷款利率, 街区, 建造年限, 房屋类型等各种因素都会影响这些关系.
5. 这个关系是不是因果关系? 这个问题可能永远不能准确地回答. 严格来说, 只有排除了所有可能的影响因素之后, 才能讨论余下变量之间的因果关系. 而这种排除在实际生活中是几乎不可能的. 虽然如此, 在可控制的试验中, 特别是科学试验中, 还是有可能找到因果关系的. 但是, 一般来说, 变量之间有关系这个事实并不意味着一定存在明确的因果关系. 比如肺癌和吸烟肯定是相关的, 但是, 有人认为由于某种不明原因或其他一些变量造成了这二者同时出现, 至少, 吸烟并不是得肺癌的充分条件. 再例如, 任何和时间有关的变量, 都有可能有某种相关, 比如一个婴儿的体重增长, 和同时期的国民经济的增长就很可能相关, 但没有人会认真建立婴儿的体重增长和经济增长的模型 (当然不妨试试). 然而, 只要有关系, 即使不是因果关系也不妨碍人们利用这种关系来进行推断. 也有人认为, 较早发生的事件为原因, 而后发生的为结果, 但公鸡打鸣在先, 太阳升起在后、地震先兆在前, 地震在后, 这都不能说明发生的时间先后能够成为判断因果关系的依据.

图 1.4.1 是由下面代码生成的:

```
read.csv('NYC_RS.csv',stringsAsFactors = T)
plot(log(w[,2:3]),main='NYC rolling sales',
     ylab='LOG SALE PRICE', xlab='LOG GROSS SQUARE FEET')
```

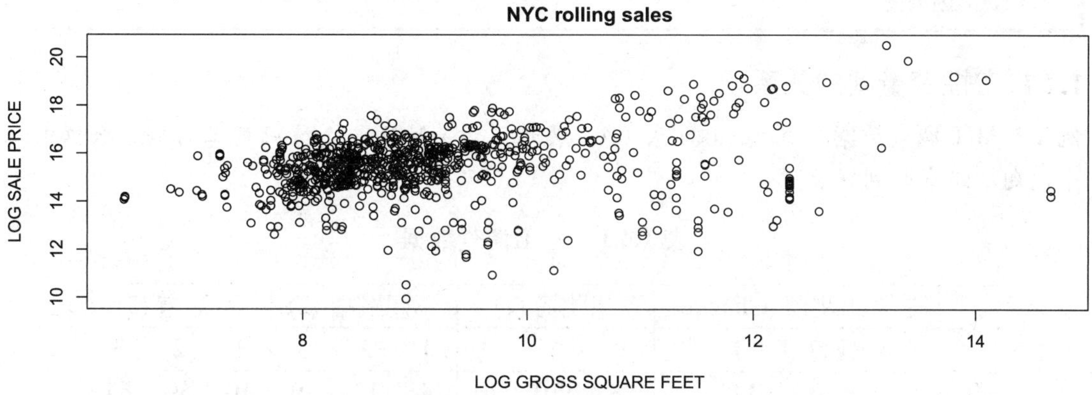

图 1.4.1 纽约市房价和地产面积关系的散点图

上面列出的这些问题并不是一成不变的, 也不是每个问题都需要回答或者能够得到答案的. 一切根据实际需要和手中掌握的数据而定. 简单的办法 (诸如上面的散点图) 往往不一定能够给出满意的答案, 这就需要更多的工具和手段来进行数值分析, 以得到更加严格和精确的解答.

这里可能有必要说明, 日常用语 “关系” 一词是没有严格统计定义的, 统计术语 “相关” (当然 “相关” 也属于日常用语) 试图用统计语言来描述一些关系. 但目前的统计 “相关” 仅仅描述了日常所说的 “关系” 的很小的一部分. 这就好像宇宙是无穷的, 而人类的科学理论或假说只能覆盖很小的部分一样.

正如上面所提到的, 有些关系是直接的因果关系, 比如增加热量可以加速金属的熔化、加催化剂可以加速某些化学反应. 有些关系则看不出哪个是因, 哪个是果, 或者都是某个共同原因的结果, 比如, 高血压和动脉硬化是相关的, 但它们很可能都是整个机体的某种状态的表现, 是基因、环境等许多因素的结果. 中医和西医对疾病处理的不同就反映了他们对因果的不同看法. 再例如, 一个母亲的婴儿生长和另一个母亲的婴儿生长显然是有关系的, 但这不是直接的因果关系, 这是人类的共同基因决定的. 虽然没有直接关系, 但一个母亲很容易看出其他婴儿的年龄, 这也是一种基于自己婴儿的模型对其他婴儿进行的一种推断.

另外一些关系看上去可能没有一个共同的原因, 但可能有类似的规律, 比如随着时间进程而出现的植物和动物的生长、经济的增长、人口的增长等等. 当然, 即使不用人口增长来预测经济增长, 人们也很难绝对地说这些事物真正没有共同的影响因素, 比如, 环境的破坏会把上述生长或增长全部破坏. 当然, 必定存在一些纯粹的巧合, 但这些偶然相关是不会形成规律的, 如果有了规律, 那就不是巧合了.

思考一下:

1. 少数数据所展示的关系很可能是偶然的. 必须区分偶然事件和有规律事件之间的区别, 请举例说明你对这个问题的理解.
2. 是不是两个事件频繁地、固定地先后发生的现象可以证明: 先发生的事件为后发生事件的原因? 举例说明.
3. 有人认为收入是消费的原因, 但也有人认为, 是因为要消费, 才去挣钱, 才会有收入. 讨论收入和消费的因果关系.

1.4.1 定性变量间的关系

例 1.2 员工调查数据. (change.txt) 表 1.4.1 展示了对某地区一个行业员工的调查数据中三个问题所组成的列联表. [4]

表 1.4.1 员工调查数据

	是否想跳槽 (Change)	想跳槽 (1)			不想跳槽 (2)			不知道 (3)		
	教育 (Edu)	1	2	3	1	2	3	1	2	3
年	<30 岁 (1)	28	110	70	4	12	19	10	59	64
	30-40 (2)	31	138	67	11	27	18	20	99	89
龄	>40 (3)	2	14	23	1	4	11	5	18	36

注: 教育的哑元中, 1 代表至少本科, 2 代表专科, 3 代表专科以下.

表 1.4.1 中的三个问题是: “你的年龄” (三类中选一项: 在数据中代码 (哑元) 1 代表小于 30 岁, 2 代表 30-40 岁, 3 代表 40 岁以上), “你的教育程度” (三类中选一项: 在数据中代码 1 代表 “本科及以上”, 2 代表 “专科”, 3 代表 “专科以下”), “你是否想跳槽” (三类中选

[4] 所谓列联表就是数据中定性变量各个类或水平组合的**计数** (count) 组成的表格.

一项: 在数据中代码 1 代表 "想跳槽", 2 代表 "不想跳槽", 3 代表 "不知道"). 把这 3 个变量各种组合 ($3 \times 3 \times 3 = 27$ 种组合) 的观测值数目 (计数) 放在一起就形成了关于这三个问题有 27 个格子的列联表.

从表 1.4.1 可以看到各种与这 3 个变量有关的信息, 比如, 小于 30 岁本科及以上想跳槽的为 28 人. 大于 40 岁专科以下想跳槽的为 23 人等等.

注意, 实际计算机软件从文件中所读入的数据形式和此表不大相同, 这个表是计算机转换出来的. 一般原始数据的形式为常用的方阵形式, 如本数据在 change.txt 中的形式.

上面这个表是用下面 R 代码生成的 (读者可以试试看输出的格式):

```
w=read.table("change.txt",header=T)
B=xtabs(Freq~.,w)
ftable(B,col.vars =3:2 )
```

根据表 1.4.1, 还可以算出一些部分和. 比如想跳槽的有 483 人, 总人数 999 人, 本科及以上教育程度的人有 112 人等等. 这个表不如前面例 1.1 的散点图那么直观. 下面的表 1.4.2 为表 1.4.1 中仅仅保留教育程度和是否想跳槽这两个变量生成的列联表. 顺便想一下, 从这个列联表能够看出学历高的比较学历低的更想跳槽吗? 该表可以用 R 代码 `apply(B,2:3,sum)` (把各个 Age 求和) 或 `ftable(apply(B,2:3,sum))` 生成 (这里不显示输出).

表 1.4.2 仅有两个变量的员工调查数据列联表

	是否想跳槽	跳槽	不跳槽	不知道
教	大学	61	16	35
	大专	262	43	176
育	中小	160	48	189

1.4.2 定性和定量变量间的混合关系

例 1.1 和例 1.2 中的变量类型比较单一. 下面看不同类型变量混合的例子.

例 1.3 出生婴儿数据. (lowbwt.txt) 该数据摘自 Hosmer and Lemeshow (2000) [5], 给出了与 189 个初生婴儿有关的变量, 这些变量包括: ID (识别号), LOW (婴儿是否过重, 0 代表不小于 2500 克, 1 代表小于 2500 克), AGE (母亲年龄, 单位: 岁), LWT (怀孕前母亲的体重), RACE (种族, 用 0, 1, 2 代表), SMOKE (母亲是否吸烟, 0 代表 "否", 1 代表 "是"), PTL (母亲小产次数, 整数), HT (母亲是否有高血压, 0 代表 "否", 1 代表 "是"), UI (母亲是否有子宫过敏, 0 代表 "否", 1 代表 "是"), FTV (母亲头三个月中就医次数, 整数), BWT (婴儿出生重量, 克). 注意, 这个数据中的婴儿是否过重 (LOW) 是从婴儿出生重量 (BWT) 得到的, 不能用后者来推断前者.

[5] Hosmer and Lemeshow (2000) Applied Logistic Regression: Second Edition. These data are copyrighted by John Wiley & Sons Inc. and must be acknowledged and used accordingly. Data were collected at Baystate Medical Center, Springfield, Massachusetts during 1986.

图 1.4.2 显示了例 1.3 中母亲体重 (定量变量) 与种族 (定性变量) 的关系. 其中上下 3 个矩形条及两边的须线 (称为盒形图或箱线图) 分别代表 3 个种族的母亲体重的范围, 而不同盒形图对应于相应的种族. 盒形图会在第 3 章介绍.

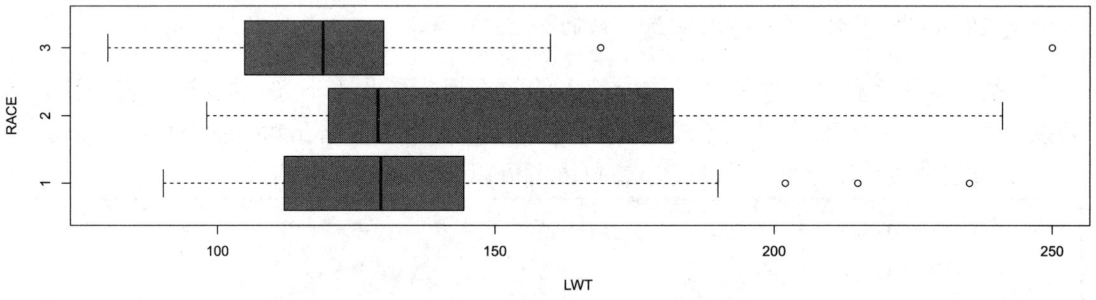

图 1.4.2　例 1.3 母亲体重与种族关系的盒形图

图 1.4.2 是用下面代码生成的 (包括读入数据):

```
w=read.table('lowbwt.txt',header=T)
boxplot(LWT~RACE,w,horizontal = T,col=4)
```

例 1.1 也有定性变量, 如果把例 1.1 数据中的售房数前 10 名的街区信息加入到图 1.4.1 中, 形成只有这些街区的售价和地产面积图 (图 1.4.3), 包含的信息比简单散点图多, 情况也显得更复杂了.

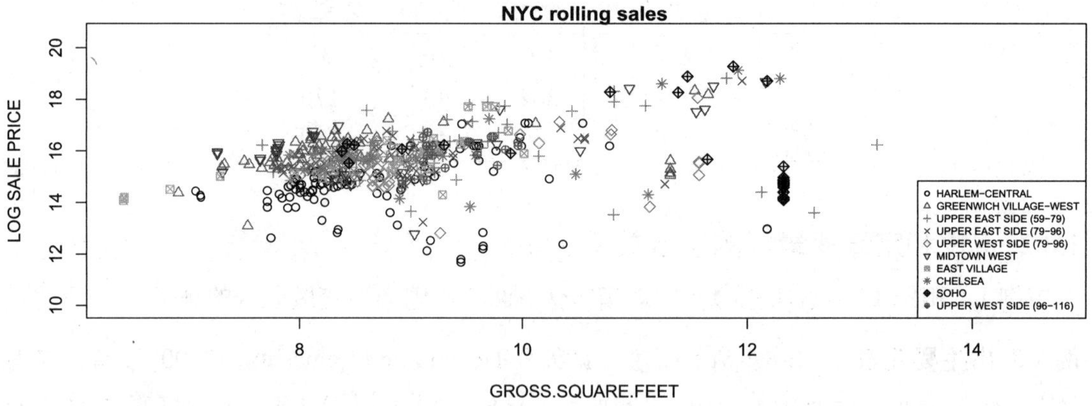

图 1.4.3　纽约市房价和地产面积关系的散点图 (不同街区用不同符号)

生成图 1.4.3 的 R 代码为 (画散点图请看第 3 章):

```
w=read.csv('NYC_RS.csv',stringsAsFactors = T)
library(tidyr) # 为了下面的管道函数%>%
NM=table(w[,1]) %>% sort(decreasing = T) %>% .[1:10]
plot(log(w[w[,1]==names(NM)[1],2:3]),main='NYC rolling sales',
     ylab='LOG SALE PRICE',
```

```
    xlim=range(log(w[,2])),ylim=range(log(w[,3])))
for (i in 2:10){
  points(log(w[w[,1]==names(NM)[i],2:3]),col=i,pch=i)
}
legend('bottomright',names(NM),col=1:10,pch=1:10,cex=.6)
```

1.5 统计、计算机与统计软件

现代生活越来越离不开计算机了. 必须做数据分析的统计当然更离不开计算机了. 事实上, 最初的计算机仅仅是为科学计算而设计和建造的. 大型计算机的最早一批用户就包含统计. 现在, 作为数据科学的统计仍然是进行数字计算最多的用户之一. 当然计算机现在早已脱离了仅有数字计算功能的单一模式, 而成为百姓生活的一部分.

本书所有的分析都通过免费的自由软件 R [6] 及 Python 软件来实现. 读者可以毫不困难地重复本书所有的计算. R 网站[7]拥有世界各地统计学家贡献的大量最新程序包 (package), 这些程序包以飞快的速度增加和更新, 已从 2009 年底的不到 1000 个增加到 2019 年底的一万五千多个. 它们代表了统计学家创造的针对各个统计方向及不同应用领域的崭新统计方法. 这些程序包的代码大多是公开的. 与此相对比, 所有商业软件远没有如此多的资源, 也不会更新得如此之快, 而且商业软件的代码都是保密的昂贵 “黑匣子”. 作为通用软件的 Python 更有大量各种方法的资源, 但由于其用途非常广泛, 而不仅仅限于数据分析, 因此看上去 Python 数据分析部分所占的比例不如 R 更大.

目前, 不能想象一个统计本科生或研究生不会使用 R 或 Python 软件. 国际上, 一个统计学家想要介绍和推广其创造的统计方法, 都必须提供相应的计算程序, 而发表该程序的最佳地点就是 R 或 Python 网站. 由于方法和代码是公开的, 这些方法很容易引起有关学者的关注, 这些关注对研究相应方法形成群体效应, 推动其发展. 不会编程的统计学家在今天是很难生存的. 此外, Python 已经逐渐代替了 C++ 成为许多国家大学本科的首选公共编程课程.

在学校中讲授任何一种商业软件都是为该公司做义务广告, 如果没有相关软件公司的资助, 就没有学校愿意花钱讲授商业软件. 在教学中使用盗版软件是违法行为, 绝对不应该或明或暗地鼓励师生使用盗版商业软件, 使得师生通过盗版软件对其产生依赖性, 并抑制人们自由编程能力的发展. 使用国外商业软件不仅对国家完全造成隐患, 也严重抑制了国内各种自主软件的发展.

对 R 和 Python 编程的熟悉还有助于学习其他快速计算的语言, 比如 C++, FORTRAN, Java, Hadoop, Spark, SQL, Julia 等, 这是因为编程理念的相似性, 这对于应对因快速处理庞大的数据集而面临的巨大的计算量有所裨益. 而熟悉一些傻瓜式商业软件, 对学习这些语言没有任何好处.

---

[6] R Core Team (2014). R: A language and environment for statistical computing. R Foundation for Statistical Computing, Vienna, Austria. URL `http://www.r-project.org/`.

[7] 网址: `http://www.r-project.org/`.

思考一下:

1. 如果老师让你们一定使用某种品牌的文具, 你会认为这个老师可能和该公司有利益联系, 但如果学校要求你们所交的表格等材料一定用某外国商业软件 (比如美国微软公司的 Office-Word 或 Excel), 你们会得到何种结论?
2. 破解及使用某盗版软件有什么后果?
3. 是否点鼠标式的傻瓜式统计软件的使用可以代替数据分析课程了?
4. 如果使用傻瓜软件, 数据的整理和识别, 方法的选用, 计算机输出结果的理解会像使用手机的相机那样简单可靠吗?

1.6 本章的 Python 代码

重新生成图 1.4.1 的代码 (包括读入数据) 为 (这里不重复显示图):

```
import pandas as pd
import matplotlib.pyplot as plt
v=pd.read_csv("NYC_RS.csv")
plt.figure(figsize=(8,2.5))
plt.scatter(np.log(v['GROSS.SQUARE.FEET']),np.log(v['SALE.PRICE']))
plt.title('NYC rolling sales')
plt.xlabel('LOG GROSS SQUARE FEET')
plt.ylabel('LOG SALE PRICE')
```

读入数据并重新生成表 1.4.1 的代码 (不显示结果):

```
w=pd.read_csv("change.txt",sep=" ")
pd.pivot_table(w,index=["Age"],values=["Freq"],
               columns=["Change","Edu"],aggfunc=[np.sum])
```

重新生成表 1.4.2 的代码 (不显示结果):

```
pd.pivot_table(w,index=["Edu"],values=["Freq"],
               columns=["Change"],aggfunc=[np.sum])
```

图 1.4.2 (包括读入数据) 可用下面代码重新生成 (这里不重复显示图):

```
u=pd.read_csv('lowbwt.txt',sep="\s+")
plt.figure(figsize=(15,5))
sns.boxplot(y="RACE", x="LWT", data=u, orient='h')
```

图 1.4.3 (包括读入数据) 可用下面代码重新生成 (这里不重复显示图):

```
v=pd.read_csv("NYC_RS.csv")
from collections import Counter
d=Counter(v['NEIGHBORHOOD'])
Top=[]
```

```
for k,w in enumerate(sorted(d, key=d.get, reverse=True)):
    if k<10:
        Top.append(w)
v1=v[v['NEIGHBORHOOD'].isin(Top)]
sns.relplot(x=np.log(v1['GROSS.SQUARE.FEET']),
            y=np.log(v1["SALE.PRICE"]),
            hue=v1["NEIGHBORHOOD"],height=4,aspect=3)
```

1.7 习题

1. 举出你所知道的统计应用例子.
2. 举出日常生活中随机性和规律性的例子.
3. 掷一个骰子, 或者抛一个钱币 100 次, 记录下结果, 并用此来解释随机性和规律性以及概率的概念.
4. 你使用过统计软件或者利用过其软件中的统计功能吗? 你有什么经验和体会?
5. 举出有若干定量变量的 (假想的或真实的) 例子. 说出你希望得到的结论.
6. 举出有若干定性变量的 (假想的或真实的) 例子. 说出你希望得到的结论.
7. 举出既有定性变量又有定量变量的 (假想的或真实的) 例子. 说出你希望得到的结论.
8. 举出任何涉及变量关系的例子.
9. 举例讨论各种变量的因果关系.
10. 根据本书最后一章在你的计算机上完全安装 R 软件和 Python 软件. 然后体验该章提供的每一行的代码, 领悟这两个软件的奥妙和强大的能力.

第 2 章　数据的收集

统计的对象是世界上的各种问题, 要得到人们感兴趣的问题所包含的规律, 就必须收集与问题相关的信息, 也就是数据. 因此, 在收集数据之前, 必须根据问题的性质, 找到相关的变量, 然后再收集这些变量的观测值. 寻找相关变量所需要的是相应领域的知识, 统计知识本身是不够的. 只有对相关变量的数据做出分析, 才能得到有价值的结论.

2.1　数据是怎样得到的?

翻开报纸、打开电视或网页, 就可能看到各种数据. 比如就业率、高速公路通车里程、物价指数、股票行情、外汇牌价、犯罪率、房价、流行病等有关数据, 还有包括统计局系统及各个政府机构定期发布的各种国家经济数据、进出口贸易数据及税务等等. 从这些数据中, 各有关方面可以提取对自己有用的信息. 这些间接得到的数据都称为二手数据.

获得第一手数据并不像得到二手数据那么简单. 比如与互联网相关的各种企业和政府部门, 如金融业、网络销售企业、社交媒体、交通和税收等政府部门等都有大量的数据不断涌入, 处理和消化这些数据 (也称为大数据) 是很大的工程.

但是, 并不是所有单位都有获得这些大数据的资源, 此外这些数据也并不一定满足很多方面的需要, 因此自己设法收集自己需要的目标数据是非常必要的. 例如, 某些企业每年至少要花三四千万元来收集和分析数据. 他们调查其产品目前在市场中的状况和地位并确定其竞争对手的态势; 他们调查不同地区、不同阶层的民众对其产品的认知程度和购买意愿, 以改进产品或推出新品种以争取新顾客; 他们还收集各地方的经济交通等信息, 以决定如何保住现有市场和开发新市场. 市场信息数据对企业是至关重要的. 他们很舍得在这方面花钱. 因为这是企业生存所必需的, 不能是可有可无.

上面所说的数据是在自然的未被控制的条件下观测到的, 称为**观测数据** (observational data). 而对于有些问题, 比如在不同的医疗手段下某疾病的治疗结果有什么不同, 在不同的肥料和土壤条件下某农作物的产量有没有区别, 用什么成分可以提高某超导材料的运作温度等等. 这种在人工干预和操作情况下收集的数据就称为**试验数据** (experimental data).

思考一下:

1. 试图想象你自己如何收集关于周围人群购买习惯的数据. 需要什么变量?
2. 在新闻报道的文字中出现的数字中多为单个数目 (比如百分比、总数、均值等等), 从单个数目能够得到规律吗?
3. 基于试验数据是不是总是能够找出因果关系?
4. 在你的心目中, 什么数据是有用的?
5. 在你的心目中, 什么是大数据?

2.2 个体、总体和样本

要想了解北京市民对建设北京交通设施是以包括轨道运输在内的公共交通工具为主还是以小汽车为主的观点，需要进行调查，调查对象是所有北京市民，调查目的是希望知道市民中对这个问题的不同看法各自占有的比例. 显然，不可能去问所有的北京市民，而只能够问一部分，并且根据这一部分的观点来理解整个北京市民的总体观点. 在这个例子中，单个北京市民称为调查的**对象** (object)，而他们的观点称为 (这个调查问题中) 的**个体** (element, individual, unit)，而称所有北京市民对这个问题的观点为一个**总体** (population) 或**有限总体** (finite population) [1]，总体是包含所有要研究的个体的集合. 而调查时问到的那部分市民的观点 (也就是部分个体) 称为该总体的一个**样本** (sample)，是总体中选出的一部分. 当然，也有可能试图调查所有的人 (比如人口普查)，那叫作**普查** (census). 有人喜欢把作为调查对象的北京市民称为个体，但一个市民还有其他诸如身高、体重、收入、职业、教育程度等大量其他特征，这些都不是这个调查的目的. 实际上，市民本身是调查对象，而市民的观点才应称为个体.

在抽取样本时，如果总体中的每一个体都有同等机会被选到样本中，这种抽样称为**简单随机抽样** (simple random sampling)，而这样得到的样本则称为**随机样本** (random sample). 就北京交通问题的调查为例，在简单随机抽样的情况下，如果**样本量** (sample size)，也就是样本中个体的数目在总体中的比例为 1/5000，那么，无论在东城区或者在延庆区，无论在白领阶层还是蓝领阶层被问到的人的比例都应该大体是 1/5000. 也就是说，这种比例在总体的任何部分是大体不变的. 换言之，在随机抽样的一个样本中各个不同特征人群的比例和他们在总体中的比例应该类似. 随机抽样这就像从一锅搅和均匀的八宝粥中舀出一勺，其中各种成分的比例应该和锅里的比例大致一样.

大小为 N 的总体中产生样本量为 n 的随机样本的一个常用的方法是利用**随机数** (random number) [2]，其步骤为：(1) 先把总体的所有个体编号，(2) 然后产生 n 个在 0 到 N 之间的随机数，(3) 与如此产生的随机数中的数目相同的个体则形成了样本量为 n 的简单随机样本. 那么，如何获得随机数呢？最原始的办法是掷一种正 20 面体的均匀材料制成的骰子，其 20 个表面标有两套 0 到 9 的数字. 每掷一次产生一个 0 到 9 的数字. 假定总体大小 $N = 1200$，而样本量 $n = 50$. 人们可以掷这个骰子 4 次 (或者掷 4 个不同颜色的骰子，每个颜色代表一位数) 产生一个 4 位数目. 这样不断掷下去直到得到 50 个在 1 和 1200 之间的数目. 这就是所需要的随机数. 另一种得到随机数的方法是查阅随机数表. 在一些传统的统计教科书中可以找到随机数表，也有专门的随机数表的册子. 随机数表的数目无论从页数、行或列来看都是随机的. 比如 $N = 1200$，而 $n = 50$，那么，在随机数表中可以取 4 列，然后往下找到 50 个在 1 和 1200 之间的数目即可. 当然，用随机数表产生随机数的方式还有很多. 这里不多讲. 在广泛使用计算机的今天，为了方便，很多实际工作者应用计算机所产生的**伪随机数** (pseudo-random number) 来代替真正的随机数. [3]

[1]注意，这里的术语总体和与概率分布结合的总体 (样本空间) 概念有所不同. 但如果确定了抽样方法，那么这里的总体中所感兴趣的个体的个数或比例则可以用后面的总体概念中的分布参数来描述. 请参看本章总结一节中的注.

[2]这里所说的随机数的意义是指任何在 n 个在 0 到 N 之间的数目都有同等的机会被选中. 更广义的随机数是独立同分布的随机变量的实现. 参见后面第四章.

[3]用 R 软件可以产生各种分布的随机数，比如用 x=runif(100, 2,3) 可以产生 100 个 2 和 3 之间的伪随机数.

在实践中, 得到随机样本不容易. 很多搞调查的人就采取简单的办法. 还以北京的交通问题的调查为例. 如果按照随机选出的电话号码进行调查, 则肯定节省时间和资源, 但这样得到的就不是一个随机样本了. 首先, 没有电话的阶层就不会被问到. 另外, 如果号码是从住户号码中选, 那么白天打住户电话, 得到的多半是白天不在单位工作的人的意见. 即使都在家, 那一家人无论多少口人一般就只有接电话人的观点被调查到. 这一类的样本称为**方便样本** (convenience sample). 在调查中, 即使选择对象的确是随机的, 最理想的情况所得到的样本也只代表那些愿意回答问题人的观点所组成的总体, 而不愿回答问题的人的观点永远不会得到. 这种不回答所造成的问题是抽样调查特有的问题. 在其他问题中, 也有使用方便样本的情况. 比如在肺癌研究中, 人们往往看到吸烟和肺癌关系的数据, 这些数据多半不是从整个人群中采集的随机样本, 它们可能只是医院中的病人记录中得到的. 在杂志和报纸上也有问卷, 但得到的只是拥有这份报刊, 而且愿意回答的人的观点.

思考一下:

1. 在街上向随机遇到的人提问, 这样得到的样本是随机样本吗? 在什么限定条件下它可能是随机样本?
2. 网上有许多调查, 这些调查对于什么总体来说是随机样本?

2.3 参考资料: 抽样调查和一些常用的方法 *

2.3.1 概述

抽样调查 (sampling survey) 的领域涉及如何用有效的方式得到样本数据. 最常用的问卷调查方式包括通过邮件报刊网络等手段调查、电话调查和面对面调查等. 这些调查都利用了**问卷** (questionnaire), 而问卷的设计则很有学问. 它涉及如何用词、问题的次序和问题的选择与组合等等. 这涉及包括心理学、社会学等知识. 面对面调查则需要对调查者进行培训. 首先, 问卷中的问题数目不能太多. 太多了, 回答者就会厌倦, 而不能得到真实结果. 为了提高效率, 问题一般都是选择题, 但选择项不宜过多. 问题的语言应该和被调查者的文化水平相适应, 通俗易懂, 但又要准确而不至于造成误解. 笔者曾经见到一个失败的问卷, 后来在研究生课上让他们理解该问卷的问题, 结果多数研究生不能理解或者做相反的理解. 有时本来被访者没有观点, 但问卷的措辞使得被访者觉得一定要选择一个观点. 问题的次序也很重要, 简单的在先, 等到 ‘‘热身’’ 以后, 再提敏感的和核心的问题, 这在面对面调查时尤为重要. 另外, 注意问题的相关性可能会使人觉得必须前后一致, 比如, 在前面问题中, 被访者回答说支持公共交通, 而在后面问是否购买小轿车时, 可能就会犹豫, 觉得应该回答 ‘‘不买’’ 才和前面一致, 其实这两个问题并不必要联系起来. 在面对面调查中, 调查者的选择也很重要, 不能想象, 一个西装革履的调查者能够从贫困人群中对某些敏感问题得到真实可信的回答. 也有不包含问卷的抽样调查, 比如, 对个人或企业的信用记录的抽样, 对个人或企业的纳税记录的抽样等, 也可以用计算机从大型数据库来抽样.

抽样调查的设计的目的之一是确保样本对总体的代表性, 以保证后继推断的可靠性. 前面说到, 每个个体等可能的简单随机抽样是一个理想情况. 这种简单随机抽样是**概率抽样方法** (probability sampling method) 的一个特例. 概率抽样假定每个个体出现在样本中的概率是已知的. 理论上, 这种概率抽样方法能够得到合理的统计推断. 但是为了节省调查的费用和时间, 常常采取基于方便或常识判断的**非概率抽样方法** (nonprobability sampling method). 对从非概率抽样得到的数据进行推断要非常慎重. 它依赖于具体的抽样方案是如何设计的, 也依赖于它是如何实施的. 这种推断往往无法根据漂亮的统计理论来进行. 也很难客观地判断抽样误差的范围.

在抽样调查时, 最理想的样本是前面提到的简单随机样本. 但是由于实践起来不方便, 在大规模调查时一般不用这种全部随机抽样的方式, 而只是在局部采用随机抽样的方法. 下面介绍几种抽样方法. 这里没有深奥的理论, 读者完全可以根据常识判断在什么情况下无法获取简单随机样本, 以及下面的每个方法有什么好处和缺陷. 对于它们具体的设计、实施与数据分析, 有许多专门的书籍, 就不在这里赘述了. 另外, 一般仅有少数人有机会来确定抽样方案. 读者仅需把这些方法当成常识来了解就可以了. 下面是一些概率抽样方法.

2.3.2 概率抽样例子

1. **系统抽样** (systematic sampling). 这也称为每 n 个名字选择方法 (n-th name selection technique) 这是先把总体中的每个单元编号, 然后随机选取其中之一作为抽样的开始点进行抽样. 根据预定的样本量决定 ‘‘距离’’n. 在选取开始点之后, 通常从开始点开始按照编号进行所谓等距抽样. 也就是说, 如果开始点为 5 号, ‘‘距离’’ 为 $n = 10$, 则下面的调查对象为 15 号、25 号等等. 不难想象, 如果编号是随机选取的, 则这和简单随机抽样是等价的.
2. **分层抽样** (stratified sampling). 这是简单随机抽样的一个变种, 先把要研究的总体按照分成**相对相似**或**相对齐次** (relatively homogeneous) 的个体组成的**类** (stratum), 再在各类中分别抽取简单随机样本. 然后把从各类得到的结果汇总, 并对总体进行推断. 在每类中调查的人数通常是按照该类人的比例, 但出于各种考虑, 也可能不按照比例, 也可能需要加权 (加权就是在求若干项的和时, 对各项乘以不同的系数, 这些系数的和通常为 1). 比如在一项教育程度可能和某些结果有关的调查中, 可以按照教育程度把要访问的人群分成几类, 再在每一类中调查和该类成比例数目的人. 这样就确保了每一类都有相应比例的代表. 分层抽样的一个副产品就是同时可以得到各类的结果.
3. **整群抽样** (cluster sampling). 这是先把总体划分成若干**群** (cluster). 和分层抽样不同, 这里的群是由不相似或**异类的** (heterogeneous) 个体组成. 在**单级整群抽样** (single-stage cluster sampling) 中, 先 (通常是随机地) 从这些群中抽取几群, 然后再在这些抽取的群中对个体进行全面调查. 在**两级整群抽样** (two-stage cluster sampling) 中, 先 (通常是随机地) 从这些群中抽取几群, 然后再在这些抽取的群中对个体做简单随机抽样. 比如, 在某县进行调查, 首先在所有村中选取若干村子, 然后只对这些选中的村子的人进行全面或抽样调查. 显然, 如果各村情况差异不大, 这种抽样还是方便的. 否则就会增大误差了. 整群抽样的主要应用是所谓**区域抽样** (area sampling), 那时, 群就是县、镇、街区或者其他适当的关于人群的地理划分.
4. **多级抽样** (multistage sampling). 在群体很大时, 往往在抽取若干群之后, 再在其中抽取若干子群, 甚至再在子群中抽取子群, 等等. 最后只对最后选定的最下面一级进行调查.

比如在全国调查时，先抽取省，再抽取市地，再抽取县区，再抽取乡、村直到户. 在多级抽样中的每一级都可能采取各种抽样方法. 因此，整个抽样计划可能比较复杂，也称为多级混合型抽样.

2.3.3 非概率抽样例子

1. **目的抽样** (purposive sample). 这是由研究人员主观地选择对象. 比如在民意调查中，在富人、中产阶级、穷人的街区各取得一些样本，样本多少依赖于预先就有的知识.
2. **方便抽样** (convenience sampling). 它用于探索性的研究，研究人员以较少的花费得到对客观情况的近似. 这种非概率抽样常用于初期的评估. 比如，你为了调查游客的意见，你可以选择不同的时间和旅游景点，随意对愿意停下的游客进行调查. 有时看起来是随机，但实际上不是.
3. **判断抽样** (judgment sampling). 研究人员凭经验判断来选择样本，它通常是方便抽样的延伸. 比如要研究各县的情况，而研究人员仅在一个县中抽样，认为该县能够代表其他县.
4. **定额抽样** (quota sampling) 与概率抽样中的分层抽样类似. 先是确定各类及比例，然后利用方便抽样或判断抽样来从每一类中按比例选取需要的个体数.
5. **雪球抽样** (snowball sampling). 它用于感兴趣的样本特征较稀有的情况，依赖于一个目标推荐另一个目标的方法，比如想要调查吸毒者的情况，你先找到一个和吸毒者有关的人，然后他 (她) 会介绍你找到其他的人. 虽然减少了花费，但可能产生较大偏差.
6. **自我选择** (self-selection). 这是让个体自愿参加调查. 比如对高血压病防治的调查，一些人会作为自愿者来参加.

实际上的抽样通常都可能是各种抽样方法的组合. 既要考虑精确度，还要根据客观情况考虑方便性、可行性和经济性. 不能一概而论.

2.3.4 收集数据时的误差

假定在某一职业人群中女性占的比例为 60%. 如果在这个人群中抽取一些随机样本，这些随机样本中女性的比例并不一定刚好是 60%，可能稍微多些或稍微少些. 这是很正常的，因为样本的特征不一定和总体完全一样. 这种差异不是错误，而是必然会出现的**抽样误差** (sampling error). 在抽样调查中，一些人因为种种原因没有对调查做出反应 (或回答)，这种误差称为**未响应误差** (nonresponse error). 而另有一些人因为各种原因回答时并没有真实反映他们的观点，这称为**响应误差** (response error). 和抽样误差不一样，未响应误差和响应误差都会影响对真实世界的了解，应该在设计调查方案时尽量避免.

2.3.5 问卷调查的问题

网络的发达使得网络调查非常高效，但网络调查不可能涉及所有的目标人群，因此问卷调查还是很有必要的. 由于各种原因，目前进行问卷调查的困难越来越多. 比如，由于住宅体系的变化及人口流动，很难进行 (特别是在城镇) 入户调查；由于人们对隐私更加敏感以及生活节奏的加快，拒绝调查以及不愿意回答某些问题的比例也越来越大；即使在农村，由于人口流动，家中能够回答的人往往不是目标人群. 所有这些使得一些按照教科书所设计的调查方案无法实施，或者得不到预期的结果. 因此，从问卷设计及调查方案的设计到具体实施报以实事求是的态度.

至少我们应该注意下面几点:

1. 首先, 要限制问卷的长度, 问题尽量地少而精. 很多人为了得到更多的结论, 在问卷中给出大量的问题, 这不但使受访者厌倦而无法准确回答问题, 而且使得最终的很多比例分母太小而不说明问题. 比如, 在一个有上千人回答的问卷中, 计算 "50 岁以上月收入超过 5000 元的女性对某项问题的看法的比例'' 时, 分母很可能只有两位数 (甚至可能为 0), 比例没有代表意义. 因此, 设计问卷时, 必须着重于调查者所关注的少数核心问题, 而被访者应该局限于所关心的群体, 以尽量减少无效比例.
2. 在问卷语言上, 必须简单易懂, 让被访者在尽可能短的瞬间知道应该如何回答. 被访者对一个问题思考的时间越长, 说明答案的可靠性越差.
3. 为了后期处理方便, 避免多选题, 把多选题或者改成打分, 或者改成若干单选题.
4. 尽量避免作文式的问题. 这种问题基本上很难做后期处理.
5. 必须避免诱导性或事先预设部分答案的问题. 比如, 选项问题 ''我们公司领导成功的原因是什么?'' 事先假定了 ''领导成功'' 的前提. 这也体现在问卷关联问题的顺序上, 比如, 前一个问题是: ''你支持不支持见义勇为?", 而后一个问题是; ''有人要抢劫你会不会去阻止?" 这可能使回答者陷入困境.
6. 在涉及敏感问题的问卷上, 必须运用更多的智慧. 需要时使用迂回的问题而避免对直接问题的拒答.

思考一下:

1. 在一个大学中按照学号随机抽取一些学生来调查是不是随机样本, 在什么情况下是?
2. 按照男女比例, 在男女生中随机抽样属于什么类型的抽样?
3. 在学校中随机抽取一些系, 再随机抽取一些班级, 然后再进行随机抽样, 这是哪一类抽样?
4. 请讨论目前城镇进行入户问卷调查的困难. 能相信调查结果的准确性吗?
5. 抽样调查中, 哪些误差是可以避免的, 而哪些是不可能避免的?
6. 抽样调查中, 是不是问卷中提的问题越多, 比例就越多, 结果也越丰富?
7. 如果在 20 个同学中有 1/4 的人支持某同学当学生会主席. 这与在 2000 人中有 1/4 的人支持该同学当学生会主席比例都一样. 这两个比例有什么不同?
8. 在一个大城市街头对行人问同样的问题. 在不同时间段, 对象人群是不是一样的? 在入户访问时, 一个家庭中不同人的回答是不是应该相同?

2.4 习题

1. 举出一些观测数据和试验数据的例子.
2. 举出简单随机样本的例子.
3. 根据你的经验, 举出总体和样本的一些具体例子.
4. 举出调查抽样时可能发生的各种影响调查结果的问题, 并且提出你认为可以减少或避免这些问题的建议.
5. 根据你的直觉, 本章提到的几种抽样方法的优缺点是什么? 原因何在?
6. 举出一些书报上发表的数据例子, 并指出哪些是变量, 哪些是观测值.

第 3 章　数据的描述

当见过一个人之后，你首先对这个人的外表有个印象，比如高矮胖瘦等等，但更详细的也许一时说不出来．然而，当你再看到这个人或者这个人的照片时，会马上又认出来．这说明你的大脑中对这个人除了高矮胖瘦之外还储存了一些其他的信息，只不过一时难以用语言描绘而已，这些信息并不是这个人的全部信息，但能够反映出其某些关键特征．一大堆数目本身也往往会使人眼花缭乱．没有人能够记住那些巨大的数据中的所有数值，但总是可以对数据形成一些印象．有些特征大略了解一下就可以得到．比如，这些数值的大致范围，是定性还是定量的，有多少变量，以及收集该数据的目的等等．实际上，借助于一些图形和简单的运算，还可以了解一个数据的更多的特征．本章介绍如何用简单图表和少数的一些数字来概括数据的某些特征．当然，由于数据是从总体中产生的，其特征也反映了总体的特征．对数据的描述也是对其总体的一个近似的描述．

3.1　如何用图来表示数据?

人们对各种图表并不陌生，在中小学时，就可能接触到各种关于成绩、某项活动的进度或者国家发展的各种曲线和图表等等．在电视、报刊和网络上，也经常有表现股票行情和走势以及其他经济和社会活动的图形．这些都是用图形来展示数据的实践．下面仅仅把你们可能已经见过的一些统计图形做更详细的解释，可能还会给它们起些专业名字．这些细节并不用记，只要能够理解图形的意义并会使用计算机软件画出你需要的图形就行了．

3.1.1 定量变量的图表示: 直方图、盒形图、茎叶图和散点图

直方图

直方图 (histogram) 是定量变量最常用的图表示之一．其做法是，把横轴分成若干通常是等宽度的区间，然后计算数据在各个区间上的频数，并在各区间上画出高度与数据在相应区间的频数成比例的矩形条．纵坐标当然也可能是比例，即把频数除以样本量，而不一定是频数，但这并不改变图的形状，而仅仅造成纵坐标单位的不同．

例 3.1 福布斯富豪排行榜 (Billianaires.txt) 该数据为福布斯 (Forbes) 公司根据直至 2012 年 3 月的资料提供的净资产超过 10 亿美元的世界富豪排行榜 [1]，展示了世界最富有的 1223 个人 (有的包括家族) 的名次 (Rank, 为正整数，越小越富)、名字 (Name)、净资产 (Net.Worth, 单位 10 亿美元)、年龄 (Age)、资产来源 (Source, 有关行业等信息)、国籍 (Country.of.Citizenship)．也就是说有 6 个变量，其中名次、净资产、年龄为定量变量；名字、资产来源及国籍为定性变量．

[1] 网址为 http://www.forbes.com/billionaires/list/.

我们暂时关心例 3.1 资产和年龄这两个变量. 我们可以用直方图来表示这两个变量的数据, 使人们能够看出这些数目的大体分布或“形状”. 图 3.1.1 就是利用这个数据由 R 软件所画的关于这些富人的年龄和财富的两个直方图. 这两个直方图是用下面 R 语句画出的 (第一行读入数据):

```
v=read.table("Billianaires.txt",sep=",",header=T,na.strings="-")
par(mfrow=c(1,2))  #准备画两个并排的图,c(1,2)表示一行两列
hist(v$Age,main="",xlab="Age")
rug(v$Age) #在直方图下面标出每个点的位置
hist(v$Net.Worth,main="",xlab="Net Worth");rug(v$Net)
```

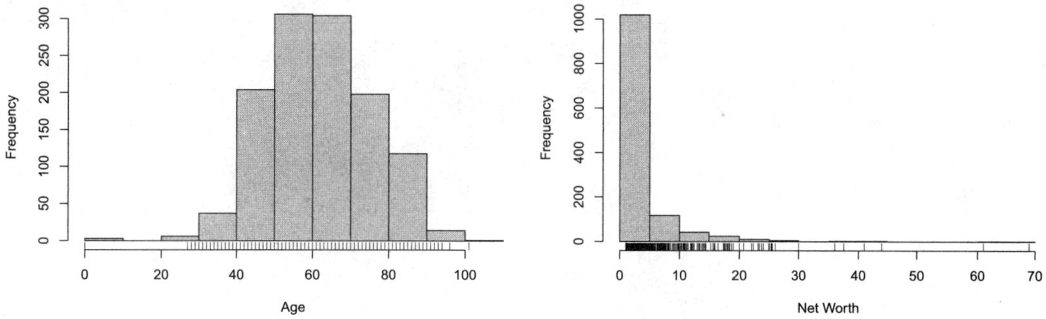

图 3.1.1　例 3.1 数据富豪的年龄 (左) 和净资产 (右) 的直方图

图 3.1.1 左图的横坐标是年龄区间, 这里每一格代表 10 岁范围 (格子宽度因不同的数据性质或要求而定, 这里的格子宽度为 10 岁), 而纵坐标为各种年龄区间的人数 (频数). 在 10 岁以下的富豪只有 3 个, 没有 10 至 20 岁的富豪. 一些富豪的年龄未知, 因此该直方图没有反映. 右边的关于净资产的直方图 (横坐标每一格范围为 10 亿美元) 就不像年龄那样对称了, 大部分人的财富都在 50 亿以下 (一千多个, 左边最高的一个矩形条). 显然从直方图可以看出数据分布的疏密. 把横轴划分为若干区间有很多选择. 比如, 区间较少时, 图形只有几个矩形, 而当区间很多时 (但相应于数据量还算小时), 则可能会有参差不齐的许多矩形. 确定区间划分的各种方法超出了本书范围. 不过, 各种软件都有一个计算区间的默认公式. 如果没有把握, 就按照软件的默认方法划分就行了.

盒形图

比直方图简单一些的是**盒形图** (boxplot), 又称**箱图**、**箱线图**、**盒子图**. 图 3.1.2 为用例 3.1 数据所绘在中、日、美三个国家的富人年龄的盒形图. 该盒形图是用下面 R 语句画的:

```
w=v[v[,6]=="United States"|v[,6]=="China"|v[,6]=="Japan",]
w[,6]=as.character(w[,6])
boxplot(Age~Country.of.Citizenship,w,horizontal = TRUE)
```

每个盒子的中间的粗横线是数据的**中位数** (median), 它是下节要引进的量之一. 顾名思义, 中位数是数据中占据中间位置的数, 即数据中约有一半大于中位数 (在其之上), 另约

一半小于中位数 (在其之下). 在把数目按照大小顺序排列之后, 如果数据量为奇数, 那么中间的那个就叫作样本中位数, 如果数据量为偶数, 则中间两个数目的算术平均定义为样本中位数. 封闭盒子的上下两边 (横线) 为上下四分位数 (点) (也是下节要引进的量), 其意义为: 数据中约有四分之一的数目大于上四分位数, 即在盒子之上, 另外有约四分之一的数目小于下四分位数, 即在盒子之下. 因此有一半的数目在中间封闭盒子的范围内. 有一半分布在盒子上下两边. 在盒子上下两边分别各有一条纵向的线段, 表明盒子外面点的分布, 在该线段的两个端点, 各有一条小横线, 标出了最大或最小值. 盒形图可以有不同的画法, 这里是其中一种. 有时, 把离开盒子较远的点单独标出. 此外盒形图可以横过来画, 这都由画图语句的选项控制. 若干个盒形图往往放在一个图中比较. 从该图可以看出中国富人整体上年龄较轻.

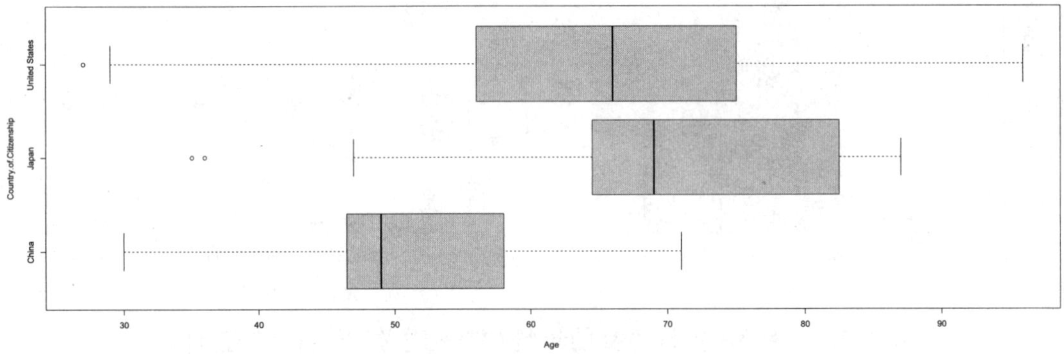

图 3.1.2　例 3.1 中、日、美三国富豪的年龄的盒形图

茎叶图

在上面介绍的直方图和盒形图中, 已经看不到具体数值了 (使用 rug 函数可展示具体数据点), 因此很难从图形恢复数据的原貌. 下面引进另一种图: **茎叶图** (stem-and-leaf plots). 以例 3.1 数据中的中国富人的年龄为例, 下面的茎叶图是用语句

```
stem(v[v[,6]=="China",4])
```

绘出. 它既展示了年龄的分布形状又有原始数据. 它像一片带有茎的叶子. 茎为较大位数的数字, 叶为较小位数的数字. 可以看出, 该图是用代码打印出来的若干行数目字, 所以不像真正意义上的图形. R 软件打印出来的第一行是说明, 指出小数点相应于茎叶界限 "|" 的位置. 对于这个图, 小数点位于符号 "|" 往右边一个数字.

```
The decimal point is 1 digit(s) to the right of the |

3 | 0
3 | 899
4 | 0001123344
4 | 555556666677778888888888888899999999
```

```
5 | 00111223344
5 | 5556677777788999
6 | 0000012233
6 | 55667789
7 | 01
```

这个茎叶图中茎的单位为 10 岁, 而叶子单位为 1 岁. 在第一行指出了一个年龄 30 岁的. 而第二行茎为 30, 因此叶子中的三个数字 899 代表三个年龄 38、39、39 岁. 最后一行展示的两个年龄为 70 和 71 岁. 显然, 茎叶图既表示了原始数据, 也有直方图显示数据分布的特点. 这有方便的地方. 但是茎叶图有其弱点, 即当数据量很大时 (成千上万个度量), 茎叶图就无法显示了. 这也是这里只用了中国富人的数据, 而没有把所有排行榜的富人年龄都划入的原因. 另外, 也可以把几个茎叶图画在一起进行对比. 比如, 两个说明不同总体同样变量的数据可以共用一个茎, "背靠背" 地展示叶子, 用来形象地进行比较. 茎叶图并不漂亮, 外行不一定能够马上理解, 因此在媒介中很少出现. 直接使用键盘符号来显示的茎叶图显然是前计算机或早期计算机时代的产物.

散点图

前面的每张图没有显示数量变量之间的关系, 如果需要, 则可以用**散点图** (scatter plot) 来描述两个 (甚至多个) 数量变量的关系. 对于两个变量来说, 在图中, 每一个点代表一个观测值, 而它的横坐标和纵坐标则分别代表其相应于两个变量的取值. 也可以把若干个变量都用纵坐标表示.

例 3.2 福布斯公司排行榜 (global2000.txt, gl100.txt) 该数据为福布斯 (Forbes) 公司根据 2012 年 4 月之前的资料发布的世界上最大的 2000 个公司的排行榜[2]. 其中数据 global2000.txt 为全部名单, 而 g100.txt 为其前 100 名. 变量包括公司的名次 (Rank, 整数, 越小名次越靠前)、公司名称 (Company)、所在国家 (Country)、销售额 (Sales, 单位 10 亿美元)、利润 (Profit, 单位 10 亿美元)、资产 (Assets, 单位 10 亿美元)、市场价值 (Market.Value, 单位 10 亿美元).

图 3.1.3 为福布斯前 100 名公司的资产 (Assets, 横坐标), 销售额 (Sales, 纵坐标) 和取对数之后的利润 (log Profits), 体现在符号的大小) 的散点图. 该图还标出了销售额最大的 6 个公司 (Royal Dutch Shell, Wal-Mart Stores, Exxon Mobil, Sinopec-China Petroleum, BP, PetroChina) 以及资产最多的公司 (Deutsche Bank). 绘制图 3.1.3 的 R 代码为 (其中 `identify()` 为互动式的手工选择函数):

```
v=read.table("g100.txt",sep=",",header=T)
plot(v$Assets, v$Sales, pch=1, col=1, xlab="Assets(Billion $)",
     ylab="Sales(Billion $)", ylim=c(0,600), xlim=c(-350,3000),
     cex=log(v$Profits), main =
 "Global 100 Companys' Assets, Sales and log Profits (size of points)")
```

[2]该数据网址为 http://www.forbes.com/global2000/list/.

```
identify(v$Assets, v$Sales,labels=v$Company)
```

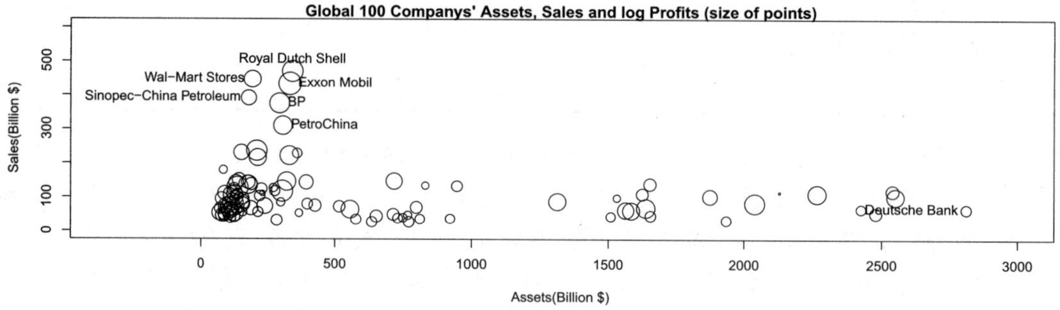

图 3.1.3 展示福布斯前 100 名公司的资产、销售额和利润 (对数) 的散点图

3.1.2 定性变量的图表示: 饼图和条形图

定性变量 (或属性变量, 分类变量) 不能点出直方图、散点图或茎叶图, 但可以用图来描绘出它们各类的数目或者其他数量特征的比例. 还是用例 3.2 来说明.

饼图

饼图 (pie chart) 为一个由许多扇形组成的圆, 各个扇形的大小比例等于变量各个水平 (类) 的频数或者是相关数量变量的比例. 饼图比条形图简单, 描述比例较直观. 但是当变量太多时饼图就不那么好看了. 图 3.1.4 表示包含大公司最多的国家中的前 10 名的公司数目的饼图. 产生图 3.1.4 的代码 (包括读入数据) 如下:

```
w=read.table("global2000.txt",sep=",",header=T)
ws=sort(table(w$Country),de=T)
pie(ws[1:10])
title("Number of Companies Among top 10")
```

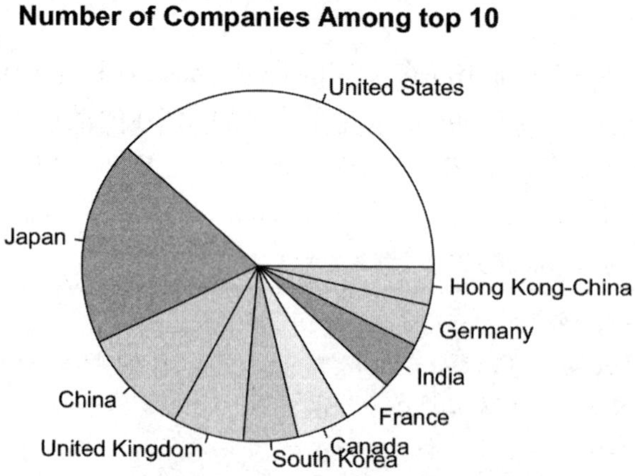

图 3.1.4 包含公司最多的国家中的前 10 名的公司数目的饼图

条形图

从图 3.1.4 的饼图中仅仅看出了各个国家拥有的大公司的比例, 而看不出具体数目, 为这个目的, **条形图** (bar plot) 就更适当了. 图 3.1.5 为用图 3.1.4 同样数据所绘的条形图. 该图的代码如下:

```
barplot(ws[1:10],cex.names =.8,horiz = T, col=4,las=1,
        main="Number of Companies Among top 10")
```

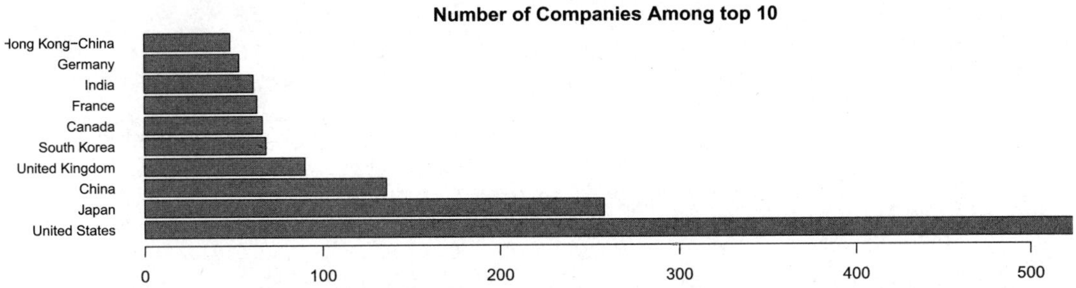

图 3.1.5　包含公司最多的国家中的前 10 名的公司数目的条形图

3.1.3 其他图描述法

除了上面说的各种用来描述数据的图之外, 还可采用其他各种图形. 人们发明的各种描述数据的图形数不胜数, 下面仅介绍其中少数几种.

Chernoff 面孔图和星图

图 3.1.6 和图 3.1.7 为用销售额、利润、资产及市场价值 4 个变量来描述世界前 10 位的大公司的 Chernoff 面孔图 (图 3.1.6) 和星图 (图 3.1.7).

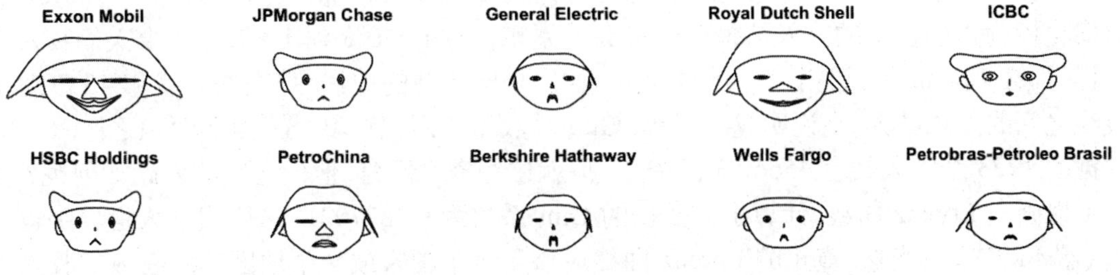

图 3.1.6　世界前 10 位的大公司的 Chernoff 面孔图

Chernoff 面孔图 (Chernoff Faces)(图 3.1.6) 把矩阵形式的数据用面孔形式表现出来. 不同的面孔体现数据各个变量的不同特征. 当然, 你必须熟悉这些面孔的各种器官和表情代表数据的什么特征才行. 各个变量相应的器官度量包括面孔长度、面孔宽度、面孔形状、嘴的上下高度、嘴的宽度, 笑容的曲线、眼睛的睁开程度、眼睛的宽度、头发的厚度、头发的宽度、鼻子的长度、鼻子的宽度、耳朵的宽度、耳朵的长度等. 各种变量的组合就形成面孔的不同表情. 图 3.1.7 为**星图** (star plot), 也称**蜘蛛**或**雷达图** (spider/radar plot), 它把各个变量按照大小向各个方向做射线段, 形成星辰形状. 这个图比面孔图容易理解, 但比较死板.

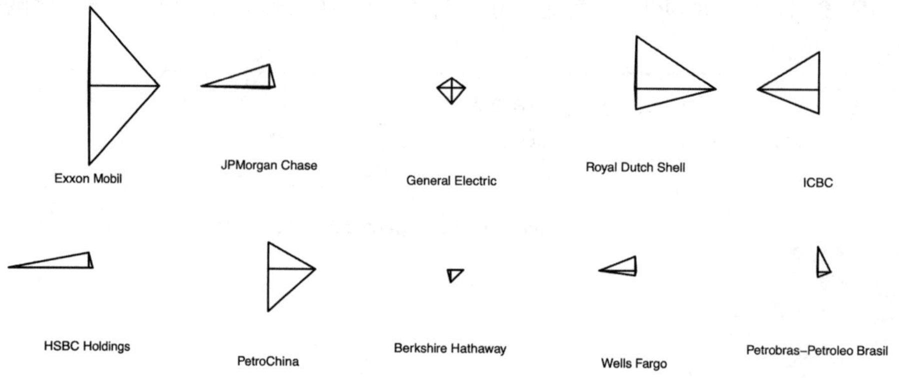

图 3.1.7 世界前 10 位的大公司的星图

图 3.1.6 和图 3.1.7 利用了程序包 `TeachingDemos`[3], 是用下面语句得到的:

```
v=read.table("g100.txt",sep=",",header=T)
library(TeachingDemos);
q=v[1:10,4:7];row.names(q)=v[1:10,2]
faces(q,nrow=2,ncol=5)
stars(q,nrow=2,ncol=5,lwd = 2)
```

Lorenz 曲线

Lorenz 曲线和 Gini 系数不属于本书范围, 但有些经济背景的读者应该了解这一对概念. Lorenz 曲线的横坐标为从最低收入到最高收入的人口的累积比例 (从 0% 到 100%), 其纵横坐标为人们挣得的收入从最低到最高的累积份额 (从 0% 到 100%). 如果人们收入全一样, 那么 Lorenz 曲线应该是 45 度直线; 如果是向下凸的曲线, 那么该曲线和 45 度对角线线之间的面积越大, 则说明越不平等. Gini 系数为该面积和整个三角形面积之比. 例 3.1 数据的 1223 个富人共有 45660.3 亿资产. 但就这些资产而言, 他们之间的差距如何呢? 我们可以画出 Lorenz 曲线, 计算出该数据的 Gini 系数为 0.4877021. 这说明富人世界中也是"贫富不均" 了. 当然, 真正的 Lorenz 曲线应该用一个国家或一个地区的所有人的收入来计算. 这里仅仅是借用富人的资产数据来介绍 Lorenz 曲线. 该曲线在图 3.1.8 之中. 绘图利用了程序包 `ineq`[4], 代码为:

```
v=read.table("Billianaires.txt",sep=",",header=T,na.strings="-")
library(ineq); plot(Lc(v[,3]),col='red');Gini(v[,3])
```

[3]Greg Snow (2012). TeachingDemos: Demonstrations for teaching and learning. R package version 2.8. http://CRAN.R-project.org/package=TeachingDemos.

[4]Achim Zeileis (2012). ineq: Measuring Inequality, Concentration, and Poverty. R package version 0.2-10. `http://CRAN.R-project.org/package=ineq`.

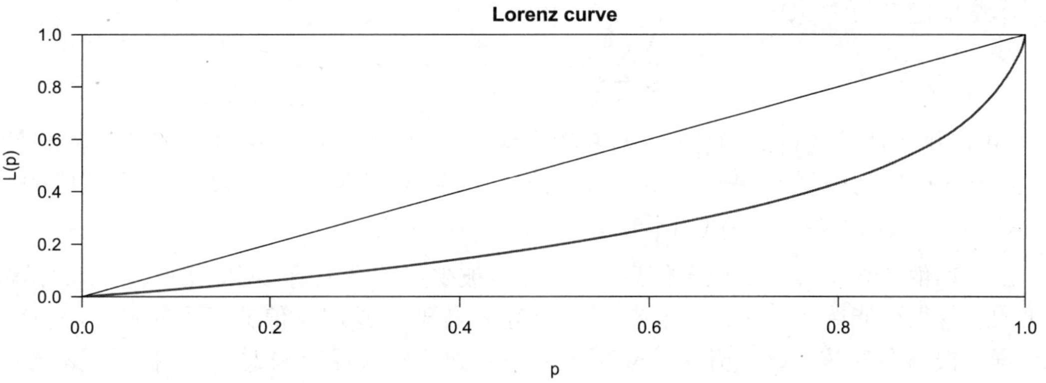

图 3.1.8 例 3.1 数据按照资产的 Lorenz 曲线

> **思考一下:**
> 1. 用哪些图形可以描述各个月度的 GDP 和物价 CPI 之间的关系?
> 2. 用哪些图形可以描述不同教育程度的人口的比例 (假定分小学、中学、大学、研究生以上)?
> 3. 用哪些图形可以描述一个年级身高的度量? 分男女呢? 分班级呢?

3.2 如何用少量数字来概括数据?

用少数几个数字概括大量数字是日常生活中常见的. 比如说, 北京人的平均收入是多少、两地区的收入差距是多少、高收入的人占人口的百分比等. 这些 ''平均''、''差距'' 或百分比都是用来概括或汇总的数字. 由于定性变量主要是计数, 比较简单, 其常用的概括就是比例或百分比, 所以下面主要介绍关于定量变量的数字描述.

除了图表之外, 可以用少量所谓**汇总统计量**或**概括统计量** (summary statistic) 来描述定量变量的数据. 这些数字是从样本得来的, 因而也是样本的函数, 任何样本的函数, 只要不包含总体的未知参数, 都称为**统计量** (statistic). 样本本身是随机的, 从同一个总体抽出来的不同样本肯定不一样. 因此, 对于不同数据 (即样本的实现), 统计量的取值也不一样, 也就是说样本的随机性决定了统计量的随机性.

3.2.1 数据的 "位置"

人们常说哪个地方穷, 哪个地方富. 也常说, 哪个国家人高, 哪个国家人矮. 说这些话的人绝对不是说一个地方的所有人都比另一地方的所有人富, 也不是说, 一个国家的人都比另一个国家的所有人都高. 他们仅仅省略了 ''总体上说'', ''大部分'' 等词语. 这些说法实际上是关于数据中某变量观测值的 ''中心位置'' 或者数据分布的中心 (center 或 center tendency) 的某种表述. 这种与 ''位置'' 有关的统计量就称为**位置统计量** (location statistic). 位置统计量当然不一定都是描述 ''中心'' 了, 比如后面要讲的 k 百分位数.

最常用的位置统计量就是小学时所学到的算术平均值, 它在统计中叫作**均值** (mean), 严格地说叫作**样本均值** (sample mean), 以区别于下一章要介绍的总体均值. 样本均值是把一个变量的所有观测值求和再除以观测值的数目. 如果记样本中的观测值为 $x_1, \ldots, x_n$,

则样本均值定义为:

$$\overline{x}=\frac{1}{n}\sum_{i=1}^{n}x_i=\frac{x_1+\cdots+x_n}{n}.$$

比如, 可以用上面公式得到例 3.1 中富豪的平均年龄. 由于只有 1191 个富豪的年龄已知, 所以 $n=1191$. 利用 R 代码 `mean(v$Age,na.rm=T)` 可得均值为 62.4 岁. 公式中的选项 `na.rm=T` 表示去掉缺失值 (即不知道的年龄) 再求平均.

虽然均值包含了样本的很多信息, 但它容易被少数极端值所影响. 比如, 一个数据输入员的疏忽很可能造成某些数目出错, 比如多敲入若干 0, 这时均值就可能变成很大. 但这种数据错误不会对该数据按升幂或降幂排列的中间一些数目影响太大. 数据中间的一个 (或两个数的平均) 就是 **(样本) 中位数** (median). 它是数据按照大小排列之后位于中间的那个数 (如果样本量为奇数), 或者中间两个数目的平均 (如果样本量为偶数). 利用 R 代码 `median(v$Age,na.rm=T)` 可得例 3.1 富豪年龄的中位数是 62 岁. 由于中位数不易被极端值影响, 所以称中位数比均值**稳健** (robust). 比如一千个月收入为 2000 元的人和月收入为一千万元的一个富翁住在同一个区域, 则该区域人们的 "平均" 月收入用均值计算为 11988.01 元, 而用中位数计算为 2000 元, 相差将近 6 倍.

描述数据 "中心位置" 的均值、中位数各有优缺点. 但也有一定的规律. 对于具有对称单峰分布的数据, 这两个度量应该大体上差不多. 这里的 "对称" 相应于对称直方图所反映的形状, 所谓 "单峰" 是分布中只有一个体现局部极大值那样的 "峰", 如果单峰的分布形状在右边拖尾 (即直方图在右边有长尾巴), 那么一般说来, 中位数小于均值. 反过来, 如果直方图在左边拖尾, 则一般均值小于中位数. 也就是说, 和中位数相比, 均值一般总是比中位数更接近直方图长尾巴的那边.

中位数在数据大小顺序中居中. 而前面提到的**上下四分位数** (或分别称为**第一四分位数**和**第三四分位数, first quantile, third quantile**) 则分别位于 (按大小排列的) 数据的上下四分之一的地方. 一般地还称上四分位数为 **75 百分位数 (75 percentile,** 有约 75% 的观测值小于它), 下四分位数为 **25 百分位数** (有约 25% 的观测值小于它). 有了 25 百分位数和 75 百分位数的概念, 人们就不难理解什么是任意的k **百分位数** (k-percentile) 了 (有约 k% 的观测值小于它). 如果令 $\alpha=k\%$, 则 k 百分位数也称为α **分位数** (α-quantile). 显然中位数是 50 百分位数或 0.5 分位数. 根据例 3.1 数据, 富人的两个四分位点分别为 52 和 72 岁, 可用语句 `quantile(v$Age,.25, na.rm=T)` 和 `quantile(v$Age,.75, na.rm=T)` 计算.

传统统计使用均值比较多的一个原因是在计算上比中位数等分位数方便. 数学推导上也很方便. 而计算分位数需要排序, 这在前计算机时代对于较大数据并不容易, 对于分位数做各种其他数学运算或推导也不如均值方便.

除了中位数和均值之外, 还有样本中出现最多的某一数目, 称为**众数** (mode). 例 3.1 富豪榜数据中富豪年龄的众数为 60 岁, 一共有 41 位这个年龄的人 (年龄的众数可用代码 `z=table(v$Age);z[which(z==max(z))]` 得到). 注意, 如果年龄精确到分钟甚至秒, 则不大可能会有众数. 众数反映的信息也不多, 又不一定唯一, 在连续变量的情况, 如果不做过分四舍五入, 可能没有重复的数据, 这时也不可能有众数. 众数用得不如均值和中位数普遍. 在定性变量中, 由于记录的是频数, 因此众数用得多些. 比如在图 3.1.5 关于 10 个国家拥有大公司数目的条形图中, 众数就是由美国所代表, 它一共拥有 524 家大公司.

3.2.2 数据的“尺度”

论语有一句话: ‘‘不患寡而患不均”. 这是指不怕财富少, 而怕分配不公平而造成贫富差距太大. 贫富、多寡是由位置统计量来描述的, 而是否 ‘‘均’’ 是由**尺度统计量** (scale statistic) 来描述的. 尺度统计量是描述数据散布, 即描述集中与分散程度或变化 (spread 或 variability) 的度量, 因此, 有人建议用 ‘‘散度统计量’’ 这个名词. 统计中有许多尺度统计量. 一般来说, 数据越分散, 尺度统计量的值越大. 为了说明, 回顾图 3.1.2, 那是中国、日本和美国富豪的年龄的盒形图, 可以看出, 从中位数来说, 日本年龄较大, 美国次之, 中国最小, 但是从盒子的长度 (包括须线) 来看这三个数据散布范围和模式很不一样.

最简单的尺度统计量就是**极差** (range), 顾名思义, 极差就是极大值和极小值之间的差. 例 3.1 数据的中日美三国富豪年龄的极差分别为 41, 52, 和 69 岁. 图 3.1.2 中每个盒形图盒子的长度为上下两个四分位数之差, 称为**四分位数极差**或**四分位间距** (interquantile range), 它描述了中间半数观测值的散布情况. 极差和四分位极差虽然各自只依赖于两个值, 但四分位极差比极差要稳健得多, 不像极差那样容易受到极端值的影响. 例 3.1 的中日美三国富豪年龄的四分位极差分别为 11.5, 16.5 和 19.

另一个常用的尺度统计量为 **(样本) 标准差** (standard deviation). 它度量样本中各个数值到均值的距离的一种平均. 标准差实际上是**方差** (variance) 的平方根. 样本方差是由各观测值到均值距离的平方和除以减去 1 的样本量 [5] 得到的商. 也就是说, 如果记样本中的观测值为 $x_1, \ldots, x_n$, 则样本方差为:

$$s^2 = \frac{1}{n-1}\sum_{i=1}^{n}(x_i - \overline{x})^2 = \frac{(x_1 - \overline{x})^2 + \cdots + (x_n - \overline{x})^2}{n-1}.$$

而样本标准差为样本方差的平方根:

$$s = \sqrt{\frac{1}{n-1}\sum_{i=1}^{n}(x_i - \overline{x})^2} = \sqrt{\frac{(x_1 - \overline{x})^2 + \cdots + (x_n - \overline{x})^2}{n-1}}.$$

标准差由于和原数据量纲一样, 因此在数据分析中比方差用得更普遍.

显然, 如果标准差越大, 数据中的观测值就越分散, 而小的标准差意味着数据很集中. 下一章会介绍总体标准差和总体方差的概念. 关于中日美三国富豪的标准差分别是 8.4, 15.1 和 13.0.

类似于中位数是均值的稳健的替代度量, 关于尺度也有一个标准差的稳健尺度替代度量, 这就是**中位数绝对偏差** (median absolute deviation, MAD), 记 $\tilde{\boldsymbol{x}} = \text{median}(x_1, x_2, \ldots, x_n)$, 则 MAD 定义为:

$$\text{MAD} = \text{median}(|x_1 - \tilde{\boldsymbol{x}}|, |x_2 - \tilde{\boldsymbol{x}}|, \ldots, |x_n - \tilde{\boldsymbol{x}}|),$$

[5]之所以使用 $n-1$ 而不是 n, 仅仅为了在对数据分布的某种数学假定下做某些数学推导方便, 其实不仅两种商的数值差不多, 而且那些数学假定也是永远无法验证的.

也就是说, MAD 为每个观测值减去中位数的绝对值之后的中位数. 对于例 3.1 中日美三国富豪的 MAD 分别为 0.5, 1 和 0.8, 次序和标准差一样, 但要小得多.

3.2.3 数据的标准得分

例 3.3 两个班成绩数据 (grade.txt) 该数据给出两个班 (一班和二班) 的同一门课的成绩. 假定两个班水平类似, 但是由于两个任课老师的评分标准不同, 使得两个班成绩的均值和标准差都不一样. 一班分数的均值和标准差分别为 78.53 和 9.43, 而二班的均值和标准差分别为 70.19 和 7.00. 那么得到 90 分的一班的张颖是不是比得到 82 分的二班的刘疏成绩更好呢? 怎么比较才能合理呢?

虽然这种均值和标准差不同的数据不能够直接比较, 但是可以把它们进行标准化, 然后再比较标准化后的数据. 一个标准化的方法是把某样本原始观测值 (亦称得分, score) 和该样本均值之差除以该样本的标准差, 得到的度量称为**标准得分** (standard score, z-score). 即, 某观测值 x_i 的标准得分 z_i 定义为

$$z_i = \frac{x_i - \overline{x}}{s}.$$

把各个样本的观测值都转换成相应的标准得分, 就可以进行比较了. 在这个例子中, 张颖的标准得分为 $(90 - 78.53)/9.43 = 1.22$, 而刘疏的标准得分为 $(82 - 70.19)/7 = 1.69$. 显然如果两个班级水平差不多, 刘疏的成绩应该优于张颖的成绩, 这是在标准化之前的数据中不易看到的.

图 3.2.1 展示了这两个班级的原始成绩的盒形图 (左边) 和标准化之后成绩的标准得分的盒形图 (右边). 可以看出, 原始数据是在各自的中心值附近, 而散布也不一样. 但它们的标准得分则在 0 周围散布, 而且散布也差不多. 实际上, 任何样本经过这样的标准化后, 就都变换成均值为 0、方差为 1 的样本. 标准化必然损失原数据的信息, 标准化后不同样本观测值的比较只有相对意义, 没有绝对意义.

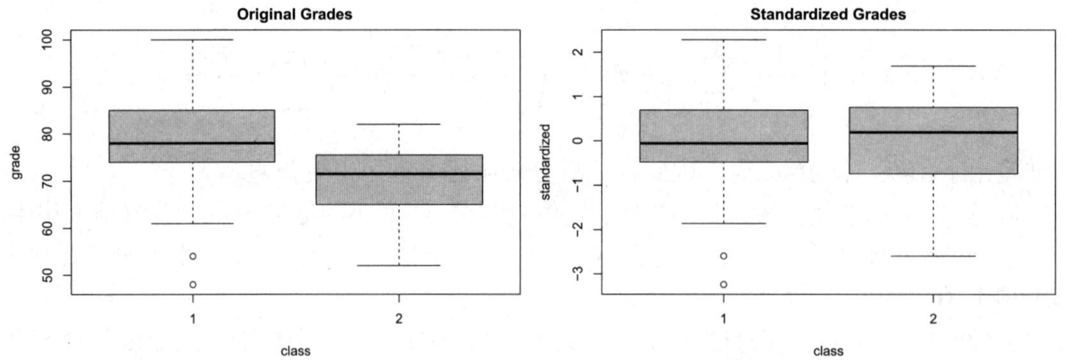

图 3.2.1 例 3.3 数据两个班级分数的原始数据 (左) 和标准得分 (右) 的盒形图

绘出图 3.2.1 的 R 代码为

```
w=read.table("grade.txt",header=T)
par(mfrow=c(1,2))
boxplot(grade~class, w,main="Original Grades")
boxplot(standardized~class, w,main="Standardized Grades")
```

标准化之后的数据虽然总的尺度和位置都变了，但是数据内部点的相对位置没有变化. 比如，距离均值两倍标准差的一个点在标准化后距离均值还是两倍标准差. 这从图 3.2.1 也可以看出：每个数据标准化前和标准化后的盒形图 (在纵向) 相似. 这是因为标准化仅仅是把盒形图进行纵向放大 (或缩小) 和位移. 班级 1 的两个离群点还是离群点. 虽然如此，但两个不同的数据在标准化后就有了进行比较的基础. 标准得分的思想不仅仅用于比较，而且在后面的推断中也有其用处. 另外，计算标准得分也仅仅是许多标准化方法中最常见的一种.

无论问题是什么，一些人喜欢把各种数据都标准化之后再进行分析，这是不适当的. 把例 3.3 数据标准化的前提是两个班级是相似的. 如果对于完全不同背景的数据进行标准化，就会失去很多有用的信息. 比如，把最富有的国家和把最贫穷的国家的收入进行标准化，所得到标准化后的数据有同样的均值 0 及同样的标准差 1，一个后果是，基本上看不出哪个数据是来自哪个国家. 很难说这样的标准化除了误导之外还有什么意义.

当然，在应用一些统计方法时，有时的确需要对数据做标准化或其他变换，但这些并不是随意的，都有某些确定的理论基础和实际目的.

思考一下:

1. 前面描述位置统计量上下四分位点时，说 "约 75% 的观测值小于它" 和 "约 25% 的观测值小于它"，为什么要说 "约" 呢？不能精确点吗？这是因为数据点的个数是离散的缘故. 为了理解，请大家找出由三个点 (比如 1、2、3) 组成的数据的上下四分位点，并且看有百分之几的样本点小于下四分位点.
2. 为什么说中位数比均值稳健？有一种截尾均值，定义为把数据的最大的及最小的一定比例的数目去掉之后再求均值，这可以用 R 实现. 比如 `mean(x,trim=0.1)` 就是把数据 `x` 的最高和最低两个尾巴各去掉 10% 的数据再求算术平均，这里 `trim` 取值从 0 到 0.5. 当 `trim=0.5` 时，就得到中位数，请解释.
3. 为什么说，原则上连续变量的数据不应该有众数存在，但实际上可能会出现？是不是四舍五入把连续变量的实现值的记录离散化了？实现值在记录之前是否应该有众数？
4. 一个样本的位置统计量和尺度统计量在求样本点的标准得分前后有什么变化. 一个班级内部的学生名次是否因为求了标准得分之后会改变？
5. 中位数不仅仅稳健，而且在某种意义上 "代表了大多数". 在例 3.1 福布斯富豪排行榜数据中净资产的均值为 37.3 亿美元，而中位数则只有 21 亿美元，相差 16 亿美元呢. 净资产大于均值的人不到 1/4，净资产在均值和中位数之间的人有 1/4. 这说明均值根本说明不了 "中心位置"，比上四分位数还高. 这是富人净资产中位数和均值的差异. 如果只用一个数字来描述国民收入，你觉得应该用平均值还是用中位数？

3.3 本章的 Python 代码

首先输入可能用到的基本模块.

```
#导入包
import pandas as pd
import numpy as np
import matplotlib.pyplot as plt
import seaborn as sns
import os
os.chdir("E:/")#设置工作目录
```

3.3.1 直方图

读入数据并绘制富豪年龄和净资产的直方图 (图 3.3.1).

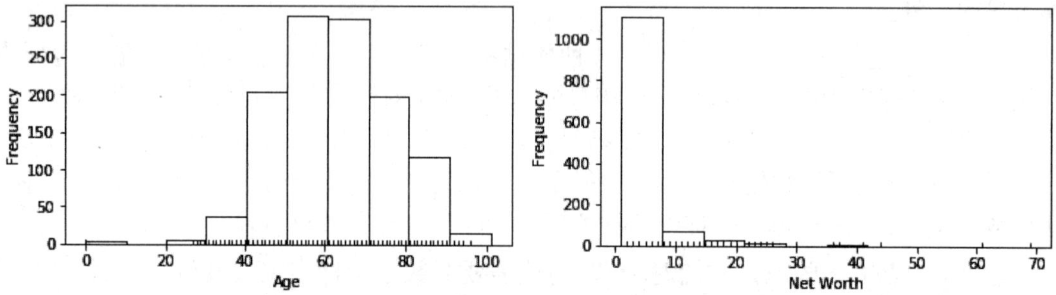

图 3.3.1　例 3.1 数据富豪的年龄 (左) 和净资产 (右) 的直方图

```
v=pd.read_csv("Billianaires.txt") #读入数据
a=v["Age"].values
a=filter(lambda x: x != "-", a) #删除缺失值
a=np.array(list(map(int,a)))
b=v["Net Worth"].values
b=np.array(list(map(int,b)))

plt.figure(figsize = (12,3)) #设置图片大小
plt.subplot(1, 2, 1) #两个并排的图之一
plt.xlabel("Age")
plt.ylabel("Frequency")
sns.distplot(a,bins=10,kde=False,rug=True,
    hist_kws={"color":"white","edgecolor":"black","alpha":1},
    rug_kws={"color":"black","height":"0.02"})#在直方图下面标出各点位置

plt.subplot(1, 2, 2) #两个并排的图之二
plt.xlabel("Net Worth")
```

```
plt.ylabel("Frequency")
sns.distplot(b,bins=10,kde=False,rug=True,
    hist_kws={"color":"white","edgecolor":"black","alpha":1},
    rug_kws={"color":"black","height":"0.02"})
plt.show()
```

3.3.2 盒形图

绘制中、日、美三个国家富人年龄的盒形图 (图 3.3.2).

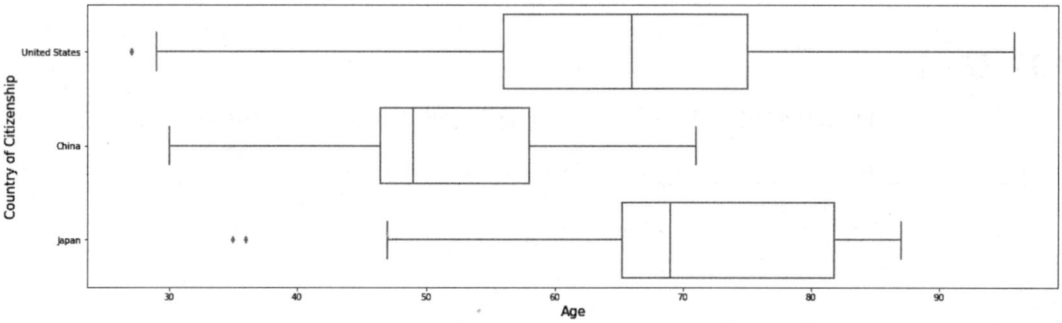

图 3.3.2 例 3.1 中、日、美三国富豪的年龄的盒形图

```
#准备数据
w=v[v["Country of Citizenship"].isin(["United States","China","Japan"])]
w=w[~(w.Age=="-")]
w["Age"]=list(map(int,w["Age"]))
plt.figure(figsize=(20,6))
p=sns.boxplot(y="Country of Citizenship",x="Age", data=w,color="white",
              linewidth=2)
plt.xlabel("Age",size=15)
plt.ylabel("Country of Citizenship",size=15)
plt.show()
```

3.3.3 茎叶图

绘制中国家富人年龄的茎叶图.

```
#准备数据
w=v[v["Country of Citizenship"].isin(["China"])]
w=w[~(w.Age=="-")]
a=list(map(int,w["Age"]))

from itertools import groupby
#茎的单位为10岁，叶子单位为1岁
```

```
for k,g in groupby(sorted(a), key=lambda x: int(x) // 10):
    lst=map(str,[int(y) % 10 for y in list(g)])
    print (k,'|',' '.join(lst))
```

```
3 | 0899
4 | 000112334455555666667777888888888888889999999
5 | 001112233445556677777788999
6 | 000001223355667789
7 | 01
```

3.3.4 散点图

绘制福布斯前 100 名公司的资产、销售额和利润（对数）的散点图 (图 3.3.3).

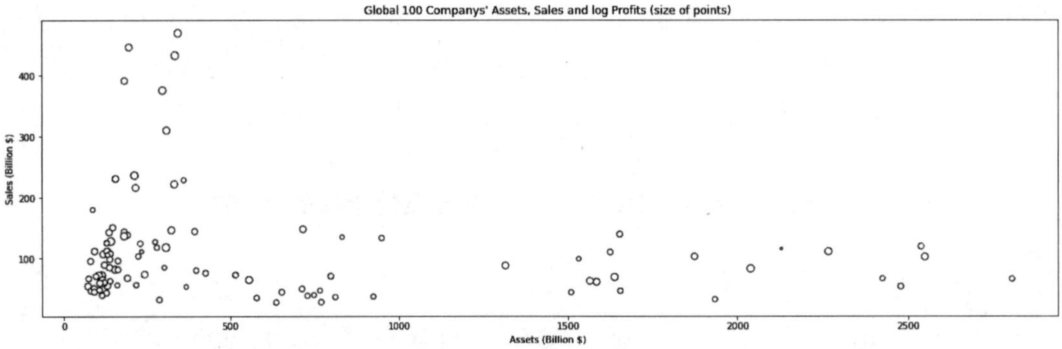

图 3.3.3　展示福布斯前 100 名公司的资产、销售额和利润 (对数) 的散点图

生成图 3.3.3 的代码为:

```
v=pd.read_csv("g100.txt") #读入数据
import math
plt.figure(figsize=(20,6))
plt.scatter(v["Assets"],v["Sales"],marker='o',
            s=20*np.array(list(map(math.log,v["Profits"]))),
            edgecolors="black",color="white")
plt.xlabel("Assets (Billion $)")
plt.ylabel("Sales (Billion $)")
plt.title("Global 100 Companys' Assets, Sales and log Profits \
(size of points)")
plt.show()
```

3.3.5 饼图

绘制包含公司最多的国家中的前 10 名的公司数目的饼图 (图 3.3.4). 产生图 3.3.4 的代码为:

```
from collections import Counter
A=sorted(Counter(v["Country"]).items(), key=lambda x:x[1],
         reverse= True)[:10]
A=pd.DataFrame(A)

import matplotlib.pyplot as plt
plt.figure(figsize=(20,6))
plt.pie(A.iloc[:,1],labels=A.iloc[:,0],labeldistance=1.1,colors=
        ["white","gray","darkgrey","darkgray","silver","lightgray",
         "lightgrey","gainsboro","whitesmoke","grey"],
        wedgeprops={"edgecolor":"black",'linewidth':0.5}) #设置颜色
plt.title("Number of Companies Among top 10")
plt.show()
```

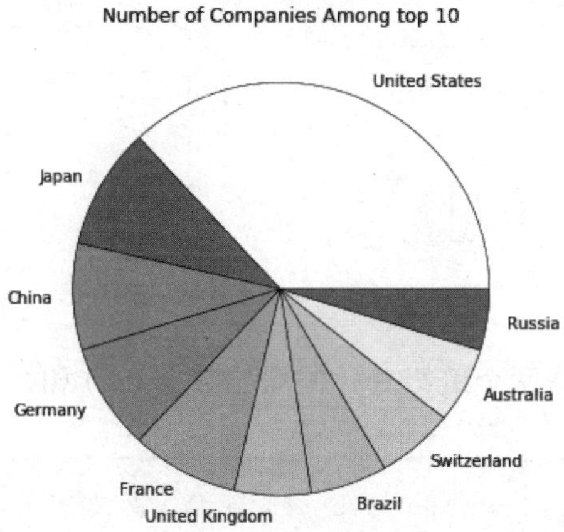

图 **3.3.4**　包含公司最多的国家中的前 **10** 名的公司数目的饼图

3.3.6 条形图

绘制包含公司最多的国家中的前 10 名的公司数目条形图 (图 3.3.5).

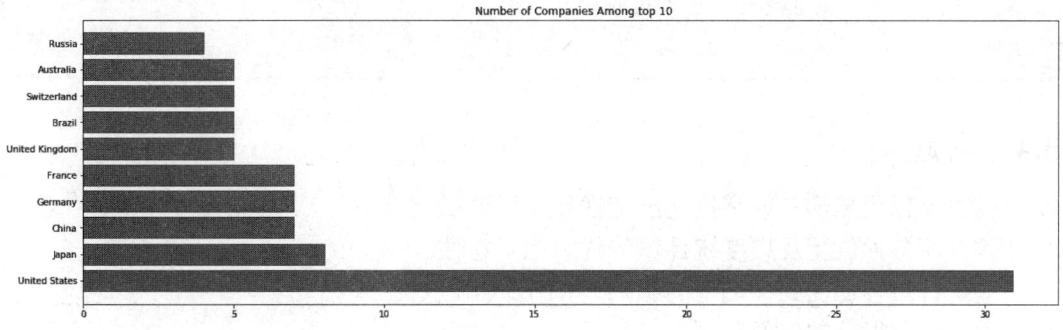

图 **3.3.5**　包含公司最多的国家中的前 **10** 名的公司数目条形图

生成图 3.3.5 的代码为:

```
plt.figure(figsize = (20,6)) #设置图片大小
x=np.arange(len(A)) #将文本转换为整数
plt.yticks(x, A.iloc[:,0]) #结合整数和标签
plt.barh(x, A.iloc[:,1],color="navy",edgecolor="black",alpha=0.5)
plt.title("Number of Companies Among top 10")
plt.show()
```

3.3.7 数据的标准得分

绘制两个班级分数的原始数据和标准得分的盒形图 (图 3.3.6).

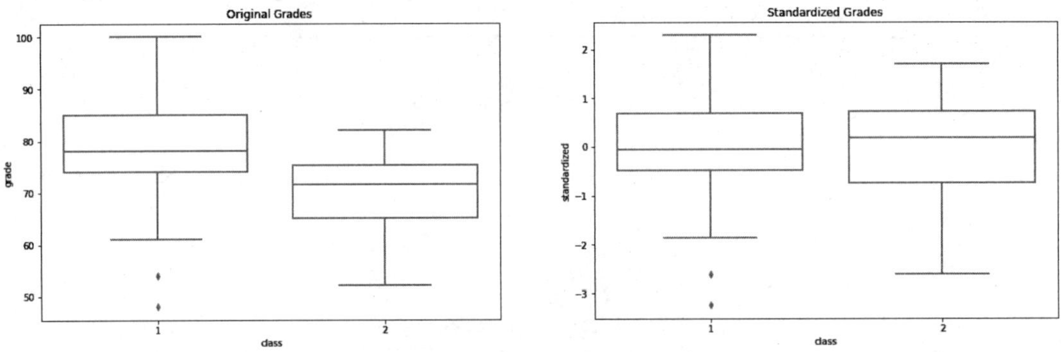

图 3.3.6 例 3.3 数据两个班级分数的原始数据 (左) 和标准得分 (右) 的盒形图

```
v=pd.read_csv("grade.txt",sep="\t") #读入数据
v["class"]=list(map(int,v["class"]))
plt.figure(figsize = (20,6)) #设置图片大小
plt.subplot(1, 2, 1) #准备画两个并排的图
sns.boxplot(x="class",y="grade",data=v,color="white",linewidth=2)
plt.title("Original Grades")
plt.subplot(1, 2, 2)
sns.boxplot(x="class",y="standardized",data=v,color="white",linewidth=2)
plt.title("Standardized Grades")
plt.show()
```

3.4 习题

1. 寻找数据以用图形及数字描述出定性和定量变量.
2. 举例说明各种位置及尺度统计量的优缺点及特性.
3. 哪些统计量容易受到极端值的影响? 举例说明.
4. 请说明标准得分的应用范围.

第 4 章　机会的度量: 概率和分布

前面已经提到, 概率是 0 和 1 之间 (包含 0 和 1) 的一个数目, 表示某个事件发生的可能性或经常程度. 有些事情发生的概率很大, 而有些则很小. 比如, 你乘车出门可能遇到车祸的概率很小 (也许几乎是 0), 但在北京一天中发生一起以上的车祸的概率几乎是 1. 你今年买房子的概率可能很小, 但在北京每天有人买房子的概率却很大. 发生概率很小的事件称为**小概率事件** (small probability event), 虽然小概率事件不那么可能发生, 但它往往比很可能发生的事件更值得研究. 这一章介绍如何得到概率、如何进行概率计算以及什么是概率分布, 还要介绍一些常用的分布. 许多读者可能已经熟悉这一章的许多内容, 对于他们, 这一章可以跳过.

4.1　得到概率的几种途径

利用等可能事件

如果一个骰子是公平的[1], 那么掷一次骰子会以相等可能得到 1 至 6 点中的每一个点. 这是因为共有 $n = 6$ 种可能, 而每一种的概率都是一样的, 即 $1/n = 1/6$. 抛一个公平的硬币 (并假定不可能得到侧面), 则以等可能出现正面或反面. 这是因为只有 $n = 2$ 种可能, 每种概率都是 $1/n = 1/2$. 再如从 52 张牌中随机抽取一张, 那么它是黑桃的概率是抽取黑桃的可能种类 ($k = 13$) 和全部可能种类 ($n = 52$) 的数目之比, 即 $k/n = 13/52 = 1/4$, 类似地, 抽到的牌是 J、Q、K、A 四种之一 (共有 16 种可能) 的概率是 $16/52 = 4/13$. 其实即使没有学过概率, 读者也多半能够算出这些概率, 这种计算的原理一般都不太困难. 计算这些概率的基础就是事先知道 (或者假设) 某些事件是等可能的. 这种事件称为**等可能事件** (equally likely event).

根据长期相对频数

在多数情况下, 事件并不一定是等可能的, 或者人们对于其出现的可能性一无所知. 这时就要靠观察它在大量重复试验中出现的频率来估计它出现的概率. 它约等于事件出现的频数 k 除以重复试验的次数 n, 这个比值 k/n 称为**相对频数** (relative frequency) 或**频率**. 例如, 在估计新生儿中男婴的比例时, 如果在 $n = 1000$ 个新生儿中有 $k = 517$ 个男婴, 那么就可以近似地说, 生男婴的概率为 $k/n = 517/1000 = 0.517$. 就这个例子来说, 人们可能会认为, 当 n 趋于无穷时, 这个相对频率趋于真正生男婴的概率. 但是要注意的是, 不可能观测无穷多次出生, 而且真正的生男婴的概率也可能随环境而变. 在商业实践中一个类

---

[1]本书中凡是提到 ‘‘公平的骰子”, 或 ‘‘骰子是公平的”, 意味着该骰子是用均匀材料制成的正六面体, 在其六面上分别标有一至六点, 而且抛掷该骰子的手法也是任意的, 这使得它在被掷出后, 每一面朝上的机会是均等的. 类似地, ‘‘公平的硬币”, 也意味着该硬币被掷后, 两面以同样机会朝上的硬币, 当然, 公平硬币的两面是不同的, 常称一面是 ‘‘正面”(比如国徽或花卉), 而另一面为 ‘‘反面”(比如面值). 而一个灌了铅或水银的骰子或两面相同的假硬币都不是公平的.

似的例子是,假定想知道某个橱窗设计吸引注意力的概率,可以观察有多少过往的人在它面前逗留观看. 如果观察了 $n = 500$ 人 (500 次试验), 有 $k = 12$ 个人在该橱窗前逗留, 那么可以大致地说,该橱窗吸引行人的概率近似地为相对频数 $k/n = 12/500$. 试验次数 n 越大则该值越接近于想得到的概率. 再如, 对某个商品投诉的概率近似地为投诉数目 (k) 除以售出的该种商品数 (n), 即 k/n. 这里每卖出一个商品为一次试验. 卖出的商品越多, 则这个比例越接近投诉的概率.

很多事件无法进行长期重复试验, 或者根本不可能重复. 因此这种通过相对频数获得概率的方法并不是万能的. 虽然如此, 用相对频数来确定概率的方法是很常用的.

主观概率

一些概率既不能由等可能性来计算, 也不可能从试验得出. 比如, 你明年去九寨沟旅游的概率、一个公司的董事会是否明天要讨论某个问题的概率等都无法重复. 但根据经验、常识或其他相关因素来判断, 你可能会说出一个概率. 比如你明年去九寨沟旅游的概率是百分之八十等. 这种概率称为**主观概率** (subjective probability). 可以说, 主观概率是一次事件的概率. 也可以说, 主观概率就是基于对各种信息的掌握, 某人对某事件发生或者对某断言的真实性的自信程度.

思考一下:

1. 在实际生活中, 等可能性事件不易见到, 很难找到各种条件完全相同的实验. 例如, 掷骰子、抛硬币或者洗牌的手法不同, 很可能会造成不公平的结果. 你对此如何看?
2. 讨论使用若干相对频率确定概率的优缺点. 你可以在气象预报、科学实验、战争发生的可能性预测等各种方面来讨论.

4.2 概率的运算

在掷骰子中, 得到 6 点的概率是 $1/6$, 而得到 5 点的概率也是 $1/6$. 那么掷一次骰子得到 5 或者 6 的概率是多少呢? 在掷两次骰子中两次都得到 5 或者 6 的概率又是多少呢? 在掷 10 次骰子中有一半或以上的次数得到 5 或 6 的概率又是多少呢? 读者略微思考一下就可能很快会得到答案. 如果情况再复杂一些, 答案也许就不是那么简单了. 这就需要了解怎样从简单的情况计算稍微复杂情况时的概率. 这里需要读者回忆一下上中学时学过的集合概念, 比如两个集合的交和并, 互余 (互补) 等概念. 在概率论中所说的**事件** (event) 相当于集合论中的**集合** (set). 而概率则是事件的某种函数. 为什么会这么说呢, 让我们看掷两个骰子的试验. 如果所关心的是两个骰子的点数和, 表 4.2.1 列出了所有 36 种可能试验结果的搭配和相应的点数和. 每次试验结果为其中之一. 从表中可以看出, 如果我们考虑点数和等于 2 的事件, 则仅有一种可能的试验结果 (两个骰子均为一点). 而如果我们考虑点数和等于 7 的事件, 则有六种可能的试验结果. 两个骰子点数之和总共有 2 至 12 等 11 种可能, 即有 11 种可能的事件, 而这 11 种事件相应于上面所说的 36 种可能的试验结果的一些集合.

表 4.2.1 中的每一行第一列都是骰子点数之和 (即事件) 的一种 (从 2 到 12); 而每行的第二列为产生这个和 (事件) 的各种可能的试验结果, 这些试验结果形成一些集合 (每行一个集合); 每行的第三列为该行集合中元素的个数; 每行最后一列为得到这种骰子和的概

率, 由于所有试验结果是等可能的, 所以得到某种和 (事件) 的概率等于该集合中试验结果的个数除以所有可能试验结果的个数. 这样, 我们就把事件、集合与概率联系到一起了.

表 4.2.1 两个骰子点数之和的试验

事件: 骰子点数之和	集合: 相应的试验结果 (36 种搭配)	集合中元素的个数	事件的概率
2	(1,1)	1	1/36
3	(1,2) (2,1)	2	2/36
4	(1,3) (2,2) (3,1)	3	3/36
5	(1,4) (2,3) (3,2) (4,1)	4	4/36
6	(1,5) (2,4) (3,3) (4,2) (5,1)	5	5/36
7	(1,6) (2,5) (3,4) (4,3) (5,2) (6,1)	6	6/36
8	(2,6) (3,5) (4,4) (5,3) (6,2)	5	5/36
9	(3,6) (4,5) (5,4) (6,3)	4	4/36
10	(4,6) (5,5) (6,4)	3	3/36
11	(5,6) (6,5)	2	2/26
12	(6,6)	1	1/36

注: 试验结果括号中的两个数字分别表示第一和第二个骰子的点数.

下面介绍一些概率的运算.

互补事件的概率

如果今天淋雨的概率是 80%, 那么, 今天不淋雨的概率就是 20%. 如果这个月中奖的概率是 0.0001, 那么这个月不中奖的概率就是 $1 - 0.0001 = 0.9999$. 这种如果一个不出现, 则另一个肯定出现的两个事件称为**互补事件** (complementary events, 或者**互余事件或对立事件**). 按照集合的记号, 如果一个事件记为 A, 那么另一个记为 A^C (称为 A 的余集或补集). 显然互补事件的概率之和为 1, 即 $P(A) + P(A^C) = 1$, 或者 $P(A^C) = 1 - P(A)$. 这里记号 $P(A)$ 的英文含义为 probability of A. 在西方赌博时常常爱用**优势**或**赔率** (odds) 来形容输赢的可能. 在生物统计中也常用优势的概念. 它是互补事件概率之比, 即 $P(A)/P(A^C) = P(A)/[1 - P(A)]$ 来表示的. 如果你赢的概率为 0.6, 那么你的优势为 $0.6/(1 - 0.6) = 0.6/0.4 = 6/4$, 说成是你有 6 对 4 的优势会赢, 或 4 对 6 的优势会输.

概率的加法

如果两个事件不可能同时发生, 那么至少其中之一发生的概率为这两个事件的概率和. 比如 ‘‘掷一次骰子得到 5 或者 6 点’’ 的概率是 ‘‘得到 5 点’’ 的概率与 ‘‘得到 6 点’’ 的概率之和, 即 $1/6 + 1/6 = 1/3$. 但是如果两个事件可能同时发生时这样做就不对了. 假定掷骰子时, 一个事件 A 为 ‘‘得到偶数点’’(有 3 种可能: 2、4、6 点), 另一个事件 B 为 ‘‘得到大于或等于 3 点’’(有 4 种可能: 3、4、5、6 点), 这样, 事件 A 的概率显然等于 $3/6 = 1/2$, 即 $P(A) = 1/2$. 而事件 B 的概率为 $P(B) = 4/6 = 2/3$. 但是, ‘‘得到大于或等于 3 点或者偶数点" 的事件的概率就不是 $P(A) + P(B) = 1/2 + 2/3 = 7/6$ 了, 这显然多出来了. 概率怎么能够大于 1 呢? 按照中学时关于集合的记号, 该事件称为 A 和 B 的并, 记为 $A \cup B$. 刚才多出来的部分就是 A 和 B 的共同部分 $A \cap B$(称为 A 和 B 的交) 的概率 (这个概率算了两遍), 它为 "得到既是偶数, 又大于等于 3" 的部分, 即 4 和 6 两点. 出现事件 4 或者 6 的概率为 $1/6 + 1/6 = 1/3$. 于是应该把算重了的概率减去. 这样 "得到大于或等于 3 点或者偶数点" 的事件 $A \cup B$ 的概率就是 $P(A \cup B) = P(A) + P(B) - P(A \cap B) = 1/2 + 2/3 - 1/3 = 5/6$. 当然, 这个问题也可以换个角度来看, 如果记事件 $C = A \cup B$, 那么 C^C 就是既不是偶数又小于 3 点的事件, 也就是说只有 1 点了. 它的概率为 1/6, 即 $P(C^C) = 1/6$. 这样根据互补事件的概率, $P(A\cup B) = P(C) = 1-P(C^C) = 1-1/6 = 5/6$. 这种 $P(A\cup B) = P(A)+P(B)-P(A\cap B)$ 的公式也适用于两个不可能同时发生的事件, 但因为那时 $P(A \cap B) = 0$, 所以只剩下 $P(A \cup B) = P(A) + P(B)$ 了. 这种交等于空集 ($A \cap B = \phi$, 这里 ϕ 表示空集或空事件) 的事件为两个不可能同时发生的事件, 称为**互不相容事件** (mutually exclusive events).

概率的乘法

如果你有一个固定电话和一个手机, 假定固定电话出毛病的概率为 0.01, 而手机出问题的概率为 0.05, 那么, 两个电话同时出毛病的概率是多少呢? 聪明的读者马上会猜出, 是 $0.01 \times 0.05 = 0.0005$. 但是这种乘法法则, 即 $P(A \cap B) = P(A)P(B)$, 仅仅在两个事件**独立 (independent)** 时才成立.

如果事件不独立则需要引进**条件概率** (conditional probability). 比如三个人抽签, 而只有一个人能够抽中, 因此每个人抽中的机会是 1/3. 假定用 A_1, A_2, A_3 分别代表这三个人抽中的事件, 那么, $P(A_1) = P(A_2) = P(A_3) = 1/3$. 但是由于一个人抽中, 其他人就不可能抽中, 所以, 这三个事件不独立. 刚才的乘法规则不成立, 这时, $P(A_1 \cap A_3) = P(A_1 \cap A_2) = P(A_2 \cap A_3) = 0$, 而如错用乘法规则应该是 $(1/3)^2 = 1/9$. 但是可以计算条件概率, 比如第一个人抽到 (事件 A_1), 则在这个条件下其他两个人抽到的概率都为 0, 记为 $P(A_2|A_1) = P(A_3|A_1) = 0$. 如果第一个人没有抽到 (事件 A_1^C), 那么其他两人抽到的概率均为 1/2, 记为 $P(A_2|A_1^C) = P(A_3|A_1^C) = 1/2$. 一般地, 在一个事件 B 已经发生的情况下, 事件 A 发生的条件概率定义为 (贝叶斯公式)

$$P(A|B) = \frac{P(A \cap B)}{P(B)}, \quad P(B) \neq 0.$$

思考一下:

1. 在得奖品的抽签中, 先抽和后抽是否机会是一样的? 为什么?
2. 一个有 10 个主要部件的机械中, 如果第 i 个出问题的概率为 p_i, 而且它们是否出问题互相独立, 那么全都不出问题的概率是多少?

4.3 变量的分布

随机变量取一切可能值或范围的概率或概率的规律称为**概率分布** (probability distribution), 简称**分布**. 有一些概率分布可以用表或各种图来表示, 一些可以用公式来表示, 当然, 很多分布很难表示出来. 一个概率分布是和某**总体** (population) 也称为**样本空间** (sampling space) 相联系的. 在第2章中我们提到了抽样调查时的总体 (或有限总体), 那是没有和任何概率相联系的实际存在. 我们在第 2 章的注中也提到了在确定了抽样方法之后, 这个有限总体就可能与概率有关的总体有某种联系了, 并且可能对诸如总体比例等进行推断. 这里的总体或样本空间为一个抽象的空间, 它是由某种试验的所有可能结果点组成的, 这些结果的获得都服从某种概率规律. 因此, 一个总体 (样本空间) 是由一个取值范围及相连的概率所组成的. 因此给出了概率分布就等于知道了总体. 一些用数学语言表示的概率分布有一些理论参数, 称为**总体参数** (population parameter). 在第 3 章介绍过基于样本数据的样本均值、样本标准差和样本方差等概念. 这些样本特征可能是相应的总体特征的反映. 我们也有描述变量 ''位置'' 的总体均值、总体中位数、总体百分位数以及描述变量分散 (集中) 程度的总体标准差和总体方差等概念. 具体公式见本章后面小结.

实际世界产生无数的数据, 而这些数据的分布是千差万别的, 但是在前计算机时代, 人们为了数学上的方便, 仅仅聚焦于少数数学假定下的分布. 这些分布完全不能代表现实世界. 但是为了尊重历史, 我们还是把其中一些列在下面, 而且尽量把有关分布用图形表示, 这些图形比它们的数学公式更有说明原因.

4.3.1 离散随机变量

离散随机变量只取离散的值[2], 比如骰子的点数、次品的个数、得病的人数等等. 每一种取值都有某种概率. 各种取值点的概率总和应该是 1. 当然离散变量不仅限于取非负整数值. 一般来说, 某离散随机变量的每一个可能取值 x_i 都相应于取该值的概率 $p(x_i)$, 这些概率应该同时满足关系

$$\sum_i p(x_i) = 1,\ \ p(x_i) \geq 0.$$

满足这样的关系的那些 $p(x_i)$ 就是该离散随机变量的概率分布, 称为**概率质量函数** (probability mass function, pmf). 离散变量取值的个数不一定是有穷的. 例如后面要介绍的 Poisson 分布的取值范围就是所有的非负整数, 因此有无穷多的可能值.

4.3.2 离散分布例子: 二项分布

最简单的理想的离散分布应该是抛硬币所基于的概率分布. 比如用 p 代表得到硬币正面的概率, 那么 $1-p$ 则是得到反面的概率. 如果知道 $p = 1/2$, 就有 $1-p = 1/2$, 于是这个抛硬币的试验的概率分布也就都知道了. 这种试验可以重复很多次.

这种有两种可能结果的试验有两个特点: 一是各次试验互相独立, 二是每次试验得到一种结果的概率不变 (这里是得到正面的概率总是 p). 类似于抛硬币的仅有两种结果的重复独立试验被称为 **Bernoulli 试验** (Bernoulli trials). 下面的试验都可以近似地看成为 Bernoulli 试验: 每一个进入某商场的顾客都有购买或不购买商品的两种可能、每个被调查的人士会支持或不支持某种观点、每一个产妇有生出男婴和女婴两种可能等等. 根据这种简单试验的分布, 可以得到基于这个试验的更加复杂事件的概率.

为了叙述方便, 人们通常把 Bernoulli 试验的两种结果称为 ''成功'' 和 ''失败''. 和

[2]离散变量只在有穷的或者可数的集合中取值. 所谓**可数** (countable), 意味着集合中每个数目都可以和自然数一一对应 (可以用自然数编号).

Bernoulli 试验相关的最常见的问题是: 如果进行 n 次 Bernoulli 试验, 每次成功的概率为 p, 那么成功 k 次的概率是多少? 这个概率的分布就是所谓的**二项分布** (binomial distribution). 之所以取这个名字是因为该分布和二项式展开的系数有关 (参见本章后面的公式). 这个分布有两个参数, 一个是试验次数 n, 另一个是每次试验成功的概率 p. 基于此, 二项分布用符号 $B(n,p)$ 或 $Bin(n,p)$ 表示. 由于 n 和 p 可以根据实际情况取各种不同的值, 因此二项分布是一族分布, 族内的分布以这两个参数来区分. 根据公式容易得到二项分布 $B(n,p)$ 的 (总体) 均值为 np, 方差为 $np(1-p)$, 标准差为 $\sqrt{np(1-p)}$. 显然, 一次 Bernoulli 试验成功与否的概率分布为二项分布的特例 $B(1,p)$.

虽然现在很少会直接按照公式计算二项分布概率, 但这里还是给出其一般公式. 下面 $p(x)$ 代表在 n 次 Bernoulli 试验中成功 x 次的概率, p 为每次试验成功的概率. 有

$$p(x) = \binom{n}{x} p^x (1-p)^{n-x}, \ \ x = 0, 1, \ldots, n$$

这里

$$\binom{n}{x} = \frac{n!}{x!(n-x)!}$$

为二项式系数, 按照不同习惯, 也用 C_n^x, C_x^n, $C_{n,x}$, ${}_nC_x$ 等不同符号表示.

图 4.3.1 为用 R 产生的 $B(5,p)$ 在 $p=0.1$ 到 0.9 的 9 个二项分布的条形图, 横坐标是成功次数, 而纵坐标为某个成功次数值上的概率. 图 4.3.1 是用下面代码产生的:

```
par(mfrow=c(3,3))
for(p in seq(0.1,0.9,.1))
  barplot(dbinom(0:5,5,p),names.arg = as.character(0:5),
          main=paste('p=',p),col=4)
```

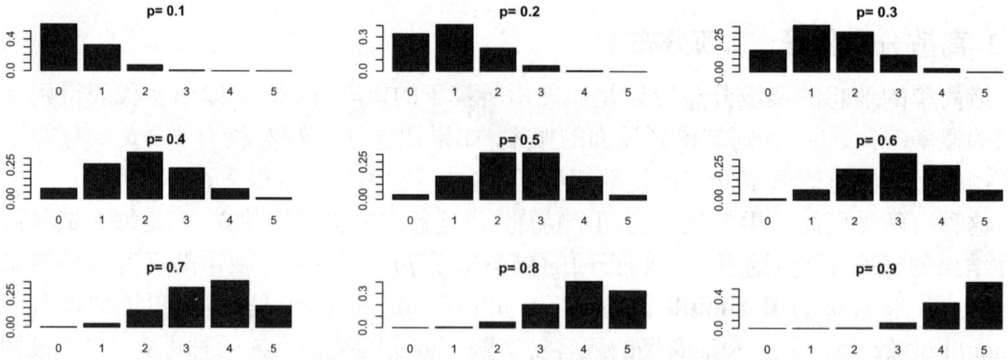

图 4.3.1 九个二项分布 $B(5,p)$ ($p=0.1$ 到 0.9) 的概率分布图

从图 4.3.1 可以看出, 只有当成功概率等于失败概率时 ($p=0.5$), 这个分布是对称的, 即在五次试验中成功 0 次 (失败 5 次) 和成功 5 次 (失败 0 次) 的概率都是 0.03125, 成功 1

次 (失败 4 次) 的概率和失败 1 次 (成功 4 次) 的概率都是 0.15625 等等. 而当 p 为其他不等于 0.5 的值时, 分布就不对称了.

下面表 4.3.1 展示了 $B(5,0.5)$ 和 $B(5,0.7)$ 的分布, 它们是用下面 R 语句计算的:

```
dbinom(0:5,5,.5);dbinom(0:5,5,.7)
```

表 4.3.1 二项分布的两个分布: $B(5,0.5)$ **及** $B(5,0.7)$

$B(5,0.5)$ 的分布

成功次数 x	0	1	2	3	4	5
概率 $p(x)$	0.03125	0.15625	0.3125	0.3125	0.15625	0.03125

$B(5,0.7)$ 的分布

成功次数 x	0	1	2	3	4	5
概率 $p(x)$	0.00243	0.02835	0.1323	0.3087	0.36015	0.16807

4.3.3 离散分布例子: 多项分布

和二项分布最接近的理论分布是二项分布的推广, 称为**多项分布** (multinomial distribution). 二项分布的每次试验中只有两种可能的结果, 而多项分布则在每次试验中有多种可能的结果. 比如在调查顾客对 5 个品牌的饮料的选择中, 每种品牌都会以一定的概率中选, 假定这些概率为 p_1,p_2,p_3,p_4,p_5. 每次试验的结果只可能有一个, 因此这些概率的和为 1, 即 $p_1+p_2+p_3+p_4+p_5=1$. 在二项分布中, 人们关心的是在 n 次试验中成功 k 次的概率 (有了成功 x 次的概率, 就有了失败 $n-x$ 次的概率). 但是在多项分布问题中 (用上面 5 个品牌的例子说明), 所关心的是在 n 次试验中 (这里是调查), 选择 5 个品牌的人数分别为 x_1,x_2,x_3,x_4,x_5 的概率. 自然, $x_1+x_2+x_3+x_4+x_5=n$. 类似于二项分布, 多项分布的符号可以为 $M(n;p_1,p_2,p_3,p_4,p_5)$, 也有用 "MN" 或 "$Multi$" 来表示的. 当然, 符号并不重要. 一个前面已经谈过多次的多项分布的例子是掷骰子. 这里有六个结果. 如果骰子是公平的, 那么在一次试验中出现每种点数的概率都是 1/6. 因此, 在 n 次掷骰子中, 得到各种点数的数目这就是一个多项分布: $M(n;1/6,1/6,1/6,1/6,1/6,1/6)$. 再比如打靶. 假定每次射击有从 0 到 10 环的 11 种可能, 显然, 一个人在 n 次类似条件下的射击中, 得到各种环数的数目也可以认为近似地服从一个多项分布.

类似于二项分布的分布, 多项分布 $M(n;p_1,p_2,\ldots,p_k)$ 的概率质量函数公式为

$$p(x_1,x_2,\ldots,x_k)=\frac{n!}{x_1!x_2!\cdots x_k!}p_1^{x_1}p_2^{x_2}\cdots p_k^{x_k},\quad \sum_{i=1}^{k}x_i=n.$$

4.3.4 离散分布例子: Poisson 分布

另一个理论离散分布是 **Poisson 分布** (翻译成 "泊松分布" 或 "普阿松分布"). 它可以认为是衡量某种事件在一定期间出现的数目的概率. 比如, 在一定时间内顾客的人数、打入电话总机电话的个数、放射性物质放射出来并到达某区域的粒子数等往往被认为近似

地服从 Poisson 分布. 当然, 在不同条件下, 同样事件在单位时间中出现同等数目的概率不尽相同. 比如中午和晚上某商店在 10 分钟内出现 5 个顾客的概率就不一定相同. 因此, 和二项分布一样, Poisson 分布也是一个分布族. 族中不同成员的区别在于事件出现数目的均值 (通常用 λ 表示) 不一样. Poisson 分布的可能取值范围为所有非负整数. 参数为 λ 的 Poisson 分布变量的概率分布为 ($p(k)$ 表示 Poisson 变量等于 k 的概率)

$$p(k) = e^{-\lambda}\frac{\lambda^k}{k!},\ \ k = 0, 1, 2, \ldots$$

图 4.3.2 为参数为 3、6、10 的 Poisson 分布在 $k = 0, 1, 2, \ldots, 20$ 处的概率图. 该图是用下面代码产生的:

```
P=outer(0:20,c(3,6,10),dpois)
matplot(P,lty=1:3,pch=15:17,type='b',xlab='k',ylab='p(k)')
legend(19,0.23, expression(lambda==3,lambda==6,lambda==10),
  lty=1:3,col=1:3,pch=15:17)
```

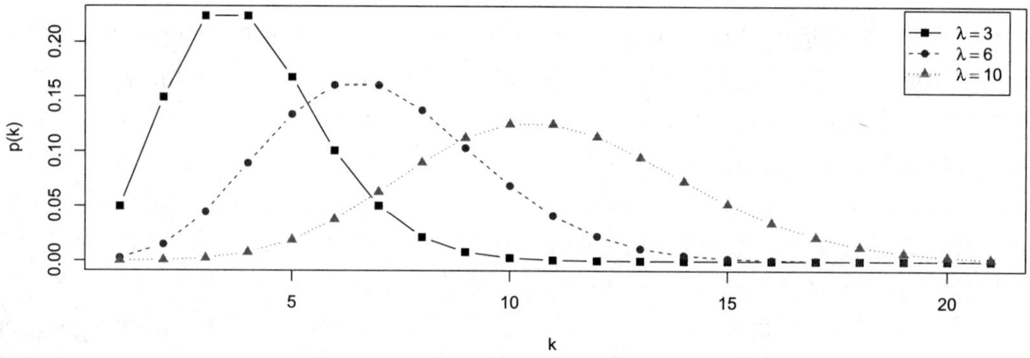

图 4.3.2　参数 λ 为 3、6、10 的 Poisson 分布 (只标出了 20 之内的部分)

Poisson 分布不是对称的, 它在右边有长长的尾巴. 当然, 从图上可以看出尾巴上整数点的概率 (纵坐标) 非常小. 这里没有用条形图, 而用了散点图的形式. 那些点之间用连线连接主要是为了容易比较这三个分布的形状. 实际上只有在整数点上的概率值才有意义.

参数为 λ 的 Poisson 分布用 $P(\lambda)$ 表示. 由其概率分布可以证明其参数 λ 既是 Poisson 变量的总体均值, 也是总体方差, Poisson 分布族中的成员是用不同的 λ 来区分的. 这种均值和方差相同的条件使得真实数据很难满足, 因此用 Poisson 分布来做近似必须非常慎重.

4.3.5 离散分布例子: 超几何分布

另一个理论离散分布超几何分布和有限总体的不放回抽样的实践有密切关系. 假定有一批 500 个产品, 而其中有 5 个次品. 质量检查人员随机抽取 20 个产品进行检查. 如果抽到的 20 个产品中含有 2 个或更多不合格产品, 则整个 500 个产品将会被退回. 这时, 人们想知道, 该批产品被退回的概率是多少? 这种概率就往往被近似地认为满足**超几何分布** (hypergeometric distribution). 这是一种所谓的 ‘‘不放回抽样”, 也就是说, 一次抽取若干物品, 每检查一个之后并不放回. 这样, 每一个产品都不会被重复检查. 如果是 "放回式抽样", 也就是每检查一个就把它放回, 这样再抽取时, 检查过的物品还有可能被抽上, 那么每次抽样时得到次品的概率是一样的, 等于次品的比例, 这就不是超几何分布而是二项分布了. 超几何分布族的成员被三个参数决定: 产品总个数 n, 其中不合格产品数目 m, 不放回抽样的数目 t. 而样本中有 x 个不合格产品的概率为

$$p(x) = \frac{\binom{m}{x}\binom{n-m}{t-x}}{\binom{n}{t}}, \quad x = 0, 1, \ldots, t.$$

看得出来, 超几何分布和排列组合密切相关. 现在, 计算机软件很容易计算超几何分布, 实际工作者很少有机会自己通过公式用笔和纸计算超几何分布了.

4.3.6 连续随机变量

许多变量取连续值, 比如高度、长度、重量、时间、距离等等, 它们被称为**连续变量** (continuous variable). 换言之, 一个随机变量如果能够在一个区间 (无论这个区间多么小) 内取任何值, 则称之为在此区间内的连续随机变量, 其分布称为**连续型概率分布**. 这时它们的概率分布就很难准确地用描述离散变量概率的条形图来表示. 让我们想象连续变量观测值的直方图, 如果其纵坐标为相对频数, 那么所有这些矩形条的高度和为 1, 而且完全可以重新设置量纲, 使得这些矩形条的面积和为 1. 如果不断增加观测值, 并不断增加直方图的矩形条的数目, 这些直方图就会越来越像一条光滑曲线, 其下面的面积和为 1. 这种曲线就是所谓**概率密度函数** (probability density function, pdf), 它简称为密度函数或密度. 图 4.3.3 就展示了逐渐增加矩形条数目的直方图和一个形状类似的密度曲线.

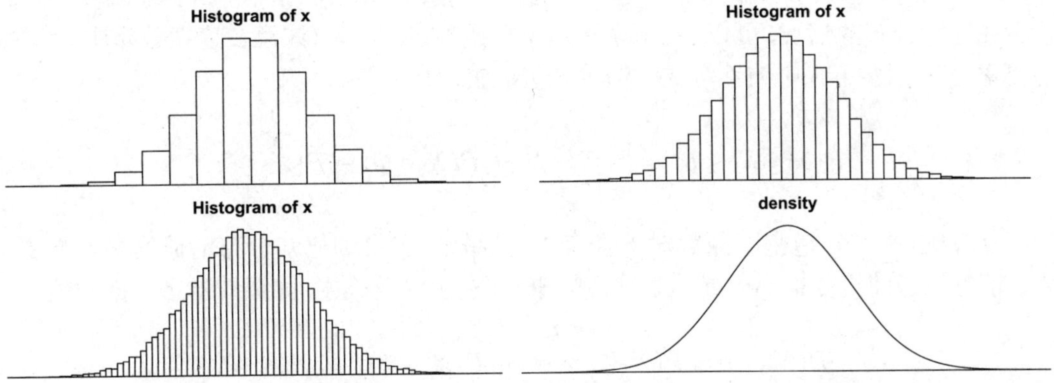

图 4.3.3 逐渐增加观测值数目和矩形条数目的直方图和一个形状类似的密度曲线

图 4.3.3 是由下面代码产生的:

```
x=rnorm(50000)
par(mfrow=c(2,2))
for (i in c(15,50,100)) hist(x,i,axes=F,xlab="",ylab="")
curve(dnorm(x),from=-4,to=4,axes=F,main="density");abline(h=0)
```

连续变量落入某个区间的概率就是概率密度函数的曲线在这个区间上所覆盖的面积,因此,在理论上,这个概率就是密度函数在这个区间上的积分. 学过微积分的人都知道,连续函数在一个点的积分是 0 (因为曲线下面的面积退化成一条线),所以,对于连续变量,取某个特定值的概率都是零,而只有变量取值于某个 (或若干个) 区间的概率才可能大于 0. 和离散变量所有取值的概率和为 1 类似,连续变量密度函数曲线 (这里用 f 表示) 下面覆盖的总面积为 1,即

$$\int_{-\infty}^{\infty} f(x)dx = 1.$$

当然,连续随机变量也有描述变量 ''位置'' 的总体均值、总体中位数、总体百分位数以及描述变量分散 (集中) 程度的总体标准差和总体方差等概念. 具体公式见本章后面小结.

4.3.7 累积分布函数

在前面离散分布的情况可以用 $p(x)$ 表示该变量取值 x 的概率,如果用大写英文字母 X 表示相应分布的随机变量,那么概率 $P(X = x) = p(x)$. 如果 X 的取值范围为整数,则有

$$\begin{aligned} P(m \le X \le n) &= \sum_{k=m}^{n} p(k) = p(m) + p(m+1) + \cdots + p(n) \\ &= P(X \le n) - P(X \le m-1). \end{aligned}$$

在连续分布的情况,可以用 $f(x)$ 表示密度函数,则概率 (注意在连续分布中,单独点的概率为 0,因此下式中的不等式中的等号可以去掉)

$$P(a \le X \le b) = \int_a^b f(x)dx = P(X \le b) - P(X \le a).$$

为了计算概率,只知道密度函数对于查表或应用软件来得到已知分布的概率是不方便的,最好能够知道随机变量小于或等于某值的概率. 在上面公式中,如果知道了下面的值:

$$P(X \le n),\ P(X \le m-1),\ P(X \le b),\ P(X \le a),$$

那么,在对离散分布做计算时就不用做那么多的加法,而在连续分布时就不用做积分了,都仅仅做一个减法即可. 这种随机变量小于或等于某个数值的概率 $P(X \le x)$ 就称为**累积分布函数** (cumulative distribution function, cdf) 或**分布函数**. 累积分布函数概念的引进,对于前计算机时代查表或使用软件得到概率 (根据上面两个公式) 是很方便的.

形式上, 对于来自一个总体的随机变量 X 的分布. 如果 X 是离散的, 则可以用概率质量函数 $p(x)$ 来表示其分布; 如果 X 是连续的, 则可以用概率密度函数 $f(x)$ 来表示其分布. 记这些分布的累积分布函数为 $F(x)$. 在离散情况, $F(x) = \sum_{x_i \leqslant x} p(x)$; 而在连续情况, $F(x) = \int_{-\infty}^{x} f(x)dx$.

注意: 在现实世界中, 一些观测值是否来自一个总体, 或者是否有总体, 都是不清楚的, 来自于一个总体的说法只能够假定. 此外关于分布的各种函数的数学表达式一般是不可能知道的, 只有形式上的意义.

4.3.8 连续分布例子: 正态分布

在用精密天平称重量时, 如果做多次测量, 往往得到多个不同结果, 这些结果被认为近似地服从**正态分布** (normal distribution), 又叫**高斯分布** (Gaussian distribution). 近似地服从正态分布的变量的例子包括测量误差、商品的重量或尺寸、某年龄人群的身高和体重等等. 此外, 在一定条件下, 许多不是正态分布的样本均值在样本量很大时, 也可用正态分布来近似 (参见 4.4.2 节). 但正态分布仅仅是无穷多的分布的一个, **不能随意为了数学的方便而将实际数据的分布假定为正态分布.**

正态分布的密度曲线是一个对称的钟形曲线 (最高点在均值处). 图 4.3.3 所描述的分布就是正态分布. 正态分布也是一族分布, 各种正态分布根据它们的均值和标准差不同而有区别. 因此一个正态分布用 $N(\mu, \sigma)$ 表示, 其中 μ 为 (总体) 均值, 而 σ 为 (总体) 标准差. 正态分布也常用 $N(\mu, \sigma^2)$ 来表示, 这里 σ^2 为 (总体) 方差 (标准差的平方). 当然这里的均值和标准差是总体参数, 而不是样本均值和样本标准差. 这些总体参数在实际问题中是不知道的, 但可以估计, 比如用样本均值和样本标准差来估计总体均值和总体标准差. 正态分布 $N(\mu, \sigma)$ 的密度函数为 (在计算机时代, 真正用这个公式来计算正态变量概率的人已经不多了, 这里介绍它是因为它太著名了):

$$f(x) = \frac{1}{\sqrt{2\pi}\sigma} e^{-\frac{1}{2\sigma^2}(x-\mu)^2}.$$

标准正态分布 $N(0, 1)$ 为均值为 $0(\mu = 0)$, 标准差为 1 $(\sigma = 1)$ 的正态分布, 习惯上, 标准正态分布的密度函数和累积分布函数分别用 ϕ 和 Φ 表示.

图 4.3.4 就是放在一张图中的两条正态分布的曲线. 左边的是 $N(-2, 0.5)$ 分布, 右边的是 $N(0, 1)$ 分布. 均值为 0, 标准差为 1 的正态分布 $N(0, 1)$ 称为**标准正态分布** (standard normal distribution). 标准正态分布的密度函数通常用 $\phi(x)$ 表示. 任何具有正态分布 $N(\mu, \sigma)$ 的随机变量 X 都可以用简单的变换 (减去其均值 μ, 再除以标准差 σ) $Z = (X - \mu)/\sigma$ 而成为标准正态随机变量. 这种变换和标准得分的意义类似. 显然图 4.3.4 $N(-2, 0.5)$ 分布的均值小于 $N(0, 1)$ 的均值, 所以在左边; 而 $N(-2, 0.5)$ 分布的标准差比 $N(0, 1)$ 分布的也要小, 所以密度曲线比较集中. 产生图 4.3.4 的代码如下:

```
x=seq(-5,5,.01)
plot(x,dnorm(x,-2,0.5),xlim=c(-5,5),lty=3,type="l")
lines(x,dnorm(x,0,1),lty=1)
```

```
legend(3.6,.8,c('N(-2,0.5)','N(0,1)'),lty = c(3,1))
```

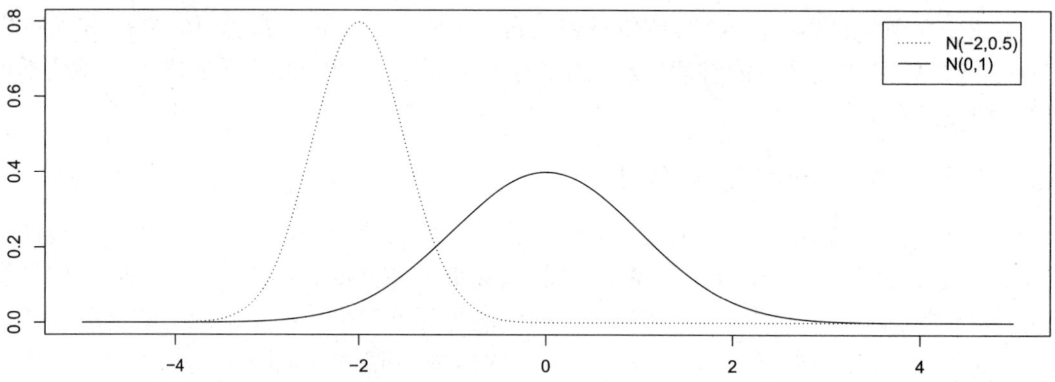

图 4.3.4 两条正态分布的密度曲线. 左边是 $N(-2,0.5)$ 分布, 右边是 $N(0,1)$ 分布

4.3.9 通过正态分布说明连续分布的概率

1. 当然, 和所有连续变量一样, 正态变量落在某个区间的概率就等于在这个区间上密度曲线下面的面积. 比如, 标准正态分布变量落在区间 (0.51,1.57) 中的概率, 就是在标准正态密度曲线下面在 0.51 和 1.57 之间的面积. 图 4.3.5 (左图) 表示了这个面积. 利用统计软件的有关函数 (后面要介绍) 很容易得到这个面积等于 0.24682, 也就是说, 标准正态变量在区间 (0.51,1.57) 中的概率等于 0.24682. 记密度函数为 $\phi(x)$, 那么这个面积等于积分
$$\int_{0.51}^{1.57} \phi(x)dx = 0.24682.$$
2. 现在引进总体的下侧分位数、上侧分位数以及相应的尾概率的概念. 对于连续型随机变量 X, α **下侧分位数** (又称为 α **分位数,** α-quantile) 定义为满足关系 $P(X \le x_\alpha) = \alpha$ 的数 x_α, 这里的 α 称为**下 (左) 侧尾概率** (lower/left tail probability). 而 α **上侧分位数** (又称 α **上分位数,** α-upper quantile) 定义为它满足关系 $P(X \ge x_\alpha) = \alpha$ 的数 x_α, 这里的 α 称为**上 (右) 侧尾概率** (upper/right tail probability). 对于一般的分布, 分位数的定义稍微复杂一些 [3]. 显然, 对于连续分布, α 上侧分位数等于 $(1-\alpha)$ 下侧分位数, 而 $(1-\alpha)$ 上侧分位数等于 α 下侧分位数. 通常用 z_α 表示标准正态分布的 α 上侧分位数, 即对于标准正态分布变量 Z, 有 $P(Z > z_\alpha) = \alpha$.
   图 4.3.5 (右图) 表示了 0.05 上侧分位数 $z_\alpha = z_{0.05}$ 及相应的尾概率 ($\alpha = 0.05$). 有些文献或作者用符号 $z_{1-\alpha}$ 而不是 z_α 来表示 α 上侧分位数, 因此在看参考文献时须注意符号的定义.

[3] 对于一般的分布, 总体的 α 下侧分位数定义为满足 $P(X < x_\alpha) \le \alpha \le P(X \le x_\alpha)$ 的 x_α, 而 α 上侧分位数定义为满足 $P(X > x_\alpha) \le \alpha \le P(X \ge x_\alpha)$ 的 x_α. 这些分位数一般并不一定唯一, 只有对于连续分布, 分位数才唯一.

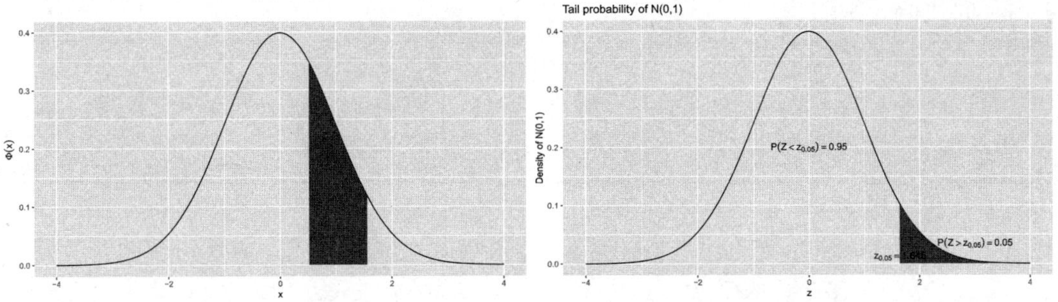

图 4.3.5 左图: 标准正态变量在区间 (0.51, 1.57) 中的概率 (阴影部分面积); 右图: $N(0,1)$ 分布右侧尾概率 $P(Z > z_\alpha) = \alpha$ ($\alpha = 0.05$)

图 4.3.5 是用下面代码产生的:

```
library(tidyverse)
x=seq(-4,4,.01);y=dnorm(x)
data <- tibble(x = x, y = y) %>%
  mutate(variable = case_when(
    (x >.51 & x <= 1.57) ~ "On",
    TRUE ~ NA_character_))
g1=ggplot(data, aes(x, y)) + geom_line() +
  geom_area(data = filter(data, variable == 'On'), fill = 'red') +
  labs(y=expression(Phi(x)))
data <- tibble(x = x, y = y) %>%
  mutate(variable = case_when(
    (x >qnorm(.95)) ~ "On",
    TRUE ~ NA_character_))
g2=ggplot(data, aes(x, y)) + geom_line() +
  geom_area(data = filter(data, variable == 'On'), fill = 'red') +
  annotate(geom="text",x=3,y=.035,label=expression(P(Z>z[0.05])==0.05))+
  annotate(geom="text",x=1.645,y=.012,label=expression(z[0.05]==1.645))+
  annotate(geom="text", x=0, y=.2,label=expression(P(Z<z[0.05])==0.95))+
  labs(x="z", y="Density of N(0,1)",title="Tail probability of N(0,1)")
library(patchwork)
g1+g2
```

4.3.10 连续分布例子: 均匀分布

均匀分布 (uniform distribution) 是最简单的连续型分布. 它的取值范围是一个区间, 比如 (a,b). 均匀分布随机变量 X 取值在该区间的一个子区间的概率等于该子区间宽度与区间 (a,b) 宽度 $b-a$ 之比. 比如区间 (a,b) 为 (0,1) 区间, 那么均匀分布变量 X 落入 $(0.3,0.7)$ 的概率为 $(0.7-0.3)/(1-0)=0.4$. 显然, 均匀分布的密度函数在 (a,b) 区间为常数 $1/(b-a)$, 而在该区间外为零. 这种形状为一个矩形, 因此均匀分布也称为**矩形分布** (rectangular distribution). 图 4.3.6 展示了在区间 $(0,1)$ 上的均匀分布的密度函数. 图 4.3.6

是由下面代码产生的:

```
ggplot(data = data.frame(x= c(-0.5,1.5)),aes(x=x)) +
  stat_function(fun = dunif, args=list(0,1),colour = "red",linetype=1) +
  labs(x="",y="")
```

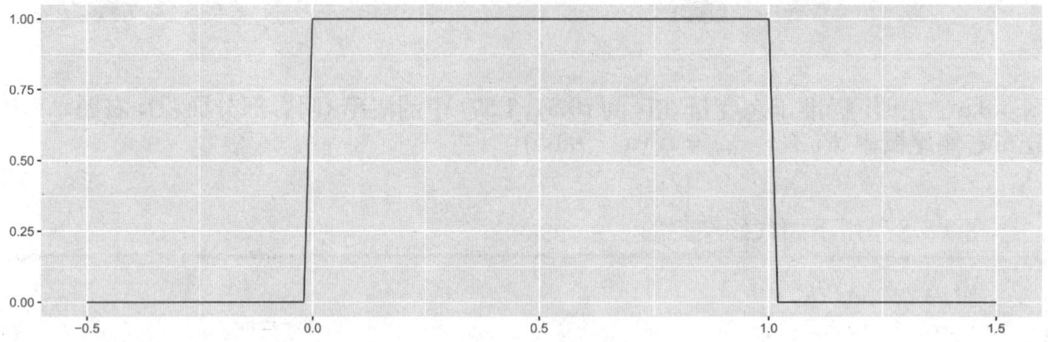

图 4.3.6 在区间 (0,1) 上的均匀分布的密度函数

4.3.11 实际数据中变量的经验分布

在现实世界中, 不可能知道一系列观测值来自什么分布, 但可以根据数据本身, 得到一个经验分布. 经验分布是数据科学的一个重要概念及工具. 下面通过一个数据例子来介绍通过如何实际数据得到变量的经验分布.

例 4.1 (tips.csv) 这是一个关于给服务员小费的数据 (Bryant and Smith, 1995) [4], 有 244 个观测值 (244 行) 及 7 个变量 (7 列). 变量名字为 total_bill (账单总数, 单位: 美元), tip (小费数目, 单位: 美元), sex (付账者性别, 取值: Female, Male), smoker (同桌中是否有吸烟的, 取值: No, Yes), day (星期几, 取值; Fri, Sat, Sun, Thur), time (时间, 取值: Dinner, Lunch), size (同桌人数, 取值: 1 到 6 的整数). 该数据在 R 和 Python 中都可以得到. 在 R 中可以用代码 `data(tips, package="reshape2")` 载入内存.

例 4.1 数据中有 3 个数量变量: total_bill, tip, size, 而其他变量都是用字符串表示的分类变量. 我们没有 (也不可能有) 关于这个数据各个变量总体分布的任何其他信息, 因此基于这个数据, 我们通过连续变量 total_bill 和离散变量 size 来介绍如何描述数据中变量的分布. 可以很容易点出例 4.1 变量 total_bill 的直方图 (图 4.3.7), 生成图 4.3.7 的代码为:

```
data(tips, package="reshape2")
hist(tips$total_bill)
rug(tips$total_bill)
```

[4] Bryant, P. G. and Smith, M (1995) *Practical Data Analysis: Case Studies in Business Statistics*. Homewood, IL: Richard D. Irwin Publishing.

图 4.3.7 仅仅是实际数据的一个表述. 如果认为该数据可以大体上代表某一群体年龄总体的分布, 则可以假定这个数据为来自于该总体的独立同分布的随机变量的实现. 如何用数据近似总体分布呢? 下面做一个一般的介绍.

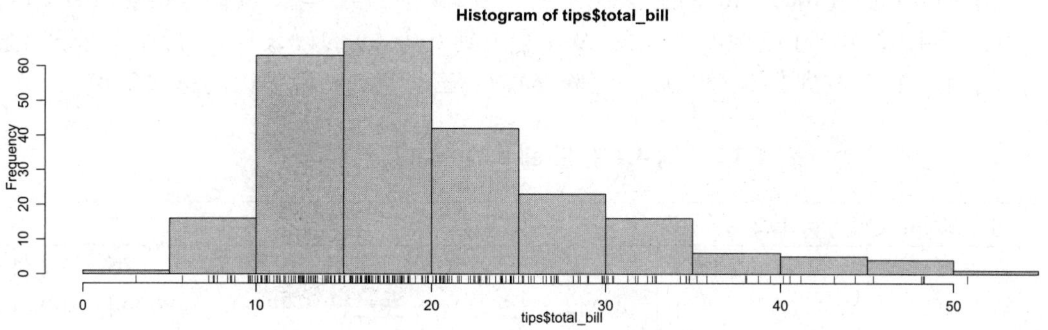

图 4.3.7 例 4.1 变量 total_bill 的直方图

令 $(X_1, X_2, \ldots, X_n)$ 为独立同分布的随机变量, 有共同的累积分布函数 $F(x)$. 于是**经验分布函数** (empirical distribution function) 定义为:

$$\widehat{F}(x) = \frac{(X_1, X_2, \ldots, X_n)\text{中小于等于 } t \text{ 的个数}}{n} = \frac{1}{n}\sum_{i=1}^{n} \mathbf{1}_{X_i \leqslant x}, \tag{4.3.1}$$

式中的 $\mathbf{1}_A$ 为事件 A 的示性函数:

$$\mathbf{1}_{X_i \leqslant x} = \begin{cases} 1, & X_i \leqslant x; \\ 0, & X_i > x. \end{cases}$$

根据经验分布定义 (4.3.1), 每一个数据点提供了概率 $1/n$, 所以经验分布函数是一个阶梯函数, 该函数在任何一个没有重复值的 (如连续变量) 样本点 x_i 的位置上都上升 $1/n$, 如果在 x_i 重复 k_i 次 (如离散变量或情况), 则函数值增加 k_i/n. 图 4.3.8 描述了例 4.1 变量 total_bill 的经验分布.

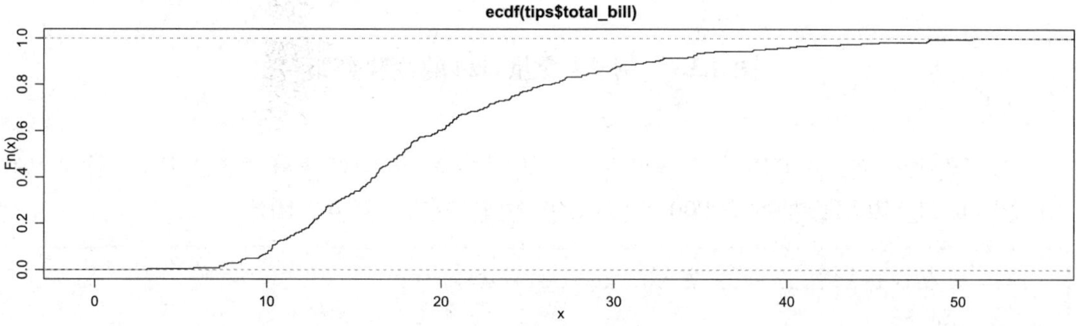

图 4.3.8 例 4.1 变量 total_bill 的经验分布

例 4.1 变量 total_bill 的经验分布函数图 (图 4.3.8) 可以用下面代码生成:

```
```

由于例 4.1 变量 total_bill 有很多不同值, 图 4.3.8 中的点很密. 我们考察变量 size (吃饭人数), 表 4.3.2 给出了吃饭不同人数 (从 1 个人到 6 个人) 的计数 (第一行)、累积和 (第二行等于第一行从左到右累积相加)、经验分布 (第三行第二行除以饭局总数 244)

表 4.3.2　例 4.1 变量 size 的分布及经验分布

每个饭局人数 $i=1,2,\ldots,6$	1	2	3	4	5	6
计数 (x_i)	4	156	38	37	5	4
单点概率 $(p_i=x_i/\sum_{j=1}^{6}x_j)$	4/244	156/244	38/244	37/244	5/244	4/244
累积和 $(s_j=\sum_i^j x_i)$	4	160	198	235	240	244
经验分布 $(\sum_{i=1}^{j}p_i=s_j/\sum_i^6 x_i)$	0.0164	0.6557	0.8115	0.9631	0.9836	1

可以生成变量 size 的经验分布函数图 (图 4.3.9), 代码为:

```
plot(ecdf(tips$size), verticals = TRUE)
```

对应图 4.3.9 和表 4.3.2, 可以看出在 $j=1,2,3,4,5,6$ 的点的经验分布提升了 $\{p_j\}$ 到达 $\{\sum_{i=1}^{j}p_i\}$. 其中最大的跳跃在 $p_2=156/244=0.6393$, 使经验分布达到了 $(4+156)/244=0.6557$.

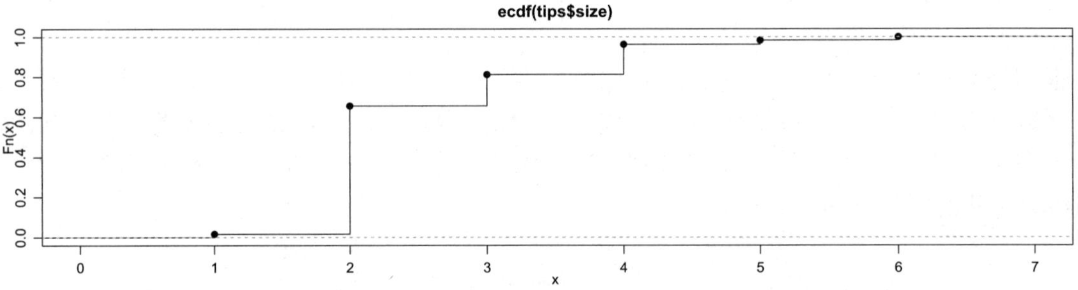

图 4.3.9　例 4.1 变量 size 的经验分布

有了经验分布, 就可以从该分布进行有放回抽样, 得到任意样本量的样本, 比如从例 4.1 变量 total_bill 可以抽取 80000 个样本, 并生成直方图 (图 4.3.10):

```
x=sample(tips$total_bill,80000,replace = TRUE)
hist(x,18)
rug(x)
```

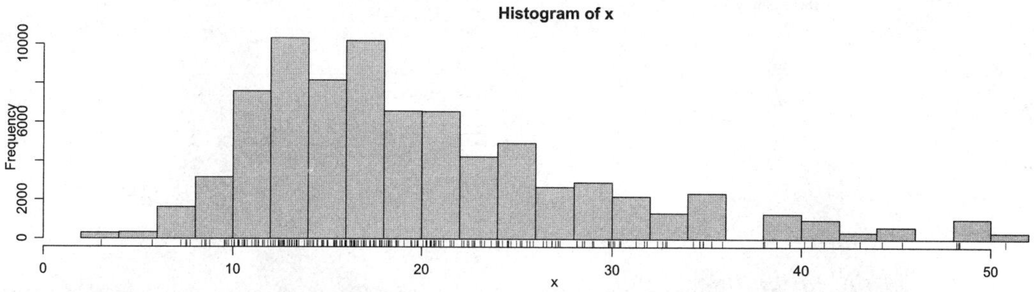

图 4.3.10 从例 4.1 变量 total_bill 数据的有放回抽样得到的直方图

这种从数据中通过有放回再抽样得到样本的过程称为**自助法抽样** (bootstrap sampling).

思考一下:

1. 假定有一批 500 个产品, 而其中有 5 个次品. 质量检查人员随机抽取 20 个产品进行检查. 那么放回抽样和不放回抽样时发现 2 个次品的概率有什么不同? 在何种对数据的数学假定之下可以考虑用理论分布来近似? 如果使用理论分布, 各自服从什么分布较合适?
2. 在前面离散分布的定义中说概率应该同时满足关系 $\sum_i p(x_i) = 1$ 和 $p(x_i) \geq 0$, 有人说第二个式子应该为 $1 \geq p(x_i) \geq 0$, 你觉得有关系吗?
3. 是否可以认为二项分布为多项分布的一个特例?
4. 讨论离散随机变量和连续随机变量之间的区别.
5. 连续型分布取某一指定值的概率为零, 但由于四舍五入, 连续型分布实现的记录为离散的. 比如年龄应该是连续变量, 但记录时大多精确到年或月 (最多到日). 这样连续型分布的记录值则仅仅取一些离散值了. 这应该解释某些诸如一些连续变量的实现值相同等现象.
6. 注意, 真实世界变量的分布大都是不知道的, 因此在历史上人们希望用少数可以用数学语言表示的分布族来近似地描述真实分布. 这种做法有很大的局限性. 非参数统计以及机器学习的方法就是摆脱这种束缚的一个尝试.
7. 用少数数学上方便的分布来假定真实世界数据的分布会产生什么后果?
8. 经验分布和数学假定的分布哪一个更可信一些?
9. 观察例 4.1 变量 total_bill 的自助法抽样得到的直方图 (图 4.3.7), 能够对变量 total_bill 假定正态分布吗?

4.4 抽样分布

4.4.1 什么是抽样分布

人们往往想知道从总体中抽取 n 个样本 $\boldsymbol{X} = (X_1, X_2, \ldots, X_n)$, 所得到 (作为样本 $\boldsymbol{X}$ 的函数) 统计量 (比如记为 $S_n(X)$) 的分布. 这就是所谓的**抽样分布** (sampling distribution).

以例 4.1 的变量为例, 我们不知道理论分布, 但可以知道经验分布, 根据经验分布抽取和原始数据样本量一样的样本, 可以计算我们感兴趣的统计量. 图 4.4.1 左图就是例 4.1 的变量 total_bill 在如此 9999 次抽样中得到的 9999 个中位数的直方图, 而图 4.4.1 右图就是例 4.1 的变量 total_bill 在如此 9999 次抽样中得到的 9999 个均值的直方图.

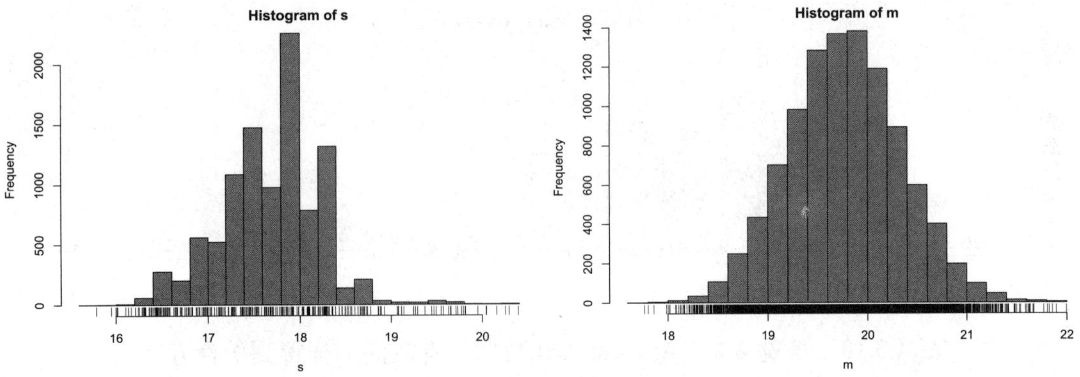

图 4.4.1 例 4.1 变量 total_bill 的中位数 (左) 和均值 (右) 的抽样分布

生成图 4.4.1 的中位数及均值的 9999 个样本及各自的直方图代码为:

```
library(reshape2)
data(tips)
B=9999; s=NULL; m=NULL
for (i in 1:B){
  s=c(s,median(sample(tips$total_bill,replace = TRUE)))
  m=c(m,mean(sample(tips$total_bill,replace = TRUE)))
}
layout(t(1:2))
hist(s,30,col=2);rug(s)
hist(m,30,col=4);rug(m)
```

从图 4.4.1 可以看出, 中位数的抽样分布的直方图 (左图) 远远没有均值 (右图) 那么"漂亮". **根据 4.4.2 节的中心极限定理, 均值的抽样分布有渐近的正态分布, 由于数学上方便, 传统数理统计学家把相当大的精力花费在对均值的研究上.**

4.4.2 中心极限定理

前面小节通过例 4.1 变量 total_bill 的中位数 (左) 和均值 (右) 的抽样分布, 直观表明样本均值的抽样分布呈现出正态分布的直方图, 而中位数没有这种性质. 这种当样本量 (n) 趋向于无穷的时候, 样本均值 $\overline{X} = \frac{1}{n}\sum_{i=1}^{n} X_i$ 趋于正态分布的定理为**中心极限定理** (central limit theorem).

假定一个连续分布的变量 X 的 n 个观测值组成一个样本. 如果 X 的总体均值为 μ, 而总体标准差为 σ, 这两个总体参数通常是未知的. 现在, 我们主要关注总体的均值 μ. 样本均值作为随机变量有如下的性质 (注意, 这里并没有假定 X 的分布):

1. 样本均值 $\overline{X}$ 的抽样分布的总体均值等于 μ.
2. 样本均值 $\overline{X}$ 的抽样分布的总体标准差等于 $\sigma/\sqrt{n}$, 显然, 样本量越大, $\overline{X}$ 的标准差越小.
3. 即使 X 的分布不是正态, 那么在很一般的条件下, 当样本量增加时, $\overline{X}$ 的分布趋近于正态分布 $N(\mu, \sigma/\sqrt{n})$. 这就是所谓的**中心极限定理** (central limit theorem, CLT) [5].

[5] 中心极限定理成立的一个充分条件是, 样本点独立并来自一个总体 (同分布), 总体均值存在, 并且有非零有限总体方差.

当样本量 n 不大时, 作为随机变量的样本均值只有在总体本身是正态分布时才有正态分布. 因而, 纯粹为了使用样本均值时数学上的方便, 一些人总喜欢随意假定总体为正态分布.

由于中心极限定理是描述样本均值的 (或其他以和号为标志的矩统计量), 大量使用中心极限定理的一个实际结果是人们花费大量精力专注于均值的大样本研究. 著名统计学家吴建福提及 J.Friedman 把这一类 ‘‘大样本定理’’ 的 ‘‘研究’’ 称为 ‘‘大样本乌托邦” (Asymptopia). 吴建福指出, 这些研究所使用的方法已经形成一些套路, 即通过做泰勒级数展开, 把尾项丢掉, 就可以得到人们想要的结果. 吴建福把套路中使用最多的数学称为 ‘‘高级泰勒展开”, 所谓 ‘‘自鸣得意泰勒展开” (gloried Taylor series expansions). [6]

思考一下:

1. 通常教科书所说的抽样分布涉及的主要是来自正态总体的观测值的统计量的分布, 用统计量做统计推断就往往需要这些分布.
2. 在统计书中所涉及的与均值有关的抽样分布主要是 10.7.1 节的 χ^2 分布、F 分布、t 分布. 但要注意, 如果没有正态总体的假定, 或者中心极限定理的应用, 是不会有这些分布的. 虽然这些分布在现代数据科学中很少被应用, 但一般的教科书为了显著性检验对这些分布做了过分的描述.

4.5 本章的 Python 代码

首先输入可能用到的基本模块:

```
#导入包
import pandas as pd
import numpy as np
import matplotlib.pyplot as plt
import seaborn as sns
import scipy.stats as stats
import os
os.chdir("E:/")
```

4.5.1 二项分布

绘制二项分布的条形图 (图 4.5.1).

```
fig=plt.figure(figsize=(20,6)) #设置图片大小
fig.subplots_adjust(hspace=0.6,wspace=0.3) #设置图片距离

for p in range(1,10):
    mybar=fig.add_subplot(3,3,p)
    mybar.bar(range(6),stats.binom.pmf(range(6),5,(p+0.0)/10),
              color="blue",edgecolor="black",alpha=0.5)
```

[6]吴建福 (2011). 统计学者的工作及风范: 灵感、抱负、雄心. 应用概率统计, 27 (2).

```
    mybar.set_xticks(range(6)) #设置x轴
    mybar.set_xticklabels(range(6))
    plt.title("p="+str((p+0.0)/10))
plt.show()
```

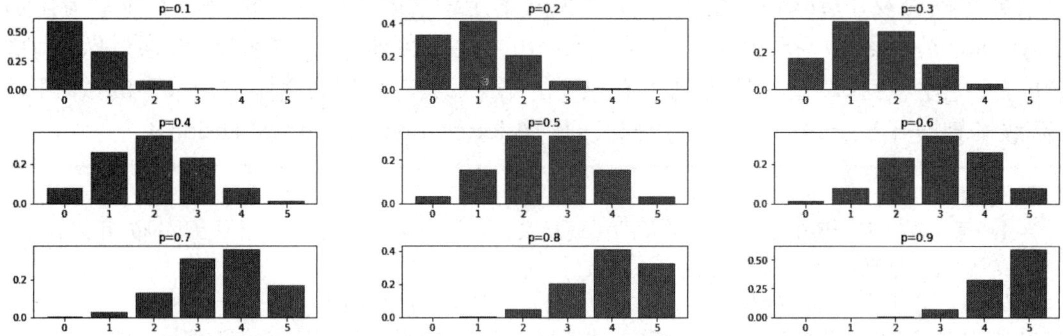

图 4.5.1 九个二项分布 $B(5,p)$ ($p=0.1$ 到 0.9) 的概率分布图

下面代码计算 $B(5,0.5)$ 和 $B(5,0.7)$ 的分布:

```
print(stats.binom.pmf(range(6),5,0.5))
print(stats.binom.pmf(range(6),5,0.7))
```

输出为:

```
[0.03125 0.15625 0.3125  0.3125  0.15625 0.03125]
[0.00243 0.02835 0.1323  0.3087  0.36015 0.16807]
```

4.5.2 Poisson 分布

绘制参数为 3,6,10 的 Poisson 分布的概率图 (图 4.5.2).

```
plt.figure(figsize=(10,4)) #设置图片大小
plt.plot(range(21),stats.poisson.pmf(range(21),3),label=r'$\lambda=3$',
         linewidth=1,color='black',marker='o',
         markerfacecolor='black',markersize=6) #折线1
plt.plot(range(21),stats.poisson.pmf(range(21),6),label=r'$\lambda=6$',
         linewidth=1,color='gray',marker='+',
         markerfacecolor='black',markersize=8,linestyle='--') #折线2
plt.plot(range(21),stats.poisson.pmf(range(21),10),
         label=r'$\lambda=10$',  linewidth=2,color='grey',marker='^',
         markerfacecolor='black',markersize=6,linestyle=':') #折线3
plt.xlabel('k')
plt.ylabel('p(k)')
plt.legend() #图例
```

```
plt.show()
```

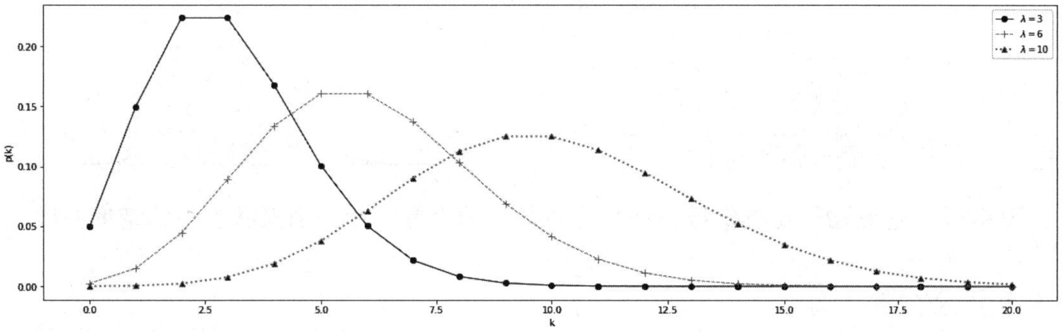

图 4.5.2 参数 λ 为 3、6、10 的 Poisson 分布 (只标出了 20 之内的部分)

4.5.3 连续随机变量的分布

逐渐增加矩形条数目的直方图和一个形状类似的密度曲线 (图 4.5.3).

```
x=stats.norm.rvs(size=50000) #产生随机数
x.sort()

plt.figure(figsize=(20,6)) #设置图片大小
plt.subplots_adjust(hspace=0.6,wspace=0.3) #设置图片距离
mybins=[15,50,100]

#绘制直方图
for i in range(3):
    plt.subplot(2,2,(i+1))
    sns.distplot(x,bins=mybins[i],kde=False,
              hist_kws={"color":"white","edgecolor":"black","alpha":1})
    plt.axhline(y=0,color="black")
    plt.axis('off')
    plt.title("Histogram of x")

#绘制密度曲线图
plt.subplot(2,2,4)
plt.plot(x,stats.norm.pdf(x),color="black")
plt.axis('off')
plt.axhline(y=0,color="black")
plt.title("density")
plt.show()
```

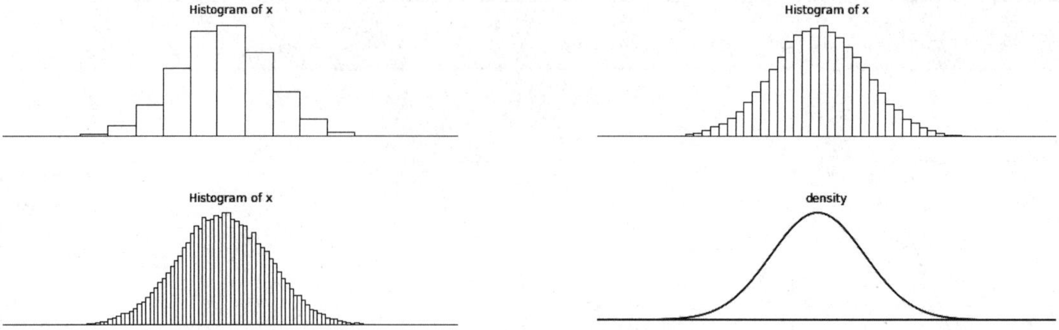

图 4.5.3 逐渐增加观测值数目和矩形条数目的直方图和一个形状类似的密度曲线

4.5.4 正态分布

绘制正态分布密度曲线 (图 4.5.4) 的代码为:

```
x=np.arange(-5,5,0.1) #产生序列

plt.figure(figsize=(20,6)) #设置图片大小
plt.plot(x,stats.norm.pdf(x,-2,0.5),linewidth=1,
         color='black',label="N(-2,0.5)")
plt.plot(x,stats.norm.pdf(x,0,1),linewidth=1,
         color='black',linestyle="--",
         label="N(0,1)")
plt.legend() #绘制图例
plt.show()
```

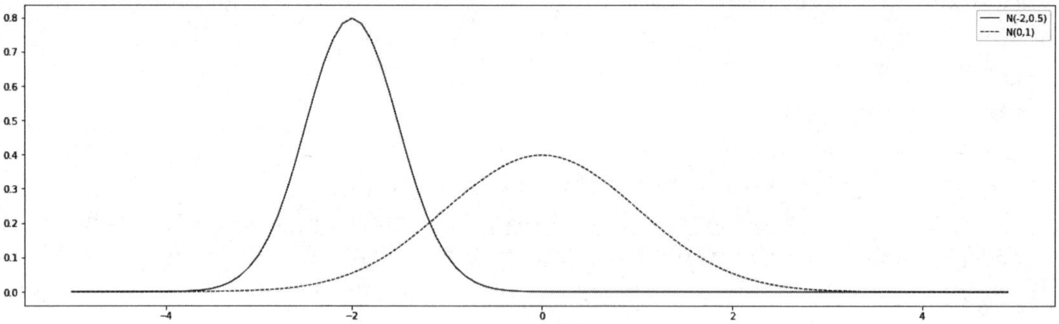

图 4.5.4 两条正态分布的密度曲线. 左边是 $N(-2,0.5)$ 分布, 右边是 $N(0,1)$ 分布

生成标准正态变量区间的概率及右侧尾概率 (图 4.5.5) 的代码为:

```
import scipy.stats as stats
x=np.arange(-4,4,0.1)
y=stats.norm.pdf(x)#产生序列
plt.figure(figsize=(21,6)) #设置图片大小
```

```
plt.subplot(121)
plt.plot(x,y,linewidth=1,color='black') #绘制密度曲线
plt.fill_between(np.arange(0.51,1.57,0.1),
                 stats.norm.pdf(np.arange(0.51,1.57,0.1)),
                 color="blue",alpha=0.5) #曲线下方区域
plt.xlabel("x")
plt.ylabel(r"$\Phi(x)$") #y轴标签

plt.subplot(122)
plt.plot(x,y,linewidth=1,color='black') #绘制密度曲线
plt.fill_between(np.arange(stats.norm.ppf(0.95),4,0.1),
                 stats.norm.pdf(np.arange(stats.norm.ppf(0.95),4,0.1)),
                 color="red",alpha=0.5) #曲线下方区域
plt.xlabel("z")
plt.ylabel("Density of N(0,1)") #y轴标签
plt.title("Tail probability of N(0,1)")
plt.text(2.5,0.035,r"$P(Z>z_{0.05})=0.05$")
plt.text(1.645,-0.005,r"$z_{0.05}=1.645$")
plt.text(-1,0.2,r"$P(Z<z_{0.05}=0.95)$")
```

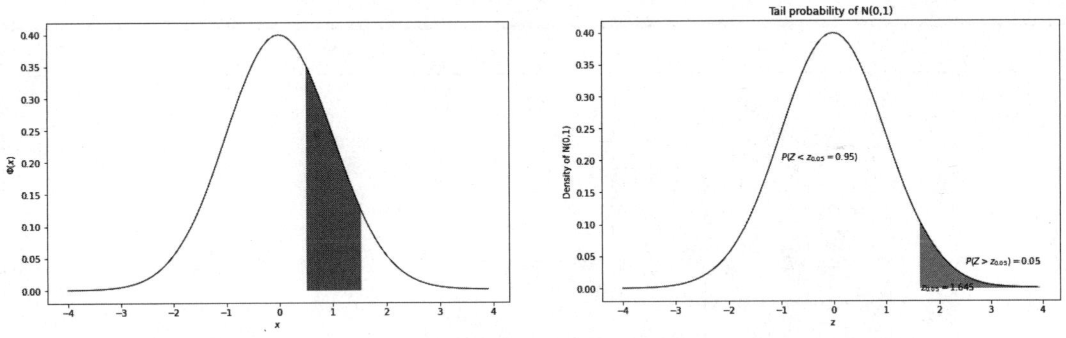

图 4.5.5 标准正态变量在区间 (0.51, 1.57) 中的概率 (左) 右侧尾概率 $P(Z > z_\alpha) = \alpha$**(右)**($\alpha = 0.05$)

4.5.5 均匀分布

绘制均匀分布的密度曲线 (图 4.5.6).

```
x=np.arange(-0.5,1.5,0.01) #产生序列
plt.figure(figsize=(20,6)) #设置图片大小
plt.plot(x,stats.uniform.pdf(x,0,1),linewidth=1,
         color='black',label=r"$F(3,20)$")
plt.show()
```

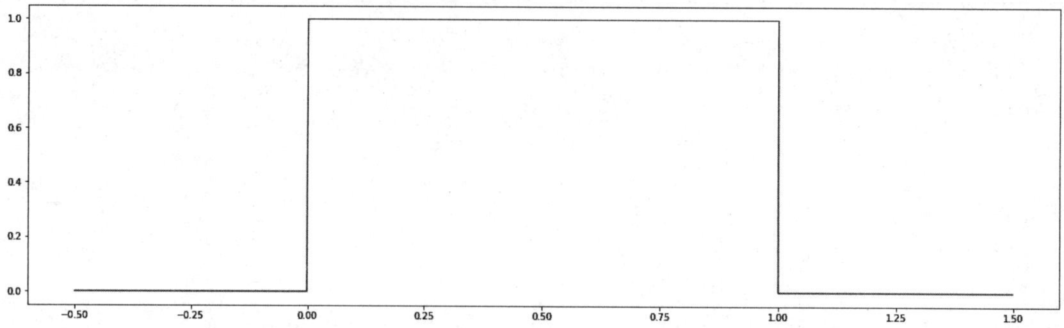

图 4.5.6 在区间 (0,1) 上的均匀分布的密度函数

4.5.6 经验分布

例 4.1 total_bill 变量的直方图 (图 4.5.7).

```
w=pd.read_csv("tips.csv")
plt.figure(figsize=(21,7))
plt.xlabel("total_bill")
plt.ylabel("Frequency")
sns.distplot(w["total_bill"],bins=10,kde=False,rug=True,
    hist_kws={"color":"yellow","edgecolor":"black","alpha":1},
    rug_kws={"color":"black","height":"0.02"})#在直方图下面标出点的位置
```

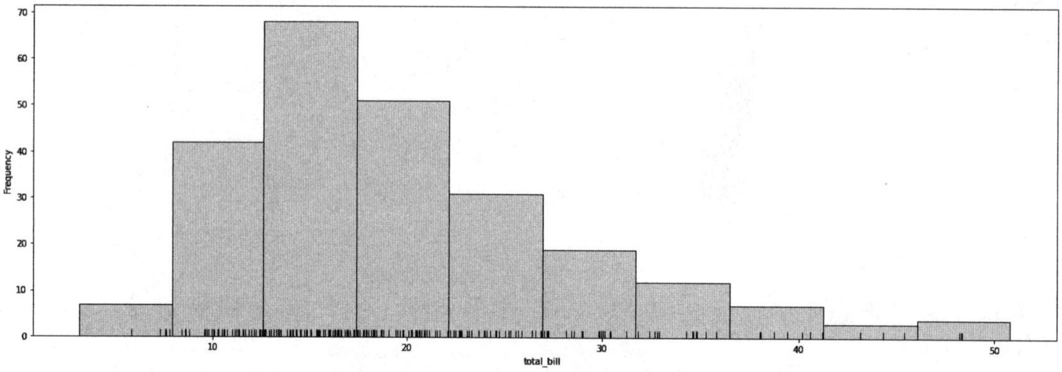

图 4.5.7 例 4.1 total_bill 变量的直方图

例 4.1 total_bill 变量的经验分布图 (图 4.5.8).

```
from statsmodels.distributions.empirical_distribution import ECDF
ecdf=ECDF(w["total_bill"])
plt.figure(figsize=(21,7))
plt.title("ECDF of total_bill")
plt.xlabel("x")
plt.ylabel(r"$F_n(x)$")
```

```
plt.plot(ecdf.x,ecdf.y)
```

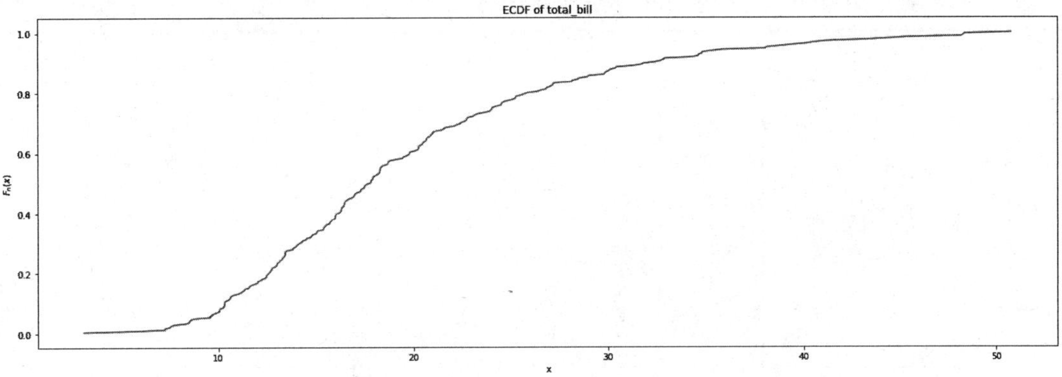

图 4.5.8 例 4.1 total_bill 变量的经验分布图

例 4.1 size 变量的经验分布图 (图 4.5.9).

```
size=ECDF(w["size"])
plt.figure(figsize=(21,7))
plt.title("ECDF of size")
plt.xlabel("x")
plt.ylabel(r"$F_n(x)$")
plt.plot(size.x,size.y)
```

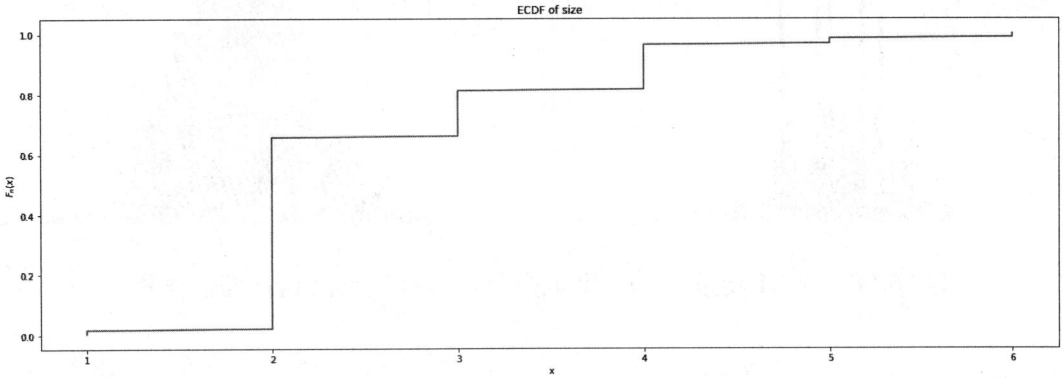

图 4.5.9 例 4.1 size 变量的经验分布图

例 4.1 total_bill 变量有放回抽样 80000 次的直方图 (图 4.5.10).

```
x=np.random.choice(w["total_bill"],80000)
plt.figure(figsize=(21,7))
plt.xlabel("total_bill bootstrap sample")
plt.ylabel("Frequency")
```

```
sns.distplot(x,bins=18,kde=False,rug=True,
    hist_kws={"color":"yellow","edgecolor":"black","alpha":1},
    rug_kws={"color":"black","height":"0.02"})
```

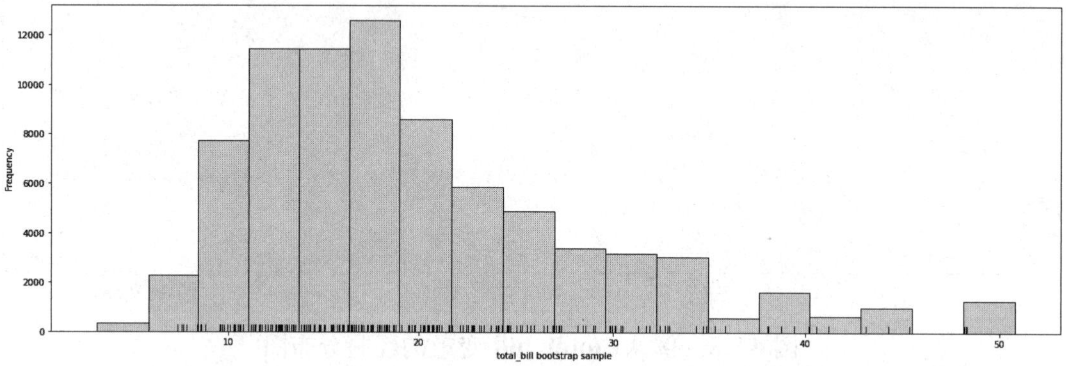

图 4.5.10　例 4.1 total_bill 数据的有放回抽样得到的直方图

4.5.7 抽样分布

例 4.1 total_bill 变量的抽样分布图 (图 4.5.11).

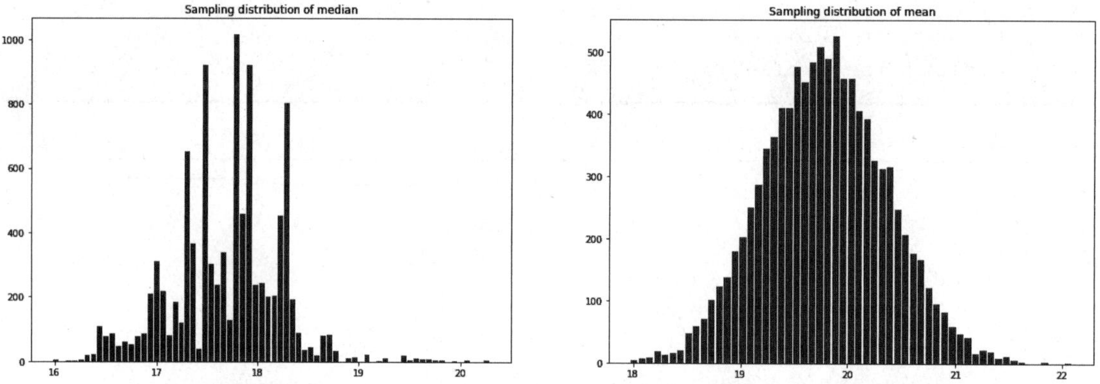

图 4.5.11　例 4.1 变量 total_bill 的中位数 (左) 和均值 (右) 的抽样分布

```
B=9999;s=[];m=[]
for i in range(B):
    x=np.random.choice(w["total_bill"],len(w["total_bill"]))
    s.append(np.median(x))
    m.append(np.mean(x))
plt.figure(figsize=(21,7))
plt.subplot(121)
plt.hist(x=s, bins='auto', color='#0504aa',alpha=0.7, rwidth=0.85)
plt.title('Sampling distribution of median')
```

```
plt.subplot(122)
plt.hist(x=m, bins='auto', color='#0504ff',alpha=0.7, rwidth=0.85)
plt.title('Sampling distribution of mean')
```

4.6 习题

1. 如果一名嫌疑人的血液和犯罪现场留下的血液按照 DNA 分析只有十万分之一的可能不一样. 你如何判断和解释?
2. 如果有百分之五的人是左撇子, 而你和你兄弟都是左撇子. 那么你和你兄弟都是左撇子这样事件的概率是不是 $0.05 \times 0.05 = 0.0025$? 为什么?
3. 一辆汽车的前灯在一年内失效的概率为 0.2, 而该车的电池在一年中失效的概率为 0.1. 那么这两项同时失效的概率是不是 $0.2 \times 0.1 = 0.02$? 如果电池是另外车上的, 答案有所不同吗? 请用常识判断.
4. 在 5 个人中只有一张球票. 于是抽签决定谁去. 假定抽签是随机的. 机会应该均等. 但是你是最后一个抽, 如果前面没有人抽到, 你的机会不就是百分之百了吗? 而如果前面有人抽到, 你的机会不就是 0 了吗? 这样, 你还没有抽, 命运就已经决定. 这公平吗?
5. 每天你都会在上班路上遇到一些从未见过的人, 因此, 这显然是小概率事件. 但你又想, "天天都发生的事情会是小概率事件吗?" 请和同学讨论这个问题.
6. 如果由你从 0 到 9 中随机抽取一个数算是一个试验, 重复这样的试验 10 次, 那么, 得到 0147802493 和得到 9999999999 的概率是否一样? 无论你怎么回答, 请给出这两个事件的概率.
7. 假定 $p = 0.1$ 是每次 Bernoulli 试验中成功的概率. 请计算 (如不怕麻烦, 可以查表甚至用公式):
   (1) 在 15 次试验中至少 3 次成功的概率; (提示: `1-pbinom(2,15,.1)`)
   (2) 在 10 次试验中最多 1 次成功的概率;
   (3) 在 12 次试验中, 成功次数至少 3 次而最多 5 次的概率.
8. 假定 X 为 $N(2, 2)$ 分布, 请计算 (如不怕麻烦, 可以查表甚至用公式):
   (1) X 大于 8 的概率; (提示: `1-pnorm(8,2,2)`)
   (2) X 小于 0 的概率;
   (3) X 在 7 和 8 之间的概率;
   (4) X 在 1 和 2 之间的概率;
   (5) X 在 -4 和 8 之间的概率.
9. 把均值还是把诸如中位数等其他度量作为 "位置" 并不是等同的, 比如, 根据央行统计数据, 全国平均家庭存款约 16.8 万元, 而西南财经大学《中国家庭金融报告》[7] 指出: 有 55% 的家庭的储蓄几乎为零. 也就是说, 家庭储蓄的均值为 16.8 万元, 而中位数为 0. 你觉得哪个更能够看出来真实情况? 这些报道有没有问题?

---

[7]参看网页 https://m.21jingji.com/article/20181010/herald/70eae961b31cd90563519e7cd604ba2d.html.

第 5 章　有监督学习——回归和分类

5.1　问题的提出

5.1.1 多变量相互作用的真实世界

前面的内容大多只涉及一个变量，很少涉及多个变量．但是，世界上任何事物都是互相联系的，绝大多数真实数据都包含有许多变量的观测值，这些变量大都是以各种方式相关联的．数据科学绝大多数应用都涉及多个变量之间的关系．例如，商家绝对不会满足于了解满意顾客的比例，更希望了解什么是影响顾客满意的因素，以及这些因素是如何起作用的．医疗卫生部门不能仅仅知道某流行病的发病率，而且想知道什么变量影响发病率，如何影响发病率的．金融界需要预先识别什么类型的贷款人是有信用的，这就需要通过过去的大量各种记录来建立模型，并通过模型来预测未来贷款人的信用程度．工业上要制造各种性能的材料，必须通过各种实验来得到配方、条件、工艺过程及性能的数据，并根据数据来建立能够对性能做预测的模型．**发现多个变量之间的规律，并且用总结出来的模型来帮助人们进行预测或决策，才是数据科学实践的最终目的．**

5.1.2 数据科学的核心是有监督学习的预测

一般来说，统计可以根据目前所拥有的信息 (数据) 来建立人们所关心的变量和其他有关变量的关系．这种关系一般称为**模型** (model)．假如用 $\boldsymbol{Y}$ 表示感兴趣的变量，用 $\boldsymbol{X}$ 表示其他可能与 $\boldsymbol{Y}$ 有关的变量 ($\boldsymbol{X}$ 也可能是若干变量组成的向量)．则所需要的是建立一个函数关系 $\boldsymbol{Y}=f(\boldsymbol{X})$．这里 $\boldsymbol{Y}$ 称为**因变量**或**响应变量** (dependent variable, response variable)，而 X 称为**自变量**，也称为**解释变量**或**协变量** (independent variable, explanatory variable, covariate)．建立这种关系的过程就叫作**回归** (regression) 或者**分类** (classification)．回归和分类在数据科学中同属于**有监督学习**或**有指导学习** (supervised learning)，**即有目标变量或因变量的建模**．回归和分类的区别在于因变量的性质．当因变量为数量变量时，叫作回归，而当因变量为分类变量 (也称定性变量或名义变量) 时叫作分类．**任何可预测模型都必须是"学习"出来的，也就是说，无论是以数学公式或者是以算法代码描述的模型，必须按照某种标准通过真实的数据来获得这些模型中参数或选项的取值，这就是学习的过程．而标准则应该是以对目标变量预测精度为标准，预测精度则是用交叉验证来获得的，也就是用一部分未参与建模的数据来测试模型的预测精度．**

按照 Yu and Kumbier (2020)，数据科学模型应该满足**三个原则** (principles) [1]：**可预测性** (predictability)、**可计算性** (computability)、**稳定性** (stability)．其中，预测是目标，可计算性及稳定性是有效预测的保证．预测精度是衡量模型优劣的标准．

[1] `https://arxiv.org/pdf/1901.08152.pdf`.

下面一节通过两个数据案例来了解有监督学习的模型建立及预测等要素:

1. 做探索性数据分析, 以直观了解各个变量之间的初步关系.
2. 建立决策树模型, 加深对模型和预测的理解.
3. 通过交叉验证来比较不同模型的优劣, 这时需要引入其他模型以做比较.

5.2 通过数据案例理解有监督学习: 分类问题

5.2.1 例 5.1 欺诈竞标数据

例 5.1 欺诈竞标数据 (Bidding.csv) 这是 eBay 拍卖数据[2], 该数据是关于识别**欺诈竞拍者**[3] (shill bidder) 的. 该数据一共有 6321 个观测值, 13 个变量. 这 13 个变量为: Record_ID (记录标识), Auction_ID (拍卖标识), Bidder_ID (出价者标识), Bidder_Tendency (竞标者倾向, 如果竞标者有只参加少数卖方竞标的倾向, 有可能勾结和串通), Bidding_Ratio (提价频率: 欺诈者频繁提价以吸引合法竞拍者出更高价), Successive_Outbidding (连续竞标: 欺诈者即使自己是当前的最高标者, 也连续小幅提高价格竞标自己), Last_Bidding (最终竞标: 欺诈者在拍卖的最后阶段 (超过拍卖持续时间的 90%) 不作为, 以避免赢得拍卖), Auction_Bids (竞标: 欺诈者出标数目往往比平均高得多), Starting_Price_Average (起拍价: 欺诈者通常提供一个小的起拍价以吸引合法竞标者参加拍卖), Early_Bidding (早期竞标: 欺诈者往往会在拍卖会的早期就竞标 (不到拍卖持续时间的 25%), 以引起拍卖用户的注意), Winning_Ratio (获胜率: 欺诈者参加了很多拍卖, 但是几乎不想赢得任何拍卖), Auction_Duration (拍卖持续时间), Class (取值哑元 0 和 1, 其中 0 代表正常行为竞标, 1 代表欺诈行为).

显然前面 3 个标识变量不应该参与建模, 在后面不会涉及这 3 个变量. 这里关注的问题是如何通过数据建立一个模型来预测变量 Class, 也就是预测某个人是不是"托儿". 该数据网页对于自变量的度量的确定和标准的描述不那么具体, 但这不妨碍我们的分析过程. 我们可以通过数据本身来查看各个变量的关系.

5.2.2 探索性数据分析

1. 每个自变量与因变量单独关系的盒形图

对例 5.1 欺诈竞标数据, 我们可以有初等的直观描述, 由于除了目标变量 (因变量) Class 是分类变量之外所有变量都是数量变量, 因此可以对每个自变量做关于因变量两个水平 (0 和 1) 的盒形图 (图 5.2.1).

从图 5.2.1 的 9 个盒形图可以看出每个自变量与因变量的双边关系, 显然, 从图上看, 3 个能够造成 Class 较大差距的变量是 Successive_Outbidding (上右图), Winning_Ratio (下中图) 和 Bidding_Ratio (上中图), 它们对于 Class 为 0 和 1 分别所生成的 2 个盒形图大部分都不重合. 图中看上去对预测因变量"最没有用"的变量似乎是 Auction_Duration (右

---

[2] Alzahrani, A. and Sadaoui, S. (2018) Scraping and preprocessing commercial auction data for fraud classification. arXiv preprint [Web Link]. 2018 Jun 2. Alzahrani, A, and Sadaoui, S. (2020) Clustering and labeling auction fraud data. *InData Management, Analytics and Innovation*, pp. 269-283. Springer, Singapore. `https://archive.ics.uci.edu/ml/datasets/Shill+Bidding+Dataset`.

[3] 俗称"托儿"或"拍托儿".

下图), 因为它对于 Class 的两个水平几乎一样.

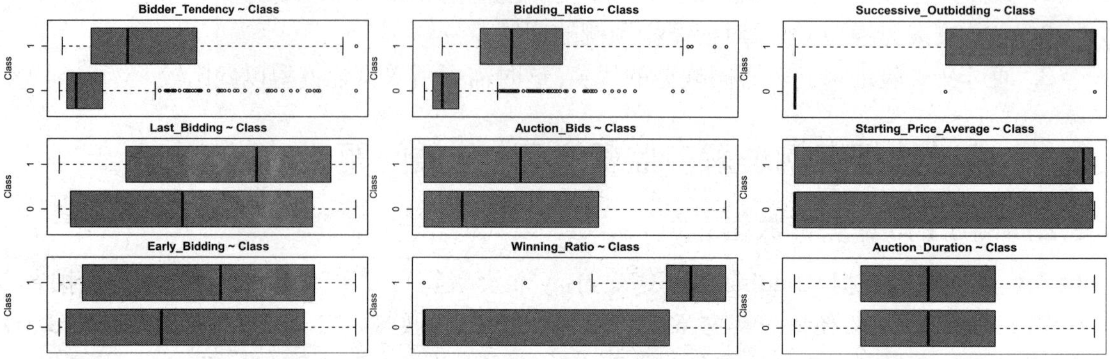

图 5.2.1 例 5.1 欺诈竞标数据的 9 个自变量关于因变量两个水平 (0 和 1) 的盒形图

读入数据及生成图 5.2.1 的 R 代码为:

```
w=read.csv("Bidding.csv")[,-(1:3)];w$Class=factor(w$Class)
par(mfrow=c(3,3))
for (i in 1:9) {
  t=paste(names(w)[i],'~',names(w)[10])
  f=formula(t)
  boxplot(f,horizontal = TRUE,w,ylab = "Class", xaxt='n', col=4)
  title(t)
}
```

2. 不能忽视的组合影响

必须注意的是, 这些自变量并不是互相独立的, 有些变量单独似乎对因变量影响不大, 但在某些情况组合时可能有不可忽视的影响. 我们现在查看对上面 “最没有用” 的变量做对部分数据 (变量 Successive_Outbidding>0.75 时的部分数据) 的盒形图 (图 5.2.2). 图 5.2.2 表明, 在全部数据中, 单独对因变量似乎没有影响的变量 Auction_Duration 在部分数据中影响非常大.

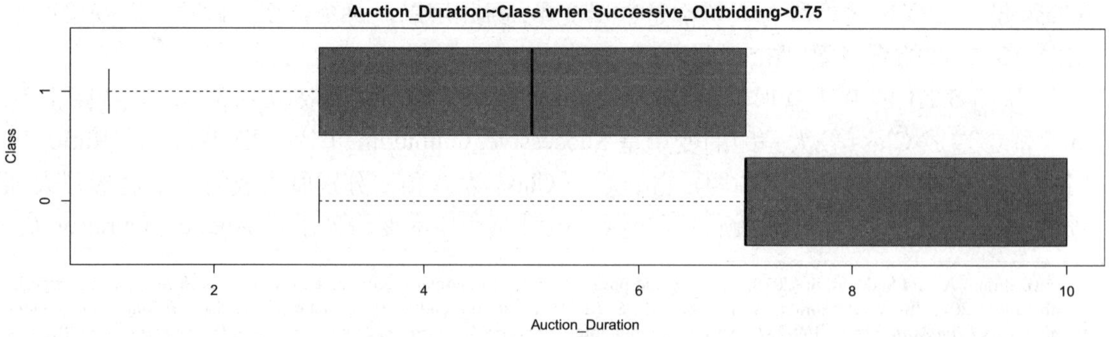

图 5.2.2 对例 5.1 欺诈竞标数据部分数据变量 Auction_Duration 对 Class 的盒形图

生成图 5.2.2 的代码为:

```
boxplot(Auction_Duration~Class,w[w[,3]>0.75,],horizontal = TRUE, col=4)
title('Auction_Duration~Class when Successive_Outbidding>0.75')
```

实际上, **在任何数据分析中, 简单的诸如成对散点图、或者其他形式的 (如这里的多重盒形图) 描述两个变量的图形无法描述更深层次的关系, 往往有误导作用, 不幸的是, 人类由于其感官及手段的局限性, 无法实现较高维数的可视化, 因此, 在大部分情况下, 必须使用其他方式来探索数据之间的关系. 在多变量情况下, 自变量总体对于因变量预测的精确度是一个最重要的度量, 对于单个变量, 最多只可能发现其在集体环境中的作用.**

5.2.3 建立一个决策树分类模型

决策树 (decision tree) 是一种简单而又直观的有监督学习方法. 可以做分类也可以做回归. 下面对于例 5.1 欺诈竞标数据建立一个用决策树预测的模型 (图 5.2.3). 该决策树表明, 对于训练集的数据, 只经过了几次对自变量属性的判断就得到了在 6321 个观测值中只有 23 个被错判的预测结果. 下面先解释决策树的输出, 再谈其原理.

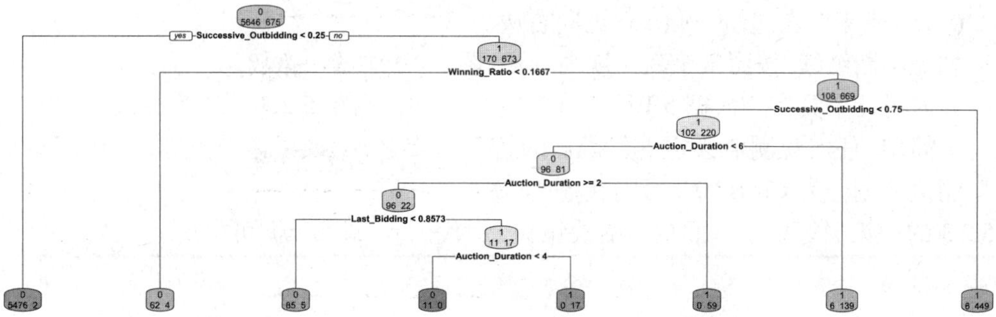

图 5.2.3 例 5.1 欺诈竞标数据的分类决策树

图 5.2.3 是利用 R 程序包 `rpart` [4] 的函数 `rpart` 对例 5.1 欺诈竞标数据的分类问题生成的, 包括读入数据的代码为:

```
w=read.csv("Bidding.csv")[,-(1:3)];w$Class=factor(w$Class)
library(rpart.plot)
b=rpart(Class~.,w);rpart.plot(b,extra=1,digit=4)
```

对图 5.2.3 决策树的解释

以图 5.2.3 为例, 决策树就像一棵从根长出来的树 (这里是倒长的).

1. 最上面一个叫作**根节点** (root node),

[4] Terry Therneau and Beth Atkinson (2019). rpart: Recursive Partitioning and Regression Trees. R package version 4.1-15. `https://CRAN.R-project.org/package=rpart`.

(1) 占据那里的是全部数据 (一共有 6321 个), 其中 5646 个相应于变量 Class 的 “0’’ 类, 而 675 个相应于变量 Class 的 “1’’ 类, 由于 “0’’ 的占多数, 因此该节点数据以 “0’’ 为主. 这也是在该节点显示 “0”, 5646 及 675 等符及数字的缘由.

(2) 在节点下面标明变量 Successive_Outbidding (称为该节点的**拆分变量**, 后面会解释为什么首先考虑是该变量), 并且表明如果对一个观测值满足条件

```
Successive_Outbidding<0.25
```

(yes) 则走向左边, 否则 (no) 走向右边, 于是全部数据就分成两部分称为前面节点的**子节点**: 一部分在左边 (因变量 Class 有 5476 个 “0’’ 及 2 个 “1”, 多数为 “0”), 由于比较纯了 (绝大部分是 “0”, 只有 2 个 “1”), 根据默认准则不再继续划分了, 该节点称为**终节点**或**叶节点** (leaf node or terminal node); 另一部分在右边 (有 170 个 “0’’ 及 673 个 “1”, 多数为 “1”), 不很纯还需要再分.

2. 再看根节点右边显示 “1”, 170 及 673 等符及数字的子节点. 这时的拆分变量为 Winning_Ratio, 如果对一个观测值满足条件:

```
Winning_Ratio< 0.17
```

(yes) 则走向左边, 否则 (no) 走向右边.

3. 如此不断继续, 按照某个默认规则, 得到图 5.2.3 中的决策树.

4. 如何对一个具有和数据 5.1 同样变量的新观测值用图 5.2.3 的决策树做预测呢? 其实很简单, 任何观测值必定落入最后的若干节点之一, 如果该节点标以 “0”, 那么该观测值就划分为 Class “0”, 否则就是 “1”.

图 5.2.3 的决策树等价于下面输出的决策树 (用代码 `print(b)` 可得):

```
n= 6321

node), split, n, loss, yval, (yprob)
      * denotes terminal node

  1) root 6321 675 0 (0.8932130992 0.1067869008)
    2) Successive_Outbidding< 0.25 5478   2 0 (0.9996349032 0.0003650968) *
    3) Successive_Outbidding>=0.25 843 170 1 (0.2016607355 0.7983392645)
      6) Winning_Ratio< 0.1666667 66   4 0 (0.9393939394 0.0606060606) *
      7) Winning_Ratio>=0.1666667 777 108 1 (0.1389961390 0.8610038610)
       14) Successive_Outbidding< 0.75 322 102 1 (0.3167701863 0.6832298137)
         28) Auction_Duration< 6 177  81 0 (0.5423728814 0.4576271186)
           56) Auction_Duration>=2 118  22 0 (0.8135593220 0.1864406780)
            112) Last_Bidding< 0.8573299 90   5 0 (0.9444444444 0.0555555556) *
            113) Last_Bidding>=0.8573299 28  11 1 (0.3928571429 0.6071428571)
              226) Auction_Duration< 4 11   0 0 (1.0000000000 0.0000000000) *
              227) Auction_Duration>=4 17   0 1 (0.0000000000 1.0000000000) *
           57) Auction_Duration< 2 59   0 1 (0.0000000000 1.0000000000) *
         29) Auction_Duration>=6 145   6 1 (0.0413793103 0.9586206897) *
       15) Successive_Outbidding>=0.75 455   6 1 (0.0131868132 0.9868131868) *
```

下面对上面输出做出解释.

1. 前面解释过的根节点及其两个子节点相当于上面输出中的节点 (号码): 1)、2)、3). 这些号码是如何排列的呢? 它假定每个节点都分成两个子节点 (实际上不一定真正分). 即使不再生成新的节点, 但号码保留, 按照这种排号方法, 第 2 层号码为 2)、3); 第 3 层号码为 4) 到 7); 第 4 层号码为 8) 到 15); ...; 第 7 层号码为 128) 到 255), 也就是我们决策树的最后一层, 但我们只有 226) 和 227) 两个节点.
2. 在打印输出中, 头一行是 `n=6321`, 这是数据的样本量 (观测值数目).
3. 打印输出第 2 行为图例:

```
node), split, n, loss, yval, (yprob)
      * denotes terminal node
```

该图例表明: 下面每一行 (节点):

(1) 第一个是节点号码: `node)`.

(2) `split` 表示拆分规则, 除了根节点为 `root` 外, 其他都有满足拆分变量条件的等式或不等式, 该行就是满足该条件的数据子集的状况和信息.

(3) `n` 表示该节点的观测值个数 (样本量).

(4) `loss` 表示损失, 即 ''少数派'' 的数目. 比如在第 2) 节点有 5478 个 "0", 只有 2 个 "1", 因此如果按照 ''少数服从多数'' 原则把该节点的观测值都判为 "0", 则有 2 个判错, 也就是说损失为 2.

(5) `yval` 为多数值 (该节点的少数服从多数结果), 比如在第 2) 节点, 它为 "0".

(6) `(yprob)`, 每行最后都有和因变量的水平 (类) 个数相当的数目 (这里只有 2 类, 因此只有两个数目), 代表两类在该节点所占的比率, 比如第 2) 节点, 变量 Class 两类 ("0'' 和"1") 的比率为 `(0.9996349032 0.0003650968)`, 等于 $5476/(5476+2), 2/(5476+2)$.

(7) 上面图例最后表明, 不再拆分的终节点用星号 ($\star$) 标明.

4. 有了上面的图例, 每一行 (节点) 就可以和图 5.2.3 的每个节点对应上了, 只不过打印输出比图的信息多一些.

5.2.4 如何选择分类决策树的拆分变量

变量选择的标准是通过拆分使得数据变纯的能力. 什么是纯呢? 最纯的是通过拆分使得两个子节点中的目标变量的类型完全单一, 就例 5.1 欺诈竞标数据来说, 如果一个子节点的变量 Class 全部都是 "0" ($p_0 = 100\%$ 的 "0", 或 $p_1 = 0\%$ 的 "1"), 而另一个没有 "0" ($p_0 = 0\%$, 或 $p_1 = 100\%$ 的 "1"). 最不纯的结果是 $p_0 = 50\%$, $p_1 = 50\%$. 有很多度量方法, 其中一种是 **Gini 不纯度** (Gini impurity), 定义为 $I_G = 1 - \sum_{j=1}^{J} p_j^2$ (这里 p_j 为各类的比例, 而且 $\sum_j p_j = 1$), 式中的 J 是因变量的类数 (水平数), 对于例 5.1, $J = 2$, 因此 $I_G = 1 - [p^2 + (1-p)^2]$, 这里 p 可以为在相应节点中因变量某一类的比例, 对于两个子节点来说, 它们的纯度是各自的 Gini 不纯度的 (按照观测值比例) 加权平均. 显然, 对于 $J = 2$ 的情况, $p = 0.5$ 时, Gini 不纯度达到极大值, 而在 $p = 0$ 或 1 时, Gini 不纯度为 0.

在某节点选择拆分变量一般按照下面的步骤:

1. 如果数据已经只有一类了, 或某一类占绝大部分了 (通常按照某种停止生长准则), 则该节点为叶节点. 否则进行下一步.

2. 对每个自变量找到一种方式拆分数据, 其中:
   (1) 对于数量自变量 (比如 X) 都找到一个分割点 x_d, 使得按照该分割点 ($X \leqslant x_d$ 或 $X > x_d$) 使两个子节点数据比其他分割更纯. 如果该自变量有 m 个不同的值, 则有 $m-1$ 种分割方式. 在这些分割方式中选出使数据变得相对最纯的那种分割.
   (2) 对于分类自变量, 也找到一种分割方式, 比如该自变量有 3 类, 则有 3 种方式分割成 2 部分, 如果有 m 个不同的类, 则根据中学数学知识, 有 $2^{m-1}-1$ 种分割方式. 在这些分割方式中选出使数据变得相对最纯的那种划分.
3. 然后在不同变量之间竞争 (每个变量以其最优的分割方式参与竞争), 选出最优的作为拆分变量. 然后对于其子节点回到步骤 1.

注意, 每个节点的拆分变量的选择只和该节点的数据 (子集) 有关, 而拆分的原则仅仅依赖于两个子节点的纯度增加. 除了 Gini 不纯度之外, 还有用**熵** (entropy) 来衡量的信息不纯度, 这往往是软件中的选项之一.

另一个问题是: 让决策树不断地长下去直到无法增长为止, 还是适可而止? 这涉及剪枝问题, 人们总是希望模型既有效又简单. 模型对于训练集太精确了, 可能会**过拟合** (over fitting), 也就是说对于没有参加建模的测试集不精确. 一般统计软件都有关于剪枝的默认准则, 本书采用的就是软件的默认值..

5.2.5 预测精度的交叉验证

训练集的预测精度不可靠

从图 5.2.3 或者上面打印输出可以数得出来, 一共有 $2+4+5=11$ 个原本属于 “1’’ 的被判为 “0”; 有 $6+6=12$ 个原本是 “0’’ 的判为 “1”, 也就是误判了 23 个, 占总数的比例为 $23/6321=0.003638665$. 这可以由下面代码得到:

```
> table(w$Class,predict(b,w,type="class"))
       0    1
  0 5634   12
  1   11  664
> mean(w$Class!=predict(b,w,type="class"))
[1] 0.003638665
```

上面的 2×2 矩阵称为**混淆矩阵** (confusion matrix), 行代表正确的类, 列代表模型判断的类, 对角线外为错判个数; 下面输出是总的误判率 (0.003638665).

这个误判率只说明**训练集** (training set) 本身的误判, 也就是训练这个决策树的全部数据. 这种用训练集来判断预测精度的做法是不可取的, 应该使用**交叉验证** (cross validation), 也就是用没有参与建模的数据集, 即**测试集** (testing set) 来看误判率.

例 5.1 欺诈竞标数据预测的交叉验证

对于交叉验证, 有很多不同的训练集和测试集的选择方法. 其中一种就是所谓的 Z 折交叉验证, 也就是说, 把数据随机分成 Z 份, 每次用 $Z-1$ 份数据作为训练集来建立模型,而用剩下的 1 份作为测试集来看误判率. 这种测试可做 Z 次, 于是每个观测值都进入过测试集并得到其误判率. 下面就是对例 5.1 数据做预测精度的 10 折交叉验证代码 (需要事先运行 5.5 节代码 `Fold` 及 `CVC0`):

```
sb=CVC0(w,D=10,Z=10,fun=rpart)
# 函数 CVC0 中: w 为数据, D为因变量的位置, Z为折数, fun为模型
# CVC0 函数输出预测值 $pred, 混淆矩阵 $cfm 及 误判率 $error
```

得到的交叉验证混淆矩阵及误判率为:

```
> sb$cfm
  pred
       0    1
  0 5634   12
  1   12  663
> sb$error
[1] 0.003796868
```

比用全部数据多一个误判观测值 (把 “1’’ 判成 “0”).

5.2.6 例 5.1 欺诈竞标数据决策树分类的变量重要性

对于不同的建模方法, 自变量在建模中的重要性的确定方式也不同. 从前面 5.2.2 节的探索性画图可以看出变量以不同方式显示出的与因变量的关系. 而从图 5.2.3 中也可以看出在不同的节点上 (不同的数据集中), 哪些变量被选成拆分变量.

对于例 5.1 欺诈竞标数据, 从决策树的打印输出或图 5.2.3 显示了所选的拆分变量有: Successive_Outbidding (后来还出现过), Winning_Ratio, Auction_Duration, Last_Bidding 等 4 个. 其中包括在 5.2.2 节的探索中涉及的表面不重要的变量 Auction_Duration. 在 R 软件中可以输出根据决策树的特点总结出来的变量重要性 ((图 5.2.4)).

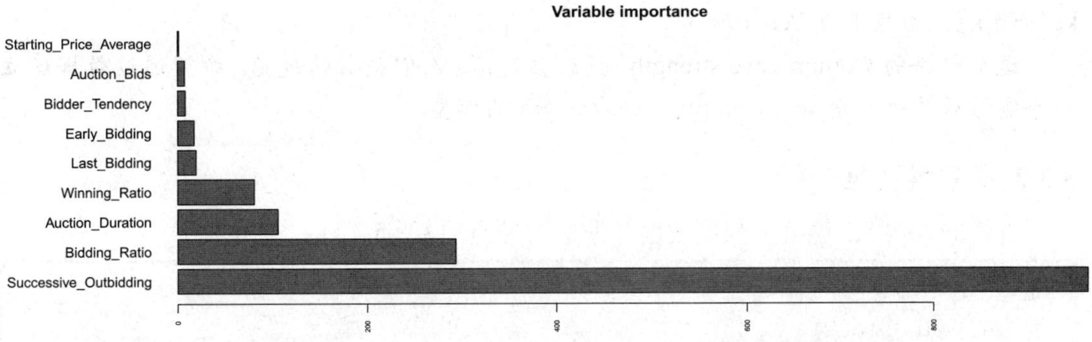

图 5.2.4 例 5.1 欺诈竞标数据决策树分类的变量重要性图

图 5.2.4 是用下面代码点出的, 图中显示各个变量重要性的排序及相对大小.

```
barplot(b$variable.importance,horiz = TRUE,las=2,
        main="Variable importance",col=4,cex.axis = .5)
```

思考一下:

1. 分类问题是非常重要的有监督学习问题, 在前计算机时代, 由于缺乏处理这类问题的数学方法, 一直不像回归那样有较集中 (但也极其有限) 的研究. 在目前计算机能力不断增加的环境下, 分类的模型飞速发展, 很多回归的机器学习方法都是从分类方法发展起来的.
2. 决策树的决策过程和人大脑的决策非常相似: 根据数据所反映出来的各种问题的轻重缓急一步一步地做出局部最优决定.
3. 决策树对数据结构敏感, 如果数据变化了, 决策结果也会变化, 这是单独一个决策树的弱点, 但这也是产生后面要介绍的更加优秀的组合方法的一个有利条件. 对决策树理解之后, 会很容易明白后面要介绍的各种组合方法.
4. 交叉验证是判断预测精度的一个客观方法. 在传统的数学模型驱动的统计中基本不提交叉验证, 而是完全沉醉在数学假定的海洋中寻求虚幻的 ''拟合优度'', 这既反映了前计算机时代人们客观上的无能, 也反映了陷于数学公式的主观思维的局限性. 30 多年前, 著名统计学家 Gorge Box 在对 Shafer (1990) 的评论中说: "我们目前可悲的情况和可疑的未来源于以下事实: 数学尾巴被允许摇动统计狗太长时间了." [a]

[a]原文是: "Our present lamentable situation and somewhat dubious future arises from the fact that the mathematical tail has been allowed to wag the statistical dog for far too long." ''尾巴摇狗'' 是一个成语, 通常是指重要的事物或强大的事物受较次要的事物控制.

5.3 通过数据案例理解有监督学习: 回归问题

5.3.1 例 5.2 混凝土强度数据

例 5.2 (Concrete.csv) **混凝土强度数据**. 该数据包含了混凝土 7 种成分, 时间, 抗压强度等 9 个变量. 共有 1030 个观测值. 这些变量为 Cement (水泥), Blast.Furnace.Slag (高炉矿渣), Fly.Ash (粉煤灰), Water (水), Superplasticizer (超塑化剂), Coarse.Aggregate(粗骨料), Fine.Aggregate(细骨料), Age(时间), Compressive.strength (抗压强度). 其中除了 Age (时间) 单位是天, Compressive.strength (抗压强度) 为 MPa(兆帕) 之外, 全部是在 m3 号混合中的 kg(千克) 数. 数据来自 Yeh(1998) [5].

这个数据的 Compressive.strength (抗压强度) 是人们关心的度量. 希望通过数据建立一个能够从其他变量预测 Compressive.strength 的模型.

5.3.2 探索性数据分析

首先输入例 5.2 混凝土强度数据并做成对散点图 (图 5.3.1):

```
u=read.csv("Concrete.csv")
require(ggplot2)
require(GGally)
ggplot2::theme_set(ggplot2::theme_bw())
```

[5]可从网页 https://archive.ics.uci.edu/ml/datasets/Concrete+Compressive+Strength下载.

```
u %>% ggpairs()
```

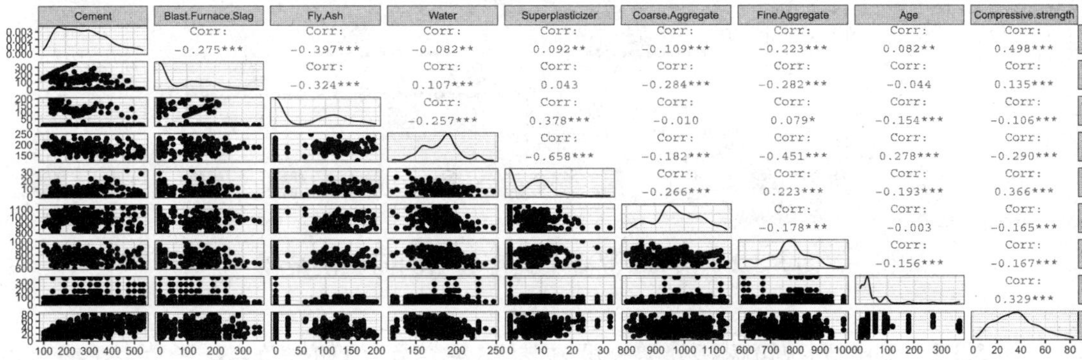

图 5.3.1 例 5.2 混凝土强度数据的成对散点图

图 5.3.1 是例 5.2 混凝土强度数据各个变量的两两散点图矩阵, 由于对称性, 实际上只有矩阵左下三角是散点图, 而对角线是类似于直方图的各个变量的近似密度曲线, 而矩阵的上三角为变量之间的 **Pearson 线性相关系数** (Pearson′s correlation coefficient) [6] 又称为**相关系数**或**线性相关系数**. 它描述线性相关强度, 取值于 -1 和 1 之间. r 的绝对值越接近于 1, 被认为越线性相关, 但线性相关绝对不等于相关. 另外 $|r|$ 多大才算相关也仅仅是主观决定, 永远得不到一个统一的说法.

从图 5.3.1 可以看出, 线性相关系数绝对值都小于 0.5. 和因变量线性相关系数最大的前三名是变量 Cement (0.4978)、Superplasticizer (0.3661)、Age (0.3289). 而变量 Water (0.2896) 仅占第 4 位, 但对于部分数据, 比如当 Age < 21 及 Cement < 355 时, Water 与因变量的线性相关系绝对值数升到 0.4436. 因此, 类似于分类问题, 变量之间的关系 (不仅仅是线性相关) 依数据的子集变化而变化.

5.3.3 建立一个决策树回归模型

对例 5.2 混凝土强度数据建立一个决策树回归的模型, 完全类似于分类, 代码如下 (生成图 5.3.2):

```
u=read.csv("Concrete.csv")
library(rpart.plot)
a=rpart(Compressive.strength~.,u)
rpart.plot(a,extra=1,digit=4)
```

[6] Pearson 相关系数. 一般用字母 r 表示. 它是由两个变量的样本 $x_1,\dots,x_n$ 及 $y_1,\dots,y_n$ 取值得到, 计算公式为:

$$r=\frac{\sum_{i=1}^{n}(x_i-\bar{x})(y_i-\bar{y})}{\sqrt{\sum_{i=1}^{n}(x_i-\bar{x})^2}\sqrt{\sum_{i=1}^{n}(y_i-\bar{y})^2}}.$$

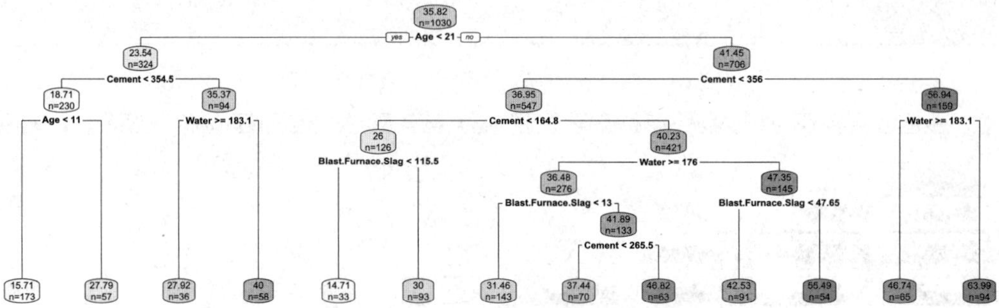

图 5.3.2 例 5.2 混凝土强度数据的回归决策树

图 5.3.2 中的回归决策树和分类决策树很像, 各个节点 (如根节点、子节点、终节点等) 的意义也类似, 每个节点代表一个数据子集, 但在节点上面的标记不再是因变量的类 (如例 5.1 中的 "0" 或 "1"), 而是一个数字, 该数字等于在该节点数据中因变量的均值. 在图 5.3.2 中的节点中还给出了该节点的样本量. 因此, 对于一个任意有类似变量的观测值, 在决策树中必定按照各种条件落入一个终节点, 而其因变量的预测值就是该终节点**因变量的均值**.

该回归树也可以打印出来 (用 `print(a)`), 它等价于图 5.3.2 的决策树, 只不过比图形更详细而已.

```
n= 1030

node), split, n, deviance, yval
      * denotes terminal node

  1) root 1030 287175.2000 35.81796
    2) Age< 21 324  49754.2300 23.54123
      4) Cement< 354.5 230  18387.2500 18.70622
        8) Age< 10.5 173   9063.3820 15.71393 *
        9) Age>=10.5 57   3073.5010 27.78807 *
      5) Cement>=354.5 94  12834.1800 35.37160
       10) Water>=183.05 36   3801.3020 27.91917 *
       11) Water< 183.05 58   5792.4850 39.99724 *
    3) Age>=21 706 166177.9000 41.45204
      6) Cement< 355.95 547  88933.9600 36.95020
       12) Cement< 164.8 126  10420.6900 25.99714
         24) Blast.Furnace.Slag< 115.5 33    484.4976 14.71152 *
         25) Blast.Furnace.Slag>=115.5 93   4241.7260 30.00172 *
       13) Cement>=164.8 421  58873.0400 40.22831
         26) Water>=176 276  27953.7200 36.48475
           52) Blast.Furnace.Slag< 13 143   7604.8070 31.46049 *
           53) Blast.Furnace.Slag>=13 133  12857.9600 41.88677
            106) Cement< 265.5 70   5072.3410 37.44357 *
            107) Cement>=265.5 63   4868.1940 46.82365 *
         27) Water< 176 145  19688.9400 47.35400
           54) Blast.Furnace.Slag< 47.65 91   7681.1180 42.52582 *
```

```
      55) Blast.Furnace.Slag>=47.65 54   6311.6640 55.49037 *
   7) Cement>=355.95 159  28020.1600 56.93950
    14) Water>=183.05 65   7903.7540 46.73969 *
    15) Water< 183.05 94   8677.9770 63.99255 *
```

这个回归决策树和分类决策树的打印输出的不同之处在于每行 (每个节点) 的信息不大相同. 根据图例第 2 行:

```
node), split, n, deviance, yval
```

1. 第 1 项节点号码 (`node)`), 第 2 项拆分条件 `split` 及第 3 项节点样本量 `n` 都和分类决策树相同.
2. 第 4 项是 `deviance` 相当于损失, 但这里是相应子节点的残差平方和. 记该节点的因变量观测值为 $y_1, y_2, \ldots, y_n$ 则该节点的 `deviance` 等于 $\sum_{i=1}^{n}(y_i - \bar{y})^2$. 比如, 在根节点 (节点号码 `1)`), `deviance` 可以用代码 `sum((u[,9]-mean(u[,9]))^2)` 计算, 得到 287175.2; 而在节点 (号码 `2)`), `deviance` 可以用代码
`sum((u[u$Age<21,9]-mean(u[u$Age<21,9]))^2)`
计算, 得到 49754.23. 这都和打印出来的一致.
3. 图例中最后一项 `yval` (y-value) 为相应节点预测的因变量的值, 等于该节点因变量的均值.

5.3.4 如何选择回归决策树的拆分变量

这里的选择原则和分类决策树类似, 即在每个节点, 选择使得节点 "变纯" 速度最快的变量的分割, 只不过这里的 "纯" 不是关于分类时因变量的类, 而是数量因变量的 (前面定义的) "`deviance`". 因此最优的拆分是使得 (两个) 子节点的 `deviance` 之和在这个拆分条件下比其他的都小.

和分类决策树的情况类似, 每个节点的拆分变量的选择只和该节点的数据 (子集) 有关, 而拆分的原则仅仅依赖于两个子节点的 `deviance` 之和 (相当于下面 5.3.5 节的局限于这一次拆分的 RSS).

5.3.5 回归中的交叉验证预测精度与残差的区别

训练集回归的度量: 残差及残差平方和

在这里必须说一下回归中的**残差** (residual) 概念. 一般来说, 如果训练集的样本量为 n, 并假定有 k 个自变量, 它们的 n 个观测值记为:

$$\boldsymbol{x}_i = (x_{1i}, x_{2i}, \ldots, x_{ki}),\ i = 1, 2, \ldots, n,$$

还记因变量的 n 个观测值为:

$$\boldsymbol{y} = (y_1, y_2, \ldots, y_n).$$

如果用函数 $f()$ 表示我们 "学习" 出来的回归模型, 那么, 对于每个观测值 (向量) $\boldsymbol{x}_i$, 都会产生一个关于相应因变量的预测值, 记为 $\hat{y}_i = f(\boldsymbol{x}_i)$. 当然, 这里预测值 $\hat{y}_i$ 不一定刚好等于真实值 y_i. 它们之间的差值则定义为关于第 i 个观测的残差: $e_i = y_i - \hat{y}_i$, 残差越小, 说明有好的**拟合** (fitting). 在传统统计中, 通常用**残差平方和** (residual sum of squares, RSS)

$$\text{RSS} = \sum_{i=1}^{n} e_i^2 = \sum_{i=1}^{n} (y_i - \hat{y}_i)^2.$$

来描述拟合好坏. 也有用其他类似度量, 比如 $\sqrt{\text{RSS}}$, $\frac{1}{n}\text{RSS}$ 或者残差绝对值和 $\sum_{i=1}^{n} |e_i|$ 等等. 还有一个没有模型时就用因变量均值作为预测的度量, 称为 **TSS** (total sum of squares), 定义为:

$$\text{TSS} = \sum_{i=1}^{n} (y_i - \overline{y})^2.$$

传统统计还有一个所谓**可决系数** (coefficient of determination,), 定义为:

$$R^2 = 1 - \frac{\text{RSS}}{\text{TSS}} = 1 - \frac{\sum_{i=1}^{n} (e_i = y_i - \hat{y}_i)^2}{\sum_{i=1}^{n} (y_i - \overline{y})^2}.$$

显然, 一个模型如果拟合很好, 则诸如 RSS 等度量会很小, 而 R^2 会接近 1. 但是要注意的是: **残差是对训练集本身预测的描述, 但不代表模型的预测精度, 预测精度必须是对训练集的交叉验证预测精度. 对于任何一个数据, 都可以轻易得到一个残差全部为 0 的模型 (即 RSS $= 0$ 或者 $R^2 = 1$), 但这类模型显然是过拟合的, 完全没有任何用处的.**

在回归决策树中, 第 i 个观测值的预测值就是观测值所落入的终节点的因变量的均值, 但由于有很多终节点, 因此这些预测值也不相同, 一共有和终节点个数一样的不同预测值. 但对于落入同一个终节点中的观测值来说, 预测值是相同的.

交叉验证及预测精度的度量

在传统统计中, 仅在一些为方便数学推导而做的假定下, 给出一些判断模型优劣的标准. 如果没有这些主观的假定, 传统统计完全没有办法比较任意两个模型. 如前面叙述过的, **模型的预测精度必须用测试集通过交叉验证来度量.** 我们还是借用前面涉及残差的度量方式, 定义**误差平方和** (sum of squared errors, SSE)、**均方误差** (mean squared error, MSE) 及**标准化均方误差** (normalized mean squared error, NMSE) 分别为

$$\text{SSE} = \sum_{i=1}^{n} (y_i - \hat{y}_i)^2; \tag{5.3.1}$$

$$\text{MSE} = \frac{1}{n}\text{SSE} = \frac{1}{n}\sum_{i=1}^{n} (y_i - \hat{y}_i)^2; \tag{5.3.2}$$

$$\text{NMSE} = \frac{\sum_{i=1}^{n} (y_i - \hat{y}_i)^2}{\sum_{i=1}^{n} (y_i - \overline{y})^2}. \tag{5.3.3}$$

这里的公式类似于前面和残差相关的度量, 但多数是基于测试集, 至少不限于训练集, 因此名字也变得中性一些, 用 "误差" 代替了 "残差". 也可以类似地定义 $R^2 = 1 - \text{NMSE}$, 但宁可不称之为可决系数, 以避免和前面的混淆. [7] 如果使用交叉验证, 在模型不好时, NMSE 可能大于 1, 或者 $R^2 < 0$.

5.3.6 例 5.2 混凝土强度数据回归预测精度的交叉验证

我们对例 5.2 混凝土强度数据做决策树回归预测精度的交叉验证, 这里做 10 折交叉验证, 也就是把数据随机分成 10 份, 然后轮流把每 9 份作为训练集得到决策树模型, 再用一份作为测试集得到该份所有变量的预测值, 如此进行 10 次之后, 每个观测值都得到了交叉验证预测值, 即 $\hat{y}_i\ (i = 1, 2, \ldots, n)$, 然后按照上面公式 (5.3.3) 计算 NMSE, 利用 5.5 节的函数 CVR (需要先运行该函数) 的代码为:

```
nmse=CVR(u,D=9,Z=10,seed = 8888)$nmse # u 为数据, D为因变量位置, Z为折数
a=rpart(Compressive.strength~.,u);D=9
nmsr=sum((u[,9]-predict(a,u))^2)/sum((u[,D]-mean(u[,D]))^2)
cat('10 fold cross validation NMSE = ', nmse,
'\nNMSE for training set = ', nmsr)
```

得到的输出为:

```
10 fold cross validation NMSE =  0.2907538
NMSE for training set =  0.2596908
```

也就是说, 交叉验证得到的 NMSE 等于 0.2907538, 而使用训练集得到的 NMSE: RSS/TSS = 0.2596908, 说明交叉验证给出了真实的结果, 而比训练集得到的 (过拟合) 误差要高.

5.3.7 例 5.2 混凝土强度数据决策树回归的变量重要性

和对例 5.1 斯诈竞标数据分类类似, 对例 5.2 混凝土强度数据可以得到决策树回归的变量重要性 (图 5.3.3)

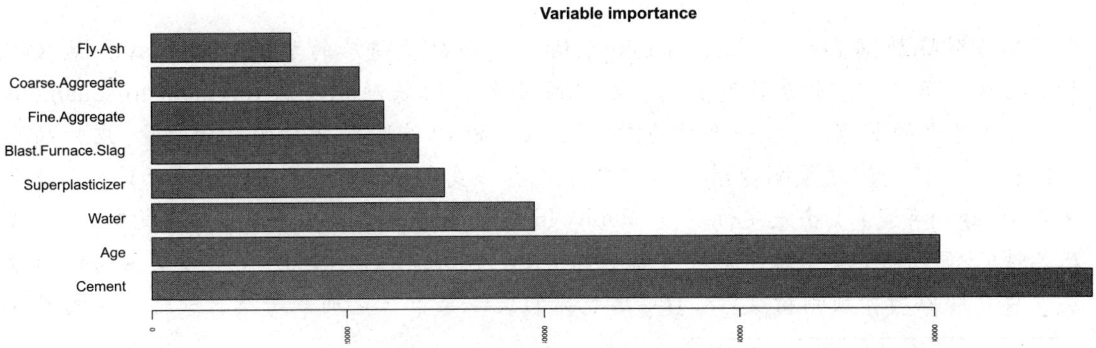

图 5.3.3 例 5.2 混凝土强度数据决策树回归的变量重要性

[7] 对于术语定义不那么认真的计算机社区, 通常称 R^2 为**记分或得分** (score), 或者就叫 **R 平方** (r-square).

图 5.3.3 显示, 在图 5.3.1 中线性相关较大的 Cement 还是最主要的, 但线性相关的次序中的第 2 位的变量 Superplasticizer 在最终重要性上却落到了第 4 位, 实际上, 该变量根本没有进入到图 5.3.2 的决策树中. 当然, 这里的决策树的结构是被默认设定决定的, 如果决策树再长大一些, 变量 Superplasticizer 有可能出现. 不过太大的决策树可能会过拟合, 也就是说训练出来的模型也许很适合训练集, 但不一定适合没有参加训练的数据集, 缺乏普遍意义.

图 5.3.3 是用下面代码得到的:

```
barplot(a$variable.importance,horiz = TRUE,las=2,
        main="Variable importance",col=4,cex.axis = .5)
```

思考一下:

1. 本节的回归决策树与前面的分类决策树从构造到原理都非常相似. 仅有的区别在对于 "纯度" 的定义从因变量水平 (类) 的变纯到误差平方和的减少.
2. 包括分类及回归的有监督学习是数据科学最重要的部分, 也是本书最重要的部分. 它是数据科学一切后继知识的基础.

5.4 若干有监督学习模型

5.4.1 更多的例子

由于前面的分类例子 (例 5.1 欺诈竞标数据) 仅仅是一个二分类问题, 我们需要一个多分类问题例子. 这就是下面的例 5.3 数字笔迹数据和例 5.4 皮肤病数据. 为避免单调枯燥, 增加例 5.5 房价数据作为回归例子.

例 5.3 数字笔迹识别数据 (pendigits.csv) 该数据有 10992 个观测值和 17 个变量. 原始数据有大量缺失值, 这里给出的数据文件为用 missForest() 函数弥补缺失值后的数据. 变量中的第 17 个变量 (V17) 为有 10 个水平的因变量, 这 10 个水平为 $0, 1, \ldots, 9$ 等 10 个阿拉伯数字, 而其余变量都是数量变量. 如果要用原始数据 (从网上下载), 请注意数据格式的转换和缺失值的非正规标识方法. [8]

例 5.4 皮肤病数据 (原数据: dermatology.data, 填补缺失值后的数据: derm.csv). 该数据的维数为 366×35, 也就是说数据涉及 366 个红斑鳞状细胞疾病 (erythemato-squamous diseases) 患者的数据, 包含一个称为**因变量** (response) 或**响应变量**的目标变量 (皮肤病类型) 及 34 个**自变量**或**预测变量**, 其中 32 个是有序变量 (全部用整数哑元表示), 1 个是数量变量: age (年龄), 1 个是定性变量: family history (家族史). 在这 34 个自变量中, 属于临床属性的有 12 个, 属于组织病理学属性的有 22 个, 在我们的处理中, 有序变量将作为分类变量处理以增加预测精度. 人们对该数据的关注集中在鉴别红斑鳞状细胞疾病的具体

[8] 数据网址之一为: http://www.csie.ntu.edu.tw/$^\sim$cjlin/libsvmtools/datasets/multiclass.html#news20, 数据名为 pendigits(训练集) 和 pendigits.t(测试集), 都属于 LIBSVM 格式. 网站 https://archive.ics.uci.edu/ml/datasets/Pen-Based+Recognition+of+Handwritten+Digits也提供该数据, 但其中的缺失值都以字符 "空格 +0" 表示 (但说明中显示无缺失值, 这是不对的). 第二个网址给出了数据的细节. 数据来源于 E. Alpaydin, Fevzi. Alimoglu, Department of Computer Engineering, Bogazici University, 80815 Istanbul Turkey, alpaydin@boun.edu.tr.

类型. 有监督学习的目的是建立模型, 然后通过利用 34 个自变量判定因变量属于下面 6 种类型中的哪一类, 这就是该数据的因变量, 名为 class (类型, 一共 6 种水平, 用哑元表示: $1, 2, 3, 4, 5, 6$), 简称 V35. [9] 该例子在实践中的重要性在于: 区别这些看上去很类似的 6 种皮肤病很困难.

例 5.5 (boston.csv) **房价数据**. 这个数据是美国 1970 年人口普查波士顿 506 个普查区域的房屋数据. [10] 数据有 14 个变量的 506 个观察值, 其中, MEDV (自住房屋房价中位数, 单位: 1000 美元) 是目标变量, 其他变量包括: CRIM (按城镇的人均犯罪率), ZN (占地面积超过 25000 平方英尺的住宅用地的比例), INDUS (每个镇的非零售业务比例), CHAS (有关查尔斯河的虚拟变量, 如果挨着河则为 1, 否则为 0), NOX (一氧化氮浓度, 单位: ppm), RM (平均每套住房的房间数量), AGE (1940 年以前建成的自住单位的年龄比例), DIS (五个波士顿就业中心的加权距离), RAD (高速公路的可达性指数), TAX (每万美元全价物业值的财产税率), PTRATIO (城镇学生与教师的比例), B (下面公式的结果: $1000(B-0.63)^2$, 公式中 B 是城镇黑人的比例), LSTAT (低收入人口比例). 我们将用 MEDV (自住房价中位数) 作为回归的因变量.

5.4.2 两类模型的概述及交叉验证

算法模型与经典模型

在这一节, 我们介绍若干有监督学习分类或回归模型. 前面介绍的决策树是一个非常优秀的算法模型, 它非常透明并且能够剖析数据的细节. 决策树深入数据细节的特点也使得它依赖于数据, 这个特点使得可以通过自助法再抽样 (参见 4.3.11 节) 来把决策树构造更加强大的模型. 这种算法称为**组合算法** (ensemble algorithm). 该算法通过很多自助法样本产生很多决策树的结果, 并且把这些结果综合成一个更加稳定和精确的结果.

在组合算法的自助法抽样中中, 产生了一种天然的交叉验证测试集, 称为 OOB (out of bag) 数据, 这是因为自助法抽样是有放回抽取原样本量大小的样本, 因此会有大约三分之一左右的数据没有抽到, 这就是不参与建模的数据, 可作为交叉验证的测试集. 如果抽取 m 个样本, 就会有 m 个 OOB 测试集, 并通过交叉验证产生 OOB 交叉验证误差.

本节将介绍 4 种算法模型, 包括基于决策树的组合算法模型 **bagging**, **boosting** 和**随机森林**, 以及非组合模型**支持向量机** (SVM). 还介绍 3 种经典模型: **最小二乘线性回归**, 用于二分类问题的 **logistic 回归**以及用于多分类问题的**线性判别分析**. **介绍算法模型是因为它们的优秀预测能力及目前的广泛应用, 介绍经典模型是因为它们在传统统计上的地位.**

下面将在介绍这些方法之前, 通过例子对这些分类和回归方法的预测精度做出交叉验证比较, 然后再逐个介绍所涉及的方法.

首先, 我们使用这些方法对例 5.1 欺诈竞标数据、例 5.3 数字笔迹识别数据、例 5.2 混凝土强度数据分别做二分类、多分类及回归的交叉验证, 让读者对这些方法有一个初步印象. 由于例 5.4 皮肤病数据有太多定性变量, 经典线性判别分析无法处理, 不能正常使用,

[9] 这 6 种皮肤病的拉丁名字为: psoriasis, seboreic dermatitis, lichen planus, pityriasis rosea, cronic dermatitis, pityriasis rubra pilaris.

[10] Newman, D.J. & Hettich, S. & Blake, C.L. & Merz, C.J. (1998). UCI Repository of machine learning databases [`http://www.ics.uci.edu/~mlearn/MLRepository.html`]. Irvine, CA: University of California, Department of Information and Computer Science.

也无法参与交叉验证. 由于做交叉验证时对数据集分折[11]是随机的, 而一些算法模型也有自己的随机性, 得到的交叉验证结果依随机种子而有所不同, 但不会有大的出入. 每个软件对于一种方法都会有多种函数, 由于这些函数构造不同, 结果也依选项不同而有区别.

例 5.1 欺诈竞标数据二分类交叉验证

例 5.1 欺诈竞标数据 5 种方法交叉验证误判率计算及画图 (见图 5.4.1) 的结果如下 (代码见 5.5 节):

模型	bagging	adaboost	randomForest	svm	logistic
误判率	0.001898434	0.001898434	0.003796868	0.012339820	0.024521436

显然经典的 logistic 回归的交叉验证误判率比倒数第二位的支持向量机要大一倍, 比并列第一的两种方法高 13 倍. 目前教科书对 logistic 回归的讨论多集中于对其系数的显著性检验等毫无意义的方面, 很少提其预测精度.

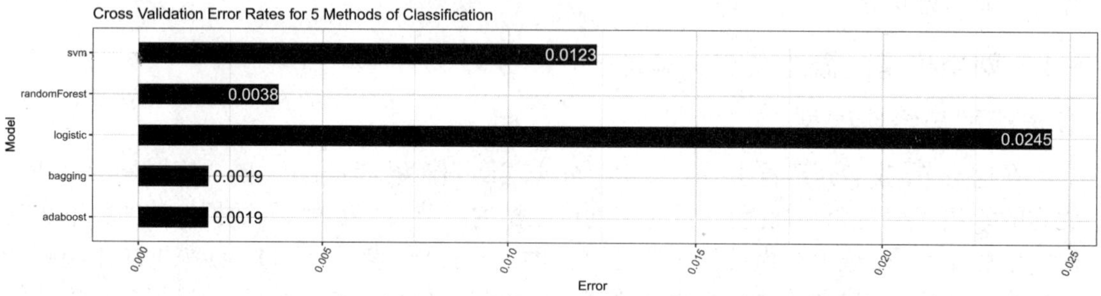

图 5.4.1 例 5.1 欺诈竞标数据 5 种方法交叉验证误判率

例 5.3 数字笔迹识别数据多分类交叉验证

例 5.3 数字笔迹识别数据 5 种方法交叉验证误判率计算及画图 (见图 5.4.2) 结果如下 (代码见 5.5 节):

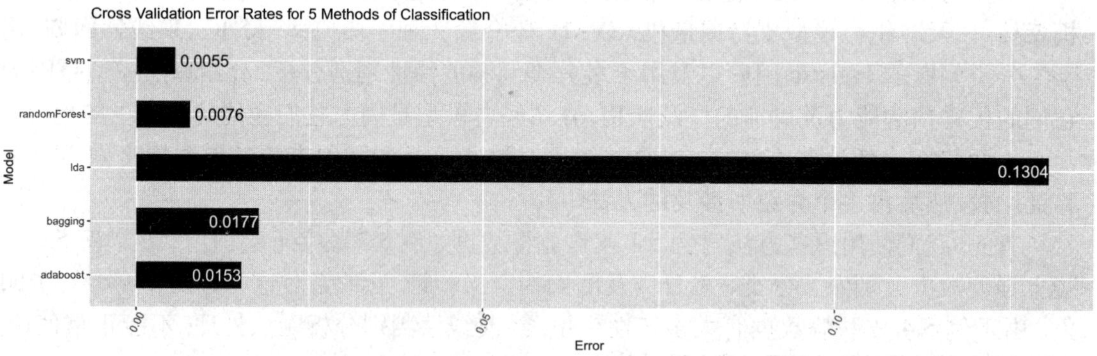

图 5.4.2 例 5.3 数字笔迹识别数据 5 种方法交叉验证误判率

[11]把数据分成 k 折, 就是把数据集分成 k 个子集, 在交叉验证中的这种子集称为**折** (fold). **k 折交叉验证** (k-fold cross-validation) 就是把原数据集随机分成 k 个子集, 然后轮流用一个子集作为测试集, 其余的数据为训练集.

线性判别分析的误判率比倒数第二位的 bagging 要高 7 倍多, 比第一位的高近 24 倍. 因此, 人们现在很少使用它.

模型	bagging	adaboost	randomForest	svm	lda
误判率	0.017740175	0.015283843	0.007641921	0.005458515	0.130367540

例 5.2 混凝土强度数据回归交叉验证

例 5.2 混凝土强度数据 4 种方法交叉验证的 NMSE 计算及画图 (见图 5.4.3) 结果如下 (代码见 5.5 节):

	1	2	3	4
模型	bagging	randomForest	SVM	LM
NMSE	0.20592141	0.09867399	0.15349985	0.39213025

由于历史原因而在各个领域使用最广的最小二乘线性回归模型的预测精度最差, 误差为随机森林的 4 倍. 很多人留恋线性回归是因为它的模型的数学形式可以看得见, 而不是它的预测精度. 后面 5.4.7 节将说明**最小二乘线性回归模型的易于解释的形式是人造的, 具有误导性.** 人们应该把最小二乘线性回归模型从历史上的神坛搬下来, 它仅仅是上百种回归方法之一, 是否优秀依预测精度而不是外表来确定.

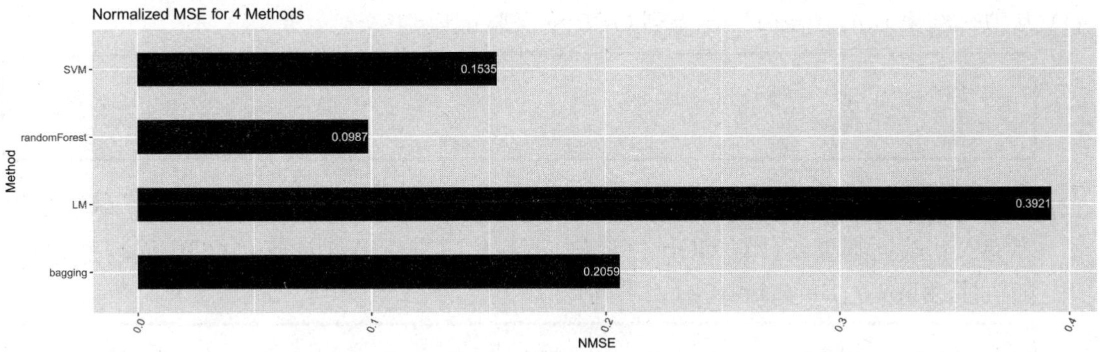

图 5.4.3 例 5.2 混凝土强度数据 4 种方法交叉验证的 NMSE

5.4.3 bagging 分类和回归

基于决策树的最简单组合方法为 bagging (bootstrap aggregating), 它从样本中得到很多自助法样本 (参见 4.3.11 节), 并且利用每个样本建立一棵决策树来做分类或回归. 如果有 m 个自助法样本, 则会长成 m 棵决策树及 m 个结果. 比如对于一个观测值属于哪一类的分类问题, 则会产生 m 个关于类的决策 (不一定相同), bagging 的最终结果为这些决策的众数, 即少数服从多数的结果; 对于回归问题, 一个观测值通过 m 棵树会产生 m 个预测值, 而 bagging 的最终结果为它们的均值.

由于使用了许多不同的样本, **bagging 可以提高模型稳定性和精确度, 有助于避免过**

度拟合. 尽管它通常应用于决策树方法, 但实际上可以与任何类型的方法一起使用. 参见 Breiman (1996a), Breiman (1996b), Breiman (1998), Buehlmann and Yu (2002).

下面利用 R 程序包 `ipred`[12] 对例 5.3 数字笔迹识别数据、例 5.5 房价数据做 bagging 分类和回归的实践. 一般软件会提供 OOB 误差 (参见 5.4.2 节), 作为组合算法的 bagging 也一样.

注意在使用 `ipred` 的 `bagging` 函数时, 最好用代码 `ipred::bagging`, 因为在 `adabag` 程序包中也有完全相同名字的只能用于分类的 `bagging` 函数, 如果在同时打开了 `adabag` 及 `ipred` 两个程序包时使用 `bagging` 函数, 软件有可能产生误会, 出现错误信息.

1. 拟合例 5.3 数字笔迹识别数据

输入下面代码即得到拟合结果 (存在 `pen_bagging` 中), 由于有了选项 `coob=TRUE`, 所以自动计算了 OOB 交叉验证误差.

```
library(ipred)
w=read.csv("pendigits.csv");w[,17]=factor(w[,17])
pen_bagging=ipred::bagging(V17~.,w,coob=TRUE)
```

基于拟合结果 `pen_bagging`, 预测函数 `predict` 以及 5.5 节的一些自编函数, 我们可以做下面的尝试:

(1) 从拟合结果 `pen_bagging` 得到 OOB 交叉验证误判率:

```
> pen_bagging$err
[1] 0.02056041
```

(2) 可用代码 `predict(pen_bagging, newdata)` 对新数据 `newdata` 做预测. 如果不写入新数据则重新计算 OOB 估计值, 下面代码重新得到新算的 OOB 误判率 (由于随机性, 和 `pen_bagging$err` 不同):

```
> mean(predict(pen_bagging)!=w$V17)
[1] 0.01983261
```

(3) 训练集的误判率 (用原来建模数据来预测) 比交叉验证要小好多, 但可能会误导:

```
mean(predict(pen_bagging,w)!=w$V17)
[1] 0.0002729258
```

(4) 利用自编的函数 `CVC0` (在 5.5 节, 需事先运行该函数及 `Fold` 函数) 得到的 10 折交叉验证混淆矩阵及误判率:

---

[12] Andrea Peters and Torsten Hothorn (2019). ipred: Improved Predictors. R package version 0.9-9. https://CRAN.R-project.org/package=ipred.

```
> res=CVC0(w,D=17,Z=10,fun=ipred::bagging,seed=1010)
> res$cfm
   pred
        0    1    2    3    4    5    6    7    8    9
  0 1131    0    0    0    3    1    2    0    6    0
  1    0 1103   25    7    0    3    2    1    0    2
  2    0   14 1119    3    1    0    0    7    0    0
  3    0    2    3 1042    0    3    0    2    0    3
  4    1    1    0    0 1131    1    4    1    1    4
  5    0    1    0    4    0 1032    2    1    5   10
  6    4    0    1    0    3    3 1045    0    0    0
  7    0    6    4    3    1    0    1 1121    6    0
  8    6    2    0    0    1    2    0    7 1033    4
  9    2    3    2    0    1    7    0    3    4 1033
> res$error
[1] 0.018377
```

2. 拟合例 5.5 房价数据

输入下面代码即得到拟合结果 (存在 bos_bagging 中), 由于有了选项 coob=TRUE, 所以自动计算了 OOB 交叉验证误差.

```
w=read.csv("boston.csv"); w$CHAS=factor(w$CHAS)
library(ipred)
bos_bagging=ipred::bagging(MEDV~.,w,coob=TRUE)
```

如果对新数据 newdata 做预测, 可用代码 predict(bos_bagging, newdata). 通过 bos_bagging 及 bagging 回归方法可有下面结果:

(1) 得到 OOB 交叉验证误差 (这里是均方误差平方根 $\sqrt{\text{MSE}}$) 的代码及输出:

```
> bos_bagging$err
[1] 4.090282
```

(2) 对于新数据 (比如 newdata) 可用代码 predict(bos_bagging,newdata) 来预测新数据的各个观测值, 如果不写入新数据则重新计算 OOB 估计值, 下面代码重新得到刚算的 OOB 均方误差平方根及 NMSE:

```
> sqrt(mean((predict(bos_bagging)-w[,14])^2))
[1] 4.090282
> sum((predict(bos_bagging)-w[,14])^2)/
+      sum((predict(bos_bagging)-mean(w[,14]))^2)
[1] 0.2704488
```

(3) 训练集的 NMSE(用原来建模数据来预测) 要比交叉验证的小, 不足为据.

```
> sum((predict(bos_bagging,w)-w[,14])^2)/
+      sum((predict(bos_bagging,w)-mean(w[,14]))^2)
[1] 0.181756
```

(4) 可用我们的 CVR 函数 (在 5.5 节, 需事先运行该函数), 做 10 折交叉验证 (需要先运行该函数) 得到 NMSE:

```
> CVR(w,D=14,Z=10,fun=ipred::bagging)$nmse
[1] 0.2010821
```

5.4.4 adaboost 分类

这里介绍的 adaboost (adaptive boosting) 是一种迭代式的组合算法, 目的是分类. 所用的基础分类器 (这里用决策树) 一开始可能较弱 (即出错率较高), 然后, 随着迭代的进行, 不断地通过自助法 (bootstrap) 加权再抽样, 根据产生新样本来改进分类器, 每一次迭代时都针对前一个分类器对某些观测值的误分缺陷加以修正, 通常的做法是在 (放回) 抽取样本时对那些误分的观测值增加权重 (相当于对正确分类的减少权重), 这样在新的样本中就可能有更多的前一次分错的观测值, 再形成一个新的分类器进入下一轮迭代, 作为结果, 这些观测值在训练模型时就有了更大的代表性, 增加了对这类观测值的正确划分的可能性. 而且在每轮迭代时都对这一轮产生的分类器给出错误率, 最终结果由各个阶段的分类器的按照错误率加权 (权重目的是惩罚错误率大的分类器) 投票产生. 这就是 “自适应”. adaboost 的缺点是对奇异点或离群点可能比较敏感, 但其优点是对过拟合不那么敏感. 这里用的程序包是 adabag [13], 该程序包包含了 adaboost 的 boosting() 函数.

1. 拟合例 5.1 欺诈竞标数据

输入下面代码即得到拟合结果 (存在 sb_ada 中).

```
v=read.csv('bidding.csv')[,-c(1:3)]
v$Class=factor(v$Class)
library(adabag)
sb_ada=boosting(Class~.,v)
```

这里的 sb_ada 包含了各种结果, 比如, 有默认的 100 棵决策树的各种细节、它们各自的权重, 投票情况等等. 可用代码 predict(sb_ada, newdata)$class 对新数据 newdata 做预测, 得到预测值. 此外, adaboost 还包含下面一些结果:

(1) 程序包 adabag 有自带的交叉验证函数 (bagging.cv), 可输出交叉验证预测的类 (不显示)、混淆矩阵及误判率:

[13] Alfaro-Cortes, Esteban; Gamez-Martinez, Matias, Garcia-Rubio and Noelia (2011). adabag: Applies AdaBoost.M1, AdaBoost-SAMME and Bagging. R package version 3.0. http://CRAN.R-project.org/package=adabag.

```
> bsadacv=bagging.cv(Class~., data=v, v = 10) # 10折交叉验证
> bsadacv$confusion
               Observed Class
Predicted Class    0    1
              0 5634   12
              1   12  663
> bsadacv$error
[1] 0.003796868
```

(2) 当然可以用自编的函数 CVC0(在 5.5 节, 需事先运行该函数及 Fold 函数) 来输出交叉验证预测的类 (不显示)、混淆矩阵及误判率:

```
> res=CVC0(v,D=10,Z=10,fun=boosting,seed=1010) #SB数据
> res$cfm
    pred
        0    1
  0 5639    7
  1    7  668
> res$error
[1] 0.002214839
```

(3) 变量重要性. 利用下面代码得到变量重要性图 (图 5.4.4)

```
barplot(sb_ada$importance,horiz = TRUE,las=2,col=4,cex.axis = .7)
```

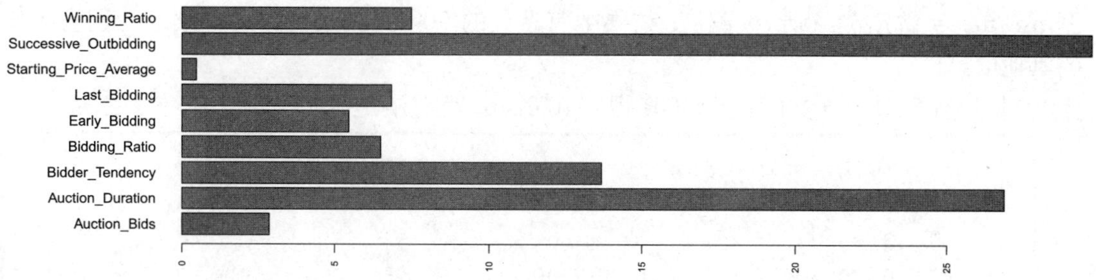

图 5.4.4 例 5.1 欺诈竞标数据 adaboost 分类变量重要性图

5.4.5 随机森林分类和回归

随机森林 (random forests) 和使用决策树作为基本模型的 bagging 有些类似, 不同的是, 在生成树的时候, 每个节点的变量都仅仅在随机选出的少数变量中产生. 因此, 不但每棵树所依据的数据是根据自助法抽样是随机的, 就连每个节点的产生都有很大的随机性. R 程序包 randomForest 中的 randomForest 函数的默认值让每个树尽量增长, 而且不进行修剪或限制. 随机森林所生成的树的数量大大多于 bagging, 在 R 中的默认值为 500 棵树, 而在 ipred 包 bagging 的默认值为 25 棵树, 在 adabag 包 boosting 的默认值

为 100 棵树. 随机森林对于大的数据库很有效率. 它不惧怕很大的维数, 即使是数千变量, 它也不必删除变量, 只要计算机能够承担, 变量多多益善. 随机森林不会过拟合. 它还给出分类中各个变量的重要性. 在一个关于淋巴瘤的基因芯片数据中, 变量个数可以达到 4682 个, 而样本量仅有 81 个, 但随机森林可以很好地找到重要的基因 (见 Breiman, 2001 [14]). 这种数据在经典统计中根本无法处理, 因为经典回归分析只能够处理自变量个数大大少于观测值数目的问题, 正如 Diaconis & Efron(1983) 曾经说过, "统计经验表明, 基于 19 个变量和仅仅 155 个数据点来拟合模型是不明智的." [15] 看来这个说法不适用于算法建模. **经典统计中所习惯的"降维"做法实际上是以损失信息作为代价, 来应付过去计算资源缺乏的困境.**

由于随机森林的结果包含了大量的信息, 有很多软件在对其结果的可视化做出了贡献, 其中程序包 randomForestExplainer 很突出, 它给出了一般软件没有的关于随机森林的变量深度及变量间的交互作用等度量的可视化, 是一个很优秀的软件. 此外, 还出现了很多对随机森林方法推广的程序包, 应用于不同的应用领域.

我们将使用程序包 randomForest [16] 中的 randomForest 函数.

1. 拟合例 5.4 皮肤病数据

输入下面代码即得到拟合结果 (存在 derm_rf 中).

```
v=read.csv("derm.csv")
for (i in (1:ncol(v))[-34]) v[,i]=factor(v[,i])
library(randomForest)
derm_rf=randomForest(V35~.,v,proximity=TRUE,localImp=TRUE)
```

这里的 derm_rf 包含了各种结果, 可用代码 predict(derm_rf, newdata) 对新数据 newdata 做预测, 得到预测值. 结果中有默认的 500 棵决策树的各种细节、还有大量的其他信息:

(1) 直接用代码 derm_rf 可得 OOB 误差 (0,0246) 及混淆矩阵:

```
        OOB estimate of  error rate: 2.46%
Confusion matrix:
    1  2  3  4  5  6 class.error
1 112  0  0  0  0  0  0.00000000
2   1 56  0  4  0  0  0.08196721
3   0  0 72  0  0  0  0.00000000
4   0  4  0 45  0  0  0.08163265
5   0  0  0  0 52  0  0.00000000
6   0  0  0  0  0 20  0.00000000
```

(2) 可以得到变量重要性图 (图 5.4.5)

[14]Breiman, L. (2001) Statistical modeling: the two cultures, *Statistical Science,* Vol. 16, No. 3, 199-231.

[15]Diaconis, P. and Efron, B. (1983). Occam's two razors: the sharp and the blunt. In Proceedings of the Fourth International Conference on Knowledge Discovery and Data Mining (R Agrawai and P. Stolorz, eds.) 37-43, AAAI Press, Menlo Park, CA.

[16]A. Liaw and M. Wiener (2002). Classification and Regression by randomForest. *R News* 2(3), 18–22.

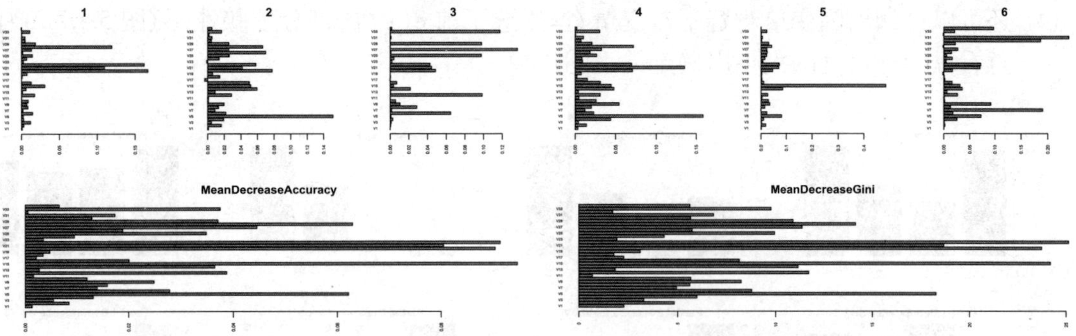

图 5.4.5 例 5.4 皮肤病数据随机森林分类的变量重要性图

图 5.4.5 一共有 8 个图, 前面 6 个图分别为对因变量 6 个水平 (1 到 6 的整数所代表的 6 种皮肤病) 的判断时各个变量的重要性, 而最后两个图为各个变量对整个模型的重要性图, 左图是变量对精确度的贡献, 右图是变量作为拆分变量时使数据 (在 Gini 指数的意义上) 变纯的贡献. 生成图 5.4.5 的代码为:

```
par(mfrow=c(2,2))
for(i in 1:ncol(sb_rf$importance))
  barplot(sb_rf$importance[,i], horiz = TRUE,las=2,
          cex.axis = .5, main=colnames(sb_rf$importance)[i],
          cex.names=0.4,col=4)
```

(3) 可以得到对于每个观测值来说各个变量的局部重要性, 下面生成的就是局部重要性图 (图 5.4.6), 为避免观测值太多看不清, 这里只选了前 100 个观测值.

```
matplot(1:34, derm_rf$local[,1:100], type = "l", xaxt="n",
        xlab="Variable", ylab = "Local importance",
        main="Local importance")
  axis(side = 1,at = 1:34,labels = rownames(derm_rf$local),
       las=3, cex.axis=.8)
```

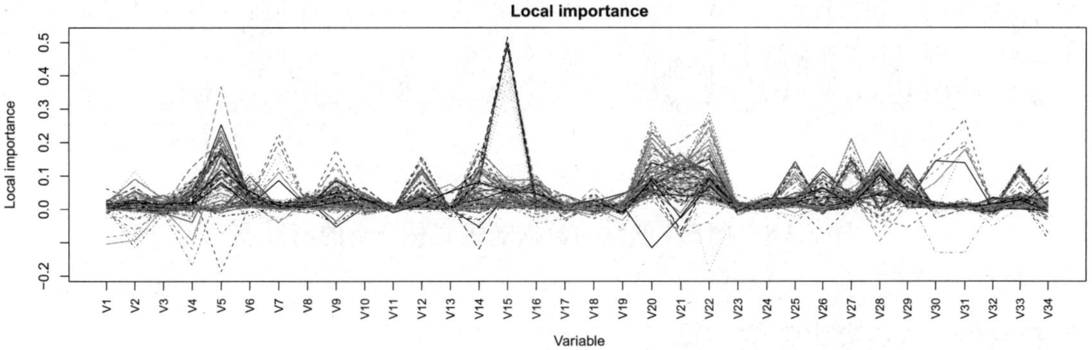

图 5.4.6 例 5.4 皮肤病数据随机森林分类的变量局部重要性图

(4) 还可以打印出因变量对若干自变量 (这里选了前 8 个) 的部分依赖性图 (图 5.4.7), 要注意看纵坐标尺度的大小以确定关系的规模.

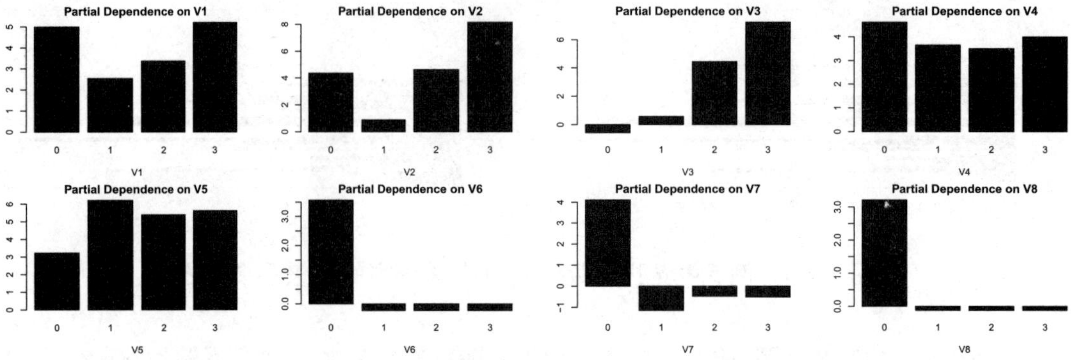

图 5.4.7 例 5.4 皮肤病数据随机森林分类的部分依赖图

```
NM=names(v)[1:8]
par(mfrow=c(2,4))
for(i in 1:8)
  partialPlot(derm_rf,pred.data=v,NM[i],xlab=NM[i],
              main=paste("Partial Dependence on",NM[i]))
```

(5) 可以得到观测值中的离群点, 在各个决策树节点中很少和一些固定观测值同时出现的观测值被认为是离群点 (图 5.4.8),

```
plot(outlier(sb_rf$proximity), type="h",ylab="Outlying measure")
```

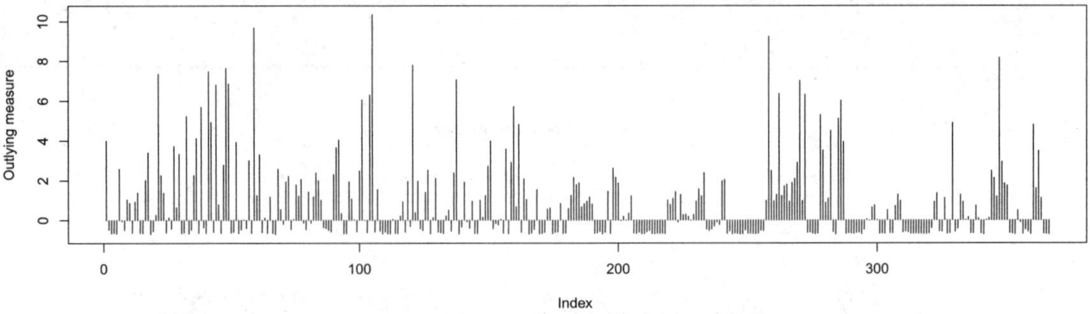

图 5.4.8 例 5.4 皮肤病数据随机森林分类的离群点

2. 拟合例 5.2 混凝土强度数据

输入下面代码即得到拟合结果 (存在 `con_rf` 中).

```
u=read.csv("Concrete.csv")
library(randomForest)
con_rf=randomForest(Compressive.strength~., u, proximity=TRUE,
                    localImp=TRUE)
```

这里的 con_rf 包含了各种结果, 可用代码 predict(con_rf, newdata) 对新数据 (假如名为 newdata) 做预测. 此外, 可以得到默认的 500 棵决策树的各种细节 (这里不可能都显示), 还有大量的其他信息:

(1) 直接用代码 con_rf 可得 OOB 误差 (MSE), 即下面输出的 25.94456:

```
          Mean of squared residuals: 25.94456
                    % Var explained: 90.69
```

由此或 OOB 预测值 (con_rf$predicted) 可算出 OOB 交叉验证 NMSE:

```
SSE=sum((u$Compressive.strength-mean(u$Compressive.strength))^2)
(OOB_NMSE=sum((u$Compressive.strength-con_rf$predicted)^2)/SSE)
# 或者 25.80956/SSE*nrow(u)
```

得到 OOB 交叉验证 NMSE 为 0.09257014.

(2) 可以得到变量重要性图 (图 5.4.9). 也可以用自带的函数 (代码: varImpPlot(con_rf)) 作图 (请自行产生). 图 5.4.9 中, 两个图为各个变量对整个模型的重要性图, 左图是变量对精确度的贡献, 右图是变量作为拆分变量时使数据变纯的贡献.

```
par(mfrow=c(1,2))
for(i in 1:ncol(con_rf$importance))
  barplot(con_rf$importance[,i], horiz = TRUE, las = 2,
          cex.axis = .5, main = colnames(con_rf$importance)[i],
          cex.names = 1,col = 4)
```

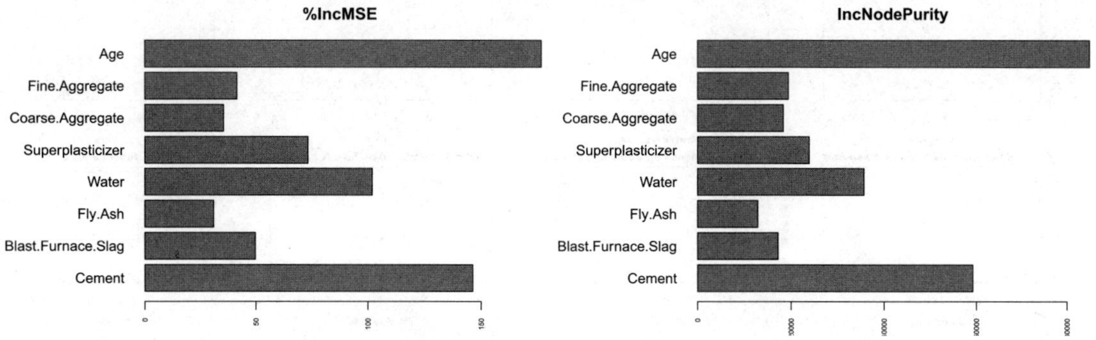

图 5.4.9 例 5.2 混凝土强度数据随机森林分类的变量重要性图

(3) 可以得到对于每个观测值来说各个变量的局部重要性, 下面生成的就是局部重要性图 (图 5.4.10), 由于观测值太多, 这里只选了前 100 个观测值.

```
matplot(1:9,sb_rf$local[,1:100], type = "l", xaxt="n",
        xlab="Variable", ylab = "Local importance",
        main="Local importance")
  axis(side = 1, at = 1:9, labels = rownames(sb_rf$local),
       las=0, cex.axis=.8)
```

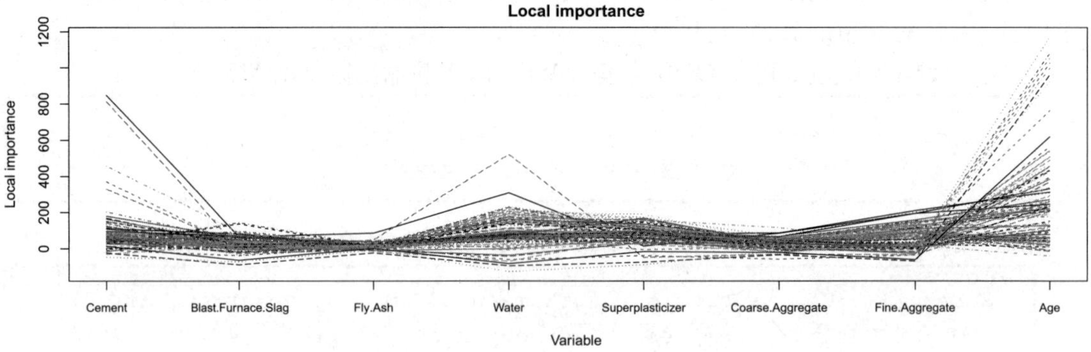

图 5.4.10 例 5.2 混凝土强度数据随机森林分类的变量局部重要性图

(4) 还可以打印出因变量对各个自变量的部分依赖性图 (图 5.4.11), 要注意看纵坐标尺度的大小以确定关系的规模.

```
NM=names(u)[1:8]
par(mfrow=c(2,4))
for(i in 1:8)
partialPlot(con_rf,pred.data=u,NM[i],xlab=NM[i],
            main=paste("Partial Dependence on",NM[i]))
```

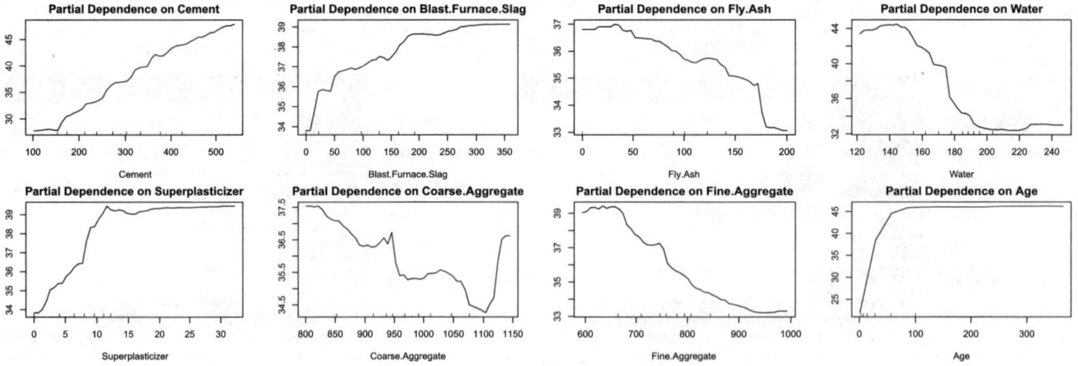

图 5.4.11 例 5.2 混凝土强度数据随机森林分类的部分依赖图

(5) 可以得到观测值中的离群点, 在各个决策树节点中很少和一些固定观测值同时出现的观测值被认为是离群点 (图 5.4.12), 该图的离群点看上去比实际的要多.

```
plot(outlier(con_rf$proximity), type="h",ylab="Outlying measure")
```

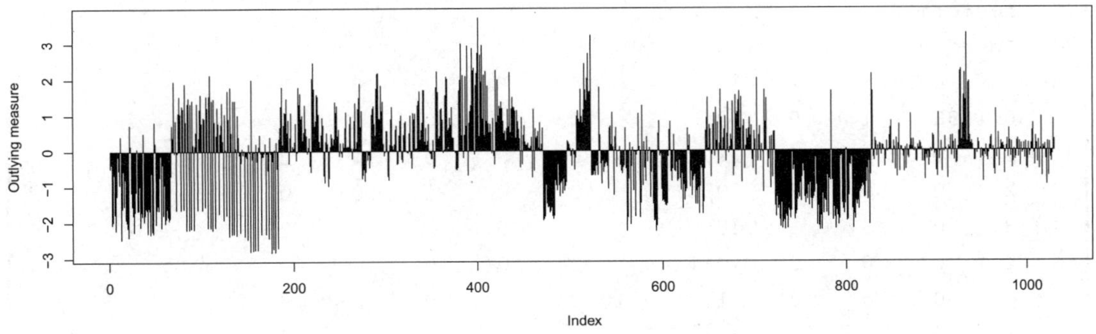

图 5.4.12 例 5.2 混凝土强度数据随机森林分类的离群点

5.4.6 SVM 分类和回归

支持向量机 (support vector machine, SVM) 是一种分类方法, 也可以做回归, 和 boosting 及随机森林不同, SVM 不是基于决策树的组合方法. 它虽然是基于数学模型的, 但充分结合了计算机的算法. 由 SVM 发展出来的回归方法也称为**支持向量回归** (Support Vector Regression, SVR). 对于分类问题, SVM 是用若干超平面来分割空间以把不同类别的点分开, 在的确可以分开 (称为严格线性可分问题) 的情况下, 超平面的选择是与其所分割的各类距离最远, 如果允许若干误差 (近似线性可分问题), 结果也是一样. 对于线性不可分问题, 可以做变换, 使之成为线性可分问题. 由于线性可分问题通过 Lagrange 乘子法的解仅仅涉及内积 (对偶性质), 线性不可分问题就变成简单地用某个核函数来代替单独变换的内积. 回归用的 SVR 仅仅是把 SVM 的思想推广. 该方法之所以称为支持向量机, 是因为确定一个分割超平面的不是所有的点, 而是与超平面最近的若干点, 这些点称为 "支持向量"(空间中的点都是向量), 这样就有了支持向量机的名称.

支持向量机主要是为了数量型自变量设计的, 因此对于有大量定性自变量的分类或回归问题不那么适用.

1. 拟合例 5.3 数字笔迹识别数据

下面对例 5.3 数字笔迹识别数据 (pendigits.csv) 的全部变量和全部观测值做分类, 使用程序包 `e1071` [17] 中的 `svm()` 函数做, 使用下面的代码 (包括输入数据):

```
w=read.csv("pendigits.csv");w[,17]=factor(w[,17])
library(e1071)
pen_svm=svm(V17 ~ ., data = w)
```

这是对于全部数据集的建模. 可以用代码 `predict(pen_svm,newdata)` 对新数据 (如

[17] Evgenia Dimitriadou, Kurt Hornik, Friedrich Leisch, David Meyer and Andreas Weingessel (2011). e1071: Misc Functions of the Department of Statistics (e1071), TU Wien. R package version 1.6. http://CRAN.R-project.org/package=e1071.

newdata) 做预测, 下面用自编的函数 CVC0 做交叉验证 (在 5.5 节, 需事先运行该函数及 Fold 函数), 得到混淆矩阵和误判率:

```
> res=CVC0(w,D=17,Z=10,fun=svm,seed=1010)
> res$cfm
   pred
        0    1    2    3    4    5    6    7    8    9
  0  1138    1    0    0    1    0    1    0    2    0
  1     0 1120    6   11    1    0    0    3    0    2
  2     0    4 1139    0    0    0    0    1    0    0
  3     0    3    1 1045    1    1    0    2    0    2
  4     0    0    0    0 1144    0    0    0    0    0
  5     0    0    0    1    0 1050    0    0    1    3
  6     0    0    0    0    0    1 1055    0    0    0
  7     0    0    1    0    0    0    0 1141    0    0
  8     1    0    0    0    0    1    0    2 1050    1
  9     0    3    0    0    0    0    0    1    1 1050
> res$error
[1] 0.005458515
```

支持向量机回归

下面用支持向量机对例 5.5 房价数据做回归, 这里用的程序包为 kernlab [18].

基本拟合语句为:

```
library(kernlab)
w=read.csv("boston.csv"); w$CHAS=factor(w$CHAS)
bos_svm=ksvm(MEDV~.,w)
```

如果对新数据 (比如 newdata) 做预测, 可用语句 predict(bos_svm,newdata).

用自编的 CVR 函数 (在 5.5 节中, 需要预先运行该函数) 做拟合及做 10 折交叉验证输出 NMSE 的代码为:

```
> CVR(w,D=14,Z=10,fun=ksvm,seed=1010)$nmse
[1] 0.1443358
```

得到 NMSE= 0.1443358.

5.4.7 最小二乘线性回归

最小二乘线性回归是无数回归中的一个, 但也是历史悠久的一个, 其基本思维过程是基于对数据的数学假定. 记样本量为 n, 自变量有 k 个. 下面符号中的 $\boldsymbol{y}=(y_1,y_2,\ldots,y_n)^\top$ 为因变量数据, 而 $\boldsymbol{x}_i=(x_{i0}(=1),x_{i1},x_{i2},\ldots,x_{ik})$ 为 k 个变量的第 i 个观测值 (第一个是

[18] Karatzoglou, A., Smola, A., Hornik, K., Zeileis, A. (2004). kernlab - An S4 Package for Kernel Methods in R. *Journal of Statistical Software* 11(9), 1-20. http://www.jstatsoft.org/v11/i09/.

人为加上的常数 1), 也可以写成矩阵形式 $\boldsymbol{X}=\{x_{ij}\}$ $(i=1,2,\ldots,n;\ j=0,1,2,\ldots,k)$. 下面是最小二乘线性回归的基本内容:

1. 假定误差可加的线性回归模型 (记系数向量为 $\boldsymbol{\beta}=(\beta_0,\beta_1,\ldots,\beta_k)$, 而可加的误差向量记为 $\boldsymbol{\epsilon}=(\epsilon_1,\epsilon_2,\ldots,\epsilon_n)$):

$$y_i=\beta_0+\beta_1x_{i1}+\beta_2x_{i2}+\cdots+\beta_kx_{ik}+\epsilon_i \text{ 或矩阵形式 } \boldsymbol{y}=\boldsymbol{X}\boldsymbol{\beta}+\boldsymbol{\epsilon}. \tag{5.4.1}$$

2. 求参数 $\boldsymbol{\beta}$ 的最小二乘估计 (使得残差平方和最小的 $\boldsymbol{\beta}$), 记为 $\hat{\beta}$:

$$\hat{\beta}=\arg\min_{\hat{\beta}}\left[\sum_{i=1}^{n}(y_i-\hat{y}_i)^2\right]=\arg\min_{\hat{\beta}}\left[\sum_{i=1}^{n}\left(y_i-\sum_{j=0}^{k}\hat{\beta}_jx_{ij}\right)^2\right].$$

   根据微积分的偏导数知识可得:

$$\hat{\boldsymbol{\beta}}=(\boldsymbol{X}^\top\boldsymbol{X})^{-1}\boldsymbol{X}^\top\boldsymbol{y}. \tag{5.4.2}$$

3. 于是, 拟合值为:

$$\hat{y}_i=\hat{\beta}_0+\hat{\beta}_1x_{i1}+\hat{\beta}_2x_{i2}+\cdots+\hat{\beta}_px_{ik} \text{ 或者 } \hat{\boldsymbol{y}}=\boldsymbol{X}\hat{\boldsymbol{\beta}}.$$

上面就是最小二乘线性回归的全部有用部分. 在使用数据计算出式 (5.4.2) 中的系数估计 β 之后, 就可以利用式 (5.4.1) 来进行预测, 并且利用交叉验证来核对其预测精度, 并与其他模型比较以选择最优回归模型.

对例 5.5 房价数据拟合

1. 通过下面代码拟合模型, 并打印出参数 (回归系数的估计 $\hat{\boldsymbol{\beta}}$):

```
> w=read.csv("boston.csv"); w$CHAS=factor(w$CHAS)
> bos_lm=lm(MEDV~.,data =w)
> bos_lm$coef
  (Intercept)            CRIM              ZN           INDUS
 3.645949e+01 -1.080114e-01  4.642046e-02  2.055863e-02
        CHAS1             NOX              RM             AGE
 2.686734e+00 -1.776661e+01  3.809865e+00  6.922246e-04
          DIS             RAD             TAX         PTRATIO
-1.475567e+00  3.060495e-01 -1.233459e-02 -9.527472e-01
            B           LSTAT
 9.311683e-03 -5.247584e-01
```

   如果对新数据 (比如 newdata) 做预测, 可用语句 predict(bos_lm,newdata).

2. 用我们的函数 CVR (在 5.5 节, 需事先运行该函数) 做 10 折交叉验证, 得到 NMSE:

```
> CVR(w,D=14,Z=10,fun=lm,seed=1010)$nmse
[1] 0.2892856
```

回归系数可解释性是"皇帝的新衣"

有很多回归教科书声称:

线性回归某系数值是在其他变量不变时相应变量增加一个单位对因变量的贡献.

这完全是在**线性模型 (5.4.1) 完全正确而且各个变量互相独立的主观假定**之下做的结论, 但是线性模型 (5.4.1) 很可能并不合适, 如果要知道某个变量的单独影响为什么不单独回归, 而在多自变量回归中寻找? 多自变量回归的目的是得到各个自变量的综合贡献, 上述说法是不负责任的.

实际上, 在多个自变量的情况下那些**单独系数的估计值 $\{\hat{\beta}_i\}$ 的大小完全没有可解释的意义**. 下面就例 5.5 房价数据的线性回归系数在多自变量回归及单自变量回归下的值做对比. 这里我们对每个自变量都做没有截距的单自变量回归, 同时也对所有自变量做没有截距的多重回归, 然后比较相同变量在这两种回归中的系数. 结果展示在图 5.4.13 中 (生成该图的代码在 5.5 节中).

图 5.4.13 显示, 这两种回归的系数无论是大小还是符号差别甚远, 所谓线性模型有可解释性的说法实际上是皇帝的新衣. **由于对多重共线性回归单独系数大小没有任何可解释性, 通常回归教材花费大量篇幅对这些系数做各种推断没有任何意义. 实际上, 仅当各个自变量观测值的列向量正交时, 这两种没有截距的系数才应该相等.**

在线性回归中, 观测值大小的改变或者变量的增减都可能使得系数估计产生大幅度变化, 经典统计把这些系数看成固定值 (在线性形式本身都是想象的情况下) 做各种研究, 是典型的乌托邦式思维, **对于系数的任何显著性检验都是浪费精力和光阴.**

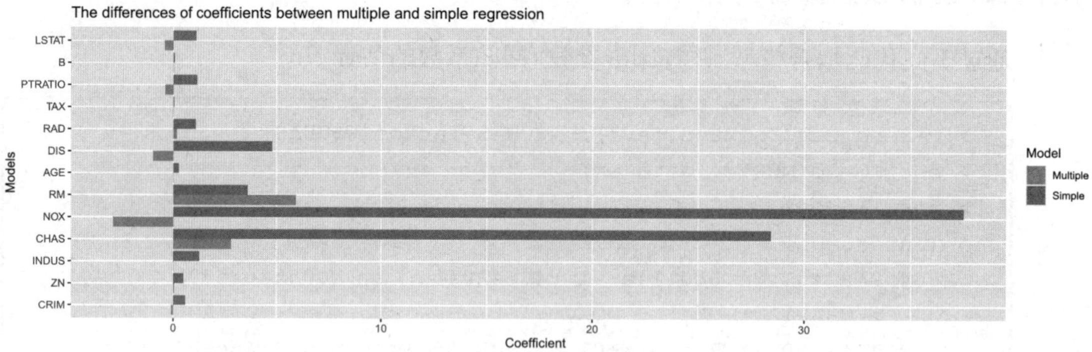

图 5.4.13 例 5.5 房价数据的线性回归系数在多自变量及单自变量回归时的对比

最小二乘线性回归仅仅是回归方法之一, 过多的延伸是浪费

最小二乘线性回归方法在得到系数估计之后就完全可以用作预测模型了. 但是, 以模型驱动的思维方式促使一群天才的数学家, 在各种完全脱离实际但利于发表论文的主观假定下, 令最小二乘线性回归朝着看上去很漂亮但缺乏实际意义的方向发展. 很多回归分

析教科书的大部分容就是基于此介绍的，**80% 的内容与预测精度毫无关系**.

5.4.8 用于二分类的 logistic 回归

在 4.3.2 节谈到，对于一个有两个结果的随机试验，最简单的概率模型就是 Bernoulli 试验及 Bernoulli 分布，那里假定成功的概率为 p，失败的概率为 $1-p$. 二项分布就是由多次 Bernoulli 试验导出的. 在实际生活中，有各种不同的其他因素干扰试验结果，这样成功和失败的概率就不是固定的，而是其他变量的一个函数. 假定自变量向量为 $\boldsymbol{X}$，记 $\boldsymbol{X}^\top\boldsymbol{\beta}$ 为 $\boldsymbol{X}$ 的有未知系数向量 $\boldsymbol{\beta}$ 的线性组合，那么一个简单的函数为：

$$\ln\left(\frac{p}{1-p}\right)=\boldsymbol{X}^\top\boldsymbol{\beta},$$

式中，β 为待估计系数向量. 这和简单回归函数 $y=\boldsymbol{X}^\top\boldsymbol{\beta}$ 不同，方程左边的 $\ln(p/(1-p))$ 不是可观测的变量，而是假定的背景分布 (Bernoulli 分布) 的一个参数，因此不能用简单回归的方法来解. 这个模型因为其左边函数被称为 logit 函数而叫作 logistic 回归模型，为**广义线性模型** (generalized linear model, glm) 的一个特例. 广义线性模型是关于指数族的一组线性模型，包括简单正态线性模型、probit 回归模型、Poisson 对数线性模型等成员. 这个模型之所以称为 "回归" 是因为其思维来自线性回归模型，而且在当时根本没有 "分类" 一词. 在 R 中可用函数 `glm()` 来处理. 和 logistic 回归类似，结果也类似的一个回归模型为 probit 回归，其模型也是基于成功概率为 p 的 Bernoulli 试验，其形式为：

$$p=\Phi(\boldsymbol{X}^\top\boldsymbol{\beta})\ \text{或者}\ \Phi^{-1}(p)=\boldsymbol{X}^\top\boldsymbol{\beta},$$

式中，p 为 Bernoulli 试验的成功概率，Φ 为标准正态累积分布函数. 显然，logistic 和 probit 回归都是试图把取值范围为整个实数轴的 $\boldsymbol{X}^\top\boldsymbol{\beta}$ 和取值为 $[0,1]$ 区间的 p 联系起来：在 logistic 模型左边 $\ln(p/(1-p))$ 的值域和右边 $\boldsymbol{X}^\top\boldsymbol{\beta}$ 一样，都是整个实数轴，而 probit 模型左边的 p 和右边的 $\Phi(\boldsymbol{X}^\top\boldsymbol{\beta})$ 都取值于 $[0,1]$ 区间.

由于 logistic 模型可以用来预测两类可能的概率，因此只要确定了概率的阈值 (诸如大于 0.5 为一类，而小于等于 0.5 则为另一类)，就可以处理二分类问题.

由于 logistic 回归是基于数量自变量的，对于有很多分类自变量，或者分类自变量水平 (类) 较多的情况无法实施.

拟合例 5.1 欺诈竞标数据

直接拟合的代码为：

```
w=read.csv("Bidding.csv")[,-(1:3)];w$Class=factor(w$Class)
bid_binom=glm(Class~.,w,family = binomial)
```

如果要预测一个新数据 (比如 `newdata`)，并以 0.5 作为阈值，则可用下面代码得到预测值 (`pred`)：

```
pred=rep(levels(w$Class)[1],nrow(newdata))
pr=bid_binom %>% predict(newdata,type="response")
pred[pr>0.5]=levels(w$Class)[2]
pred[pr<=0.5]=levels(w$Class)[1]
```

用自编的 CVC0 函数 (在 5.5 节, 需事先运行该函数及 Fold 函数), 输出 10 折交叉验证的混淆矩阵和误判率:

```
> res=CVC0(w,D=10,Z=10,fun=glm,seed=1010)
> res$cfm
   pred
       0    1
  0 5557   89
  1   64  611
> res$error
[1] 0.02420503
```

和线性回归类似, logistic 回归的系数也没有多少可解释性, 对此投入过分的精力是一种浪费.

5.4.9 线性判别分析分类

前面的 logistic 回归主要处理因变量为只取两个值的定性变量情况. 如果作为因变量的定性变量取多于两个值的时候可以用**线性判别分析** (linear discriminant analysis) 来建模. 判别分析根据自变量来预测因变量的类型. 判别分析开发得比较早, 属于经典的多元分析统计的内容. 它无论在名称上还是在思路上, 均和算法建模的分类方法有所不同. 这里的判别分析的自变量只能是定量变量. **使用线性判别分析来分类不如前面介绍的机器学习方法精确.**

判别分析的原理并不复杂, 可以简单地描述如下. 如果作为属性变量的因变量有 k 个取值 (即观测值应该分成 k 类), 而自变量包含 p 个变量, 那么每一个观测值就是 p 维空间的一个点. 整个训练集的各个点 (假定有 n 个点) 就按照已知的类别在 p 维空间中形成共有 n 个点的 k 个点群. 那么, 对于一个未知类别的点, 如果离哪一群近, 就可以分到哪一群. 当然还有如何定义 ‘‘远近’’ 或距离等问题. 下面将要用的 R 函数所基于的 Fisher 判别法就是为了使得每一点群内部的点尽可能接近, 而使各群之间尽量分开, 利用了线性代数中的特征值和特征向量的工具, 把原先的 p 维空间投影到能够把各群最能够分开的低维空间上. 这使得分类更加有道理. Fisher 判别法没有像其他线性判别方法那样明确要求假定数据有多元正态总体.

由于线性判别分析是基于数量自变量的, 对于诸如例 5.4 皮肤病数据等有很多分类自变量, 或者分类自变量水平 (类) 较多的情况无法实施.

拟合例 5.3 数字笔迹数据

拟合函数为:

```
w=read.csv("pendigits.csv");w[,17]=factor(w[,17])
library(MASS)
pen_lda=lda(V17~.,w)
```

如果对新数据 (比如 newdata) 做预测, 可用语句 predict(pen_lda,newdata)$class 得到预测值.

用自编的 CVC0 函数 (在 5.5 节, 需事先运行该函数及 Fold 函数), 输出 10 折交叉验证的混淆矩阵和误判率:

```
> w=read.csv("pendigits.csv");w[,17]=factor(w[,17])
> res=CVC0(w,D=17,Z=10,fun=MASS::lda,seed=1010)
> res$cfm
  pred
       0    1    2    3    4    5    6    7    8    9
  0 1012   12    0    0   14    3    5    0   88    9
  1    0  772  210   25    0   71    6   34    1   24
  2    0   19 1114    0    0    0    0   11    0    0
  3    0   12    1 1029    0    0    0    9    0    4
  4    0    0    1    0 1106    9    5    1    0   22
  5    0   11    0   39    1  710   26    5    7  256
  6    9    0    0    0    2    1 1027    0   17    0
  7    0   46   29   56    2    6    0  979    4   20
  8   61   38    0   25    0   70    6    4  837   14
  9    1   35    0    8    8   25    9    2    0  967
> res$error
[1] 0.1309134
```

思考一下:

1. 本节集中介绍了一些当代最优秀的机器学习模型及历史上最著名的经典模型.
2. 决策树是本节一些组合方法的基石. 为什么在预测上并不那么出色的单棵决策树组合起来变得强大?
3. 本书没有介绍的一个非常有用的模型是人工神经网络, 由于它对于一般简单的数据分析不那么方便, 似乎超出了本书的既定内容. 神经网络对深度学习及各种非格式化数据处理很重要. 如果需要的话, 读者可以通过更加专门的资源来学习.
4. 我们必须思考: 研究模型是为了应用还是为了发文章. 著名统计学家 George Box 在对 Roberts (1990) 的评论中说: "我认为, 统计除了作为调查和发现的催化剂外, 没有存在的理由. [a]

[a]原文是: "In my view, statistics has no reason for existence except as the catalyst for investigation and discovery."

5.5 本章自编 R 函数和一些作图代码

下面的自编函数是为了编程方便而生成的, 很多只适用于本章的模型. 在使用这些函数之前要运行该函数及其引用的函数.

5.5.1 平衡分类因变量各水平的分折函数

这个函数使得在交叉验证分折时，因变量的各个水平也按照比例分折. 其中的选项 Z 为折数, w 为数据名子, D 为因变量在数据中的位置 (列), seed 为随机种子.

```
Fold=function(Z=5,w,D,seed=7777){
  n=nrow(w);d=1:n;dd=list()
  w[,D]=factor(w[,D])
  e=levels(w[,D]);T=length(e)#因变量T类
  set.seed(seed)
  for(i in 1:T){ #i=1
    d0=d[w[,D]==e[i]];j=length(d0)
    ZT=rep(1:Z,ceiling(j/Z))[1:j]
    id=cbind(sample(ZT,length(ZT)),d0);dd[[i]]=id
  } #上面每个dd[[i]]是随机1:Z及i类的下标集组成的矩阵
  mm=list()
  for(i in 1:Z){
    u=NULL;
    for(j in 1:T) u=c(u,dd[[j]][dd[[j]][,1]==i,2])
    mm[[i]]=u
  } #mm[[i]]为第i个下标集i=1,...,Z
  return(mm)
}#输出Z个下标集
```

5.5.2 单独模型的分类交叉验证函数 (只用于本章的模型)

这个函数使用了上面的函数 Fold, 使用前两个函数都要先运行. 函数中的选项 Z 为折数, w 为数据名子, D 为因变量在数据中的位置 (列), seed 为随机种子, fun 为模型的函数名.

```
CVC0=function(w,D=5,Z=10,fun=rpart::rpart,seed=NULL){
  library(tidyr)
  if (is.numeric(seed)) set.seed(seed) else seed=8888
  n=nrow(w)
  mm=Fold(Z=Z,w=w,D=D,seed=seed)
  pred=sample(w[,D])
  f=formula(paste(names(w)[D],"~."))
  for (i in 1:Z) {
    m=mm[[i]]
    if (identical(fun,glm)){
      pr=fun(f,w[-m,],family=binomial) %>% predict(w[m,],type="response")
      pred[m][pr>0.5]=levels(w[,D])[2]
      pred[m][pr<=0.5]=levels(w[,D])[1]
    } else if (identical(fun,adabag::boosting)|identical(fun,MASS::lda)){
       pred[m]=fun(f,w[-m,])%>%predict(.,w[m,]) %>% .$class
    } else if (identical(fun,rpart::rpart)) {
       pred[m]=fun(f,w[-m,]) %>% predict(.,w[m,],type="class")
    } else
```

```
    pred[m]=fun(f,w[-m,]) %>% predict(w[m,])
  }
  return(list(pred=pred,error=mean(w[,D]!=pred),cfm=table(w[,D],pred)))
}
```

5.5.3 单独模型的回归交叉验证函数 (只用于本章的模型)

这里的各种选项和前面的函数 CVC0 相同.

```
CVR=function(w,D=1,Z=10,fun=rpart,seed=NULL){
  if (is.numeric(seed)) set.seed(seed)
  n=nrow(w)
  I=sample(rep(1:Z,ceiling(n/Z)))[1:n]
  pred=rep(999,n)
  f=formula(paste(names(w)[D],"~."))
  for (i in 1:Z) {
    m=(I==i)
    pred[m]=fun(f,w[!m,]) %>% predict(w[m,])
  }
  M=sum((w[,D]-mean(w[,D]))^2)
  nmse=sum((w[,D]-pred)^2)/M
  return(list(pred=pred,nmse=nmse))
}
```

5.5.4 课文中一些图的代码

生成图 5.4.1 的代码:

```
library(ipred);library(randomForest);library(ada);library(e1071)
library(tidyverse)
w=read.csv("Bidding.csv")[,-(1:3)];w$Class=factor(w$Class)
D=10;Z=10;n=nrow(w)
method=c('bagging','adaboost','randomForest','svm','logistic')
PRED = matrix(0,nrow(w),length(method),dimnames=list(NULL,method))
PRED = data.frame(PRED)
for(i in 1:ncol(PRED)) PRED[,i]=factor(PRED[,i],levels=c("0","1"))

mm=Fold(Z=Z,w=w,D=D,1010)
f=formula(paste(names(w)[D],"~."))
for(i in 1:Z){
  m=mm[[i]]
  PRED[m,1]=ipred::bagging(f,w[-m,]) %>% predict(w[m,])
  PRED[m,2]=boosting(f,w[-m,])%>%predict(.,w[m,]) %>% .$class
  PRED[m,3]=randomForest(f,w[-m,])%>%predict(.,w[m,])
  PRED[m,4]=svm(f, w[-m,],kernal="sigmoid") %>% predict(.,w[m,])
```

```
  pr=glm(f,w[-m,],family = binomial) %>% predict(w[m,],type="response")
  PRED[m,5][pr>0.5]="1"
  PRED[m,5][pr<=0.5]="0"
}
error=sapply(PRED,function(x)mean(x!=w$Class))
(EE=data.frame(Model=names(error),Error=error))

ggplot(EE, aes(x=Model, y=Error)) +
  geom_bar(stat="identity", width=.5, fill="navyblue") +
  labs(title=
  "Cross Validation Error Rates for 5 Methods of Classification",
    xlab='Model') +
  geom_text(aes(label=round(Error,4)), hjust=c(rep(-.1,2),rep(1,3)),
            color=c(rep("black",2),rep("white",3)), size=5)+
  theme(axis.text.x = element_text(angle=65, vjust=0.6))+
  coord_flip()
```

生成图 5.4.2 的代码:

```
w=read.csv("pendigits.csv");w[,17]=factor(w[,17])

library(ipred);library(randomForest);library(adabag);library(e1071)
library(MASS);library(tidyverse)

D=17;Z=10;n=nrow(w)
method=c('bagging','adaboost','randomForest','svm','lda')
PRED = matrix(1,nrow(w),length(method),dimnames=list(NULL,method))
PRED = data.frame(PRED)
for(i in 1:ncol(PRED)) PRED[,i]=factor(PRED[,i],levels=levels(w[,D]))

mm=Fold(Z=Z,w=w,D=D,1010)
f=formula(paste(names(w)[D],"~."))
for(i in 1:Z){
  m=mm[[i]]
  PRED[m,1]=ipred::bagging(f,w[-m,]) %>% predict(w[m,])
  PRED[m,2]=boosting(f,w[-m,])%>%predict(.,w[m,]) %>% .$class
  PRED[m,3]=randomForest(f,w[-m,])%>%predict(.,w[m,])
  PRED[m,4]=svm(f, w[-m,],kernal="sigmoid") %>% predict(.,w[m,])
  PRED[m,5]=lda(V17~.,w[-m,])%>%predict(.,w[m,])%>%.$class
}
#names(PRED)[5]="lda"

error=sapply(PRED,function(x)mean(x!=w$V17))
(EE=data.frame(Model=names(error),Error=error))
```

```
ggplot(EE, aes(x=Model, y=Error)) +
  geom_bar(stat="identity", width=.5, fill="navyblue") +
  labs(title=
  "Cross Validation Error Rates for 5 Methods of Classification",
    xlab='Model') +
  geom_text(aes(label=round(Error,4)), hjust=c(rep(1,2),rep(-.1,2),1),
            color=c(rep("white",2),rep("black",2),"white"), size=5)+
  theme(axis.text.x = element_text(angle=65, vjust=0.6))+
  coord_flip()
```

生成图 5.4.3 的代码:

```
w=read.csv("Concrete.csv")
library(tidyverse)
library(ipred)
library(randomForest);library(kernlab)
D=9;Z=10
gg=paste(names(w)[D],"~",".",sep="")
(gg=as.formula(gg))

n=nrow(w)
pred=matrix(999,n,4)
M=sum((w[,D]-mean(w[,D]))^2)
set.seed(1010)
I=sample(rep(1:Z,ceiling(n/Z)))[1:n]

for(i in 1:Z){
  m=(I==i)
  pred[m,1]=ipred::bagging(gg,data =w[!m,])%>%predict(w[m,])
  pred[m,2]=randomForest(gg,data =w[!m,])%>%predict(w[m,])
  pred[m,3]=ksvm(gg,data =w[!m,])%>%predict(w[m,])
  pred[m,4]=lm(gg,data =w[!m,])%>%predict(w[m,])
}
nmse=apply((sweep(pred,1,w[,D],'-'))^2,2,sum)/M
NMSE=data.frame(Method=c('bagging','randomForest','SVM','LM'),
                NMSE=nmse)
ggplot(NMSE, aes(x=Method, y=NMSE)) +
  geom_bar(stat="identity", width=.5, fill="navyblue") +
  labs(title="Normalized MSE for 4 Methods") +
  geom_text(aes(label=round(NMSE,4)), hjust=c(rep(1,4)),
            color=c(rep("white",4)), size=3.5)+
  theme(axis.text.x = element_text(angle=65, vjust=0.6))+
  coord_flip()
```

图 5.4.13 是用下面代码产生的:

```
w=read.csv("boston.csv")
a=lm(MEDV~.-1,w)$coef
b=NULL
for(i in c(1:13)) {
  f=formula(paste('MEDV~',names(w)[i],'-1'))
  b=c(b,lm(f,w)$coef)
}
coef=data.frame(rbind(a,b))
coef$Model=c('Multi','Single')
library(reshape2)
coef.long<-melt(coef,id.vars="Model")

library(ggplot2)
ggplot(coef.long,aes(x=variable,y=value,fill=Model))+
  geom_bar(stat="identity",position="dodge")+
  scale_fill_discrete(name="Model",
    labels=c("Multiple", "Simple"))+
  labs(title =paste('The differences of coefficients',
               'between multiple and simple regression'),
    x="Models",y="Coefficient")+
  coord_flip()
```

5.6 本章的 Python 代码

5.6.1 一些需要的模块

首先输入可能用到的基本模块.

```
#导入包
import math
import random
import graphviz
import pandas as pd
import numpy as np
import seaborn as sns
import statsmodels.api as sm
import matplotlib.pyplot as plt

from collections import defaultdict
from IPython.display import SVG

from sklearn import tree
from sklearn.model_selection import cross_validate
```

```
from sklearn.linear_model import LinearRegression, LogisticRegression
from sklearn.metrics import confusion_matrix
from sklearn.discriminant_analysis import LinearDiscriminantAnalysis
from sklearn.datasets import load_iris
from sklearn.tree import DecisionTreeClassifier,\
    DecisionTreeRegressor, export_graphviz
from sklearn.ensemble import AdaBoostClassifier,\
    AdaBoostRegressor, RandomForestClassifier,\
    RandomForestRegressor, BaggingClassifier, BaggingRegressor
from sklearn.svm import SVC, SVR
from sklearn.preprocessing import StandardScaler

import statsmodels as tsm
import matplotlib as tplt
import sklearn as tsk

import os
os.chdir("E:/")
```

5.6.2 通过数据案例理解有监督学习: 分类问题

例 5.1 欺诈竞标数据的 9 个自变量关于因变量两个水平 (0 和 1) 的盒形图 (图 5.6.1).

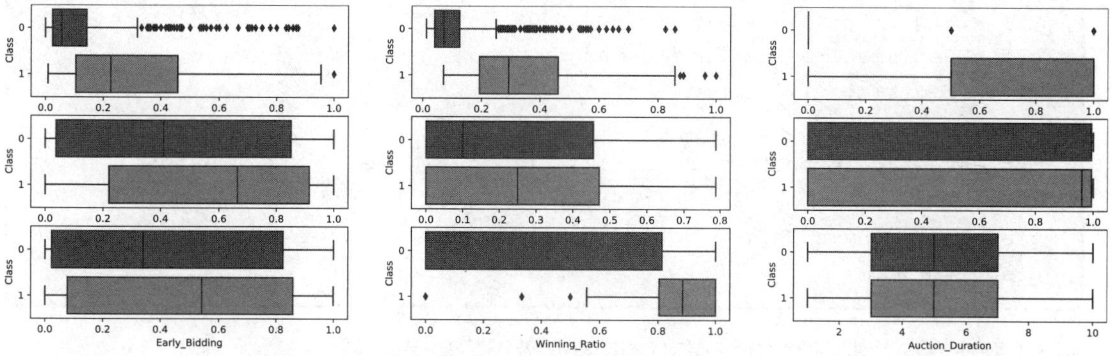

图 5.6.1 例 5.1 欺诈竞标数据的 9 个自变量关于因变量两个水平 (0 和 1) 的盒形图

图 5.6.1 代码:

```
w=pd.read_csv("Bidding.csv").iloc[:,3:]
plt.figure(figsize=(20,6))
for i,j in enumerate(w.columns[:-1]):
    plt.subplot(3,3,i+1)
    sns.boxplot(y="Class", x=j, data=w, dodge=True,orient='h')
plt.show()
```

例 5.1 欺诈竞标数据部分数据变量 Auction_Duration 对 Class 的盒形图 (图 5.6.2) 代码:

```
plt.figure(figsize=(20,6))
w1=w[w['Successive_Outbidding']>0.75]
sns.boxplot(y="Class", x=j, data=w1, dodge=True,orient='h')
plt.show()
```

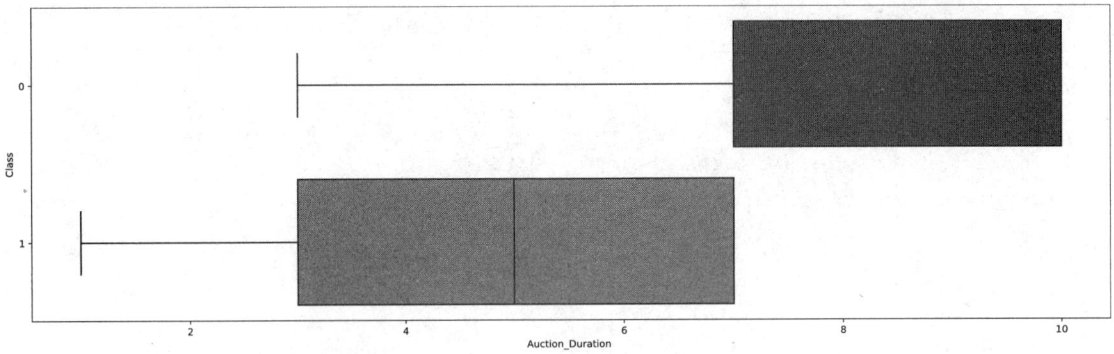

图 5.6.2 例 5.1 欺诈竞标数据部分数据变量 Auction_Duration 对 Class 的盒形图

例 5.1 欺诈竞标数据的分类决策树 (图 5.6.3) 代码:

```
X = w.iloc[:, : -1]
y = w.iloc[:, -1].astype('category')
clf = DecisionTreeClassifier(max_depth=7)
clf=clf.fit(X, y)

dot_data=tree.export_graphviz(clf,out_file=None, feature_names=X.columns,
                              rounded=True, filled=True)
graph = graphviz.Source(dot_data)
graph #显示图
```

例 5.1 欺诈竞标数据分类 10 折交叉验证的混淆矩阵和误判率:

```
clf = DecisionTreeClassifier(max_depth=7)
pred,cfm,error=SCCV(X,y,clf,Z=10,seed=1010)
print("confusion matrix\n",cfm,"\nerror =", error)
```

输出为

```
confusion matrix
 [[5642    4]
 [   9  666]]
error = 0.0020566366081316246
```

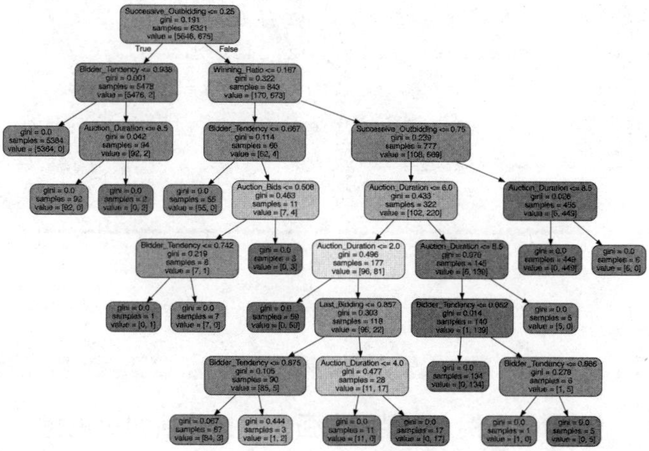

图 5.6.3 例 5.1 欺诈竞标数据的分类决策树

5.6.3 通过数据案例理解有监督学习: 回归问题

例 5.2 混凝土强度数据的成对散点图

例 5.2 混凝土强度数据的成对散点图 (图 5.6.4) 代码:

```
sns.set(font_scale=1.5);sns.pairplot(w,aspect=3)
```

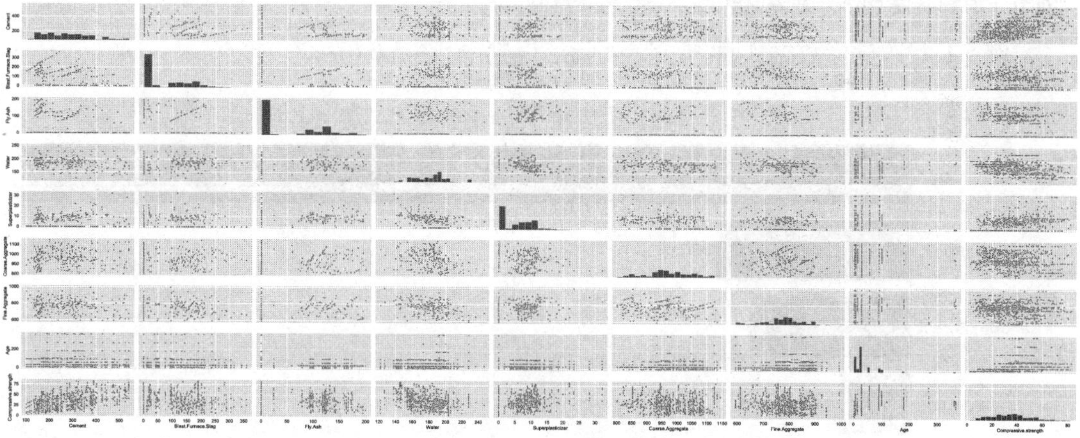

图 5.6.4 例 5.2 混凝土强度数据的成对散点图

例 5.2 混凝土强度数据的决策树回归

例 5.2 混凝土强度数据的回归决策树 (图 5.6.5) 代码:

```
X = u.iloc[:, : -1]
y = u.iloc[:, -1]
reg = DecisionTreeRegressor(max_depth=6)
```

```
reg.fit(X, y)
dot_data=tree.export_graphviz(reg,out_file=None,
                              feature_names=X.columns,
                              rounded=True, filled=True)
graph = graphviz.Source(dot_data)
graph #显示图
```

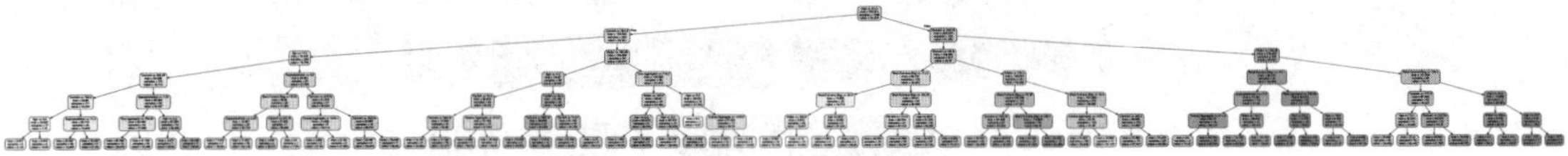

图 5.6.5 例 5.2 混凝土强度数据的回归决策树

例 5.2 混凝土强度数据的回归决策树交叉验证:

```
reg = DecisionTreeRegressor(max_depth=6)
NMSE, pred=SRCV(X,y,reg)
NMSE
```

输出为 0.20511860758870007.

5.6.4 模型的概述及交叉验证

例 5.1 欺诈竞标数据 4 种方法交叉验证

例 5.1 欺诈竞标数据 4 种方法交叉验证误判率 (图 5.6.6).

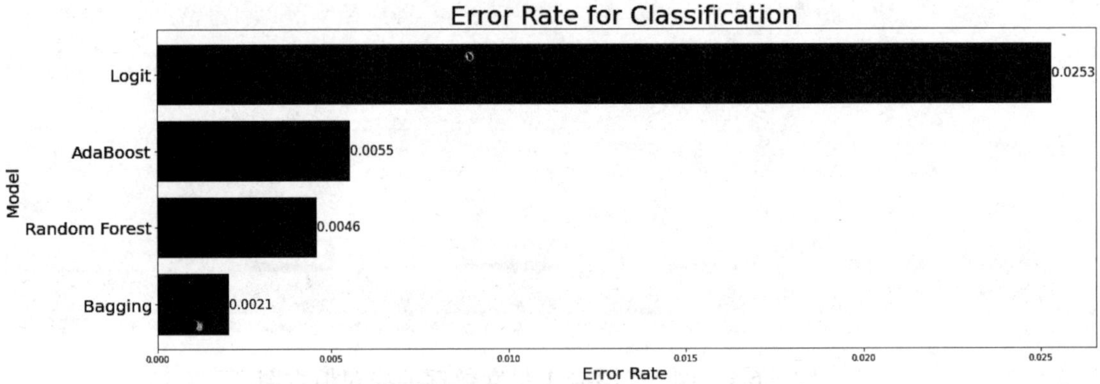

图 5.6.6 例 5.1 欺诈竞标数据 4 种方法交叉验证误判率

例 5.1 欺诈竞标数据 4 种方法交叉验证 (图 5.6.6) 代码为:

```
w=pd.read_csv("Bidding.csv").iloc[:,3:]
X = w.iloc[:, : -1]
y = w.iloc[:, -1].astype('category')
```

```
names = ["Bagging", "Random Forest", "AdaBoost", 'Logit']
classifiers = [
    BaggingClassifier(n_estimators=100,random_state=1010),
    RandomForestClassifier(n_estimators=500,random_state=0),
    AdaBoostClassifier(n_estimators=100,random_state=0),
    LogisticRegression(solver="liblinear")]
CLS=dict(zip(names,classifiers))
R,A=ClaCV(X,y,CLS)
BarPlot(A,'Error Rate','Model','Error Rate for Classification')

print(A)
```

例 5.3 数字笔迹识别数据多分类交叉验证

例 5.3 数字笔迹识别数据多分类交叉验证 (图 5.6.7) 代码:

```
w=pd.read_csv("pendigits.csv")
X = w.iloc[:, : -1]
y = w.iloc[:, -1].astype('category')

names = ["Bagging", "Linear SVM", "Random Forest", 'Lda']
classifiers = [
    BaggingClassifier(n_estimators=100,random_state=1010),
    SVC(kernel="linear", C=0.025,random_state=0),
    RandomForestClassifier(n_estimators=500,random_state=0),
    LinearDiscriminantAnalysis()]
CLS=dict(zip(names,classifiers))
R,A=ClaCV(X,y,CLS)
BarPlot(A,'Error Rate','Model','Error Rate for Classification')

print(A)
```

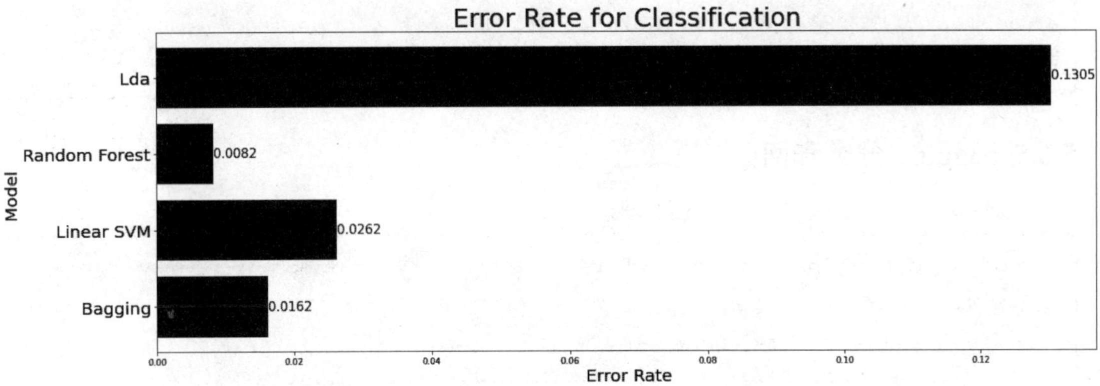

图 5.6.7 例 5.3 数字笔迹识别数据多分类交叉验证

例 5.2 混凝土强度数据回归交叉验证

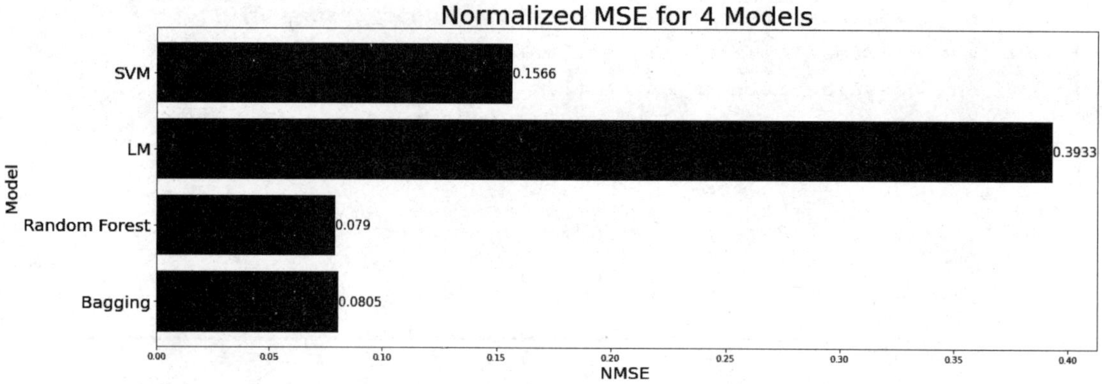

图 5.6.8 例 5.2 混凝土强度数据回归交叉验证

例 5.2 混凝土强度数据回归交叉验证 (图 5.6.8) 代码:

```
w=pd.read_csv("Concrete.csv")
y=w['Compressive.strength']
X=w.iloc[:,:-1]
names = ["Bagging","Random Forest","LM"]
regressors = [
    BaggingRegressor(n_estimators=100),
    RandomForestRegressor(n_estimators=500,random_state=1010),
    LinearRegression()]
REG=dict(zip(names,regressors))

R,A=RegCV(X,y,REG,Z=10,seed=1010)
# 下面专门为SVM单独做交叉验证(因为事先需要标准化)
NMSE, pred=SRCVSTD(X,y,SVR(gamma='auto'),seed=1010)
A['SVM']=NMSE

BarPlot(A,'NMSE','Model','Normalized MSE for 4 Models')
print(A)
```

5.6.5 bagging 分类和回归

拟合例 5.3 数字笔迹识别数据代码:

```
w=pd.read_csv("pendigits.csv")
X = w.iloc[:, : -1]
y = w.iloc[:, -1].astype('category')
clf = BaggingClassifier(n_estimators=100,random_state=1010)
pred,cfm,error=SCCV(X,y,clf,Z=10,seed=1010)
```

```
print("confusion matrix\n",cfm,"\nerror =", error)
```

输出混淆矩阵及误判率为:

```
confusion matrix
 [[1133    0    0    0    3    0    0    0    6    1]
 [   0 1100   28    6    0    3    2    1    0    3]
 [   0   14 1119    2    1    0    0    8    0    0]
 [   0    3    3 1042    0    3    0    0    0    4]
 [   1    0    1    0 1131    1    4    3    0    3]
 [   0    1    0    8    0 1032    1    0    5    8]
 [   3    0    1    0    4    3 1044    0    1    0]
 [   0    4    4    2    1    0    1 1123    7    0]
 [   2    0    0    0    2    1    0    6 1039    5]
 [   2    4    1    1    2    6    0    4    5 1030]]
error = 0.018104075691411935
```

拟合例 5.5 房价数据代码:

```
w=pd.read_csv("boston.csv")
y=w['MEDV']
X=w.iloc[:,:-1]

reg = BaggingRegressor(n_estimators=100)
NMSE, pred=SRCV(X,y,reg)
NMSE
```

输出的 NMSE 为 0.11805690367116464.

5.6.6 adaboost 分类

拟合例 5.1 欺诈竞标数据代码:

```
w=pd.read_csv("Bidding.csv").iloc[:,3:]
X = w.iloc[:, : -1]
y = w.iloc[:, -1].astype('category')
clf = AdaBoostClassifier(n_estimators=100,random_state=0)
pred,cfm,error=SCCV(X,y,clf,Z=10,seed=1010)

print("confusion matrix\n",cfm,"\nerror =", error)
```

输出的混淆矩阵和误判率为:

```
confusion matrix
 [[5627   19]
```

```
 [  14  661]]
error = 0.005220692928334125
```

5.6.7 随机森林分类和回归

拟合例 5.4 皮肤病数据代码:

```
w=pd.read_csv("derm.csv")
X = w.iloc[:, : -1]
y = w.iloc[:, -1].astype('category')
de_rf = RandomForestClassifier(n_estimators=500, oob_score=True)
de_rf.fit(X, y)
print('OOB error =',1-de_rf.oob_score_)
```

输出 OOB 误判率为

```
OOB error = 0.021857923497267784
```

生成变量重要性图 (图 5.6.9).

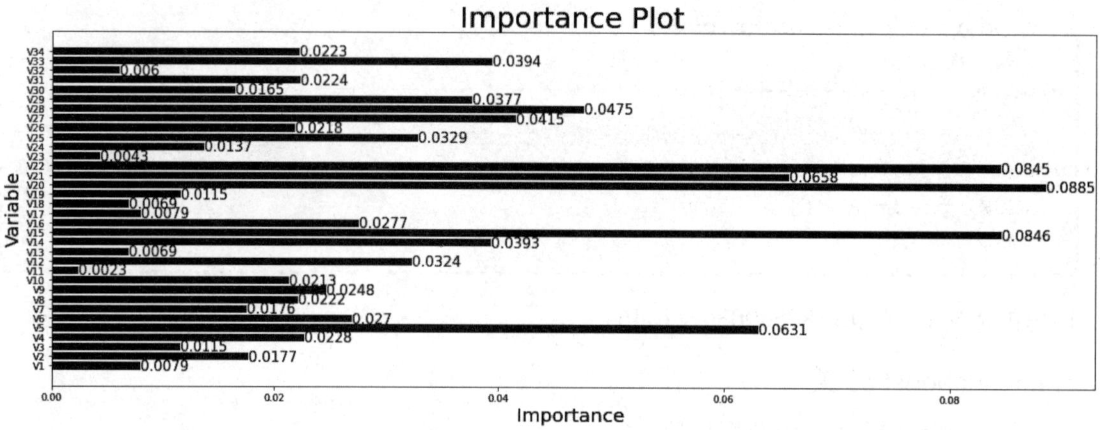

图 5.6.9　例 5.4 随机森林分类变量重要性图

生成例 5.4 随机森林分类变量重要性图 (图 5.6.9) 的代码:

```
Imp=dict(zip(X.columns,de_rf.feature_importances_))
BarPlot(Imp,'Importance','Variable','Importance Plot',
        size=[20,20,30,10,15])
```

拟合例 5.2 混凝土强度数据代码:

```
w=pd.read_csv("Concrete.csv")
y=w['Compressive.strength']
X=w.iloc[:,:-1]
```

```
con_rf = RandomForestRegressor(n_estimators=500,random_state=1010,
                                oob_score=True)
con_rf.fit(X, y)
print('OOB NMSE =',1-con_rf.oob_score_)
```

输出 OOB NMSE 为:

```
OOB NMSE = 0.07589845989851318
```

生成变量重要性图 (图 5.6.10) 的代码:

```
Imp=dict(zip(X.columns,con_rf.feature_importances_))
BarPlot(Imp,'Importance','Variable','Importance Plot')
```

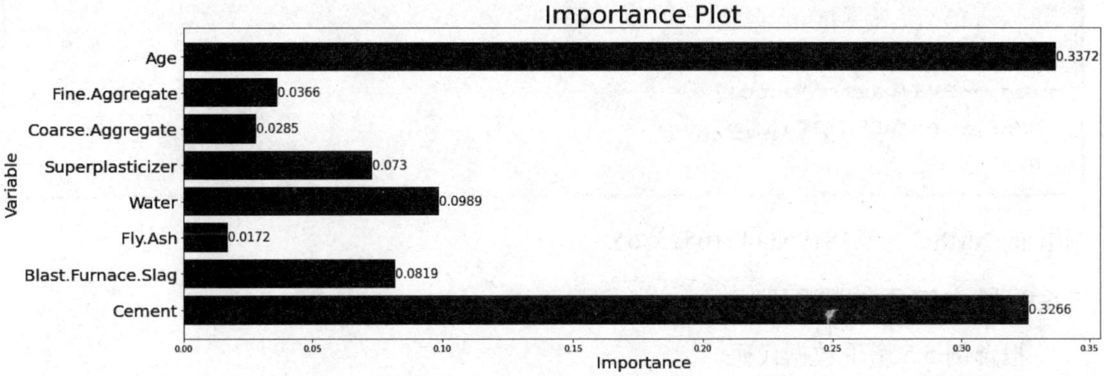

图 5.6.10 例 5.2 随机森林回归变量重要性图

5.6.8 SVM 分类和回归

拟合例 5.3 数字笔迹识别数据的代码:

```
w=pd.read_csv("pendigits.csv")
X = w.iloc[:, : -1]
y = w.iloc[:, -1].astype('category')

clf = SVC(kernel='linear', C=0.025,random_state=0)
pred,cfm,error=SCCV(X,y,clf,Z=10,seed=1010)
print("confusion matrix\n",cfm,"\nerror =", error)
```

输出混淆矩阵及误判率为:

```
confusion matrix
 [[1112    1    0    0    2    0    1    0   25    2]
 [   0 1098   17    7    1   13    0    2    0    5]
 [   0   20 1121    0    0    0    0    3    0    0]
```

```
 [   0    5    2 1038    1    5    0    1    0    3]
 [   2    0    0    0 1137    2    1    1    0    1]
 [   1   16    0    7    2 1006    0    1   15    7]
 [   0    0    0    0    0    4 1051    1    0    0]
 [   0   11    2    3    0    4    1 1121    0    0]
 [  19    0    0    0    0   24    2    2 1008    0]
 [   5   13    0    5    1    5    0    2    2 1022]]
error = 0.025291120815138284
```

拟合例 5.5 房价数据 (需预先运行这里的函数 SRCVSTD 及 Rfold(均在 5.6.12 节)) 的代码:

```
w=pd.read_csv("boston.csv")
y=w['MEDV']
X=w.iloc[:,:-1]

reg = SVR(gamma='auto')
NMSE, pred=SRCVSTD(X,y,reg)
NMSE
```

输出的 NMSE 为 0.18195344316523565.

5.6.9 最小二乘线性回归

拟合例 5.5 房价数据代码:

```
w=pd.read_csv("boston.csv")
y=w['MEDV']
X=w.iloc[:,:-1]
reg=LinearRegression()
reg.fit(X, y)
reg.coef_,reg.intercept_
```

输出系数和截距为:

```
(array([ 0.11980433,  0.10386581,  0.08793432, -0.14991842,  0.2922246 ,
         0.01808621,  0.02019035,  0.11422207]),
 -23.33121358490346)
```

做 10 折交叉验证代码:

```
reg=LinearRegression()
NMSE, pred=SRCV(X,y,reg)
NMSE
```

输出的 NMSE 为 0.2895905350848026.

关于回归系数可解释性是"皇帝的新衣"的对例 5.5 房价数据变量单独和同时做回归时系数比较图 (图 5.6.11).

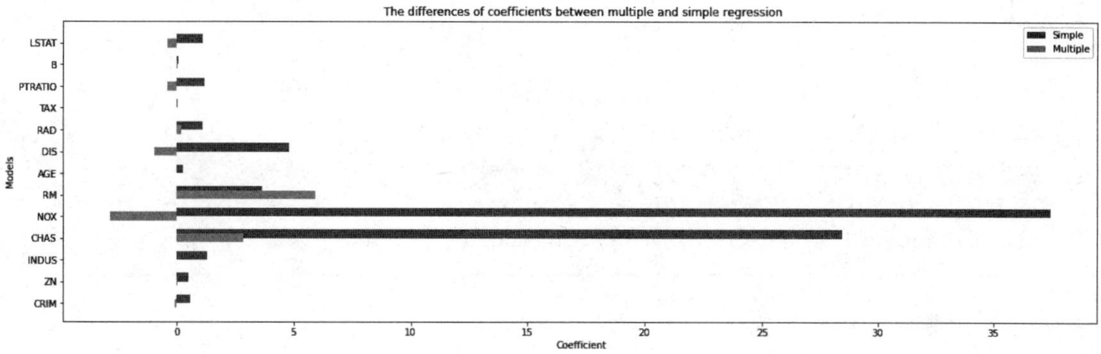

图 5.6.11　例 5.5 房价数据的线性回归系数在多自变量及单自变量回归时的对比

生成图 5.6.11 的代码为:

```
w=pd.read_csv("boston.csv")
X=w.iloc[:,:-1]
y=w.iloc[:,-1]

reg=LinearRegression(fit_intercept=False)

beta1=[]
for x_name in X.columns:
    x=np.array(X[x_name]).reshape(-1,1)
    reg.fit(x,y)
    beta1.extend(reg.coef_)

reg.fit(X,y)
betam=reg.coef_

fig = plt.figure(figsize=(20, 6))
ax = fig.add_subplot(111)
ax.barh(X.columns, beta1, height=0.4, align='edge',
        label='Simple')
ax.barh(X.columns, betam, height=0.4, label='Multiple')
ax.legend()
ax.set_title('The differences of coefficients between multiple\
 and simple regression')
ax.set_xlabel('Coefficient')
ax.set_ylabel('Models')
```

5.6.10 logistic 回归二分类

拟合例 5.1 欺诈竞标数据的代码:

```
w=pd.read_csv("Bidding.csv").iloc[:,3:]
X = w.iloc[:, : -1]
y = w.iloc[:, -1].astype('category')
clf = LogisticRegression(solver="liblinear")
pred,cfm,error=SCCV(X,y,clf,Z=10,seed=1010)

print("confusion matrix\n",cfm,"\nerror =", error)
```

输出的混淆矩阵和误判率为:

```
confusion matrix
 [[5560   86]
 [  75  600]]
error = 0.02547065337763012
```

5.6.11 线性判别分析做多分类

拟合例 5.3 数字笔迹识别数据的代码:

```
w=pd.read_csv("pendigits.csv")
X = w.iloc[:, : -1]
y = w.iloc[:, -1].astype('category')
clf = LinearDiscriminantAnalysis()
pred,cfm,error=SCCV(X,y,clf,Z=10,seed=1010)
print("confusion matrix\n",cfm,"\nerror =", error)
```

输出混淆矩阵及误判率为:

```
confusion matrix
 [[1013   13    0    0   15    2    4    0   89    7]
 [   0  770  210   26    0   71    6   35    1   24]
 [   0   19 1113    0    0    0    0   12    0    0]
 [   0   12    1 1029    0    0    0    9    0    4]
 [   0    0    1    0 1106    9    4    1    0   23]
 [   0   11    0   38    1  716   25    6    7  251]
 [   9    0    0    0    2    1 1028    0   16    0]
 [   0   46   28   56    2    5    0  981    4   20]
 [  57   37    0   26    0   71    6    5  838   15]
 [   1   35    0    9    6   28    8    2    0  966]]
error = 0.13027656477438138
```

5.6.12 本章要用的一些 Python 自编函数

为分类所用的分折函数

下面函数中的选项 u 为数据的因变量, Z 为折数, seed 为随机种子.

```
def Fold(u,Z=5,seed=1010):
    u = np.array(u).reshape(-1)
    id = np.arange(len(u))
    zid = []; ID = []; np.random.seed(seed)
    for i in np.unique(u):
        n = sum(u==i)
        ID.extend(id[u==i])
        k = (list(range(Z))*int(n/Z+1))[:n]
        np.random.shuffle(k)
        zid.extend(k)
    zid = np.array(zid);ID = np.array(ID)
    zid = zid[np.argsort(ID)]
    return zid
```

为回归所用的分折函数

下面函数中的选项 n 为样本量, Z 为折数, seed 为随机种子.

```
def Rfold(n, Z, seed):
    zid = (list(range(Z))*int(n/Z+1))[:n]
    np.random.seed(seed)
    np.random.shuffle(zid)
    return(np.array(zid))
```

比较分类模型的交叉验证函数

下面函数中的选项 X 为自变量数据, y 为因变量数据, CLS 为分类模型, Z 为折数, seed 为随机种子, trace 是否跟踪运行时间等过程.

```
def ClaCV(X,y,CLS, Z=10,seed=8888, trace=True):
    from datetime import datetime
    n=len(y)
    Zid=Fold(y,Z,seed=seed)
    YCPred=dict();
    A=dict()
    for i in CLS:
        if trace: print(i,'\n',datetime.now())
        Y_pred=np.zeros(n)
        for j in range(Z):
            clf=CLS[i]
```

```
            clf.fit(X[Zid!=j],y[Zid!=j])
            Y_pred[Zid==j]=clf.predict(X[Zid==j])
        YCPred[i]=Y_pred
        A[i]=np.mean(y!=YCPred[i])
    if trace: print(datetime.now())
    R=pd.DataFrame(YCPred)
    return R, A
```

比较回归模型的交叉验证函数

下面函数中的选项 X 为自变量数据, y 为因变量数据, regress 为回归模型, Z 为折数, seed 为随机种子, trace 是否跟踪运行时间等过程, u 表示是否需要对某名为 u 的定性自变量平衡折数.

```
def RegCV(X,y,regress, Z=10, seed=8888, trace=True, u=[1]):
    from datetime import datetime
    n=len(y)
    if len(u)>1: zid=Fold(u,Z,seed)
    else: zid=Rfold(n,Z,seed)
    YPred=dict();
    M=np.sum((y-np.mean(y))**2)
    A=dict()
    for i in regress:
        if trace: print(i,'\n',datetime.now())
        Y_pred=np.zeros(n)
        for j in range(Z):
            reg=regress[i]
            reg.fit(X[zid!=j],y[zid!=j])
            Y_pred[zid==j]=reg.predict(X[zid==j])
        YPred[i]=Y_pred
        A[i]=np.sum((y-YPred[i])**2)/M
    if trace: print(datetime.now())
    R=pd.DataFrame(YPred)
    return R,A
```

画条形图函数代码

下面函数中的选项 A 为包含名字及数据的 dict, xlab 为横轴说明, ylab 为纵轴说明, title 为图形标题, size 有 5 个数字, 分别表示横轴、纵轴、标题、刻度文字及图中数字的尺寸.

```
def BarPlot(A,xlab='',ylab='',title='',size=[20,20,30,20,15]):
    import matplotlib.pyplot as plt
    plt.figure(figsize = (20,7))
```

```
    plt.barh(range(len(A)), A.values(), color = 'navy')#, height = 0.6)
    plt.xlabel(xlab,size=size[0])
    plt.ylabel(ylab,size=size[1])
    plt.title(title,size=size[2])
    plt.yticks(np.arange(len(A)),A.keys(),size=size[3])
    for v,u in enumerate(A.values()):
        plt.text(u, v, str(round(u,4)), va = 'center',color='navy',
          size=size[4])
    plt.show()
```

单独模型回归的交叉验证函数

下面函数中的选项 X 为自变量数据, y 为因变量数据, REG 为回归模型, Z 为折数, seed 为随机种子.

```
def SRCV(X,y,REG,Z=10,seed=1010):
    n=len(y)
    zid=Rfold(n,Z,seed)
    pred=np.zeros(n)
    for j in range(Z):
        REG.fit(X[zid!=j],y[zid!=j])
        pred[zid==j]=REG.predict(X[zid==j])
    NMSE=((y-pred)**2).sum()/np.sum((y-y.mean())**2)
    return NMSE, pred
```

单独模型回归的交叉验证函数 (标准化数据版)

下面函数中的选项 X 为自变量数据, y 为因变量数据, REG 为回归模型, Z 为折数, seed 为随机种子.

```
def SRCVSTD(X,y,REG,Z=10,seed=1010):
    from sklearn.preprocessing import StandardScaler
    n=len(y)
    zid=Rfold(n,Z,seed)
    X_std=StandardScaler().fit_transform(X)
    stdy=StandardScaler()
    y_std=stdy.fit_transform(y.values.reshape(-1, 1))
    pred=np.zeros(n)
    for j in range(Z):
        REG.fit(X_std[zid!=j],y_std.ravel()[zid!=j])
        pred[zid==j]=stdy.inverse_transform(REG.predict(X_std[zid==j]))
    NMSE=((y-pred)**2).sum()/np.sum((y-y.mean())**2)
    return NMSE, pred
```

单独模型分类的交叉验证函数

下面函数中的选项 X 为自变量数据, y 为因变量数据, clf 为分类模型, Z 为折数, seed 为随机种子.

```
def SCCV(X,y,clf,Z=10,seed=1010):
    n=len(y)
    Zid=Fold(y,Z,seed=1010)
    Y_pred=np.zeros(n)
    for j in range(Z):
        clf.fit(X[Zid!=j],y[Zid!=j])
        Y_pred[Zid==j]=clf.predict(X[Zid==j])
    cfm=confusion_matrix(y,Y_pred)
    error =np.mean(y!=Y_pred)
    return Y_pred, cfm, error
```

5.7 参考资料 *

5.7.1 线性判别分析的一些数学细节 *

判别分析利用了有若干变量值的一些已知其所属类别的观测点 (训练样本), 并用它们来导出基于这些变量的对未知观测点的分类方法. 有 p 个变量的一个观测值为 p 维空间的一个点. 有点就可以定义距离. 判别分析的基本原理是一个点应该属于离它最近的那一类. 为了更好地区分各类, Fisher 判别分析在分析距离前先进行投影, 使得各类的投影尽可能分开, 而各类内部尽可能密切. 由于并不是所有变量在进行判别分析时都是重要的, 因此, 可以一边判别, 一边对变量进行筛选, 这就是逐步判别.

判别分析方法很多, 所涉及的公式很烦杂. 不同的距离定义、不同的方法都涉及很多的公式. 我们觉得不引进这些公式既不会妨碍对判别分析概念的理解, 也不会影响对实例的判别. 有兴趣刨根问底的读者请参阅有关的多元分析的出版物. 这里仅就 Fisher 判别法中如何寻找投影方向的数学予以描述. 记点 $\boldsymbol{x}$ 在以 $\boldsymbol{a}$ 为法方向的投影为 $\boldsymbol{a}^\top\boldsymbol{x}$. 而各组数据的投影为 (假定有 k 类, 而第 i 类有 n_i 个点)

$$G_i:\ \boldsymbol{a}^\top\boldsymbol{x}_1^{(i)}\cdots\boldsymbol{a}^\top\boldsymbol{x}_{n_i}^{(i)},\ i=1,\ldots,k.$$

将 G_m 类中数据投影的均值记为 $\boldsymbol{a}^\top\bar{\boldsymbol{x}}^{(m)}$, 则有:

$$\boldsymbol{a}^\top\bar{\boldsymbol{x}}^{(m)}=\frac{1}{n_m}\sum_{i=1}^{n_m}\boldsymbol{a}^\top\bar{\boldsymbol{x}}_i^{(m)},\ m=1,\ldots,k.$$

记 k 类数据投影的总均值为 $\boldsymbol{a}^\top\bar{\boldsymbol{x}}$, 则有:

$$\boldsymbol{a}^\top\bar{\boldsymbol{x}}=\frac{1}{n}\sum_{m=1}^{k}\sum_{i=1}^{n_m}\boldsymbol{a}^\top\bar{\boldsymbol{x}}_i^{(m)}.$$

类间离差平方和为:

$$
\begin{aligned}
SSG=&\sum_{m=1}^{k} n_m(\boldsymbol{a}^\top\bar{\boldsymbol{x}}^{(m)}-\boldsymbol{a}^\top\bar{\boldsymbol{x}})^2\\
=&\boldsymbol{a}^\top\left[\sum_{m=1}^{k} n_m(\bar{\boldsymbol{x}}^{(m)}-\bar{\boldsymbol{x}})(\bar{\boldsymbol{x}}^{(m)}-\bar{\boldsymbol{x}})^\top\right]\boldsymbol{a}=\boldsymbol{a}^\top\boldsymbol{B}\boldsymbol{a},
\end{aligned}
$$

这里 $\boldsymbol{B}=\sum_{m=1}^{k} n_m(\bar{\boldsymbol{x}}^{(m)}-\bar{\boldsymbol{x}})(\bar{\boldsymbol{x}}^{(m)}-\bar{\boldsymbol{x}})^\top$. 类内离差平方和为:

$$
\begin{aligned}
SSE=&\sum_{m=1}^{k}\sum_{i=1}^{n_m}(\boldsymbol{a}^\top\boldsymbol{x}_i^{(m)}-\boldsymbol{a}^\top\bar{\boldsymbol{x}}^{(m)})^2\\
=&\boldsymbol{a}^\top\left[\sum_{m=1}^{k}\sum_{i=1}^{n_m}(\boldsymbol{x}_i^{(m)}-\bar{\boldsymbol{x}}^{(m)})(\boldsymbol{x}_i^{(m)}-\bar{\boldsymbol{x}}^{(m)})^\top\right]\boldsymbol{a}\\
=&\boldsymbol{a}^\top\boldsymbol{E}\boldsymbol{a},
\end{aligned}
$$

这里 $\boldsymbol{E}=\sum_{m=1}^{k}\sum_{i=1}^{n_m}(\boldsymbol{x}_i^{(m)}-\bar{\boldsymbol{x}}^{(m)})(\boldsymbol{x}_i^{(m)}-\bar{\boldsymbol{x}}^{(m)})^\top$. 根据 Fisher 方法的原则, 希望寻找方向 $\boldsymbol{a}$ 使得类间离差平方和 SSG 尽可能大而类内离差平方和 SSE 尽可能小, 也就是说, 使得各类内部点尽可能地接近, 而各类之间尽可能分开, 一个途径就是希望

$$
\Delta(\boldsymbol{a})=\frac{\boldsymbol{a}^\top\boldsymbol{B}\boldsymbol{a}}{\boldsymbol{a}^\top\boldsymbol{E}\boldsymbol{a}}
$$

尽可能大. 而使得 $\Delta(\boldsymbol{a})=\boldsymbol{a}^\top\boldsymbol{B}\boldsymbol{a}/\boldsymbol{a}^\top\boldsymbol{E}\boldsymbol{a}$ 尽可能大的向量 $\boldsymbol{a}$ 为方程 $|\boldsymbol{B}-\lambda\boldsymbol{E}|=0$ 的最大特征根 λ_1 所相应的特征向量 (这是所谓的广义特征值问题), 而最大值就是该特征根 λ_1. 记方程 $|\boldsymbol{B}-\lambda\boldsymbol{E}|=0$ 的全部特征根为 $\lambda_1\geq\cdots\geq\lambda_r>0$, 相应的特征向量为 $v_1,\cdots,v_r$. 而 λ_i 的大小可以用来评估判别函数 $y_i(x)=v_i^\top x(=a^\top x)$ 的效果. 如果记 p_i 为判别能力 (效率), 即前面说的贡献率, 有 $p_i=\lambda_i/\sum_{h=1}^{r}\lambda_h$, 而 m 个判别函数的累积判别能力或累积贡献率定义为 $\sum_{i=1}^{m}p_i=\sum_{i=1}^{m}\lambda_i/\sum_{h=1}^{r}\lambda_h$. 然后, 根据累积贡献率的大小来选择取几组方向. 比如选取两个方向, 得到两个典则判别函数 F_1 和 F_2. 投影之后, 每个观测值根据这两个函数就得到两个坐标, 成为这两个方向所组成的平面中的一个二维点. 然后根据距离各类重心远近来决定任意一个点应该划归哪一类.

5.7.2 支持向量机的一些数学细节 *

支持向量机虽然对于大量分类变量的自变量不那么有效, 但的确是一个很好的方法. 其数学原理简要概括如下:

1. SVM 分类

假定其目的是把空间中的两类点 ($y=-1$ 或 $y=1$) 用超平面 $\mathbf{w}^\top\mathbf{x}+b=0$ 分开 (在所谓严格线性可分的情况下, 存在这样的超平面), 而且希望这个超平面距离两类点的距离最大, 也就是说, 使得隔离带宽 $\rho=2/\|\mathbf{w}\|$ 最大. 这等价于用 Lagrange 乘子法求下式的极

小值.

$$L(\mathbf{w},b,\alpha)=\frac{1}{2}\|\mathbf{w}\|^2-\sum_{i=1}^{n}\alpha_i[y_i(\mathbf{w}^\top\mathbf{x}_i+b)-1].$$

根据得到的解 $\mathbf{w}^*, b^*, \alpha^*$ 得到最优分割超平面方程 $\mathbf{w}^{*T}\mathbf{x}+b^*=0$. 任意点 $(\mathbf{x})$ 的函数值 $\mathbf{w}^{*T}\mathbf{x}+b^*$ 的符号确定了该点的分类, 或者说判别函数为 $\text{sgn}(\mathbf{w}^{*T}\mathbf{x}+b^*)$. 上面是严格线性可分的情况. 如果允许一些错误, 则称为近似线性可分问题, 结果与此有同样的形式. 可以注意到, 这些结果有下面依赖于内积的对偶 (duel) 性质: 首先, 这里的建模过程仅仅依赖于训练集点对的内积. 其次, 判别过程仅仅依赖于未知点和训练集中支持向量的内积. 这种依赖于内积的独特的性质使得我们能够解决线性不可分的问题. 对于线性不可分问题, 可能需要一些变换 $x\mapsto\Phi(x)$, 这些变换是很难猜到的, 但基于对偶性质, 可以猜测较灵活的核函数 $K(\mathbf{x}^\top,\mathbf{x}_j)=\Phi(\mathbf{x}_i)^\top\Phi(\mathbf{x}_j)$ 而非 $\Phi(\cdot)$ 本身.

2. SVM 回归 (SVR)

在回归问题中, y 不仅仅是 -1 和 1. 令 $f(\mathbf{x})=\mathbf{w}^\top\mathbf{x}+b$, 希望 y 与 $f(\mathbf{x})$ 的离差越小越好, 问题还是归结于求使得 $\|\mathbf{w}\|^2/2=\mathbf{w}^\top\mathbf{w}/2$ 最小的 $\mathbf{w}$, 但约束条件是 $\|y_i-f(\mathbf{x_i})\|\le\epsilon$, 这里 ϵ 为某目标值. 类似于 SVM 分类, 允许一些误差, 这样就可以把上面的约束放宽为 (对于大于 0 的 ξ_i,ξ_i^*) $y_i-f(\mathbf{x_i})\le\epsilon+\xi_i$ 及 $f(\mathbf{x_i})-y_i\le\epsilon+\xi_i^*$, 即得到 Lagrange 函数

$$\begin{aligned}L(\mathbf{w},b,\xi,\alpha,\eta)=&\frac{1}{2}\|\mathbf{w}\|^2+C\sum_i(\xi_i+\xi_i^*)-\sum_i(\eta_i\xi_i+\eta_i^*\xi_i^*)\\&-\sum_i\alpha_i(\epsilon+\xi_i-y_i+\mathbf{w}^\top\mathbf{x}_i+b)\\&-\sum_i\alpha_i^*(\epsilon+\xi_i^*+y_i-\mathbf{w}^\top\mathbf{x}_i-b).\end{aligned}$$

需要在约束条件 $\alpha,\eta>0$ 下, 解 $\min_{\mathbf{w},b,\xi}\{\max_{\alpha,\eta}L(\mathbf{w},b,\xi,\alpha,\eta)\}$ 问题. 对于非线性问题, 和前面 SVM 分类一样, 利用核函数来解决.

5.8 习题

1. 对例 5.4 皮肤病数据做分类:
   (1) 用决策树、adaboost、bagging 做例 5.4 皮肤病数据的分类, 并做交叉验证, 和随机森林的结果做比较并讨论结果. 有人认为凡是可以用随机森林的就不要用 bagging, 你怎么认为? 注意: `adabag` 的 adaboost 函数 `boosting` 运行时间较长, 需要有耐心.
   (2) 试着利用线性判别分析做例 5.4 皮肤病数据的分类, 会得到什么警告? 如果逐个减少自变量, 会不会警告消失? 结果如何?
2. 蘑菇是否可食数据 (mushroom.csv) [19] 有 23 个变量, 8124 个观测值, 变量中 type 为能否食用, 水平 "e"(edible) 代表可食用, 水平 "p"(poisonous) 代表有毒; 其余变量都

[19]数据网址为 `https://raw.githubusercontent.com/stedy/Machine-Learning-with-R-datasets/master/mushrooms.csv`.

是分类变量,表示各种蘑菇各部位的形状、颜色、气味、生长特点、生长环境等属性,全部用字母表示其水平 (最多 12 个水平). 这是二分类问题. 在 R 中可用代码 `read.csv("mushroom.csv",stringsAsFactors = T)` 读入数据. 用本章介绍的各种分类方法对蘑菇数据做分类,并做交叉验证.

(1) 使用全部变量,用决策树拟合全部数据并打印输出及生成决策树图.

(2) 哪些方法不能用,或者给出警告? 为什么?

(3) 可用运行的方法的交叉验证结果如何,做出评价.

(4) 画出随机森林方法的变量重要性图和局部重要性图,它们类似吗? 为什么?

(5) 随机森林的 OOB 误差和 10 折交叉验证误差区别大吗? 讨论.

(6) 画出随机森林方法的最重要及最不重要变量的部分依赖性图,它们的区别在哪里?

3. 对例 5.5 房价数据做回归:

(1) 做所有可能回归方法的预测精度交叉验证比较.

(2) 画出随机森林方法的变量重要性图和局部重要性图,它们类似吗? 为什么?

(3) 在随机森林方法的离群点中找到指标最大的一些观测值,并且在局部重要性图中显示相应于这些观测值的曲线,讨论这些曲线和其他观测值的曲线有什么区别.

(4) 画出随机森林方法的最重要及最不重要变量的部分依赖性图,它们的区别在哪里?

4. 对例 5.2 混凝土强度数据做线性最小二乘回归.

(1) 做出逐个单独一个自变量回归的各个系数,并且和多个自变量一起回归的系数做比较. 注意: 回归时不要有截距项,否则无法比较.

(2) 随意减少一些观测值,再看这些系数的变化,并做讨论.

5. 如同假定线性模型一样,为什么不可以对数据假定任何数学模型 (不一定是线性的)? 对这些模型做各种参数或系数的讨论有意义吗?

第 6 章　无监督学习——多元分析

传统的多元分析包括主成分分析、因子分析、聚类分析、典型相关分析、判别分析等内容. 后来, 一些教科书又包括了不那么“经典”的对应分析. 除了前面已经介绍过的线性判别分析之外, 这一章将介绍所有的这些方法.

在传统统计的多元分析教科书中, 为了做数学文章, 各个变量大都假定有多元正态分布. 其实, 在应用中这些假定完全无法核对. 本章介绍的多元分析方法, 即使在方法本身的设计上对数据做了一些数学假定, 但在实施中均无法验证.

由于没有目标变量或者因变量, 多元分析是无监督学习. 因此, 多元分析没有一个诸如预测精度之类的优劣标准. 任何文献中提出的所谓标准都是在对现实世界的数据做出主观假定后才出现的, 不属于科学的范畴.

6.1　寻找多个变量的代表: 主成分分析和因子分析

假定你是一个公司的财务经理, 掌握了公司的所有主要数据, 比如固定资产、流动资金、每一笔借贷的数额和期限、各种税费、工资支出、原料消耗、产值、利润、折旧、职工人数、职工的分工和教育程度等等. 如果让你向有关方面介绍公司状况, 你能够把这些指标和数字都原封不动地摆出去吗? 当然不能. 你必须要把各个方面进行高度概括, 用一两个指标简单明了地把情况说清楚. 其实, 每个人都会遇到有很多变量的数据. 比如全国或各个地区的带有许多经济和社会变量的数据, 各个学校的研究、教学及各类学生人数及科研经费等各种变量的数据等等. 这些数据的共同特点是变量很多, 在如此多的变量之中, 有很多是相关的. 人们希望能够找出它们的少数“代表”来对它们进行描述, 也就是需要**降低变量的维数**.

在做这种降维时, 有些事情必须明白:

1. 降维必定损失信息. 比如把学生 10 科的成绩平均成一个数字, 虽然把 10 维降为 1 维, 但损失了大量的信息.
2. 如果各个变量都独立, 是不可能降维的, 至少是没有意义的. 比如把一个学校的大楼面积、平均气温和学术成就等独立变量降维成单独指标是十分荒谬的 (当然这种“降维”还是有人做的).

本节介绍两种把变量维数降低以便于描述、理解和分析的方法: **主成分分析** (principal component analysis) 和**因子分析** (factor analysis). 这两种方法的目的是一样的, 都是寻找众多相关变量的少数代表, 这些代表变量, 又称为成分或因子, 都是原先变量的线性组合. 由于代表变量的数目显著地小于原先变量的数目, 数据的维数也就因而降低了.

主成分分析数学较简单, 发展也较早, 因子分析需要的数学假定较多, 理论稍微有些复杂, 但结果可能会比主成分分析更理想. 这一节的目是找出这些由线性组合而形成的成分或因子, 并且试图解释它们的意义.

6.1.1 主成分分析

为了直观地描述主成分分析降维的过程, 先假定原先数据只是两个变量的观测值, 即二维数据. 如果这两个变量分别由横轴和纵轴所代表, 每个观测值都有相应于这两个坐标轴的两个坐标值, 也就是这个二维坐标系中的一个点. 如果这些数据点形成一个有椭圆形轮廓的点阵, 如二维正态变量的情况[1]. 那么这个想象中的椭圆有一个长轴和一个短轴, 称为主轴. 主轴之间是互相垂直的. 在短轴方向上, 数据变化较小, 在长轴方向上, 数据变化较大. 如果两个坐标轴和椭圆的长短轴平行, 那么代表长轴的变量就描述了数据的主要变化, 而代表短轴的变量就描述了数据的次要变化.

但是, 坐标轴通常并不和椭圆的长短轴平行. 因此, 需要寻找椭圆的长短轴, 并进行变换, 使得新变量和椭圆的长短轴平行. 如果长轴变量代表了数据包含的大部分信息, 就用该变量代替原先的两个变量 (舍去次要的短轴变量), 降维就完成了. 在极端的情况, 短轴如果退化成一点, 那只用长轴变量就能够完全解释这些点的变化, 这样, 由二维到一维的降维就自然完成了.

下面以 2 维空间为例, 看关于 2 维空间如何降维到 1 维空间的直观说明. 图 6.1.1给出了两种 2 维变量点云的示例.

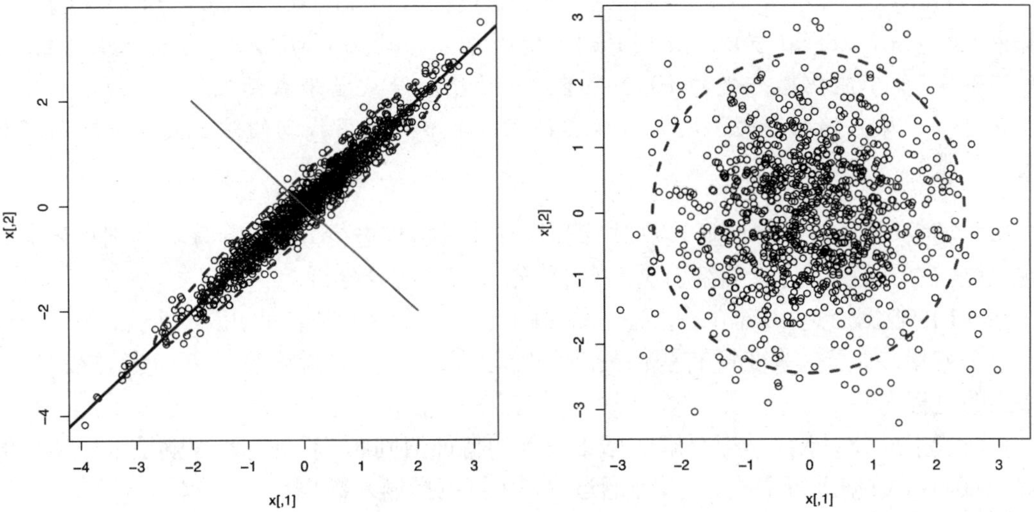

图 6.1.1 相关变量点云 (左) 及无关变量点云 (右)

在图 6.1.1 的两个图中, 左图是两个相关变量的点云, 而由于两个变量相关, 图形呈现出一个椭圆形状, 其中沿着椭圆长轴的方向有较多的信息, 即**方差最大的方向**, 而沿着椭圆短轴方向的方差较小. 如果椭圆短轴的长度缩短到 0, 则该 2 维点云实际上是 1 维点云,

[1] 一般地说, 只有在变量近似地服从多维正态分布时, 主成分分析和因子分析的效果才更好解释, 那时, 多维数据点阵形成多维空间的椭球形状.

已经降低维度. 因此, 左图所示的数据应该可以降维. 图 6.1.1 的右图是两个不相关变量的点云, 呈现出一个长短轴没有明显差别的近似于圆的 “椭圆”, 对该点云做降维没有什么意义, 或者说, 把右图的点朝任何方向投影都不会有多大的区别.

多维变量的情况和二维类似, 也有高维的椭球, 只不过无法直观地看见罢了. 首先把高维椭球的各个主轴找出来, 再用代表大多数数据信息的最长的几个轴作为新变量, 这样, 主成分分析就基本完成了. 注意, 和二维情况类似, 高维椭球的主轴也是互相垂直的. 这些互相正交的新变量是原先变量的线性组合, 叫作**主成分** (principal component).

正如二维椭圆有两个主轴, 三维椭球有三个主轴一样, 有几个变量, 就有几个主成分. 当然, 选择越少的主成分, 降维就越好当然, 降维的代价是损失原来数据所包含的信息. 什么是选择的标准呢? 那就是这些被选的主成分所代表的主轴的长度之和占了主轴长度总和的大部分. 有些文献建议, 所选的主轴总长度占所有主轴长度之和的大约 85% (也有的说 80% 左右) 即可. 其实, 这只是一个大体的说法, 具体选几个, 要看实际情况而定. 但如果所有涉及的变量都不那么相关, 就很难降维 [2]. 不相关的变量就只有自己代表自己了. 用统计术语来说, 上述椭球的各个主轴的长短代表了该方向数据的方差, 而我们要寻找的是方差大 (即数据变化大) 的方向.

在引进主成分分析之前, 先看下面的例子.

例 6.1 WHO 数据 (who.txt) 这是 162 个国家和地区的 10 个变量组成的数据, 数据摘自世界卫生组织的数据. 变量情况如下: x1: 青少年生育率 (%)、x2: 人均国民收入, x3: 女小学生入学率 (%)、x4: 男小学生入学率 (%)、x5: 人口增长率 (%)、x6: 城镇人口比率 (%)、x7: 年龄中位数 (%)、x8: 60 岁以上比例 (%), x9: 15 岁以下比例 (%)、x10: 每女性生育数. 目前的问题是, 能不能把感兴趣的 10 个变量用一两个综合变量来表示呢? 这一两个综合变量包含有多少原来的信息呢? 怎么解释它们呢? 能不能利用找到的综合变量来对国家和地区排序呢?

这一类数据所涉及的问题可以推广到对企业, 对学校进行分析、排序、判别和分类等问题. 这些在后面章节将会陆续引进. 下面首先介绍主成分分析.

例 6.1 的数据点是 10 维的, 也就是说, 每个观测值是 10 维空间中的一个点. 每一维代表了一个变量. 如果这些变量有些相关, 则可以把它们用某种综合变量来代表. 这就是一个降维的过程.

如何找主成分呢? 数学上是解数据相关阵的特征值问题, 下面的计算就是求该特征值的解. 对例 6.1 数据进行主成分分析, 通过 R 代码 (包括输入数据)

```
w=read.table("who.txt",sep=",",header=T)
b=eigen(cor(w)) #解相关阵cor(w)的特征值问题
t(data.frame(b$va,b$va/sum(b$va),cumsum(b$va)/sum(b$va)))
```

得到的输出形成表 6.1.1. 表中的特征值就是这里的 10 个主轴长度 (相应方向的方差), 可以看出这 10 个特征值大小不一, 最大的有 6.7190, 占主轴长度总和 (或所有特征值的总和,

[2]在所有变量都正交的情况下, 如果要达到一些文献所建议的 85% 主轴长度份额, 则必须选取 85% 的主成分, 似乎达到目的, 但毫无意义.

又叫总方差) 的 67.19%, 第二大特征值为 1.1536, 占总方差的 11.54%. 头两个主成分的特征值累积占了总方差的 78.73%, 后面的特征值的贡献越来越少.

表 6.1.1 例 6.1 数据的特征值

主成分	1	2	3	4	5	6	7	8	9	10
特征值	6.7190	1.1536	0.8835	0.4674	0.4299	0.1703	0.1106	0.0336	0.0270	0.0052
特征值占比	0.6719	0.1154	0.0884	0.0467	0.0430	0.0170	0.0111	0.0034	0.0027	0.0005
特征值累积比例	0.6719	0.7873	0.8756	0.9223	0.9653	0.9824	0.9934	0.9968	0.9995	1.0000

表 6.1.1 的特征值信息也可以从所谓悬崖碎石图 (Scree Plot, 图 6.1.2 左图) 看出. 图 6.1.2 右图为累积特征值比例. 由这些图表可以看出, 头两个特征值的确占了特征值总和的绝大部分. 因此, 选头两个主成分就可以了. 悬崖碎石图的名字意味着如果头一两个成分代表了大多数方差, 那么, 该图开始很陡, 其他分量就像悬崖落下的碎石一样基本靠近地面, 这也表示了选取主成分的一个原则, 即如果该图不陡, 那么主成分分析降维的效果一定不好.

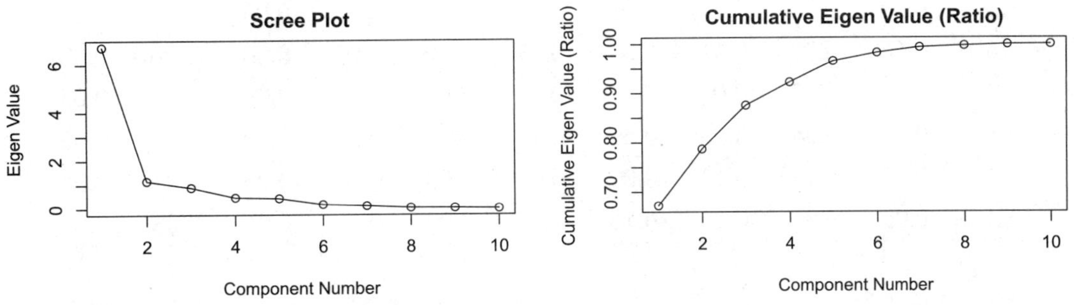

图 6.1.2 例 6.1 十个成分的特征值的点图: 悬崖碎石图 (左), 累积特征值比例 (右)

图 6.1.2 是由下面代码绘的:

```
par(mfrow=c(1,2))
plot(b$va, type="o",
     main="Scree Plot",
     xlab="Component Number",
     ylab="Eigen Value")
plot(cumsum(b$va)/sum(b$va),type="o",
     main="Cumulative Eigen Value (Ratio)",
     xlab="Component Number",
     ylab="Cumulative Eigen Value (Ratio)")
```

接下来的问题是怎么解释这两个主成分. 前面说过主成分是原数据十个变量的线性组合, 那么是怎么样的组合呢? 可以通过下面 R 语句输出所谓**载荷表** (component matrix) (见表 6.1.2),

```
(loadings=sweep(b$ve,2,sqrt(b$va),"*"))
```

表 6.1.2 中的每一列代表一个主成分, 这些列向量分别是数据相关阵的各个特征值所相应的**特征向量** (eigenvector). 这里的向量不是单位向量, 而是单位特征向量乘以相应特征值的平方根, 称为**载荷** (loading). 载荷为对应的主成分和原先变量的线性相关系数.

有些文献 (及软件) 就用原始的单位特征向量的元素作为相应的主成分系数, 也称为载荷, 结果的主成分和这里的差一个大小等于相应特征值平方根的因子. 这种区别对于分析结果不会造成任何不同.

表 6.1.2　载荷表 (里面数字为相应成分及变量之间的相关系数)

	成分									
变量	1	2	3	4	5	6	7	8	9	10
x1	0.80	-0.06	0.01	-0.57	-0.14	0.14	-0.08	0.00	-0.00	0.00
x2	-0.72	0.31	-0.48	-0.08	0.31	0.21	0.09	0.00	0.01	0.00
x3	-0.74	-0.64	-0.16	-0.06	0.01	-0.00	0.02	-0.10	-0.08	0.00
x4	-0.71	-0.66	-0.18	-0.10	0.06	-0.06	-0.00	0.10	0.07	-0.00
x5	0.80	0.00	-0.51	0.08	0.18	-0.10	-0.22	-0.03	0.02	0.00
x6	-0.66	0.28	-0.51	-0.04	-0.47	-0.10	0.03	0.00	-0.00	0.00
x7	-0.95	0.22	0.09	-0.11	0.09	-0.05	-0.10	0.03	-0.05	-0.05
x8	-0.86	0.24	0.19	-0.29	0.15	-0.20	0.01	-0.07	0.06	0.02
x9	0.97	-0.13	-0.13	-0.02	-0.01	-0.03	0.15	-0.06	0.06	-0.05
x10	0.92	0.07	-0.15	-0.16	0.17	-0.20	0.12	0.06	-0.08	0.01

表 6.1.2 中的每一列数字是相应的成分 (列) 作为原来变量线性组合的系数 (比例). 比如第一主成分 10 个变量的线性组合系数为 0.80, −0.72, −0.74, −0.71, 0.80, −0.66, −0.95, −0.86, 0.97, 0.92. 如果用 $x_1, x_2, \ldots, x_{10}$ 表示原先的 10 个变量, 而用 $y_1, y_2 \ldots, y_{10}$ 表示新的主成分, 那么, 第一和第二主成分 y_1 和 y_2 为:

$$\begin{aligned} y_1 =& 0.80x_1 - 0.72x_2 - 0.74x_3 - 0.71x_4 + 0.80x_5 \\ & - 0.66x_6 - 0.95x_7 - 0.86x_8 + 0.97x_9 + 0.92x_{10}, \\ y_2 =& - 0.06x_1 + 0.31x_2 - 0.64x_3 - 0.66x_4 + 0.00x_5 \\ & + 0.28x_6 + 0.22x_7 + 0.24x_8 - 0.13x_9 + 0.07x_{10}. \end{aligned}$$

上面第一主成分 y_1 表示式中 x_1 的系数为 0.80, 这就是说第一主成分和青少年生育率 (原变量名为 x1) x_1 的相关系数为 0.80. 相关系数 (绝对值) 越大, 主成分对该变量的代表性也越大. 可以看得出, 第一主成分对各个变量解释得都很充分. 而最后的几个主成分和原先的变量就不那么相关了.

根据上面的公式, 可以对每个地区或国家根据各个变量 (那 10 个原始变量的值) 算出其主成分 (比如 y_1 和 y_2) 的值, 称为**得分**或者**记分** (score). 这样就可以按照这些主成分的大小对各个国家状况进行分析, 并利用主成分的意义来解释. 但是要注意的是, 利用这里的公式在计算每个观测值的主成分得分时应该对变量 $x_1, x_2, \ldots, x_{10}$ 的数据列加以标准化, 当然, 计算机自动会做所有这些计算. 假定第 j 个变量的数据列为 $x_{ij}, j = 1, 2, \ldots, p$, 那么标准化的数据应该为:

$$x_{ij}^* = \frac{x_{ij} - \bar{x}_{\cdot j}}{s_j}, \ i = 1, 2, \ldots, n; \ j = 1, 2, \ldots, p.$$

这里 $\bar{x}_{\cdot j}$ 为第 j 列数据的样本均值, 而 s_j 为其样本标准差. 这样, 对于这个例子的第 i 个观测的头两个主成分得分 (score) 为:

$$\begin{aligned} y_{i1} =& 0.80x_{i1}^* - 0.72x_{i2}^* - 0.74x_{i3}^* - 0.71x_{i4}^* + 0.80x_{i5}^* \\ & - 0.66x_{i6}^* - 0.95x_{i7}^* - 0.86x_{i8}^* + 0.97x_{i9}^* + 0.92x_{i10}^*, \\ y_{i2} =& - 0.06x_{i1}^* + 0.31x_{i2}^* - 0.64x_{i3}^* - 0.66x_{i4}^* + 0.00x_{i5}^* \\ & + 0.28x_{i6}^* + 0.22x_{i7}^* + 0.24x_{i8}^* - 0.13x_{i9}^* + 0.07x_{i10}^*. \end{aligned}$$

另外, 在不同软件中或不同的计算程序中, 对每个变量计算的得分列向量可能会差一个常数值.

为了更直观地解释主成分所代表的意义, 还能够把第一和第二主成分的载荷作为两个坐标 (坐标对的个数等于变量个数), 把出一个二维图以直观地显示它们如何解释原来的变量的. 这个图称为载荷图 (loading plot) (图 6.1.3).

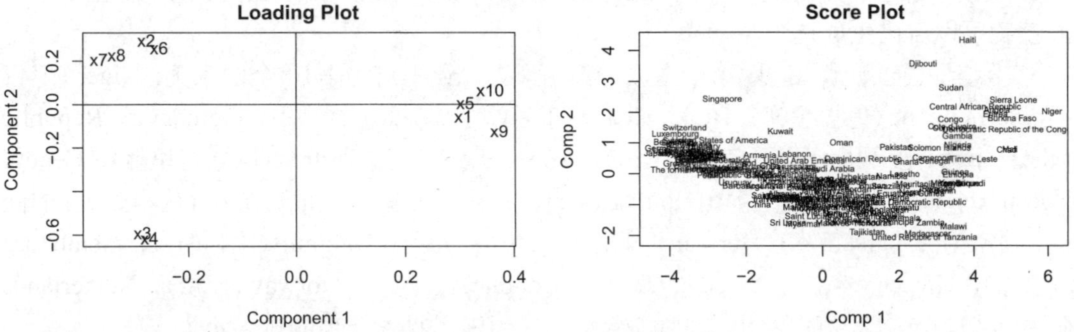

图 6.1.3 例 6.1 数据的 10 个变量的头两个主成分的载荷图 (左), 显示了 10 个变量和这两个主成分的线性相关关系及各个国家相应于头两个主成分的得分 (右)

图 6.1.3 的左图就是一个载荷图. 该图右面四个点是青少年生育率 (x1)、人口增长率 (x5)、15 岁以下比例 (x9)、每女性生育数 (x10) 四个点, 它们的坐标分别就是上面表中头两列的相应的行: x1: (0.80, −0.06), x5: (0.80, 0.00), x9: (0.97, −0.13), x10: (0.92, 0.07). 这说明第一主成分 (横坐标) 和这些变量正相关, 即第一主成分越大 (正的值大), 则青少年生育率 (x1) 高, 人口增长率 (x5) 高, 15 岁以下比例 (x9) 大, 每女性生育数 (x10) 多, 这是不发达国家的象征. 而图的左边则是其余的六个变量, 包括人均国民收入 (x2)、女小学生入学率 (x3)、男小学生入学率 (x4)、城镇人口比率 (x6)、年龄中位数 (x7)、60 岁以上人口比例

(x8), 第一主成分和这些变量负相关, 即第一主成分小 (负值大), 则人均国民收入 (x2) 高, 女小学生入学率 (x3) 高, 男小学生入学率 (x4) 高, 城镇人口比率 (x6) 高, 年龄中位数 (x7) 高, 60 岁以上人口比例 (x8) 高, 这是发达国家的象征. 所以第一主成分的高低可以判断国家的发达程度, 也就是说, 第一主成分正方向越大, 国家综合起来越不发达. 第二主成分只代表了 11.54% 的信息, 远远没有第一主成分 (代表 67.19% 的信息) 那么显著, 但第二主成分的大小, 反映了教育状况的好坏, 因为只有小学入学率 (x3 和 x4) 是比较相关的变量 (相关系数绝对值在 0.6 附近的仅有变量), 其他变量和第二主成分相关性不大. 第二主成分越大, 入学率越低 (因为它和 x3, x4 负相关).

生成图 6.1.3 (左) 的代码为:

```
plot(b$ve[,1:2],type="n",main="Loading Plot",
xlab="Component 1",ylab="Component 2")
abline(h=0);abline(v=0);text(b$ve[,1:2],names(w))
```

要看各个国家在载荷图中的地位如何, 则可以点出它们的得分 (图 6.1.3 (右)), 前面已经给出了公式, 用 R 代码算并点出图来要简单得多:

```
w1=as.matrix(scale(w))
plot(w1%*%b$ve[,1:2],type="n",xlab="Comp 1",ylab="Comp 2")
text(w1%*%b$ve[,1:2],row.names(w),cex=0.5)
```

图 6.1.3 (右) 显示了各个国家的状况, 如在图 6.1.3 (左) 中说明的, 越靠近右边的国家越欠发达, 而左边的则发达. 这个图也印证了这种判断. 当然, 由于国家太多, 可能看不清楚, 读者可以自己生成这个图形来分析.

实际上, 通过计算表明, 第一主成分最大 (从大到小) 的前 10 个国家为: Niger (尼日尔)、Sierra Leone (色拉里昂)、Burkina Faso (布基纳法索)、Mali (马里)、Democratic Republic of the Congo (刚果共和国)、Chad (乍得)、Angola (安哥拉)、Eritrea (厄立特里亚)、Central African Republic (中非共和国)、Timor-Leste (东帝汶). 而第一主成分最小 (从小到大) 的前 10 个国家为: Japan (日本)、Germany (德国)、Italy (意大利)、Belgium (比利时)、Luxembourg (卢森堡)、Greece (希腊)、Sweden (瑞典)、Denmark (丹麦)、Norway (挪威)、Netherlands (荷兰). 从这个名单, 可以看出, 这种排名和仅仅用国民收入一项的排名不太一样.

思考一下:

1. “悬崖碎石图” 形象地反映了选主成分的标准, 它意味着头一两个主成分很高, 而后面主成分就应该像从悬崖掉下的碎石一样很快降下来. 如果该图不很陡, 而形如一个缓斜坡, 说明降维效果不好. 不要为了凑够百分数而选取悬崖下面的 “碎石”.
2. 对互相正交的变量进行主成分分析, 得到的特征值均等于 1, 这意味着所有成分同等重要.
3. 在变量多的时候, 有时不易解释主成分或因子.
4. 在不同的软件或程序中, 输出的载荷矩阵可能是单位特征向量, 也可能是单位特征向量乘以相应特征值的平方根, 而且也可能差一个正负符号, 它们对于各种分析没有任何影响 (最多在载荷图中上下或左右调换位子), 但只有后者才代表主成分和相应变量的相关系数.

下面介绍的因子分析实际上是主成分分析的推广. 它和主成分分析的目的一致, 但分析更精密, 结果似乎更有解释性, 代价是数学假定太多, 不一定符合实际.

6.1.2 因子分析

主成分分析从原理上是寻找椭球的所有主轴. 因此, 原先有几个变量, 就有几个主成分. 而因子分析是事先确定要找多少个成分 (component), 这里称为**因子** (factor)(从数学模型本身来说必须事先确定因子个数, 但使用统计软件时, 或者使用者事先确定因子个数, 或者软件自动把符合某默认标准的因子都选入). 变量和因子个数的不同使得不仅在数学模型上, 而且在计算方法上, 因子分析和主成分分析有不少区别. 因子分析的计算要复杂一些. 根据因子分析模型的特点, 它还多一道工序: **因子旋转** (factor rotation), 这个步骤可能会使结果更加满意. 当然, 对于计算机来说, 因子分析并不比主成分分析多费多少时间 (可能多一两个选项罢了). 和主成分分析类似, 也可以根据相应特征值大小来选择因子的个数并展示初始的碎石图. 选择因子的标准也类似. 在输出的结果中, 因子分析也有**因子载荷 (factor loading)** 的概念, 代表了因子和原先变量的相关系数. 它也给出了二维载荷图, 其解释和主成分分析的载荷图类似.

还是以例 6.1 为例来看如何得到因子分析的模型. 利用得到下面 (包括输入数据) 的 R 代码 (注意这里选项中标明只要 2 个因子):

```
w=read.table("who.txt",sep=",",header=T)
a=factanal(w,2,scores = "regression");a$loadings
```

可以得到 10 个变量和因子的关系. 这里用因子 (成分) f_1 和 f_2 来表示原来变量的关系 (这些数字也称为载荷), 为简单记, 用 $x_1, x_2, \ldots, x_{10}$ 来表示那 10 个变量. 这样因子 f_1 和 f_2 与这些原变量之间的关系是 (注意, 和主成分分析不同, 这里把成分 (因子) 写在方程的右边, 把原变量写在左边, 但相应的系数还是主成分和各个变量的线性相关系数, 也称为因子载荷):

$$x_1 = -0.6604421 f_1 - 0.3320026 f_2;\quad x_2 = 0.6897585 f_1 + 0.2105372 f_2;$$
$$x_3 = 0.3175013 f_1 + 0.9456340 f_2;\quad x_4 = 0.2964161 f_1 + 0.9204082 f_2;$$
$$x_5 = -0.7311456 f_1 - 0.3061111 f_2;\quad x_6 = 0.5654772 f_1 + 0.2217057 f_2;$$
$$x_7 = 0.9621764 f_1 + 0.2633326 f_2;\quad x_8 = 0.9189977 f_1 + 0.1949305 f_2;$$
$$x_9 = -0.9212964 f_1 - 0.3297795 f_2;\quad x_{10} = -0.7497948 f_1 - 0.4757015 f_2.$$

这里的系数所形成的散点图 (也称载荷图, loading plot) 直观地反映了这个特点 (图 6.1.4 (左)).

下面是生成上面公式数字的 R 代码的原始输出, 并且包括这两个因子对方差的贡献: 各自贡献分别为 51.4%, 24.8%, 而累积贡献为 76.2%.

```
> a$loadings
       Factor1    Factor2
x1  -0.6604421 -0.3320026
```

```
x2   0.6897585  0.2105372
x3   0.3175013  0.9456340
x4   0.2964161  0.9204082
x5  -0.7311456 -0.3061111
x6   0.5654772  0.2217057
x7   0.9621764  0.2633326
x8   0.9189977  0.1949305
x9  -0.9212964 -0.3297795
x10 -0.7497948 -0.4757015

                Factor1 Factor2
SS loadings       5.136   2.481
Proportion Var    0.514   0.248
Cumulative Var    0.514   0.762
```

和主成分分析比较, 这里的第一因子和与教育有关的女小学生入学率 (x3)、男小学生入学率 (x4) 已经不相关 (相关系数分别为 0.318 和 0.296, 但和其他变量的相关性都大于或接近 0.6, 因此, 第一因子还是描述关于贫富、发达与不发达的特征, 与主成分分析载荷图相反, 越靠右 (正的越大) 的国家越发达, 而越靠左 (负的越大) 的国家越不发达. 而第二因子和女小学生入学率 (x3) 与男小学生入学率 (x4) 很正相关, 相关系数分别为 0.946 和 0.920, 也和生育率 (x1) 有点负相关. 因此, 第二因子主要描述教育普及程度. 第一因子可以起名为发达程度因子, 第二因子可以起名为教育因子. 从这个例子可以看出, 因子分析的结果比主成分分析解释性更强. 它把不同性质的变量区分得更清楚. 计算机输出中还有每个观测值在两个因子下的**因子得分** (factor score), 即对于 162 个国家 ($n = 162$) 都算出两个得分 ($i = 1, 2$)

$$f_{ik} = \beta_{i1}x_{1k} + \cdots + \beta_{ip}x_{pk}, \ \ i = 1, 2, \ p = 10, \ k = 1, 2, \ldots, n.$$

根据这些得分, 可以画出类似于主成分分析图 6.1.3 (右) 那样的得分图 (图 6.1.4 (右)). 这里的因子得分是用回归得到的 (在前面因子分析代码中标明的选项).

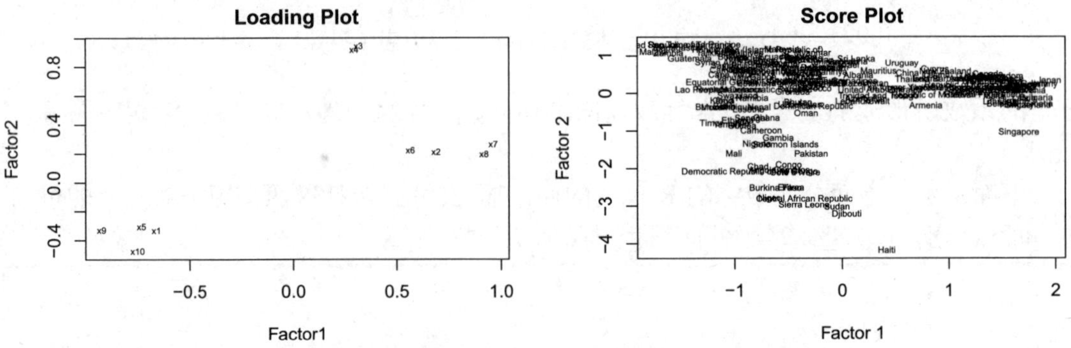

图 6.1.4　例 6.1 数据的头两个因子载荷图 (左) 及因子得分图 (右)

和图 6.1.3 (右) 类似, 由于国家很多, 有的名字很长, 可能从图上看不清, 请读者自己重新产生这张图来分析. 图 6.1.4 (右) 是由下面代码画出的:

```
plot(a$scores,type="n",xlab="Factor 1",ylab="Factor 2")
text(a$scores,row.names(w),cex=0.5)
```

通过计算表明, 第一主因子最大 (从大到小) 的前 10 个国家为: Japan (日本)、Italy (意大利)、Germany (德国)、Croatia (克罗地亚)、Bulgaria (保加利亚)、Slovenia (斯洛文尼亚)、Switzerland (瑞士)、Latvia (拉脱维亚)、Belgium (比利时)、Finland (芬兰). 而第一主因子最小 (从小到大) 的前 10 个国家为: Malawi (马拉维)、Zambia (赞比亚)、United Republic of Tanzania (坦桑尼亚共和国)、Madagascar (马达加斯加)、Guatemala (危地马拉)、Sao Tome and Principe (圣多美和普林西比)、Burundi (布隆迪)、Honduras (洪都拉斯)、Rwanda (卢旺达)、Tajikistan (塔吉克斯坦). 这个名单和主成分分析的第一主成分排名不尽相同, 这是各个成分和诸变量的相关 (因而代表性) 与因子和诸变量的相关 (因而代表性) 不一样所致.

思考一下:

1. 主成分分析和因子分析只能对互相相关的数量变量进行降维.
2. 如果变量没有近似的多维正态分布, 降维可能不理想.
3. 变量的选择很重要, 没有选入的变量, 绝对不会被主成分或因子所代表.
4. 因子分析载荷和得分的计算方法很多, 旋转方法也很多 (这里用的是 "最大方差法"), 因此不同软件、不同函数及不同选项算出来的结果不会完全相同.

6.1.3 因子分析和主成分分析的一些注意事项

可以看出, 因子分析和主成分分析都依赖于原始变量, 也只能反映原始变量的信息. 所以原始变量的选择很重要, 一定要符合进行分析所要达到的目标, 既不应该舍弃相关的变量, 也不能夹杂与目的毫不相关的变量.

另外, 如果原始变量基本上互相独立, 那么降维就可能失败, 这是因为很难把很多独立变量用少数综合的变量概括. 数据越相关, 降维效果就越好. 那些选出的成分或因子代表了一些相关的信息 (从相关性和线性组合的形式可以看出来). 根据这些信息可以帮助给这些成分或因子起合适的名字, 但并不总是可以给出满意的名字.

在得到分析的结果时, 并不一定会都得到如例 6.1 那样容易解释的清楚的结果. 这与问题的性质、选取的原始变量以及数据的质量等都有关系. 没有一个方法是万能的. 一个完美的世界就是由无数不完美的事物组成的.

在用因子得分进行排序时要特别小心, 特别是对于敏感问题. 由于原始变量不同, 因子的选取不同, 排序结果可以很不一样.

有人把主成分分析的特征向量按照特征根的大小的加权平均来得到所谓 "综合指数", 这是没有道理的. 因为每个特征向量乘以任何实数之后还是特征向量, 都可以是主成分分析问题的解, 不同软件及不同选项得到的结果并不一样. 即使采取单位特征向量还有可能差一个正负号. 假定数据有 10 个变量, 可以得到 10 个主成分, 那么, 考虑到符号变化的所有可能, 从该数据一共可以得到 $2^{10} = 1024$ 种不同的 "综合指数", 这不是很荒谬的事情吗?

此外, 主成分是互相正交的, 把正交变量 "加权平均" 更是不可思议和难以解释. 通常, 得到综合指数的目的是为了容易解释, 但是一个主成分的大小往往代表多层意义 (正负面都可能同时存在). 假定从一个数据的若干变量中选出两个主成分, 第一主成分的数值大 (正数) 代表效率, 第一主成分小 (负值大) 代表公平; 而第二主成分大 (正数) 代表 GDP 高, 第二主成分小 (负值大) 代表腐败. 那么无论如何在 $2^2 = 4$ 种 "综合指数" 中选哪一个都无法解释. 显然这四种选择的解释为 (1) 效率高、不公平、GDP 高、腐败; (2) 效率低、公平、GDP 高、腐败; (3) 效率高、不公平、GDP 低、清廉; (4) 效率低、公平、GDP 低、清廉. 难道这些 "综合指数" 的选择对使用指数的人方便吗? 当然, 人们可以用任何方法编制一些符合他们需要的 "综合指数", 但不要以主成分分析的 "科学性" 作为理由.

6.2 把对象分类: 聚类分析

俗语说, 物以类聚、人以群分. 但什么是分类的根据呢? 比如, 要想把中国的县分成若干类, 就有很多种分类法, 可以按照自然条件来分, 比如考虑降水、土壤、植被、日照、湿度等各方面. 也可以考虑收入、教育水准、医疗条件、基础设施等指标. 既可以用某一项来分类, 也可以同时考虑多项指标来分类.

比如利用例 6.1 的数据就可以对国家或地区按照经济、人口、教育等分类. 当然, 并不一定事先假定有多少类, 完全可以按照数据本身的规律来分类. 本章要介绍的分类的方法称为**聚类分析** (cluster analysis). 聚类效果的优劣没有也不可能有固定的标准, 完全依用户的意图而定.

对于一个数据, 人们既可以按照观测值 (行) 对变量 (指标) 进行分类 (相当于对数据中的列分类), 也可以按照变量 (列) 对观测值 (事件, 样品) 来分类 (相当于对数据中的行分类). 有人称按照观测值对变量的分类为 R 型聚类, 而称按照变量对观测值的分类称为 Q 型聚类. 其实无所谓, 对于数量型变量, 这两种聚类在数学上是对称的, 没有什么不同.

例 6.2 交通数据 (trans.txt) 该数据收集了一些国家和地区的运输数据, 变量包括 Airports (机场数目)、Railways.km (铁路公里数)、Roadways.km (公路公里数)、Waterways.km (水路公里数)、Merchant.marine (商船数) 等 5 个变量. Country.Area (而国家或地区的名字) 则在行名字中. 现在希望利用这 5 个变量来分类. 如果按照这 5 个指标的任何一项来分类, 问题就很简单了, 只要把该指标相近的点放到一起就行了. 如何同时根据这 5 个变量来聚类呢? 其想法也类似, 就是把距离近的放到一起. 这样就出现下面要提到的距离的定义和度量等问题. 该数据有 80 个观测值.

6.2.1 如何度量距离远近?

对例 6.2 数据的最简单的分类就是对一项指标 (比如机场数) 进行分类, 这些数值在直线上形成许多点. 这样就可以把直线上距离近的点放到一起. 如果再加上一个变量, 比如公路里程, 那么, 这两个变量就形成二维平面上的一些点, 也可以按照平面上的距离远近来分类. 三维或者更高维的情况也是类似, 只不过三维以上的图形无法直观地画出来而已.

在例 6.2 的数据中, 每个观测都有 5 个变量值. 这就是 5 维空间点的问题了. 按照远近程度来聚类需要明确两个概念: 一个是点和点之间的距离, 一个是类和类之间的距离. **点**

间距离有很多定义方式. 最简单的是熟知的欧氏距离. 根据距离来决定两点间的远近是最自然不过了. 当然还有一些和距离不同但起类似作用的概念, 比如相似性等, 两点越相似, 就相当于距离越近.

由一个点组成的类是最基本的类, 如果每一类都由一个点组成, 那么点间的距离就是**类间距离**. 但是如果某一类包含不止一个点, 那么就要确定类间距离. 类间距离是基于点间距离定义的, 它也有许多定义的方法, 比如两类之间最近点之间的距离可以作为这两类之间的距离, 也可以用两类中最远点之间的距离作为这两类之间的距离, 当然也可以用各类的中心之间的距离来作为类间距离. 在计算时, 各种点间距离和类间距离的选择是通过统计软件的选项实现的. 选择不同可能会产生不同的结果.

有了上面的点间距离和类间距离的概念, 就可以介绍聚类的方法了. 这里介绍两个简单的方法.

6.2.2 事先要确定分多少类: k 均值聚类

前面说过, 聚类可以走着瞧, 不一定事先确定有多少类, 但是这里的 **k 均值聚类** (k-means cluster), 也叫**快速聚类** (quick cluster), 却要求你事先说好要分多少类. 看起来有些主观. [3] 假定你说分 3 类, 一些软件还给你选择三个点作为 “聚类种子” 的机会, 如果你不选, 那软件可以随机为你选种子. 计算中, 把这 3 个点作为三类中每一类的基石. 然后, 根据与这三个点的距离远近, 把所有点分成三类. 再把这三类的中心 (均值) 作为新的基石或种子 (原来的 “种子” 就没用了), 重新按照距离分类. 如此迭代下去, 直到达到停止迭代的要求 (比如, 各类最后变化不大了, 或者迭代次数太多了).

如果客观上各类很容易区分, 聚类种子的选择并不必太认真, 它们很可能最后还会分到同一类中. 但如果各类区别不明显, 对于不同种子的选择有可能导致聚类结果不同, 因此对同一个数据重复计算时, 如果随机选定的种子不一样, 结果可能有异. 下面用例 6.2 的数据来描述 k 均值聚类.

就例 6.2 来说, 假定要把这些国家或地区按照 5 个关于运输的变量分成 5 类. 利用 R 语句 (包括读入数据):

```
w=read.table("trans.txt",header=T)
set.seed(44);a=kmeans(w,5)
```

用代码 `a$centers` 可以得到最后的 5 类的中心 (在 5 维空间中的) 坐标:

```
    Airports Railways.km Roadways.km Waterways.km Merchant.marine
1  1692.0000    55984.67  2332954.67    62833.333         821.000
2   150.4746     3405.39    73812.12     2779.593         225.661
3 14947.0000   226612.00  6465799.00    41009.000         422.000
4   488.9000    14071.70   359264.40     7440.000         344.800
5   631.4286    41401.14   883353.57    17624.714         381.571
```

由 R 语句 `for(i in 1:5)print(row.names(w)[a$clus==i])` 得到这 5 类国

[3]也有自动寻求最优 k 值的聚类软件, 这里不予介绍.

家为 (有一类国家太多, 略去):

类别	国家或地区
1	Brazil, China, India
2	59 个国家和地区 (名称略去)
3	United States
4	Argentina, Bangladesh, Indonesia, Italy, Mexico, Poland, Sweden, Turkey, United Kingdom, Vietnam
5	Australia, Canada, France, Germany, Japan, Russia, Spain

思考一下:

1. 根据你对这些国家或地区的了解, 讨论上面根据运输数据聚类分划的 5 个类别有没有道理.
2. 如果把例 6.2 数据的变量除以各个国家和地区的人口, 结果会有多大不同?
3. 试着用例 6.2 数据通过 k 均值聚类, 把观测值分成 6 类、7 类等.
4. 关于 k 均值聚类究竟应该分成多少类有很多讨论, 产生了不少算法. 比如, 把类间距离的平方和与类内距离平方和之比达到最大为标准来确定 k 值. 但这些和实际问题无关的准则究竟有什么意义? 对于下面的分层聚类, 也有类似的问题.

6.2.3 事先不用确定分多少类: 分层聚类

另一种聚类称为**分层聚类**或**系统聚类** (hierarchical cluster). 开始时, 有多少点就是多少类. 它第一步先把最近的两类 (点) 合并成一类, 然后再把剩下的最近的两类合并成一类, 这样下去, 每次都少一类, 直到最后只有一大类为止. 显然, 越是后来合并的类, 距离就越远.

继续对例 6.2 数据进行聚类分析. 为了演示清楚, 把上面用 k 均值聚类得到的包括 59 个国家那一类从数据中去掉 (由于编号随机性可能是 1, 2, 3 类中的任何一类), 对剩下的 21 个国家进行分层聚类, 得到图 6.2.1 的结果, 称为**聚类树形图** (dendrogram). 在图中, 纵向的尺度是和计算出来的距离成比例的, 因此, 可以直观地看出各个类别的远近.

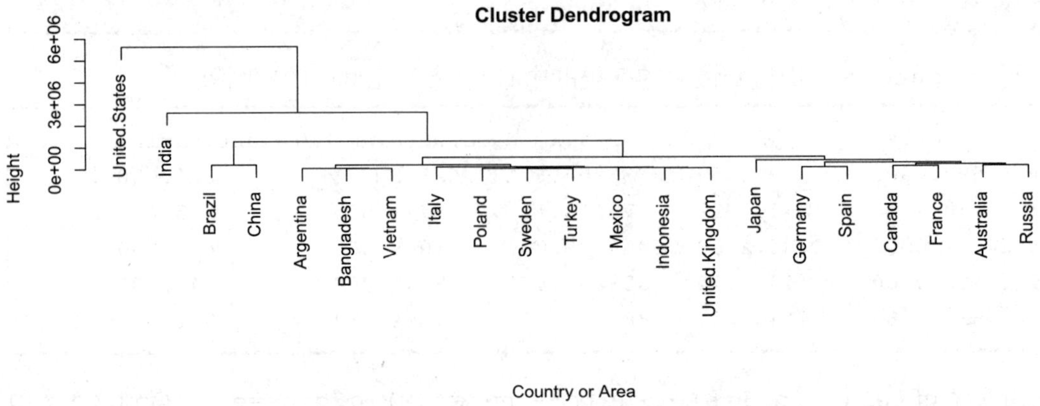

图 6.2.1 例 6.2 数据用分层聚类法对去掉一些观测值后的例 6.2 数据所进行的分层聚类

图 6.2.1 是用下面 R 语句产生的:

```
w1=w[a$clus!=1,];hh=hclust(dist(w1), "ave")
plot(hh,labels=row.names(w1) ,xlab="Country or Area")
```

可以看出, 如果要分成两类, 则在右边只有两条纵线处横向 ‘‘切开”, 得到美国为一类, 其他国家为另一类, 如果要分成三类, 则在只有三条纵线处 ‘‘切开”, 得到美国为一类, 印度为一类, 其余的为第三类.

例 6.3 大城市建筑数据 (cities0.txt) 这是世界一些大城市的建筑数据, 包括人口、面积 (km^2)、高层建筑数目、高层建筑的点数 (按照每个建筑的层数确定的该城市建筑的总点数). 根据这个数据, 用分层聚类法, 把城市分类, 包括读入数据及手工选择 4 类的图形在图 6.2.2 中. 由于树形图字小, 读者可自行产生这个图形.

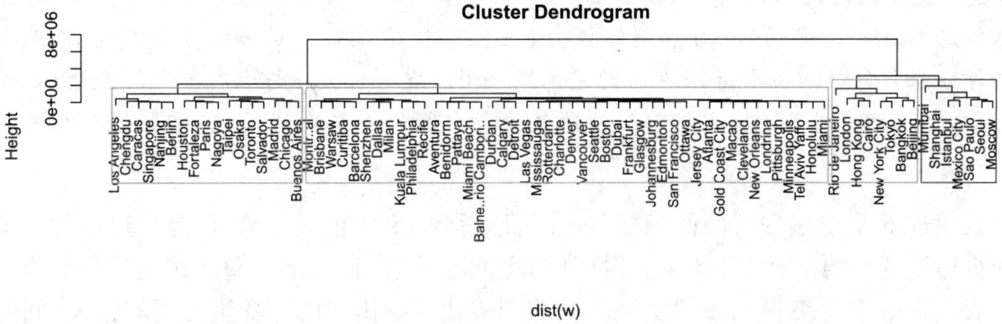

图 6.2.2 用分层聚类法对例 6.3 数据所进行的分层聚类

生成图 6.2.2 的代码为:

```
w=read.table("cities0.txt",sep=",",header=T)
hh=hclust(dist(w), "ave");
plot(hh,labels=row.names(w),cex=0.8);a=identify(hh)
```

思考一下:

1. 人们在回归中经常发现数据中的点不一定能够用一个回归模型来描述, 这时, 可以用聚类方法把数据中的观测值分成一些子群, 再分别进行回归, 或者把类别当成一个定性变量, 和其他变量一起进行有交互作用的回归.
2. 分层聚类中对点间距离和类间距离的不同选择可能会产生不同的聚类结果.
3. 事实上聚类没有一个标准. 比如对国家聚类, 每个国家算为一类也不是没有道理的.

6.2.4 聚类要注意的问题

显然, 聚类结果主要受所选择的变量影响. 如果去掉一些变量, 或者增加一些变量, 结果会很不同. 相比之下, 聚类方法的选择则没有变量选择那么重要. 因此, 聚类之前一定要目标明确. 比方说, 如果在例 6.2 的国家或地区根据交通分类的问题再加上涉及地理、经济及人口等信息的变量, 得到的结果就可能很不一样了.

另外就分成多少类来说, 也要有道理. 只要你高兴, 无论从 k 均值聚类或分层聚类都可以得到任何可能数量的类. 但是, 聚类的目的是要使各类之间的距离尽可能地远, 而类中点之间的距离尽可能地近, 而且分类结果还要有令人信服的解释. 虽然使用数学可以定义一些准则, 但最主要的是, 一定要搞清聚类的原始动机和目的.

6.3 两组变量之间的相关: 典型相关分析

6.3.1 两组变量的相关问题

前面已经介绍了如何衡量两个变量之间是线性相关的问题, 这是用简单的公式就可以解决的问题. 但是, 如果有两组而不是两个变量, 如何能够表明它们之间的关系呢? 下面看一个例子 (例 6.4).

例 6.4 电视打分数据 (tv.txt) 业内人士和观众对于一些电视节目的观点有什么样的关系呢? 该数据是不同的两组人群 (每组有 3 种) 对 30 个电视节目所作的平均评分. 观众评分来自低学历 (led)、高学历 (hed) 和网络调查 (net) 三种, 它们形成第一组 3 个变量, 而业内人士的评分来自包括演员和导演在内的艺术家 (arti)、发行 (com) 与业内各部门主管 (man) 三种, 形成第二组 3 个变量. 人们对这样两组变量之间的关系感到兴趣. 该数据有 6 列和 30 行.

如果对这 6 个变量进行两两相关分析, 可以得到 15 个相关系数, 但是从这些相关系数中很难得到这两组 (每组有 3 个变量) 变量之间的关系. 如果能把每一组变量用一个变量来代表, 那么, 多个变量与多个变量之间的相关就可以化为两个变量之间的相关, 问题也就简单了. 人们可能会说, 可以用主成分分析, 各自找到各自的代表, 再看它们之间的相关不就行了? 但是, 各自的主成分只能代表自己, 很可能互相不相关, 因此, 一定要找出可以联系两组变量的代表. 这有些像两个完全不同的国家之间的谈判, 谈判代表不能完全只代表各自的利益, 而要能够在两国之间基于它们的共同点来建立联系.

这一章的目的就是为人们感兴趣的两组变量各找到一个 (或多个) 有综合意义的代表变量, 并通过研究这两个代表变量之间的关系来考察两组变量之间的关系.

6.3.2 典型相关分析

现在要为每一组变量选取一个综合变量作为代表, 而一组变量最简单的综合形式就是该组变量的线性组合. 由于一组变量可以有无数种线性组合 (线性组合由相应的系数确定), 因此必须找到既有意义又可以确定的线性组合. **典型相关分析** (canonical correlation analysis) 就是要找到这两组变量线性组合的系数使得这两个由线性组合生成的变量 (和其他线性组合相比) 之间的相关系数最大.

假定两组原始变量为 $X_1, X_2, \ldots, X_p$ 和 $Y_1, Y_2, \ldots, Y_q$, 而需要寻找用来代表这两组变量的新综合变量 V 和 W 称为**典型变量 (canonical variable)**, 由下面的表达式给出 (其中系数 $a_1, a_2, \ldots, a_p$ 及 $b_1, b_2, \ldots, b_q$ 是在典型相关分析中想要得到的):

$$\begin{aligned} V &= a_1X_1 + \cdots + a_pX_p \\ W &= b_1Y_1 + \cdots + b_qY_q \end{aligned}$$

那么, 典型相关分析的问题就在于要寻找系数 $a_1, a_2, \ldots, a_p$ 及 $b_1, b_2, \ldots, b_q$, 使得典型变量 V 和 W 之间的相关关系最大.

这种相关关系是用**典型相关系数** (canonical correlation coefficient) 来衡量的. 这里所涉及的主要的数学工具还是矩阵的特征值和特征向量问题 (见本章后面的公式), 而所得的特征值与 V 和 W 的典型相关系数有直接联系. 由于特征值问题的特点, 实际上找到的是多组典型变量 $(V_1, W_1), (V_2, W_2), \ldots$, 其中 V_1 和 W_1 最相关, 而 V_2 和 W_2 次之等等, 而且 $V_1, V_2, V_3, \ldots$ 之间及 $W_1, W_2, W3, \ldots$ 之间互不相关. 这样又出现了选择多少组典型变量 (V, W) 的问题了. 这其实很简单, 就像在主成分分析中选主成分一样, 只要选择特征值累积总贡献占主要部分的那些即可. 当然, 软件还会输出一些检验结果, 于是只要选择显著的那些 (V, W). 对于实际问题, 还要看选取的 (V, W) 是否有意义, 是否能够说明问题才行. 至于得到 (V, W) 系数的计算, 则很简单, 下面就例 6.4 的数据进行分析.

下面利用 R 软件包 `CCA`[4] 实行这两组变量的典型相关分析. 为了描述方便, 把前三个变量 (led, hed, net) 的一组命名为 X, 另一组 (arti, com, man) 命名为 Y. 进行典型相关分析的 R 代码如下:

```
w=read.table("tv.txt",header=T)
X=w[,1:3];Y=w[,4:6]
library(CCA)
(res=cc(X,Y))
```

由于两组中变量个数均为 3, 因此最多有 3 对典型相关变量. 一般来说如果两组变量个数不一样, 比如 $p > q$, 则典型相关变量个数不会超过 q. 输出中包括了这 3 个典型相关系数: 0.9954405, 0.9528195, 0.6373226 (用 `res$cor` 来显示) 这 3 对典型相关变量为各自组中变量的线性组合, 可用代码 `res$xcoef` 和 `res$ycoef` 得到其系数的输出 (见下面). 注意输出中 X 组的典型相关变量称为 X, 而 Y 组的典型相关变量称为 Y[5], 在其他软件中通常也是把一组称为 ''因变量'', 另一组称为 ''自变量'', 但实际上它们是对称的, 使用这种称谓仅仅是为了方便.

```
$xcoef
             [,1]        [,2]         [,3]
led -0.006674773 -0.03523045  0.054341051
hed -0.031823575  0.01247933  0.005196029
net  0.002099295 -0.01257811 -0.059215023

$ycoef
               [,1]        [,2]        [,3]
arti -0.0286177622  0.03040737  0.06616270
com  -0.0008426431 -0.04568546  0.04865502
```

[4]Ignacio González and Sébastien Déjean (2012). CCA: Canonical correlation analysis. R package version 1.2. `https://CRAN.R-project.org/package=CCA`.

[5]我们在程序中把一组命名为 X 另一组为 Y, 是为了和这个 R 函数输出一致. 无论我们选不选名字, 或者选择什么名字, 该函数输出中还是用 X 和 Y, 都没有关系. 其他软件也类似, 比如 SPSS 在输出中, 总是把一组称为因变量, 另一组称为自变量.

```
man  -0.0060022012 -0.01391857 -0.11696518
```

还可以从此得到各个观测值的得分 (在软件中用 xscores 和 yscores 表示), 由于上面计算结果记为 res, 可用代码 res$scores$xscores 和 res$scores$yscores 显示 (由于太长, 这里不显示). 这些得分类似于因子分析中的因子得分, 为各个观测值与典型变量做同样的线性组合所得. 下面是输出中的由典型相关变量得到的 (X 组的)x 得分 x-score 和 (Y 组的)y 得分 y-score 分别与 X 组和 Y 组原始变量 (即我们的变量代码 X 和 Y 组) 之间的相关系数 (产生四个表, 对应于四种相关组合):

```
$scores$corr.X.xscores
          [,1]       [,2]        [,3]
led -0.3325178 -0.9248417  0.18466107
hed -0.9932899  0.1008356 -0.05663309
net -0.3826908 -0.7530492 -0.53522395

$scores$corr.Y.xscores
           [,1]        [,2]        [,3]
arti -0.9924136  0.06162569  0.02770038
com  -0.5684258 -0.77295364  0.08019883
man  -0.9180073 -0.26087863 -0.17402564

$scores$corr.X.yscores
          [,1]        [,2]        [,3]
led -0.3310017 -0.88120725  0.11768867
hed -0.9887610  0.09607813 -0.03609355
net -0.3809460 -0.71751994 -0.34111031

$scores$corr.Y.yscores
           [,1]        [,2]        [,3]
arti -0.9969593  0.06467719  0.04346368
com  -0.5710294 -0.81122775  0.12583711
man  -0.9222121 -0.27379648 -0.27305738
```

上面 4 个表也可以分别用下面 4 行代码获得:

```
res$scores$corr.X.xscores
res$scores$corr.Y.xscores
res$scores$corr.X.yscores
res$scores$corr.Y.yscores
```

如何解读这些内容呢? 下面举例说明:

1. 从第一个表可第一列以看出, V_1 和高学历的人 (hed) 的相关系数为 -0.9932899, 和另外两个不相关, 因此 V_1 只与高学历的观点有关; 从第四个表第一列可以看出 W_1 与艺术家 (arti) 及主管 (man) 相关 (相关系数分别为 -0.9969593 和 -0.9222121); 而

V_1 和 W_1 为最相关的一对典型变量，这说明，高学历的与艺术家及主管观点较一致.

2. 从第一个表第二列可以看出，V_2 和低学历的人 (led) 与网民 (net) 的相关系数较高，分别为 -0.9248417 和 -0.7530492，因此 V_2 与低学历和网民的观点有关；从第四个表第二列可以看出 W_2 只与发行 (com) 相关 (相关系数为 -0.81122775)；而 V_2 和 W_2 为第二相关的一对典型变量，这说明，低学历及网民与发行观点较一致.
3. 注意，上面四个表有一些信息有些重合. 第一和第三，第二和第四个表有些类似. 这是必然的，以第二表为例，第二表第一列显示了 V_1 和高学历 (hed) 及主管 (man) 很相关 (相关系数分别为 -0.9924136 及 -0.9180073)，这和上面 (1) 的结论符合.

上面仅仅列出了统计结果，到底如何从对传媒的理解来解释这些结果，则留给读者.

6.4 列联表行变量和列变量的关系：对应分析

在因子分析中，或者对变量 (列中的变量) 进行分析，或者对样品 (观测值或行中的变量) 进行分析，而且常常把每一种分析结果画出载荷图来看各个变量之间的接近程度. 典型相关分析也只研究列中两组变量之间的关系. 然而，在很多情况下，所关心的不仅仅是行变量自身之间或列变量自身之间的关系，而是若干行变量与若干列变量之间的关系，或者是列联表中行变量和列变量的各个水平之间的相互关系，这是因子分析等方法所没有涉及的. 这里介绍的用图来描述列联表行列变量之间关系的方法，称为**对应分析** (correspondence analysis) 方法. 我们通过下面的例子来介绍.

例 6.5 眼睛和头发颜色数据 (HEColor.txt) 这是关于 592 个人的头发和眼睛的颜色及他们的性别的数据 (Snee, 1974 [6]). 头发有四种颜色：黑色 (Black)、金黄 (Blond)、棕色 (Brown)、红色 (Red)；眼睛有四种颜色：蓝色 (Blue)、棕色 (Brown)、绿色 (Green)、绿棕色 (Hazel)；而性别就是女性 (Female) 和男性 (Male)；还有一个变量是每种头发-眼睛-性别组合中的频数 (Freq). 下面是这个数据形成的列联表.

```
      Eye   Blue        Brown       Green       Hazel
      Sex Female Male Female Male Female Male Female Male
Hair
Black          9   11     36   32      2    3      5   10
Blond         64   30      4    3      8    8      5    5
Brown         34   50     66   53     14   15     29   25
Red            7   10     16   10      7    7      7    7
```

这是由下面 R 代码 (包括输入数据) 得到的:

```
w=read.table("HEcolor.txt",header=T)
ftable(xtabs(Freq~.,w), row.vars=1,col.var=2:3)
```

这里我们用例 6.5 的眼睛和头发颜色数据 (HEColor.txt) 中的头发及眼睛颜色的部分列联表 (未包括性别):

[6] Snee, R. D. (1974). Graphical display of two-way contingency tables. *The American Statistician*, 28, 9-12.

Hair	Eye Blue	Brown	Green	Hazel
Black	20	68	5	15
Blond	94	7	16	10
Brown	84	119	29	54
Red	17	26	14	14

如何用像因子分析的载荷图那样的直观方法来展示这两个变量各个水平之间的关系呢? 这就是要介绍的对应分析方法内容, 它被普遍认为是探索性数据分析的范畴, 读者只要能够会用数据画出描述性的点图, 并能够理解图中包含的信息即可. 对应分析还可以描述多于二维的数据, 但由于多维的图形展示不那么容易看懂, 这里不予介绍.

在对应分析中. 可以找到行和列的若干有意义的代表, 分别称为**行得分 (row score)** 和**列得分 (column score)**, 它们互为对方的加权均值, 而且它们之间有不同程度的相关. 这有些像典型相关分析, 只不过那里是两组列变量, 而这里是行变量和列变量. 这些概念的数学意义会在后面参考资料中给出. 为了得到最直观的叠加的二维散点图, 一般选择两对行列得分 (最多不超过三维). 选择的维数的代表性主要看它们之间的相关程度, 选取相关系数 (也称为典型相关系数) 最大的两个.

注意, 这里的数学主要是解矩阵的特征值和特征向量问题, 由于数学上, 一个特征向量乘以任何正负实数之后还是特征向量, 所以各个软件所画出的图可能会方向相反, 尺度也可能有区别, 但对应分析的结果, 即各个变量之间的关系是不会因此而显示出不同.

下面通过对例 6.5 数据的计算和结果分析来介绍对应分析. 首先看例 6.5 数据的对应分析的一个主要结果, 即图 6.4.1.

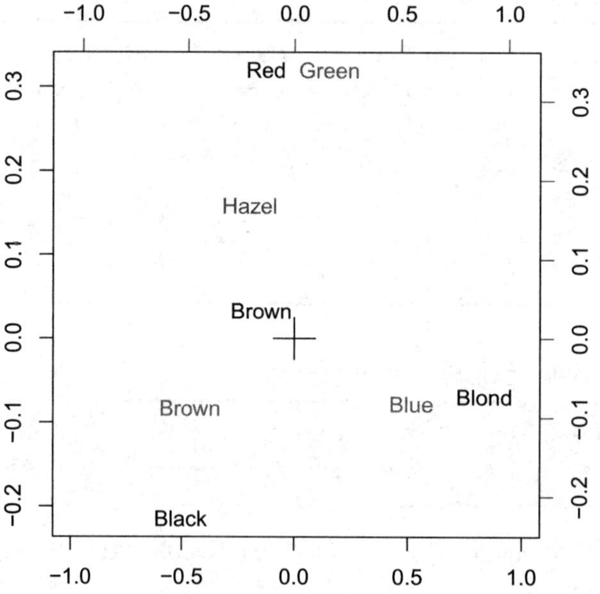

图 6.4.1　对于头发颜色和眼睛颜色关系 (例 6.5) 的对应分析点图

图 6.4.1 是用下面的 R 代码实现的 (包括数据输入):

```
w=read.table("HEcolor.txt",header=T)
w1=xtabs(Freq~Hair+Eye,w)
library(MASS);(a=corresp(w1, nf=2))
biplot(a,xlim=c(-1,1))
```

除了图 6.4.1 之外, 上面代码还计算并输出了两对行列变量的典型相关系数 (第一个为 0.4569165 为第二个的 3 倍多) 以及行得分和列积分, 它们是图 7.9 中 8 个点的坐标:

```
First canonical correlation(s): 0.4569165 0.1490859

 Hair scores:
             [,1]       [,2]
Black -1.1042772 -1.4409170
Blond  1.8282287 -0.4667063
Brown -0.3244635  0.2191109
Red   -0.2834725  2.1440145

 Eye scores:
             [,1]       [,2]
Blue   1.1980612 -0.5564193
Brown -1.0771283 -0.5924202
Green  0.3540108  2.2741218
Hazel -0.4652862  1.1227826
```

图 6.4.1 体现了头发颜色和眼睛颜色的关系, 主要看横坐标的相对位置, 这是因为第一对变量的典型相关系数比第二对大得多. 显然, 金发 (Blond) 和蓝眼 (Blue) 很相关, 黑头发 (Black) 和棕色眼睛 (Brown) 较接近. 这和遗传学的结论是一致的.

6.5 参考资料: 一些概括及公式 *

6.5.1 主成分分析和因子分析

主成分分析和因子分析的主要目的就是用少数几个互相正交的变量 (因子分析也可以选择不正交的因子) 来代表原始数据中较多的相关的变量. 这些新变量叫作因子或者成分. 因子分析和主成分分析会产生出因子载荷和因子得分. 因子载荷代表了每个因子 (成分) 与原先每个变量的线性相关系数, 可以用之对因子 (成分) 进行解释 (甚至命名). 因子得分用原来变量的线性组合来表示每个因子. 在主成分分析中, 选择成分的标准是根据各个成分方差大小来决定的. 方差就是数据相关阵的特征值, 对应于数据相关阵的特征向量一般则称为载荷, 但代表成分和变量之间相关系数的载荷在数值上等于该特征值的平方根乘以与之对应的单位特征向量. 如果所选成分的累积方差和总方差之比很显著, 那么就不再选更多的成分了. 在因子分析中, 也可以按照主成分分析选成分的方法来选择因子, 但也有其他方法.

按照数学原理, 主成分为数据相关阵的特征向量, 而每个成分的方差为相应的特征值. 记特征向量为 $\boldsymbol{a}_i = (a_{i1}, a_{i2}, \ldots, a_{ip})^\top$(假定数据有 p 个变量), 而相应的特征值记为 $\lambda_1 \geqslant \lambda_2 \geqslant \cdots \geqslant \lambda_p$, 则主成分分析的成分 y_i 和原来变量 x_i 之间的关系为:

$$\begin{aligned} y_1 =& a_{11}x_1 + a_{12}x_2 + \cdots + a_{1p}x_p; \\ y_2 =& a_{21}x_1 + a_{22}x_2 + \cdots + a_{2p}x_p; \\ &\vdots \\ y_p =& a_{p1}x_1 + a_{p2}x_2 + \cdots + a_{pp}x_p. \end{aligned}$$

一般来说, 软件输出特征向量为单位向量, 也有的输出是单位向量乘上相应特征值的平方根 $\sqrt{\lambda_i}$. 如果 $\boldsymbol{a}_i$ 是单位特征向量乘了 $\sqrt{\lambda_i}$ 之后的向量, 那么, a_{ij} 为第 i 个成分 y_i 和第 j 个原先的变量 x_j 之间的线性相关系数. 无论输出的是什么, 由于特征向量乘以一个常数 (无论正负) 都还是特征向量, 所以, 后续分析除了是否是相关系数之外不会由于特征向量差个常数因子而有所区别, 而且, 特征向量习惯上被称为载荷 (无论是否是相关系数). 头两个主成分的载荷图就是下面坐标的点组成的: $(a_{11}, a_{21}), (a_{12}, a_{22}), \ldots, (a_{1p}, a_{2p})$.

因子分析的因子 f_i 和原来变量 x_i 之间的模型和关系 (假定原先有 p 个变量及需要求 m 个因子, $m < p$). 因子分析的理论模型为:

$$\begin{aligned} x_1 - \mu =& a_{11}f_1 + a_{12}f_2 + \cdots + a_{1m}f_m; \\ x_2 - \mu =& a_{21}f_1 + a_{22}f_2 + \cdots + a_{2m}f_m; \\ &\vdots \\ x_p - \mu =& a_{p1}f_1 + a_{p2}f_2 + \cdots + a_{pm}f_m, \end{aligned}$$

这里的 a_{ij} 为第 i 个变量 x_i 和第 j 个因子 f_j 之间的线性相关系数, 也称为载荷. 由于这个模型复杂, 理论分析也复杂. 这里不做详细讨论. 头两个因子的载荷图就是下面坐标的点组成的: $(a_{11}, a_{12}), (a_{21}, a_{22}), \ldots, (a_{p1}, a_{p2})$. $\sum_{j=1}^m a_{ij}^2$ 称为**共性方差** (也称**公共方差**或**变量共同度**) (common variance, communalities).

从数据经过因子分析得到的因子得分函数为:

$$\begin{aligned} f_1 =& \beta_{11}x_1 + \beta_{12}x_2 + \cdots + \beta_{1p}x_p; \\ f_2 =& \beta_{21}x_1 + \beta_{22}x_2 + \cdots + \beta_{2p}x_p; \\ &\vdots \\ f_m =& \beta_{m1}x_1 + \beta_{m2}x_2 + \cdots + \beta_{mp}x_p. \end{aligned}$$

由于每个观测值都有 p 个数: $x_1, x_2, \ldots, x_p$, 所以可以按照因子得分函数算出所有观测值的因子得分.

6.5.2 聚类分析

本章介绍了两种聚类方法. 聚类是基于距离这个概念的. 首先要定义两点之间的距离或相似度, 再根据点之间的距离定义类间距离. 常用的点间距离有欧氏距离 (Euclidean distance)、平方欧氏距离 (squared Euclidean distance)、Chebychev 距离、Minkovski 距离、绝对距离 (Block 或 absolute distance); 而相似度常用夹角余弦 (cosine), Pearson 相关系数等等, 其中夹角余弦和相关系数称为相似系数, 它们的值越大, 则说明距离越近. 而常用的类间距离定义包括最短距离法、最长距离法、重心法、类平均法、离差平方和法、中间距离法、可变平均法等等.

假定要确定 p 维点 (向量)$(x_1, x_2, \ldots, x_p)$ 和 $(y_1, y_2 \ldots, y_p)$ 之间的距离. 先介绍少数常用的点间距离公式 (参见表 6.5.1).

表 6.5.1 点间距离度量

距离或亲近度	公式
欧氏距离	$\sqrt{\sum_i (x_i - y_i)^2}$
平方欧氏距离	$\sum_i (x_i - y_i)^2$
绝对距离	$\sum_i \lvert x_i - y_i \rvert$
Chebychev 距离	$\max_i \lvert x_i - y_i \rvert$
Minkovski 距离	$\{\sum_i (x_i - y_i)^q\}^{1/q}$
夹角余弦	$\cos\theta_{xy} = \sum_i x_i y_i / \sqrt{\sum_i x_i^2 \sum_i y_i^2}$
Pearson 相关系数	$r_{xy} = \sum_i (x_i - \overline{x})(y_i - \overline{y}) / \sqrt{\sum_i (x_i - \overline{x})^2 \sum_i (y_i - \overline{y})^2}$

假定要确定类 G_p 和类 G_q 之间的距离 D_{pq}. 用 $d(x_i, x_j)$ 表示在属于 G_p 的点 x_i 和属于 G_q 的点 x_j 之间的距离, 那么下面就是一些类间距离的定义方法.

- 最短距离法: $D_{pq} = \min d(x_i, x_j)$
- 最长距离法: $D_{pq} = \max d(x_i, x_j)$
- 重心法: $D_{pq} = d(\bar{x}_p, \bar{x}_q)$
- 类平均法: $D_{pq} = \frac{1}{n_1 n_2} \sum_{x_i \in G_p} \sum_{x_j \in G_q} d(x_i, x_j)$
- 离差平方和法: $D_{pq} = D_{1+2} - D_1 - D_2$, 这里定义 $D_1 = \sum_{x_i \in G_p} (x_i - \bar{x}_p)^\top (x_i - \bar{x}_p)$, $D_2 = \sum_{x_j \in G_q} (x_j - \bar{x}_q)^\top (x_j - \bar{x}_q)$, $D_{1+2} = \sum_{x_k \in G_p \cup G_q} (x_k - \bar{x})^\top (x_k - \bar{x})$.

k 均值聚类: 先决定选择把观测值分成多少类 (假定 k 类), 然后以 (有些任意的)k 个点为“种子”, 按照到它们的距离远近把所有点分成 k 类, 再以这 k 类的均值 (重心) 为新的“种子”再重新分类, 如此下去, 直到收敛或者达到预定的迭代目标, 得到最终的 k 类.

分层聚类: 从每个点都看成一类开始进行两两合并, 每次合并距离最近的两类直到只有一类为止. 最后再根据需要, 按照结果 (比如树状图), 得到分类.

6.5.3 典型相关分析

对于两组变量 $\boldsymbol{X} = (X_1, X_2, \ldots, X_p)^\top$ 和 $\boldsymbol{Y} = (Y_1, Y_2, \ldots, Y_p)^\top$, 寻找和它们有关两个系数向量 $\boldsymbol{a} = (a_1, a_2, \ldots, a_p)^\top$ 和 $\boldsymbol{b} = (b_1, b_2, \ldots, b_q)^\top$ 使得下面新的称为典型变量的综

合变量

$$V_1 = \boldsymbol{a}^\top \boldsymbol{X} = a_1X_1 + a_2X_2 + \cdots + a_pX_p$$
$$\boldsymbol{W}_1 = \boldsymbol{b}^\top \boldsymbol{Y} = b_1Y_1 + b_2Y_2 + \cdots + b_qY_q$$

之间有尽可能大的相关关系. 令

$$\boldsymbol{Z} = \begin{pmatrix} \boldsymbol{X} \\ \boldsymbol{Y} \end{pmatrix},\ Cov(\boldsymbol{Z}) \equiv \boldsymbol{\Sigma} = \begin{pmatrix} \boldsymbol{\Sigma}_{XX} & \boldsymbol{\Sigma}_{XY} \\ \boldsymbol{\Sigma}_{YX} & \boldsymbol{\Sigma}_{YY} \end{pmatrix}$$

从数学上来说, 典型相关分析的问题实际上是在约束条件 $Var(\boldsymbol{V}) = Var(\boldsymbol{W}) = 1$ 下寻求 $\boldsymbol{a}$ 和 $\boldsymbol{b}$ 使得相关系数 (这时等于协方差) $\rho_{\boldsymbol{VW}} = Cov(\boldsymbol{V}, \boldsymbol{W}) = \boldsymbol{a}^\top \boldsymbol{\Sigma}_{\boldsymbol{VW}} \boldsymbol{b}$ 最大. 这涉及解两个有同样 (数目均为 $k = \min(p, q)$, 而且取值于 0 和 1 之间的) 非零特征值 (λ^2) 的特征值问题:

$$\boldsymbol{Aa} = \lambda^2 \boldsymbol{a}, \boldsymbol{Bb} = \lambda^2 \boldsymbol{b},$$

这里

$$\boldsymbol{A} \equiv \boldsymbol{\Sigma}_{11}^{-1} \boldsymbol{\Sigma}_{12} \boldsymbol{\Sigma}_{22}^{-1} \boldsymbol{\Sigma}_{21},\ B \equiv \boldsymbol{\Sigma}_{22}^{-1} \boldsymbol{\Sigma}_{21} \boldsymbol{\Sigma}_{11}^{-1} \boldsymbol{\Sigma}_{12}.$$

记 $\boldsymbol{A}$ 和 $\boldsymbol{B}$ 的非零特征根和特征向量为:

$$\lambda_1^2 \geqslant \lambda_2^2 \geqslant \cdots \lambda_k^2 > 0 \text{ 和 } \boldsymbol{a}_{(1)}, \boldsymbol{a}_{(2)}, \ldots, \boldsymbol{a}_{(k)}, \boldsymbol{b}_{(1)}, \boldsymbol{b}_{(2)}, \ldots, \boldsymbol{b}_{(k)}.$$

可得到 k 对线性组合 $\boldsymbol{V}_i = \boldsymbol{a}_{(i)}^\top \boldsymbol{X}$, $\boldsymbol{W}_i = \boldsymbol{b}_{(i)}^\top \boldsymbol{Y}$, $i = 1, 2, \ldots, k$. 每一对变量 $(\boldsymbol{V}_i, \boldsymbol{W}_i)$ 称为典型变量. 比如, 最大特征值的平方根为 $\boldsymbol{V}_1$ 和 $\boldsymbol{W}_1$ 之间的相关系数 $\rho_{\boldsymbol{V}_1\boldsymbol{W}_1} = Corr(\boldsymbol{V}_1, \boldsymbol{W}_1) = \lambda_i$, 称为第一典型相关系数. 一般只取前几个影响大的典型变量和典型相关系数来分析.

典型变量的性质为:

1. $\boldsymbol{X}$ 和 $\boldsymbol{Y}$ 本身的一切典型变量都不相关, 即 $\boldsymbol{X}$ 的典型变量 $\boldsymbol{V}_1, \boldsymbol{V}2, \ldots$ 等等都不相关, 而 $\boldsymbol{Y}$ 的典型变量 $\boldsymbol{W}_1, \boldsymbol{W}_2, \ldots$ 等等也都不相关.
2. $\boldsymbol{X}$ 和 $\boldsymbol{Y}$ 的同一对典型变量 $\boldsymbol{V}_i$ 和 $\boldsymbol{W}_i$ 之间的相关系数为 λ_i, 不同对的 $\boldsymbol{V}_i$ 和 $\boldsymbol{W}_j (i \neq j)$ 之间不相关.

当然在实际例子中一般并不知道 $\boldsymbol{\Sigma}$. 因此在只有样本数据的情况下, 只要把 $\boldsymbol{\Sigma}$ 用样本协差阵或样本相关阵代替就行了. 但是这时的特征根可能不在 0 和 1 的范围, 因此会出现软件输出中的特征根 (有可能远远大于 1) 不等于相关系数的平方的情况, 一般, 各种软件会给出调整后的相关系数.

6.5.4 对应分析

从原理上来说, 对应分析把一对列变量和一对行变量同时反映到同一张图上, 各自有其相应的坐标轴 (因子轴). 下面从数学的角度解释对应分析. 假定数据矩阵为 $n \times m$ 矩阵 $\boldsymbol{A} = \{a_{ij}\}$, 或者说行变量有 n 个水平 (行变量), 列变量有 m 个水平. 为了要把行变量和列变量关联起来, 将用两个向量来代表行和列变量, 分别称为**行记分** (row score) 和**列记分**

(column score). 令行记分为一个 n 维向量 $\boldsymbol{x} = \{x_i\}$, 而列记分为一个 m 维向量 $\boldsymbol{y} = \{y_j\}$. 那么对于满足下面条件的三元组 (r, x, y) 称为对应分析问题 $C_0(A)$ 的解:

$$rx_i = \sum_{j=1}^{m} \frac{a_{ij} y_j}{a_{i\cdot}}, \quad i = 1, 2, \ldots, n,$$
$$ry_j = \sum_{i=1}^{n} \frac{a_{ij} x_i}{a_{\cdot j}}, \quad j = 1, 2, \ldots, m,$$

式中, $a_{i\cdot} = \sum_j a_{ij}, a_{\cdot j} = \sum_i a_{ij}$ 是各行及各列的元素和. 该式的意义为: 行记分 x_i 与列记分 y_j 的加权均值成比例, 而列记分 y_j 则与行记分 x_i 的加权均值成比例. 数值 r 为行列记分的相关 (在典型相关的意义上). 对该问题解的数学推导也很简单, 对 $\boldsymbol{A}, \boldsymbol{x}, \boldsymbol{y}$ 做某种变换: 记 $\boldsymbol{R} \equiv \mathrm{diag}(a_{i\cdot})$, $\boldsymbol{C} \equiv \mathrm{diag}(a_{\cdot j})$, $\boldsymbol{R}^{1/2} \equiv \mathrm{diag}(a_{i\cdot}^{1/2})$, 则上面式子有下面矩阵 (向量) 形式

$$r\boldsymbol{x} = \boldsymbol{R}^{-1}\boldsymbol{A}\boldsymbol{y};\ r\boldsymbol{y} = \boldsymbol{C}^{-1}\boldsymbol{A}^\top \boldsymbol{x},$$

这里 $\mathrm{diag}(w_i)$ 代表由向量 $\{w_i\}$ 作为对角线元素的对角线矩阵. 而 $\boldsymbol{a}_{i\cdot}$ 与 $\boldsymbol{a}_{\cdot j}$ 分别代表 A 的行总和及列总和所形成的向量. 不难验证这两个式子等价于

$$r\boldsymbol{R}^{1/2}\boldsymbol{x} = (\boldsymbol{R}^{-1/2}\boldsymbol{A}\boldsymbol{C}^{-1/2})\boldsymbol{C}^{1/2}\boldsymbol{y};$$
$$r\boldsymbol{C}^{1/2}\boldsymbol{y} = (\boldsymbol{C}^{-1/2}\boldsymbol{A}^\top\boldsymbol{R}^{-1/2})\boldsymbol{R}^{1/2}\boldsymbol{x} = (\boldsymbol{R}^{-1/2}\boldsymbol{A}\boldsymbol{C}^{-1/2})^\top\boldsymbol{R}^{1/2}\boldsymbol{x}.$$

由此, x 为该方程一个解的条件是下面两组特征值问题有解 [7]:

$$r^2(\boldsymbol{R}^{1/2}\boldsymbol{x}) = (\boldsymbol{R}^{-1/2}\boldsymbol{A}\boldsymbol{C}^{-1/2})(\boldsymbol{R}^{-1/2}\boldsymbol{A}\boldsymbol{C}^{-1/2})^\top(\boldsymbol{R}^{1/2}\boldsymbol{x});$$
$$r^2(\boldsymbol{C}^{1/2}\boldsymbol{y}) = (\boldsymbol{R}^{-1/2}\boldsymbol{A}\boldsymbol{C}^{-1/2})^\top(\boldsymbol{R}^{-1/2}\boldsymbol{A}\boldsymbol{C}^{-1/2})(\boldsymbol{C}^{1/2}\boldsymbol{y}).$$

令

$$\boldsymbol{Z} \equiv \boldsymbol{R}^{-1/2}\boldsymbol{A}\boldsymbol{C}^{-1/2},\ \boldsymbol{v} \equiv \boldsymbol{R}^{1/2}\boldsymbol{x},\ \boldsymbol{u} \equiv \boldsymbol{C}^{1/2}\boldsymbol{y},$$

前面的特征值问题可以写成:

$$r^2\boldsymbol{u} = \boldsymbol{Z}^\top\boldsymbol{Z}\boldsymbol{u} \text{ 及 } r^2\boldsymbol{v} = \boldsymbol{Z}\boldsymbol{Z}^\top\boldsymbol{v}.$$

这是两个特征值问题. 它们有同样的非零特征值. 如 U 是 $Z^\top Z$ 的特征向量, 则 ZU 是 $ZZ^\top$ 的特征向量. 根据线性代数, 显然 r^2 为对应于行和列的两个特征值问题的共同最大特征值的解 (这里取最大的两个, 最多不超过 $\min(m, n)$ 个). 此后的分析就和主成分分析等类似了, 也有载荷图, 但由于是两个有同样非零特征值的特征值问题, 就会有两个载荷图, 这两个载荷图重叠展示则产生对应分析的图 (如图 6.4.1).

[7] 最大特征值为 1 是平凡解, 两组的非零特征值相同!

6.6 本章的 Python 代码

首先输入可能用到的基本模块.

```
#导入包
import pandas as pd
import numpy as np
import matplotlib.pyplot as plt
import prince

from sklearn.preprocessing import StandardScaler
from factor_analyzer import FactorAnalyzer
from sklearn.cluster import KMeans, AgglomerativeClustering
from scipy.cluster.hierarchy import dendrogram
from sklearn.cross_decomposition import CCA
from scipy.stats import pearsonr

import matplotlib as tplt
import sklearn as tsk
import scipy as tsc
import factor_analyzer as tfa

import os
os.chdir('E:/')
```

6.6.1 主成分分析

读入例 6.1 WHO 数据, 进行主成分分析, 并产生崖底碎石图和累积特征值图 (图 6.6.1) 及载荷图和得分图 (图 6.6.2).

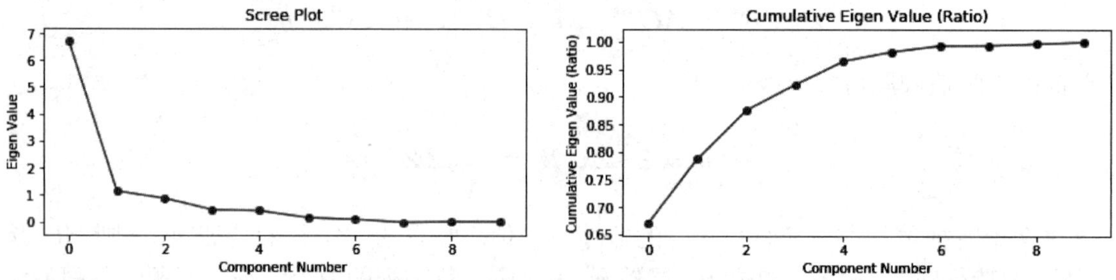

图 6.6.1 崖底碎石图和累积特征值图

```
who = pd.read_csv('who.txt')
who

eigen_val, eigen_vec = np.linalg.eig(np.corrcoef(who.T))
```

```
eigen_val_ratio = eigen_val / np.sum(eigen_val)
eigen_val_ratio_cusum = np.cumsum(eigen_val_ratio)
eigen = pd.DataFrame({'特征值': eigen_val,
                      '特征值占比': eigen_val_ratio,
                      '特征值累积比例': eigen_val_ratio_cusum})
print(eigen)

fig = plt.figure(figsize=(15, 3))
ax1 = fig.add_subplot(1, 2, 1)
ax1.plot(eigen_val)
ax1.scatter(range(len(eigen_val)), eigen_val)
ax1.set_title('Scree Plot')
ax1.set_xlabel('Component Number')
ax1.set_ylabel('Eigen Value')

ax2 = fig.add_subplot(1, 2, 2)
ax2.plot(eigen_val_ratio_cusum)
ax2.scatter(range(len(eigen_val_ratio_cusum)), eigen_val_ratio_cusum)
ax2.set_title('Cumulative Eigen Value (Ratio)')
ax2.set_xlabel('Component Number')
ax2.set_ylabel('Cumulative Eigen Value (Ratio)')

component_matrix = pd.DataFrame(np.round(-eigen_vec *
                                         np.sqrt(eigen_val), 2))
component_matrix.index = [f'x{i}' for i in range(1, len(eigen_val) + 1)]
component_matrix.columns = list(range(1, len(eigen_val) + 1))
print(component_matrix)

fig = plt.figure(figsize=(15, 5))
ax1 = fig.add_subplot(1, 2, 1)
ax1.scatter(component_matrix.iloc[:, 0],
            component_matrix.iloc[:, 1],s=5)
for x, y, z in zip(component_matrix.iloc[:, 0],
                   component_matrix.iloc[:, 1],
                   component_matrix.index):
    ax1.text(x, y, z)
ax1.set_title('Loading Plot')
ax1.set_xlabel('Component 1')
ax1.set_ylabel('Component 2')
ax1.hlines(0, -1, 1)
ax1.vlines(0, -0.65, 0.4)

who_std = StandardScaler().fit_transform(who)
score = who_std.dot(component_matrix.iloc[:, :2])
```

```
ax2 = fig.add_subplot(1, 2, 2)
ax2.scatter(score[:, 0], score[:, 1], s=5)
ax2.set_title('Score Plot')
ax2.set_xlabel('Comp 1')
ax2.set_ylabel('Comp 2')
for x, y, z in zip(score[:, 0], score[:, 1], who.index):
    ax2.text(x, y, z)
```

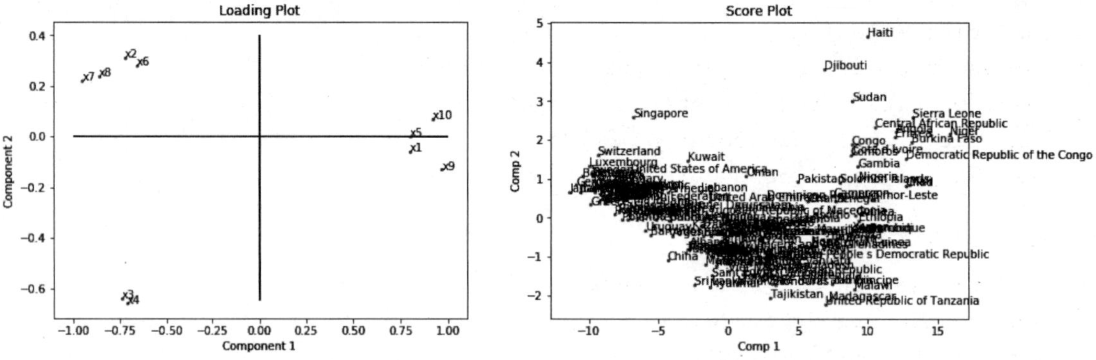

图 6.6.2 例 6.1 主成分分析载荷图和得分图

输出为:

```
   特征值      特征值占比   特征值累积比例
0  6.718991  0.671899  0.671899
1  1.153588  0.115359  0.787258
2  0.883543  0.088354  0.875612
3  0.467350  0.046735  0.922347
4  0.429856  0.042986  0.965333
5  0.170309  0.017031  0.982364
6  0.110558  0.011056  0.993419
7  0.005216  0.000522  0.993941
8  0.027010  0.002701  0.996642
9  0.033579  0.003358  1.000000
       1     2     3     4     5     6     7     8     9    10
x1   0.80 -0.06 -0.01 -0.57 -0.14  0.14 -0.08  0.00  0.00 -0.00
x2  -0.72  0.31  0.48 -0.08  0.31  0.21  0.09  0.00 -0.01 -0.00
x3  -0.74 -0.64  0.16 -0.06  0.01 -0.00  0.02  0.00  0.08  0.10
x4  -0.71 -0.66  0.18 -0.10  0.06 -0.06 -0.00 -0.00 -0.07 -0.10
x5   0.80  0.00  0.51  0.08  0.18 -0.10 -0.22  0.00 -0.02  0.03
x6  -0.66  0.28  0.51 -0.04 -0.47 -0.10  0.03  0.00  0.00 -0.00
x7  -0.95  0.22 -0.09 -0.11  0.09 -0.05 -0.10 -0.05  0.05 -0.03
x8  -0.86  0.24 -0.19 -0.29  0.15 -0.20  0.01  0.02 -0.06  0.07
x9   0.97 -0.13  0.13 -0.02 -0.01 -0.03  0.15 -0.05 -0.06  0.06
```

```
x10  0.92  0.07  0.15 -0.16  0.17 -0.20  0.12  0.01  0.08 -0.06
```

6.6.2 因子分析

进一步对例 6.1 WHO 数据进行因子分析, 并产生载荷图和得分图 (图 6.6.3).

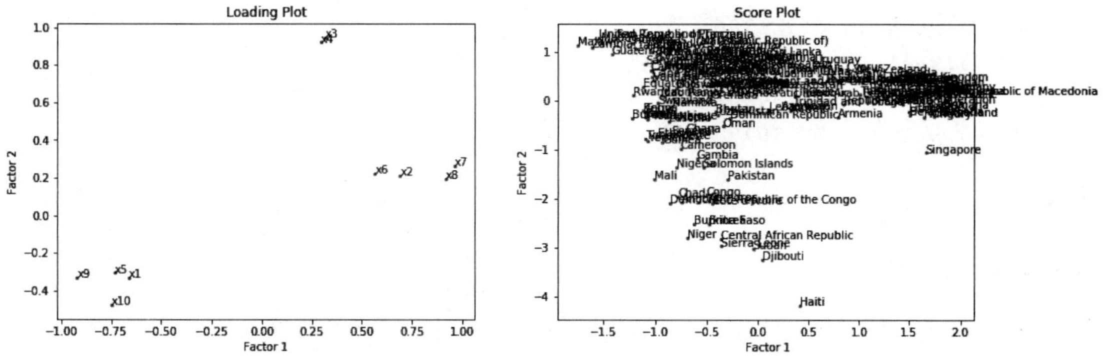

图 6.6.3　例 6.1 因子分析载荷图和得分图

```
fa = FactorAnalyzer(n_factors=2, rotation='varimax', method='ml')
fa.fit(who)
factor = pd.DataFrame(fa.loadings_)
factor.columns = ['Factor1', 'Factor2']
factor.index = [f'x{i}' for i in range(1, len(fa.loadings_) + 1)]
print(factor)

fig = plt.figure(figsize=(15, 5))
ax1 = fig.add_subplot(1, 2, 1)
ax1.scatter(factor.iloc[:, 0], factor.iloc[:, 1], s=5)
for x, y, z in zip(factor.iloc[:, 0], factor.iloc[:, 1], factor.index):
    ax1.text(x, y, z)
ax1.set_title('Loading Plot')
ax1.set_xlabel('Factor 1')
ax1.set_ylabel('Factor 2')

score = fa.transform(who)
ax2 = fig.add_subplot(1, 2, 2)
ax2.scatter(score[:, 0], score[:, 1], s=5)
ax2.set_title('Score Plot')
ax2.set_xlabel('Factor 1')
ax2.set_ylabel('Factor 2')
for x, y, z in zip(score[:, 0], score[:, 1], who.index):
    ax2.text(x, y, z)
```

输出为:

```
      Factor1   Factor2
x1  -0.660443 -0.332003
x2   0.689758  0.210537
x3   0.317501  0.945634
x4   0.296416  0.920408
x5  -0.731145 -0.306111
x6   0.565477  0.221706
x7   0.962176  0.263333
x8   0.918997  0.194931
x9  -0.921296 -0.329780
x10 -0.749795 -0.475702
```

6.6.3 聚类分析

进行聚类分析. 读入例 6.2 交通数据, 并产生热量图 (图 6.6.4)

```
trans = pd.read_csv('trans.txt', sep='\s+')
sns.clustermap(trans, metric="correlation", method="complete",
               cmap="Blues",figsize=(20, 6.5), standard_scale=1)
```

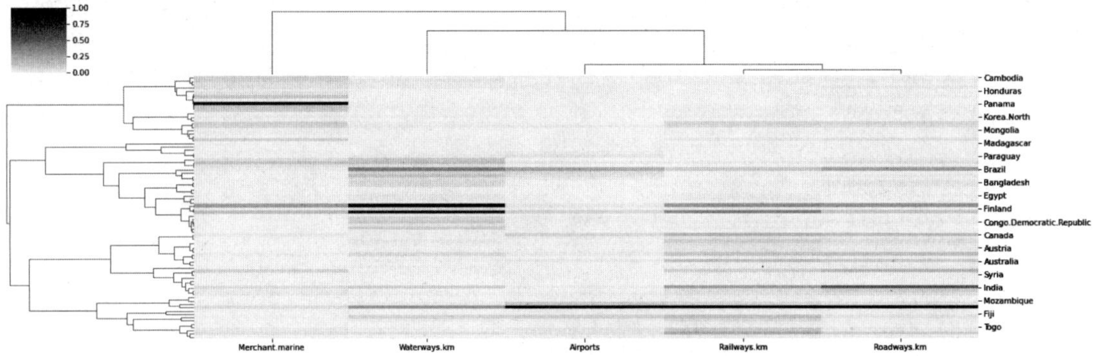

图 6.6.4 例 6.2 交通数据的热量图

对例 6.2 交通数据进行分层聚类并产生树状图 (图 6.6.5):

```
from scipy.cluster.hierarchy import dendrogram, linkage,\
 set_link_color_palette
Z= linkage(trans, method='average', metric='euclidean')
set_link_color_palette(['m', 'c', 'y', 'k'])
fig = plt.figure(figsize=(18, 6), dpi=72)
dendrogram(Z, labels=trans.index, leaf_rotation=0, orientation="left",
leaf_font_size=6,color_threshold=None,above_threshold_color='blue')
set_link_color_palette(None)
```

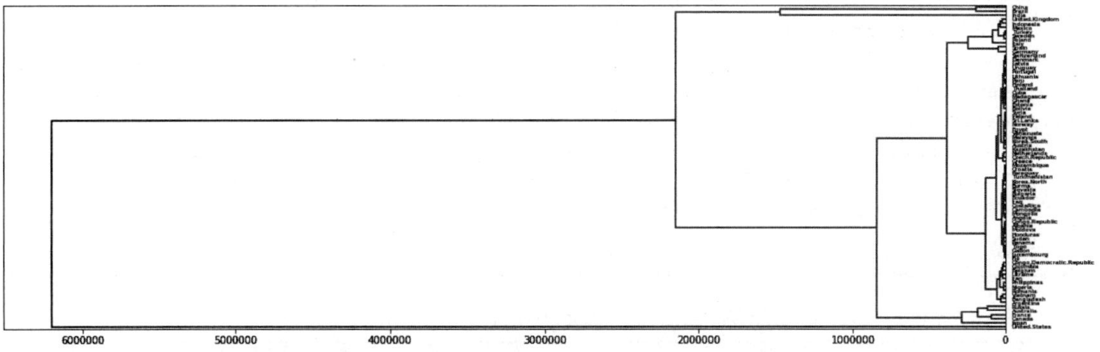

图 6.6.5 例 6.2 交通数据的分层聚类树状图

例 6.2 交通数据进行 k 均值聚类 (分 6 类):

```
np.random.seed(8888)
k=6
cent,label=scipy.cluster.vq.kmeans2(trans, k, iter=20, thresh=1e-05,
                    minit='random', missing='warn', check_finite=True)
print("centroid:\n",cent)
for i in range(k):
    print(trans.index[label==i])
```

输出三个中心坐标及各个类的国家名字 (一些是空类):

```
centroid:
 [[ 1.6467741e+02  3.8417419e+03  8.1414422e+04  3.2430322e+03
   2.2237097e+02]
 [-1.4399614e+03 -2.4244771e+04 -6.3087756e+05  1.1059225e+04
   5.3442731e+02]
 [ 1.5622500e+03  4.4068750e+04  1.4804278e+06  4.4101500e+04
   7.0500000e+02]
 [ 5.3816669e+02  2.6809416e+04  5.7033675e+05  1.3191250e+04
   3.9900000e+02]
 [ 7.6465000e+03  1.4491650e+05  4.8911255e+06  2.7754500e+04
   4.6150000e+02]
 [-3.2120847e+03 -3.1760543e+04 -1.2597986e+06 -8.8865889e+03
   3.0767822e+02]]
Index(['Albania', 'Angola', 'Argentina', 'Austria', 'Bangladesh', 'Belgium',
       'Bolivia', 'Bulgaria', 'Burma', 'Cambodia', 'Colombia',
       'Congo.Democratic.Republic', 'Congo.Republic', 'CostaRica', 'Croatia',
       'Cuba', 'Czech.Republic', 'Denmark', 'Ecuador', 'Egypt', 'Estonia',
       'Fiji', 'Finland', 'Gabon', 'Ghana', 'Greece', 'Honduras', 'Iran',
       'Iraq', 'Ireland', 'Kazakhstan', 'Korea.North', 'Korea.South', 'Latvia',
       'Lithuania', 'Luxembourg', 'Madagascar', 'Malaysia', 'Moldova',
       'Mongolia', 'Mozambique', 'Netherlands', 'Nigeria', 'Norway', 'Panama',
       'Paraguay', 'Peru', 'Philippines', 'Portugal', 'Romania', 'Slovakia',
       'Sri.Lanka', 'Sudan', 'Switzerland', 'Syria', 'Thailand', 'Togo',
       'Turkmenistan', 'Ukraine', 'Uruguay', 'Venezuela', 'Vietnam'],
```

```
      dtype='object')
Index([], dtype='object')
Index(['Brazil', 'Canada', 'China', 'Japan'], dtype='object')
Index(['Australia', 'France', 'Germany', 'Indonesia', 'Italy', 'Mexico',
       'Poland', 'Russia', 'Spain', 'Sweden', 'Turkey', 'United.Kingdom'],
      dtype='object')
Index(['India', 'United.States'], dtype='object')
Index([], dtype='object')
```

读入例 6.3 大城市建筑数据, 进行分层聚类 (图 6.6.6).

```
from scipy.cluster.hierarchy import dendrogram, linkage, \
set_link_color_palette
Z= linkage(trans, method='average', metric='euclidean')
set_link_color_palette(['m', 'c', 'y', 'k'])
fig = plt.figure(figsize=(21, 7), dpi=72)
dendrogram(Z, labels=list(trans.index), leaf_rotation=0,
           orientation="left", leaf_font_size=6, color_threshold=None,
           above_threshold_color='blue')
set_link_color_palette(None)
```

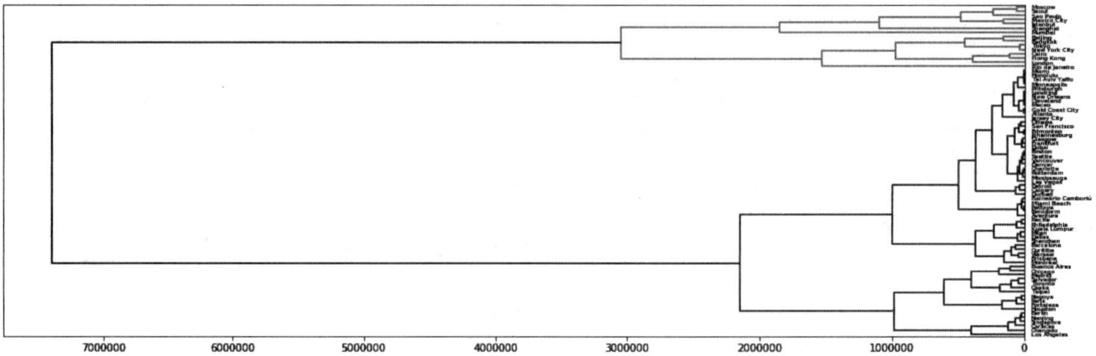

图 6.6.6 例 6.3 城市建筑数据的分层聚类树状图

6.6.4 典型相关分析

读入例 6.4 电视打分数据, 进行典型相关分析.

```
tv = pd.read_csv('tv.txt', sep='\s+')

X = tv.iloc[:, : 3]
Y = tv.iloc[:, 3:]
cca = CCA(n_components=3, scale=False)
cca.fit(X, Y)

print("cca.x_weights:\n",cca.x_weights_)
```

```
print("cca.y_weights:\n",cca.y_weights_)
print("cca.x_loadings:\n",cca.x_loadings_)
print("cca.y_loadings:\n",cca.y_loadings_)
```

输出为:

```
cca.x_weights:
 [[ 0.1947356   0.9354591  -0.29494798]
 [ 0.97850899 -0.16448957  0.12435166]
 [-0.06781003  0.31282495  0.94738712]]
cca.y_weights:
 [[ 0.97977502 -0.09222497 -0.17758228]
 [ 0.01515379  0.91910652 -0.39371762]
 [ 0.19952763  0.38306365  0.90191517]]
cca.x_loadings:
 [[ 0.23593452  0.80560779 -0.29494798]
 [ 0.99607043 -0.10974355  0.12435166]
 [ 0.30391849  0.72991361  0.94738712]]
cca.y_loadings:
 [[ 0.88101428 -0.08418509 -0.17758228]
 [ 0.38071621  0.93693175 -0.39371762]
 [ 0.65672573  0.34223021  0.90191517]]
```

可以打印出得分 (由于太长, 不显示), 并且把得分作为散点图展示 (图 6.6.7).

```
print("cca.x_scores:\n",cca.x_scores_)#不展示
print("cca.y_scores:\n",cca.y_scores_)#不展示
fig=plt.figure(figsize=(10,3))
for i in range(3):
    fig.add_subplot(1,3,i+1)
    plt.scatter(cca.x_scores_[:,i],cca.y_scores_[:,i])
plt.show()
```

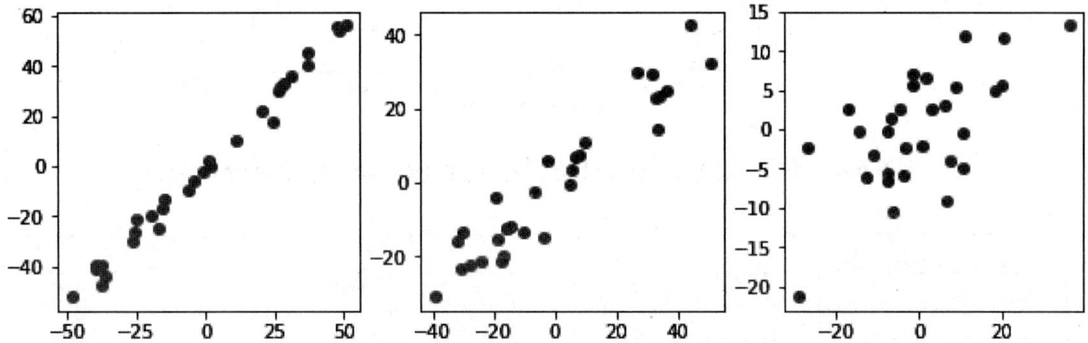

图 6.6.7 例 6.4 电视打分数据典型相关分析相应于前 3 组变量的得分图

6.6.5 对应分析

读入例 6.5 眼睛和头发颜色数据, 得到列联表:

```
HEcolor = pd.read_csv('HEColor.txt', sep='\s+')
HEcolor
pivot_table = pd.pivot_table(HEcolor,
                             values='Freq', index='Hair',
                             columns='Eye', aggfunc=np.sum)
print(pivot_table)
```

输出为:

```
Eye     Blue  Brown  Green  Hazel
Hair
Black     20     68      5     15
Blond     94      7     16     10
Brown     84    119     29     54
Red       17     26     14     14
```

做对应分析, 打印行坐标及列坐标并画图 (图 6.6.8).

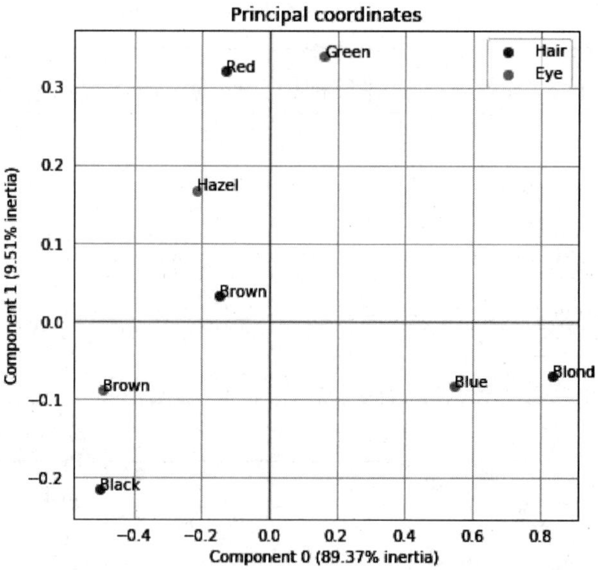

图 6.6.8 对于头发颜色和眼睛颜色关系 (例 6.5) 的对应分析点图

```
ca = prince.CA()
ca.fit(pivot_table)
print(ca.row_coordinates(pivot_table))
print(ca.column_coordinates(pivot_table))
```

```
ca.plot_coordinates(pivot_table)
```

输出为:

```
              0         1
Black -0.504562 -0.214820
Blond  0.835348 -0.069579
Brown -0.148253  0.032666
Red   -0.129523  0.319642
              0         1
Blue   0.547414 -0.082954
Brown -0.492158 -0.088322
Green  0.161753  0.339040
Hazel -0.212597  0.167391
```

6.7 习题

1. 重复例 6.1 (数据 who.txt) 的主成分分析和因子分析的计算. 说明它们的区别.
2. 重复例 6.1 (数据 who.txt) 的主成分分析和因子分析的计算, 但试用不同选项. 看结果和第 1 题是否有区别.
3. 利用本书所附数据 (bschool.txt) 的美国 60 个著名商学院的数据, 包括的变量有 GMAT 分数、学费、进入 MBA 前后的工资等等, 其中有 4 个定量变量. 试图对这 4 个变量用主成分分析进行降维. 得到结果后, 再对该数据做因子分析. 比较这两个结果, 得出你的结论.
4. 对本书所附数据 student.txt 进行主成分分析和因子分析的计算, 解释结果, 说明它们的区别. 注: 那里的数据为 100 个学生的数学、物理、化学、语文、历史、英语的成绩.
5. 重复对例 6.2 的分层聚类, 只不过去掉一两个变量, 看聚类过程和结果是如何变化的.
6. 对例 6.1 的数据 (who.txt) 进行分层聚类 (R 型聚类), 分成几类合适? 并试图解释聚类结果.
7. 对例 6.3 做快速聚类或两步聚类, 比较结果.
8. 把例 6.4 数据 (tv.txt) 的各个变量重新组合分成两组 (比如把 hed、arti 和 man 分成一组, 而 led、net 和 com 分在另一组) 进行典型相关分析, 看典型相关系数如何变化, 并对照例 6.4 来解释结果.
9. 举出实际中可能应用典型相关分析的例子.
10. 对应分析和因子分析有什么不同?
11. R 程序包 MASS 有一个 caith 数据 (也是头发和眼睛颜色的数据) 对其做对应分析, 和用例 6.5 做的对应分析结果做比较, 并解释输出.

第 7 章　随时间变化的对象: 时间序列分析

7.1　概述

能不能用一个商场前 12 个月的销售情况来预测其下个月的销售额? 能不能用过去 5 年的月度物价指数来预测明年的物价指数? 这些问题所研究的对象都和时间有关系, 也就是本章要介绍的**时间序列** (time series). 时间序列模型也是某种回归模型, 但方法和以前介绍的回归有很大区别, 它是用同一个变量过去的观测值来预测其未来的观测值.

人们对统计数据往往可以根据其特点从两个方面来切入, 以简化分析过程. 一个是研究所谓**横截面** (cross section) 数据, 也就是研究对大体上同时发生的或者和时间关系不大的不同对象的观测值组成的数据. 另一个就是时间序列, 也就是由对象在不同时间的观测值形成的数据. 前面讨论的模型多是和横截面数据有关. 这里所说的时间序列的时间间隔是固定的, 而且观测时间有一定的长度. 有些数据也有很多重复观测, 但观测时间间隔不一定一样, 而且重复次数较短, 而且可能会有多个变量, 称为纵向数据. 纵向数据的处理方法和这里要讲的时间序列完全不同, 本书将不予以讨论. 本书主要讨论一个变量的时间序列, 不去讨论同时处理多个时间序列的问题.

经典的回归分析的目的是建立因变量和自变量之间关系的模型, 并且可以用自变量来对因变量进行预测. 经典线性回归分析模型中的误差项通常假定是互相独立并且有同样分布. 而时间序列的观测值并不独立, 比如一个企业今天的收入和其昨天的收入就很相关. 时间序列的因变量为变量未来的可能值, 而用来预测的自变量中就包含该变量的一系列历史观测值. 下面看一个时间序列的数据例子. 希望能够从这个数据找出一些规律, 并且建立可以对未来进行预测的时间序列模型.

例 7.1 税收数据 (tax.txt) 这是某地从 1995 年 1 月到 2005 年 7 月的税收 (单位: 万元). 该数据为按照时间顺序的按月记录, 共 127 个观测值.

从该数据中的众多的数目只能够看出一个大概, 即总的趋势是增长, 但有起伏. 利用点图则可以得到对该数据更加直观的印象. 图 7.1.1 就是由该数据得到的一个时间序列图.

图 7.1.1 是用下面 R 代码画的 (包括数据输入和对数据定义起始时间和周期):

```
x=scan("tax.txt")
tax=ts(x, frequency = 12, start = c(1995, 1))
ts.plot(tax,ylab="Tax")
```

从这个点图可以看出, 例 7.1 税收数据总的趋势是增长的, 但增长并不是单调上升的. 大体上看, 这种升降不是杂乱无章的, 和季节或月份的周期有某种关系. 当然, 除了增长的趋势和季节影响之外, 还掺杂了一些无规律的其他因素的作用. 这个只有一种随着时间变化变量的序列一般称为**纯粹时间序列** (pure time series). 下面将通过该例子对纯粹时间序列进行介绍.

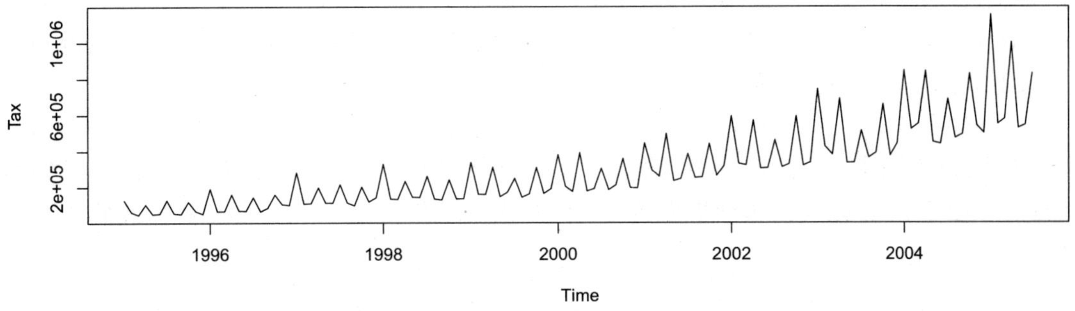

图 7.1.1 例 7.1 某地从 1995 年 1 月到 2005 年 7 月的税收数据图 (单位: 万元)

聪明的读者可能马上会问, 用一个变量本身的历史值来预测其未来值会准确吗? 这种想法是非常有道理的. 仅仅在孤立系统, 也就是说, 其他因素对感兴趣的变量没有影响或者影响可以抵消或者忽略时, 时间序列分析才有意义. 大家可以想一想, 什么类型的变量可能具有这种孤立的性质呢? 实际上, 纯粹孤立系统是不存在的, 所以, 时间序列仅仅是现实世界的一种近似. 任何统计模型都有其局限性, 都是对实际世界的不同程度的近似. 统计学家不应对任何统计模型的功效予以夸大, 更不能把一种模型或者理论当成信仰.

思考一下:

为什么下面目标的预测不可能用时间序列模型来实现?

1. 下一次经济危机或金融危机.
2. 一个企业下一年的盈利.
3. 未来某时刻的股票价格.

为什么下面一些预测目标有可能用时间序列模型来预测? 在什么情况下这些预测也不会成功?

1. 一些宏观经济指标.
2. 日常必需品的销售额.
3. 诸如月平均海洋温度、月平均降雨量、月平均气温等自然界数据.

7.2 时间序列的组成部分

从图 7.1.1 可以看出, 该时间序列总体上是有一个上升趋势, 但又有些周期性波动, 但又不是非常整齐的. 一般来说, 比较简单的时间序列可以有三部分组成: **趋势** (trend)、**季节** (seasonal) 成分和无法用趋势和季节模式解释的**随机干扰** (disturbance) [1]. 例 7.1 数据的税收就可以用这三个成分叠加而成的模型来描述. 一些时间序列还可能有**循环**或**波动** (cyclic 或 fluctuations) 成分, 循环模式和有规律的季节模式不同, 周期长短不一定固定. 比

[1]随机干扰在模型中也称为误差.

如经济危机周期、金融危机周期等等. 一个时间序列可能有趋势、季节、循环这三个成分中的某些或全部再加上随机成分. 因此,

如果要想对一个时间序列本身进行较深入的研究, 把序列的这些成分分解出来, 或者把它们过滤掉则会有很大的帮助. 如果要进行预测, 则最好把模型中的与这些成分有关的参数估计出来. 对例 7.1 的时间序列通过计算机软件进行分解, 则可以轻而易举地得到该序列的趋势、季节和误差成分.

下面的图 7.2.1 的左图表示了去掉季节成分, 只有趋势和误差成分的序列的一条曲线. 图 7.2.1 中间图用两条曲线分别描绘了纯趋势成分和纯季节成分. 图 7.2.1 右图用两条曲线分别描绘了纯趋势成分和纯误差成分. 这些图直观地描述了对于带有几种成分的时间序列的分解.

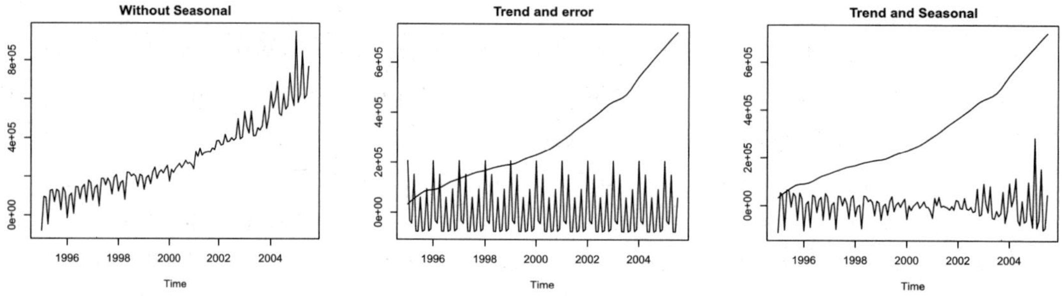

图 7.2.1　例 7.1 数据的分解图

图 7.2.1 是用下面代码画的:

```
a=stl(tax, "period") #进行分解
par(mfrow=c(1,3))
plot(tax-a$time.series[,1],ylab="",main="Without Seasonal")
ts.plot(a$time.series[,1:2],main="Trend and error")
ts.plot(a$time.series[,2:3],main="Trend and Seasonal")
```

可以看到, 在定义时间序列时, 周期必须事先确定, 单位为年、月、日、周等等. 假定感兴趣的是零售商品的销售, 如果有特殊日子 (比如像新年及圣诞节一类的在阳历中固定的节假日), 则必须予以方法上的调整, 而对于在阳历中不固定的节假日 (如春节、中秋节等) 就没有那么简单了.

7.3　指数平滑

如果人们不仅仅满足于分解现有的时间序列, 而且想要对未来进行预测, 就需要建立模型. 首先, 这里介绍比较简单的**指数平滑** (exponential smoothing). 指数平滑只能用于纯粹时间序列的情况, 指数平滑的原理为: 当利用过去观测值的加权平均来预测未来的观测值时 (这个过程称为平滑), 离得越近的观测值要给以更多的权. 而 "指数" 意味着: 按照已有观测值 "陈旧" 程度增加的方向, 在其上所加的权数按指数速度递减.

以简单的没有趋势和没有季节成分的纯粹时间序列为例, 指数平滑在数学上实际是

一个几何级数. 这时, 如果用 Y_t 表示在 t 时间的平滑后的数据 (或预测值), 而用 $X_1, X_2, \ldots, X_t$ 表示原始的时间序列. 那么指数平滑最简单的模型为

$$Y_t = \alpha X_t + (1-\alpha)Y_{t-1},\ \ 0 < \alpha < 1.$$

这里当 $t = 1$ 时, 会出现未知的 Y_0, 它是需要设定的初始值, 通常设为 X_1, 这时 $Y_1 = X_1$. 该模型可等价地写成 $Y_t = \alpha\sum_{k=0}^{t-1}(1-\alpha)^k X_{t-k}$. 这里的系数为几何级数. 因此有人认为称之为 "几何平滑" 比使人不解的 "指数平滑" 似乎更有道理. 自然, 这种在简单情况下导出的公式 (如上面的公式) 无法应对具有各种成分的复杂情况.

本章后面将给出各种实用的指数平滑模型的公式. 根据数据, 可以得到这些模型参数的估计以及对未来的预测. 在和例 7.1 有关的指数平滑模型中, 需要估计 12 个季节指标和三个参数 (包含前面公式权重中的 α、和趋势有关的 γ 以及和季节指标有关的 δ). 在简单的选项之后, 可以利用计算机软件通过指数平滑产生对 2005 年 7 月后一年的预测.

图 7.3.1 为用 R 软件绘出的原始的时间序列 (实线) 和预测的部分 (虚线), 包括对 2005 年 7 月之后 12 个月的预测.

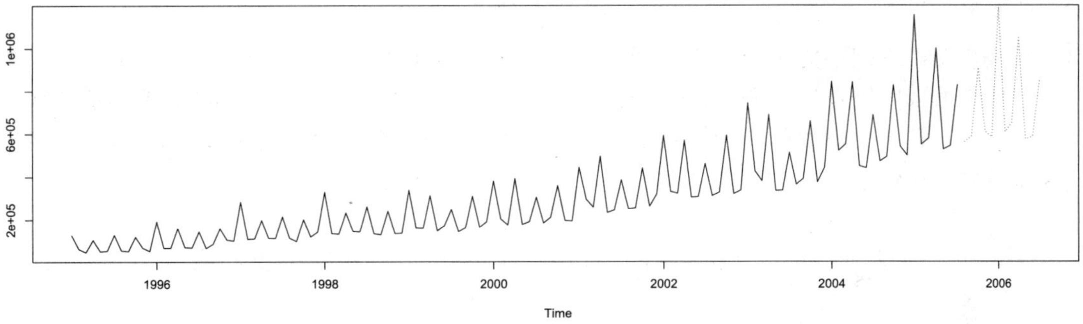

图 7.3.1　例 7.1 数据通过指数平滑做出 12 个月的预测

为对例 7.1 进行指数平滑以及预测并形成图 7.3.1 使用了下面代码:

```
b=HoltWinters(tax,beta=0);tax.p=predict(b,n.ahead=12)
ts.plot(tax,xlim=c(1995,2006.5));lines(tax.p,col=1,lty=3)
```

如果要对比较复杂的纯粹时间序列进行细致的分析, 指数平滑并不总是满足要求的. 人们想出了数学上更加复杂的模型, 这就是下面要介绍的 Box-Jenkins ARIMA 模型.

7.4　Box-Jenkins 方法: ARIMA 模型

7.4.1 ARIMA 模型介绍

比指数平滑要更精细的数学模型是 Box-Jenkins 引入的 ARIMA 模型, 或称为**整合自回归移动平均模型** (ARIMA 为 autoregressive integrated moving average 的些关键字母的缩写). 前面说过, 一个时间序列可能会由季节、趋势和随机干扰三个部分组成. ARIMA 的想法是, 如果能够把季节和趋势从数据中过滤掉, 而剩下的部分有某些数学上的特点, 使得

可以对剩下的那部分建模, 也就是后面要介绍的名为 ARMA 的模型, 那么, 在得到该模型之后, 再把周期和趋势整合进去 (把字母 I 加到 ARMA 中) 以得到结果, 这就是 ARIMA 模型名字的来历.

ARIMA 模型的基础是**自回归和移动平均模型**或 **ARMA** (autoregressive and moving average) 模型. 它由两个特殊模型发展而成, 一个特例是**自回归模型**或 **AR** (autoregressive) 模型. 如果时间序列用 $X_1, X_2, \ldots, X_t$ 表示, 则一个纯粹的 AR(p) 模型意味着变量的一个观测值由其以前的 p 个观测值的线性组合加上随机误差项 a_t (该误差假定为独立不相关的) 而得:

$$X_t = \phi_1 X_{t-1} + \cdots + \phi_p X_{t-p} + a_t.$$

这看上去像序列自己对自己回归一样, 所以称为自回归模型. 它牵涉到过去 p 个观测值 (相关的观测值间隔最多为 p 个). ARMA 模型的另一个特例为**移动平均模型**或 MA (moving average) 模型. 一个纯粹的 MA(q) 模型意味着变量的一个观测值由目前的和先前的 q 个随机误差的线性的组合:

$$X_t = a_t - \theta_1 a_{t-1} - \cdots - \theta_q a_{t-q}.$$

由于右边系数的和不为 1(系数甚至不一定是正数), 因此有人觉得, 叫作 ‘‘移动平均’’ 不如叫作 ‘‘移动线性组合’’ 更确切, 虽然行家已经习惯于叫 ‘‘平均’’ 了, 但初学者还是因此可能和初等平滑方法中的什么 ‘‘三点平均’’ 之类的术语混淆. 显然, ARMA(p, q) 模型应该是 AR(p) 模型和 MA(q) 模型的组合了:

$$X_t = \phi_1 X_{t-1} + \cdots + \phi_p X_{t-p} + a_t - \theta_1 a_{t-1} - \cdots - \theta_q a_{t-q}.$$

显然 ARMA$(p, 0)$ 模型就是 AR(p) 模型, 而 ARMA$(0, q)$ 模型就是 MA(q) 模型. 一般的 ARMA(p, q) 模型有 $p + q$ 个参数要估计, 看起来很繁琐, 但利用计算机软件则是常规运算, 并不复杂. 但是要想 ARMA(p, q) 模型有意义则要求它必须满足**平稳性** (stationarity) 和**可逆性** (invertibility) 的条件, 这意味着序列均值不随着时间增加或减少、序列的方差不随时间变化、序列本身相关的模式不改变等等许多数学条件. 一个实际的时间序列是否满足这些条件是无法在数学上验证的. 一个模型是否可用, 可以通过下面要介绍的时间序列的自相关函数图和偏相关函数图中大体识别出来. 一般人们所关注的有趋势和季节/循环成分的时间序列都不会满足这些要求的. 这时就需要对时间序列进行**差分** (difference) 来消除这些使序列不平稳的成分, 而使其变成平稳的时间序列, 并估计 ARMA 模型的参数, 估计之后再转变该模型, 使之适应于差分之前的序列 (这个过程和差分相反. 所以称之为整合的 (integrated) ARMA 模型), 得到的最终模型于是称为 ARIMA 模型.

这里所说的差分是什么意思呢? 差分可以是每一个观测值减去其前面的一个观测值, 即 $X_t - X_{t-1}$. 这样, 如果时间序列有一个斜率不变的趋势, 经过这样的差分之后, 该趋势就会被消除了. 当然差分也可以是每一个观测值减去其前面任意间隔的一个观测值, 比如时间序列存在周期为 s 的季节成分, 那么相隔 s 的差分 $X_t - X_{t-s}$ 就可以把这种以 s 为周期的季节成分消除. 对于复杂情况, 可能要进行多次差分, 才能够使得变换后的时间序列平稳和可逆. 当然, 也可能永远达不到这种要求.

思考一下:

1. ARIMA 模型是通过差分, 把时间序列变成 ARMA 模型, 再用数学方法来得到它, 然后再整合 (integration) 成 ARIMA 模型. 这主要因为人们在数学上对假定的 ARMA 模型还有些办法.
2. ARMA 模型需要对数据假定很多无法验证的数学条件, 因此, 只能希望这里的序列经过差分之后能够近似地满足这些条件. 现实世界毕竟和理想的数学世界有差距. 完全符合现实世界的模型是不存在的.

7.4.2 ARMA 模型的识别和估计

上面一小节, 引进了一些必要的术语和概念. 下面就如何识别模型进行说明. 要想拟合 ARIMA 模型, 必须先把它利用差分变成 ARMA(p,q) 模型, 并确定是否平稳, 然后确定参数 p 和 q. 现在利用一个例子来说明如何识别一个 AR(p) 模型和参数 p. 而 MA(q) 及 ARMA(p,q) 模型可用类似的方法来识别. 根据 ARMA(p,q) 模型的定义, 它的参数 p,q 的取值大小和**自相关函数** (autocorrelations function, acf) 及**偏自相关函数** (partial autocorrelations function, pacf) 有关.

自相关函数描述观测值和前面的观测值的相关系数, 而偏自相关函数为在给定中间观测值的条件下观测值和前面某间隔的观测值的相关系数. 举例来说, acf 图上在整数横坐标 $0,1,2,\ldots$ 上有许多条, 在第 i 坐标上的条的高度等于 X_t 和 X_{t-i} 的相关系数, 而在 pacf 图上第 i 个条的高度等于 X_t 与 X_{t-i} 在其中间的值给定的条件下的相关系数. 在这两个图上如果横坐标有 0 (有时没有), 那么上面条的高度应该是 1(X_t 和 X_t 自己的相关系数). 这里当然不打算讨论这两个概念的细节. 引进这两个概念主要是为了能够了解如何通过研究关于这两个函数的 acf 和 pacf 图来识别模型. 为了直观地理解上面的概念, 下面利用一个例子 (例 7.2) 来描述.

例 7.2 数据 (ar2.txt) *该数据是为了说明如何对一个时间序列数据进行 AR 模型识别. 原始时间序列由图 7.4.1 (上图) 描述. 该序列的 acf 和 pacf 图显示在图 7.4.1 的下面左右两图.*

图 7.4.1 下面左图的 acf 条形图是衰减的指数型的波动, 这种图形称为拖尾. 而右边的 pacf 条形图是在第二个条 ($p=2$) 之后就很小, 而且没有什么模式, 这种图形称为在 $p=2$ 后截尾. 这说明该数据近似满足平稳的 AR(2) 模型. 注意, 所谓拖尾图形模式可能是以正负相间的正弦形式衰减, 也可能是以指数率衰减. 类似地, 如果 acf 图形是在第 $q=k$ 个条后截尾, 而 pacf 图形为拖尾, 则数据可能适合 MA(q) 模型. 如果两个图形都拖尾则可能满足 ARMA(p,q) 模型. 具体的近似判别法总结在表 7.4.1 中.

表 7.4.1 如何用 pacf 及 acf 图的拖尾和截尾近似判断 ARMA 模型

模型	AR(p)	MA(q)	ARMA(p,q)
pacf 图形	在第 p 条后截尾	拖尾	头 p 条无规律, 其后拖尾
acf 图形	拖尾	在第 q 个条后截尾	头 q 个条无规律, 其后拖尾

图 7.4.1 是由下面代码 (包括读入数据) 实现的:

```
x=scan("ar2.txt")
layout(matrix(c(1,1,2,3),nr=2,byrow=T))
ts.plot(x);acf(x);pacf(x)
```

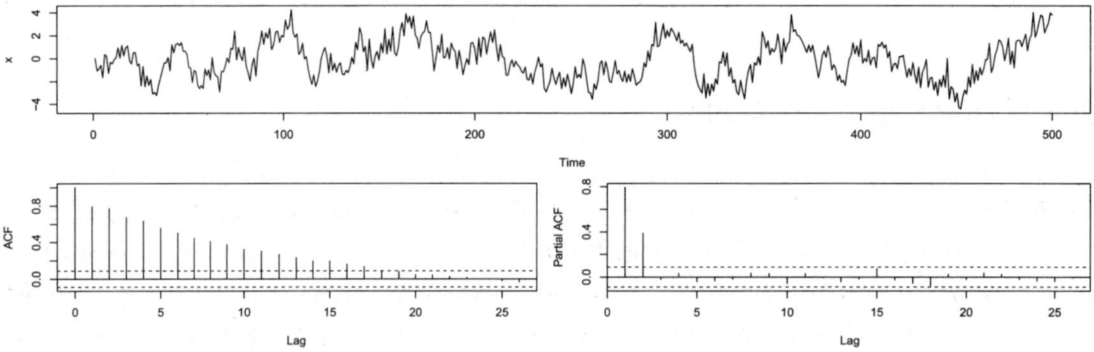

图 7.4.1 例 7.2 数据的时间序列 (上图) 及其 acf (下左) 和 pacf (下右) 图

如果 acf 和 pacf 的图中均没有截尾, 而且至少有一个图没有显示以指数形式或正弦形式衰减, 那么说明该序列不是平稳序列, 必须进行差分变换来得到一个可以估计参数的满足 ARMA(p,q) 模型的序列. 而如果一个时间序列的 acf 和 pacf 图没有任何模式, 而且数值很小, 那么这个序列可能就是一些互相独立的无关的随机变量, 一个拟合良好的时间序列模型的残差就应该有这样的 acf 和 pacf 图.

图 7.4.2 为模拟的 AR(2), $MA(2)$ 和 ARMA$(2,2)$ 三个序列所对应的 acf 和 pacf 图. 注意, 图中有些条是从 0 开始的 (不算在 p 或 q 内). 这几个图是用 R 软件模拟出来的. 可以看出, 上面表中的准则不那么准确, 按照上表来判断头两行为 AR(2) 和 MA(2) 没有问题, 但最后两图按照上表实在不好判断其 p,q 是多少. 这也说明这个判别的粗糙性. 特别是对 ARMA 模型, ‘‘头几个条无规律’’ 这句话不那么清楚, 因此也不易掌握好, 很难判别准确.

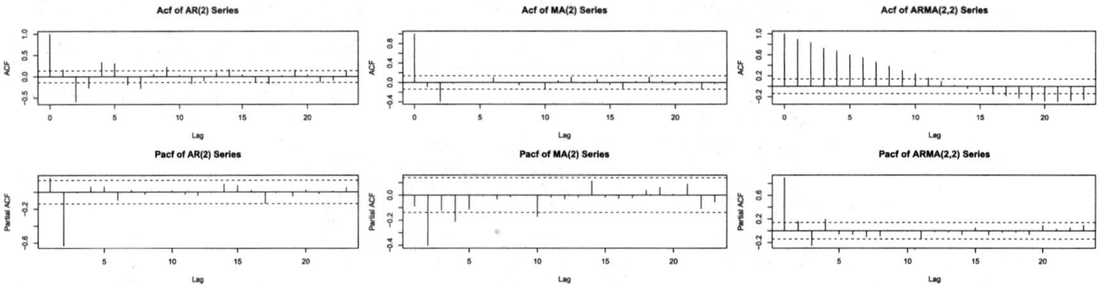

图 7.4.2 模拟的 AR(2), MA(2) 和 ARMA$(2,2)$ 序列所对应的 acf 和 pacf 图

模拟这几个序列及画相应的 acf 图及 pacf 图的 R 代码如下:

```
set.seed(1010)
x1=arima.sim(list(c(2,0,0),ar=c(0.3,-0.6)),n = 200)
x2=arima.sim(list(c(0,0,2),ma=c(-0.3,-0.4)),n = 200)
x3=arima.sim(list(c(2,0,2),ar=c(.3,.6),ma=c(.5,.2)),n=200)
par(mfcol=c(2,3))
acf(x1,main="Acf of AR(2) Series")
pacf(x1,main="Pacf of AR(2) Series")
acf(x2,main="Acf of MA(2) Series")
pacf(x2,main="Pacf of MA(2) Series")
acf(x3,main="Acf of ARMA(2,2) Series")
pacf(x3,main="Pacf of ARMA(2,2) Series")
```

对于例 7.2 数据, 根据图 7.4.1 中 acf 和 pacf 图的形态, 不用进行任何差分就可以直接用 AR(2) 模型拟合, 下面 R 代码就包括了读入数据, 估计模型参数及对未来 50 个观测进行预测并画图 (这里没有显示图形, 因为对平稳序列预测没有意义).

```
x=scan("ar2.txt")
(d=arima(x,c(2,0,0),include.mean=F))
pr=predict(d,50)
ts.plot(x)
lines(pr$pred,lty=2)
```

输出为:

```
Coefficients:
          ar1     ar2
       0.4784  0.4064
s.e.   0.0408  0.0410
sigma^2 estimated as 0.8644:log likelihood=-673.76,aic=1353.51
```

得到的 AR(2) 参数估计为 $\hat{\phi}_1 = 0.4784, \hat{\phi}_2 = 0.4064$, 也就是说拟合出来的该 AR(2) 模型为

$$X_t = 0.4784X_{t-1} + 0.4064X_{t-2} + a_t$$

其实, 对于平稳序列进行预测没有多大意义, 因为它们的均值是不变的. 下面再看剩下的残差序列是否还有什么模式. 这还可以由残差的 pacf 和 acf 条形图来判断. 这两个图分别在图 7.4.3 的左图和中图. 可以看出, 它们没有什么模式 (注意 acf 图的第一个条是在 0 点), 这说明拟合比较成功. 图 7.4.3 右图为残差序列图, 从中看不出任何模式. 说明残差序列看来是 (满足要求的) 独立和随机的.

图 7.4.3 是由下面代码产生的:

```
layout(t(1:3))
pacf(d$residuals)
```

```
acf(d$residuals)
plot(d$residuals,type = 'l')
```

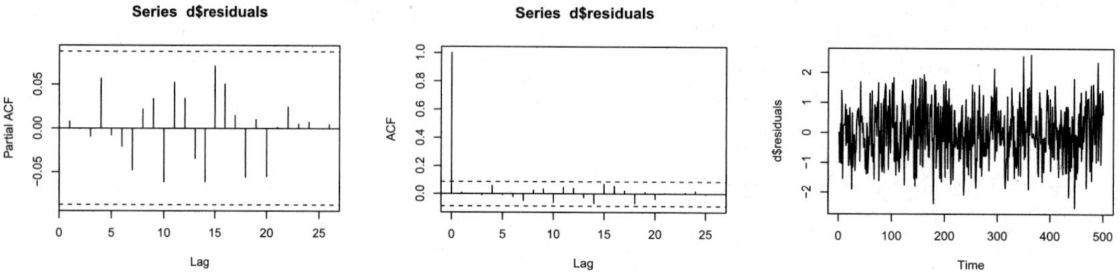

图 7.4.3 例 7.2 数据拟合 AR(2) 的残差序列的 pacf (左) 和 acf (中) 图及残差序列图 (右)

思考一下:

1. 在拟合 ARMA 模型时也有许多不同的方法, 因此得到的估计结果也不尽相同. 在 R 中就有若干方法的选项, 还有包括不包括截距 (或均值) 的选项等等.
2. 在实际世界中, 很少会遇见平稳序列, 也就是方差和均值都不变的序列, 即使有 (一般无法核对), 也没有任何预测的必要, 因为平稳意味着均值不变, 还有什么可预测的呢?

7.4.3 用 ARIMA 模型拟合

在对含有季节和趋势/循环等成分的时间序列进行 ARIMA 模型的拟合研究和预测时, 就不像对纯粹的满足可解条件 (平稳性和可逆性) 的 ARMA 模型那么简单了. 一般的 ARIMA 模型有多个参数, 没有季节成分的可以记为 ARIMA(p,d,q), 如果没有必要利用差分来消除趋势或循环成分时, 差分阶数 $d=0$, 模型为 ARIMA$(p,0,q)$, 即 ARMA(p,q). 在有已知的固定周期 s 时, 模型多了 4 个参数, 可记为 ARIMA$(p,d,q)(P,D,Q)^s$. 这里增加的除了周期 s 已知之外, 还有描述季节本身的 ARIMA(P,D,Q) 的模型识别问题. 因此, 实际建模要复杂得多. 需要经过反复比较.

先前对例 7.1 (数据 tax.txt) 进行了分解, 并且用指数平滑做了预测. 知道其中有季节和趋势成分. 下面试图对其进行 ARIMA 模型拟合. 先对该序列做 acf 和 pacf 条形图. 其中 acf 图 (见图 7.4.4) 显然不是拖尾 (不是以指数速率递减), 这说明需要进行差分. 关于参数的选择, 不要选得过大. 每次拟合之后要检查残差的 acf 和 pacf 图, 看是否为无关随机序列. 人们可能要经过多次对比, 才能把 ARIMA 模型的各个参数识别出来. 对于例 7.1 数据, 我们最后选中了 ARIMA$(0,1,1)(1,2,1)^{12}$ 模型来拟合. 拟合的结果和对 2005 年 7 月之后 12 个月的预测在图 7.4.5 中. 绘制图 7.4.4 及拟合 ARIMA$(0,1,1)(1,2,1)^{12}$ 模型的程序为 (包括读入数据):

```
x=scan("tax.txt")
tax=ts(x, frequency = 12, start = c(1995, 1))
par(mfrow=c(1,2));acf(tax);pacf(tax)
(a=arima(tax,c(0,1,1),c(1,2,1)))
```

上面代码给出了 MA 模型的一个系数、一个季节 AR 模型的系数及一个季节 MA 模型系数的估计的输出:

```
Call:
arima(x = tax, order = c(0, 1, 1), seasonal = c(1, 2, 1))

Coefficients:
          ma1      sar1      sma1
      -0.8204   -0.5030   -0.5676
s.e.   0.0630    0.1233    0.1333

sigma^2 estimated as 1.213e+09:  log likelihood = -1223,  aic = 2454.01
```

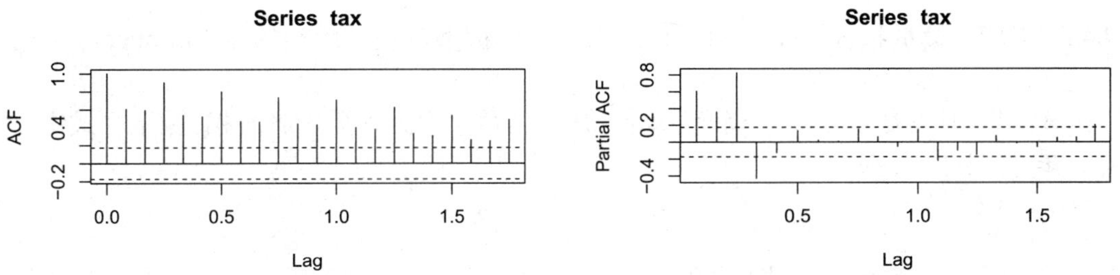

图 7.4.4　例 7.1 的时间序列的 acf 和 pacf 图

对以后 12 个月进行预测及产生图 7.4.5 的代码为

```
library(forecast)
fit <- Arima(tax,c(0,1,1),c(1,2,1))
plot(forecast(fit,h=12))
```

注意, 这里用了程序包 `forecast` [2], 而且用 `Arima()` 函数重新做了拟合, 拟合结果当然和上面的一样, 用这个程序包主要是为了画图方便, 图中绘出了估计的置信带.

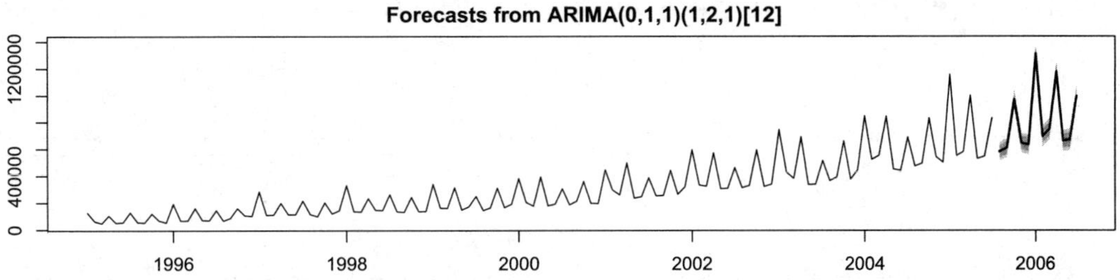

图 7.4.5　例 7.1 的原始序列和由模型得到的拟合值及对未来 12 个月的预测图

[2]Rob J Hyndman with contributions from Slava Razbash and Drew Schmidt (2012). forecast: Forecasting functions for time series and linear models. R package version 3.25. `http://CRAN.R-project.org/package=forecast`.

为了核对,当然要画出残差的 acf 和 pacf 的条形图来看是否还有什么非随机的因素存在. 图 7.4.6 为这两个图,看来模型的选择还是适当的. 代码为

```
par(mfrow=c(1,2));acf(fit$res);pacf(fit$res)
```

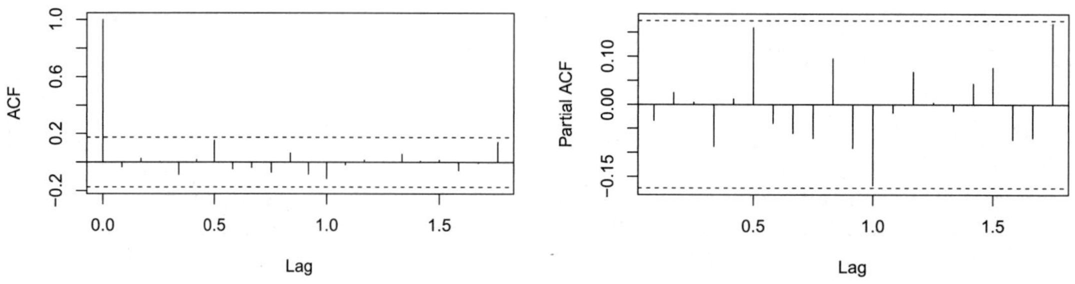

图 7.4.6 例 7.1 数据拟合 ARIMA$(0,1,1)(1,2,1)^{12}$ 模型后残差序列的 acf 和 pacf 条形图

在对模型的检验中,有一个 Ljung-Box 检验,其零假设为残差的各阶相关 (下面式中写的最大 k 阶) 等于零, 即

$$H_0:\rho_1=\rho_2=\cdots=\rho_k=0,$$

这里 ρ_i 表示 i 间隔的 acf. 图 7.4.7表示了对于例 7.1 拟合 ARIMA$(0,1,1)(1,2,1)^{12}$ 模型后残差的 Ljung-Box 检验的 p 值. 谁能够说它们显著呢? 也就是说, 至少在 $k=100$ 之前, 很难说有证据表明, 残差还有各阶自相关性. 绘制该图的 R 代码如下:

```
a=arima(tax,c(0,1,1),c(1,2,1)) #重复前面的拟合
B=NULL;for( i in 1:100)
B=c(B,Box.test(a$res,lag=i,type="Ljung-Box")$p.value)
plot(B,main="Ljung-Box tests", ylab="p-value",
xlab="lag",pch=16,ylim=c(0,1));abline(h=.05,lty=2)
```

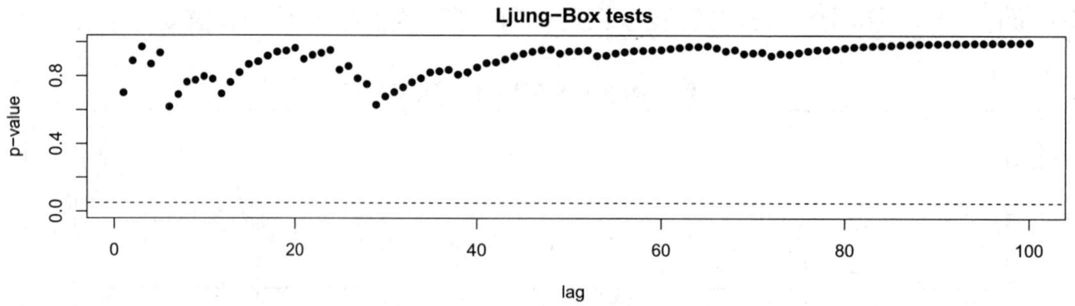

图 7.4.7 例 7.1 数据拟合 ARIMA$(0,1,1)(1,2,1)^{12}$ 模型后残差序列的 Ljung-Box 检验的 p 值序列

值得指出的是, 在各种软件中都有自动选择 ARMA 模型的程序或函数, 这些程序选择所使用的准则不尽相同, 选择的默认范围也不同, 因而结果也有所差异. 下面就用 R 程

序包 forecast 所包含的自动拟合函数 auto.arima() 为例来介绍. 对我们的数据输入下面代码:

```
library(forecast)
(a1=auto.arima(tax))
```

马上得到拟合结果:

```
Series: tax
ARIMA(3,1,1)(0,1,0)[12]

Coefficients:
          ar1      ar2     ar3      ma1
      -0.0551  -0.0099  0.3470  -0.8881
s.e.   0.1194   0.1158  0.1098   0.0698

sigma^2 estimated as 1.329e+09:  log likelihood=-1359.98
AIC=2729.97   AICc=2730.52   BIC=2743.65
```

在其默认的准则和计算范围内, 它选择了 ARIMA$(3,1,1)(0,2,0)^{12}$ 的模型, 显然和我们手工选的不同. 它的一些准则 (这里指输出的 AIC, BIC 等等. 它们的值越小越说明模型在这些准则下越 "好", 本书不予以介绍.) 不如前面手工选择的 "好". 也可以画出对于残差的 Ljung-Box 检验的 p 值图及 acf 和 pacf 图 (图 7.4.8), 似乎都不及前一个模型 (比如一些 p 值较小, 一些 pacf 线过长等等). 但如果没有前面的模型, 谁也没有理由来否定第二个模型. 实际上, 所有的模型都是近似, 有些模型之间的好坏容易比较, 而另一些很难比较, 这也是同一个现象可能会有多个模型来说明的情况. 时间序列数学的假定太多, 比如线性形式、正态性等等, 而这些假定不可能被证明, 也不易判断.

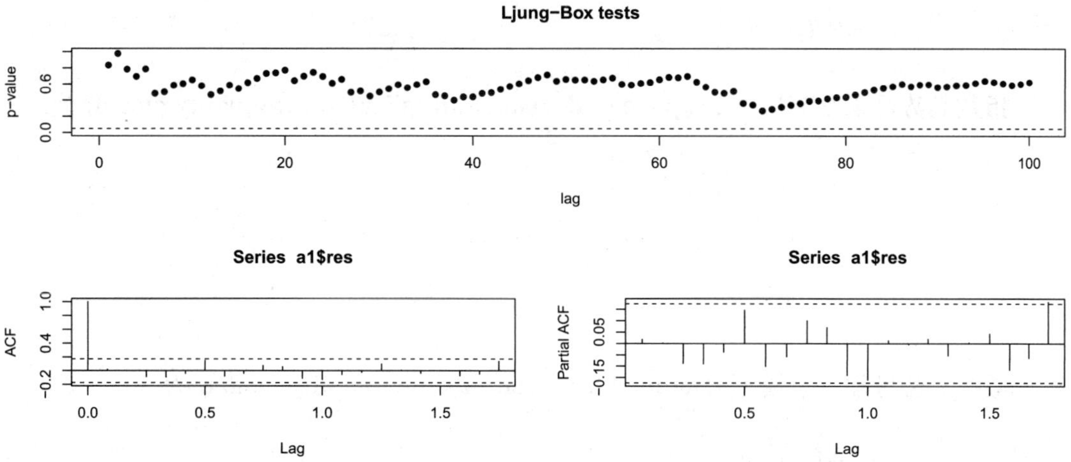

图 7.4.8 例 7.1 数据拟合自动选择的 ARIMA$(3,1,1)(0,2,0)^{12}$ 模型后残差序列的 Ljung-Box 检验的 p 值序列

7.5 参考资料: 一些概括及公式 *

7.5.1 指数平滑模型

这些模型中有 $\alpha, \gamma, \delta, \phi$ 为待估计参数, $\gamma = 0$ 意味着斜率为常数 (趋势无变化), 而 $\delta = 0$ 意味着没有季节成分, ϕ 和减幅趋势有关, p 为季节周期; 对于时间序列 X_t 来说, 趋势、光滑后的序列、季节因子和预测的序列分别用 T_t, S_t, I_t 和 $\hat{X}_t$ 表示; 另外, e_t 为残差 $X_t - \hat{X}_t$.

1. **线性趋势可加季节模型 (Linear trend, additive seasonality model)** 为:

$$\begin{aligned}X_t =& b_0 + b_1 t + I_t + \epsilon_t;\\ T_t =& T_{t-1} + \alpha\gamma e_t;\ S_t = S_{t-1} + T_{t-1} + \alpha e_t;\ I_t = I_{t-p} + \delta(1-\alpha)e_t;\\ \hat{X}_t =& S_t + T_t + I_{t-p+1}.\end{aligned}$$

2. **线性趋势可乘季节模型 (Linear trend, multiplicative seasonality model)** 为:

$$\begin{aligned}X_t =& (b_0 + b_1 t)I_t + \epsilon_t;\\ T_t =& T_{t-1} + \alpha\gamma\frac{e_t}{I_{t-p}};\ S_t = S_{t-1} + T_{t-1} + \alpha\frac{e_t}{I_{t-p}};\ I_t = I_{t-p} + \delta(1-\alpha)\frac{e_t}{S_t};\\ \hat{X}_t =& (S_t + T_t)I_{t-p+1}.\end{aligned}$$

3. **指数趋势可加季节模型 (Exponential trend, additive seasonality model)** 为:

$$\begin{aligned}X_t =& b_0 b_1^t + I_t + \epsilon_t;\\ T_t =& T_{t-1} + \alpha\gamma\frac{e_t}{S_{t-1}};\ S_t = S_{t-1}T_{t-1} + \alpha e_t;\ I_t = I_{t-p} + \delta(1-\alpha)e_t;\\ \hat{X}_t =& S_t T_t + I_{t-p+1}.\end{aligned}$$

4. **指数趋势可乘季节模型 (Exponential trend, multiplicative seasonality model)** 为:

$$\begin{aligned}X_t =& (b_0 b_1^t)I_t + \epsilon_t;\\ T_t =& T_{t-1} + \alpha\gamma\frac{e_t}{I_{t-p}S_{t-1}};\ S_t = S_{t-1}T_{t-1} + \alpha\frac{e_t}{I_{t-p}};\\ I_t =& I_{t-p} + \delta(1-\alpha)\frac{e_t}{S_t};\ \hat{X}_t = (S_t T_t)I_{t-p+1}.\end{aligned}$$

5. **减幅趋势可加季节模型 (Damped trend, additive seasonality model)** 为:

$$\begin{aligned}X_t =& b_0 + \phi b_1 t + I_t + \epsilon_t;\\ T_t =& \phi T_{t-1} + \alpha(\alpha - \phi + 1)e_t;\ S_t = S_{t-1} + \phi T_{t-1} + \alpha(2-\alpha)e_t;\\ I_t =& I_{t-p} + \delta[1 - \alpha(2-\alpha)]e_t;\ \hat{X}_t = S_t + \phi T_t + I_{t-p+1}.\end{aligned}$$

6. **减幅趋势可乘季节模型 (Damped trend, multiplicative seasonality model)** 为:

$$
\begin{aligned}
X_t =& (b_0 + \phi b_1 t) I_t + \epsilon_t;\\
T_t =& \phi T_{t-1} + \alpha(\alpha - \phi + 1)\frac{e_t}{I_{t-p}};\ S_t = S_{t-1} + \phi T_{t-1} + \alpha(2-\alpha)\frac{e_t}{I_{t-p}};\\
I_t =& I_{t-p} + \delta[1 - \alpha(2-\alpha)]\frac{e_t}{S_t};\ \hat{X}_t = (S_t + \phi T_t) I_{t-p+1}.
\end{aligned}
$$

7.5.2 ARIMA 模型

平稳时间序列 X_t 满足的条件: 对所有 t, $E(X_t) = \mu$, 而且自协方差函数

$$\gamma_{ts} = Cov(X_t, X_s) = E(X_t - \mu)(X_s - \mu)$$

仅仅与 $t - s$ 有关, 因此可以记 $\gamma_k \equiv \gamma_{t,t+k} = Cov(X_t, X_{t+s})$. 对于平稳序列, 自相关函数 (acf) 定义为 $Corr(X_t, X_{t+k}) = \gamma_k/\gamma_0$, 而用 $Corr(X_t, X_{t+k}|X_{t+1}, \ldots, X_{t+k-1})$ 定义偏相关函数 (pacf). 函数 acf 和 pacf 的点图可以用来帮助识别平稳过程的 ARMA(p, q) 模型. AR(p) 和 MA(q) 模型是 ARMA(p, q) 模型的特例, 而 ARMA(p, q) 模型又是 ARIMA(p, d, q) 的特例 (只有趋势, 没有季节), 而 ARIMA(p, d, q) 又是 ARIMA$(p, d, q)(P, D, Q)^s$ 模型的特例, 后者既有趋势又有季节成分. 为了便于描述公式, 定义算子

$$
\begin{aligned}
BX_t =& X_{t-1},\ B^2 X_t = X_{t-2}, ..., B^k X_t = X_{t-k};\\
(1 - B^k) X_t =& X_t - X_{t-k};\\
\phi(B) =& 1 - \phi_1 B - \phi_2 B^2 - \cdots - \phi_p B^p;\\
\theta(B) =& 1 - \theta_1 B - \theta_2 B^2 - \cdots - \theta_p B^p.
\end{aligned}
$$

- **AR(p) 模型:** $X_t = \phi_1 X_{t-1} + \cdots + \phi_p X_{t-p} + a_t$, 或者用等价的算子符号, $\phi(B) X_t = a_t$.
- **MA(q) 模型:** $X_t = a_t - \theta_1 a_{t-1} - \cdots - \theta_q a_{t-q}$, 或者用等价的算子符号, $\theta(B) a_t = X_t$.
- **ARMA(p, q) 模型:** $X_t = \phi_1 X_{t-1} + \cdots + \phi_p X_{t-p} + a_t - \theta_1 a_{t-1} - \cdots - \theta_q a_{t-q}$ 或者用等价的算子符号, $\phi(B) X_t = \theta(B) a_t$.
- **ARIMA$(p, d, q)(P, D, Q)^s$ 模型:**

$$\Phi_P(B^s)\phi_p(B)(1 - B)^d(1 - B^s)^D X_t = \theta_q(B)\Theta_Q(B^s) a_t,$$

这里 Φ, Θ 是类似于 ARMA(p, q) 模型中的算子 ϕ, θ, 只不过是描述季节序列的罢了, 它们定义为:

$$
\begin{aligned}
\Phi_P(B^s) =& 1 - \Phi_1 B^s - \Phi_2 B^{2s} - \cdots - \Phi_p B^{ps};\\
\Theta_Q(B) =& 1 - \Theta_1 B^s - \Theta_2 B^{2s} - \cdots - \Theta_Q B^{Qs}.
\end{aligned}
$$

7.6 本章的 Python 代码

首先输入可能用到的基本模块.

```
#导入包
import matplotlib.pyplot as plt
import statsmodels.api as sm
import numpy as np
import pandas as pd

from statsmodels.tsa.seasonal import seasonal_decompose
from statsmodels.tsa.holtwinters import ExponentialSmoothing
from pandas.plotting import register_matplotlib_converters
register_matplotlib_converters()

import matplotlib as tplt
import statsmodels as tsm
import os
os.chdir('E:/')
```

7.6.1 时序的组成和指数平滑

读入例 7.1 税收数据, 并点出时间序列图 (图 7.6.1).

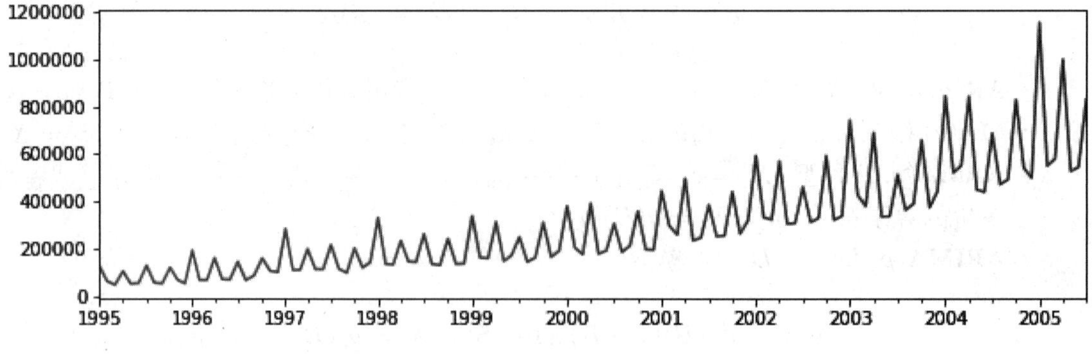

图 7.6.1 例 7.1 税收数据时间序列图

```
tax = pd.read_csv('tax.TXT', sep='\s+', header=None)
tax.index = pd.date_range('1-1995', periods=len(tax), freq='M')
tax.plot(figsize=(10,3), legend=False)
```

进行时序的分解和指数平滑, 得到图 7.6.2.

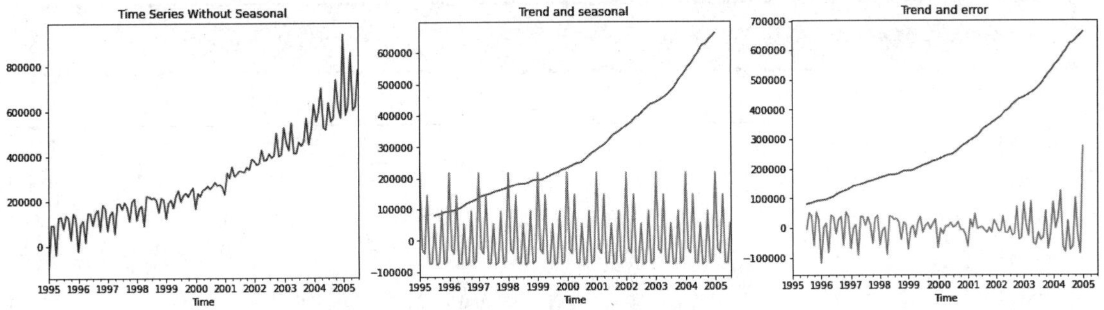

图 7.6.2　例 7.1 税收数据指数分解

```
stl = seasonal_decompose(tax, freq=12)

fig = plt.figure(figsize=(21, 8))
ax1 = fig.add_subplot(1, 3, 1)
ax1.set_title('Time Series Without Seasonal')
ax1.set_xlabel('Time')
(stl.observed - stl.seasonal).plot(ax=ax1)

ax2 = fig.add_subplot(1, 3, 2)
ax2.set_title('Trend and seasonal')
ax2.set_xlabel('Time')
stl.trend.plot(ax=ax2)
stl.seasonal.plot(ax=ax2)

ax3 = fig.add_subplot(1, 3, 3)
ax3.set_title('Trend and error')
ax3.set_xlabel('Time')
stl.trend.plot(ax=ax3)
stl.resid.plot(ax=ax3)
```

进行预测, 得到图 7.6.3.

```
holt = ExponentialSmoothing(tax, trend='add',
                            seasonal='add', seasonal_periods=12)
holt_fit = holt.fit()

preds = holt_fit.predict(start=len(tax), end=len(tax) + 11)
preds = pd.Series(preds,
                  index=pd.date_range('8-2005',
                                      periods=len(preds), freq='M'))
fig = plt.figure(figsize=(15,4))
ax = fig.add_subplot(111)
preds.plot(ax=ax)
```

```
tax.plot(ax=ax)
```

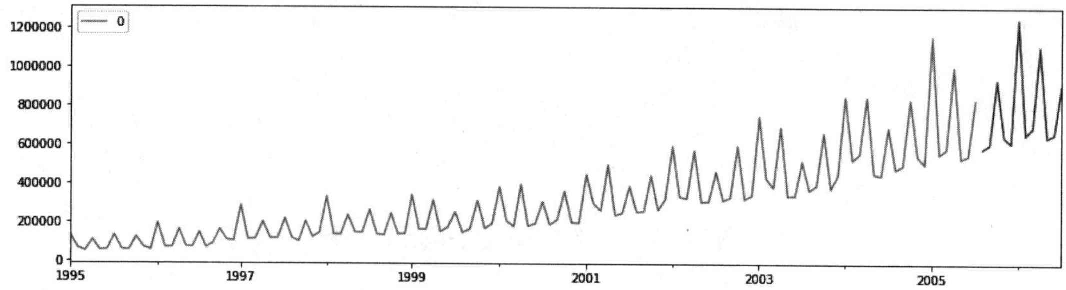

图 7.6.3　例 7.1 税收数据指数分解的预测

7.6.2 ARIMA 模型

读入例 7.2 (ar2.txt) 数据, 并产生序列图和自相关及偏自相关图 (图 7.6.4).

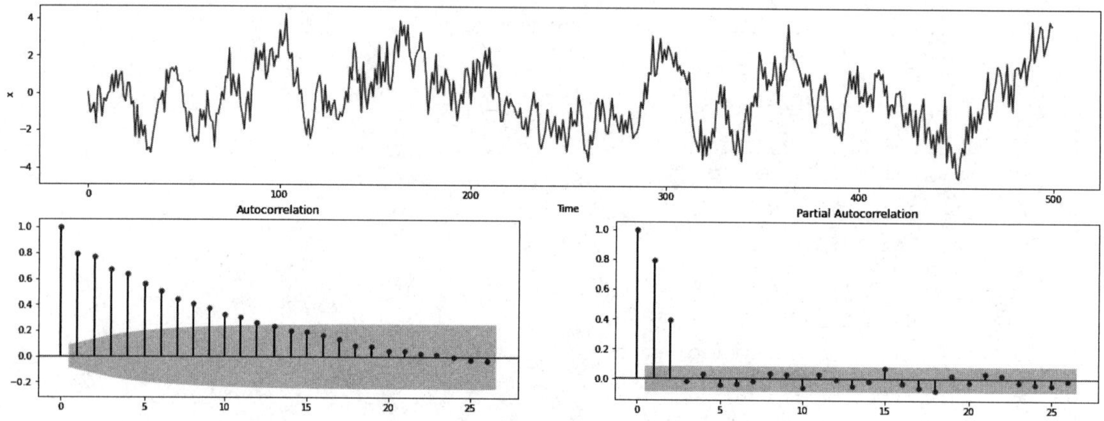

图 7.6.4　例 7.1 税收数据指数分解的预测

```
ar2 = pd.read_csv('ar2.txt', header=None)
fig = plt.figure(figsize=(10, 6))
ax1 = fig.add_subplot(2, 1, 1)
ax1.set_xlabel('Time')
ax1.set_ylabel('x')
ax1.plot(ar2)

ax2 = fig.add_subplot(2, 2, 3)
_ = sm.graphics.tsa.plot_acf(ar2, lags=26, ax=ax2)

ax3 = fig.add_subplot(2, 2, 4)
_ = sm.graphics.tsa.plot_pacf(ar2, lags=26, ax=ax3)
```

随机模拟的 AR(2)、MA(2)、ARMA(2,2) 的自相关和偏自相关图 (图 7.6.5).

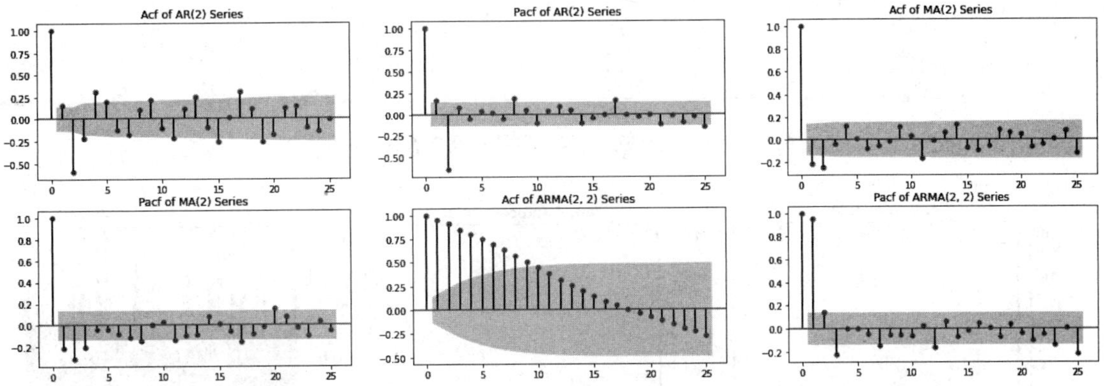

图 7.6.5 随机模拟的 AR(2)、MA(2)、ARMA(2,2) 自相关和偏自相关

```
ar_process = sm.tsa.ArmaProcess(ar=np.array([1, -0.3, 0.6]))
ma_process = sm.tsa.ArmaProcess(ma=np.array([1, -0.3, -0.4]))
arma_process = sm.tsa.ArmaProcess(ar=np.array([1, -0.3, -0.6]),
                                  ma=np.array([1, 0.5, 0.2]))

x1 = ar_process.generate_sample(200)
x2 = ma_process.generate_sample(200)
x3 = arma_process.generate_sample(200)

fig = plt.figure(figsize=(15, 7))
ax1 = fig.add_subplot(231)
_ = sm.graphics.tsa.plot_acf(x1, ax=ax1, lags=25)
ax1.set_title('Acf of AR(2) Series')

ax2 = fig.add_subplot(232)
_ = sm.graphics.tsa.plot_pacf(x1, ax=ax2, lags=25)
ax2.set_title('Pacf of AR(2) Series')

ax3 = fig.add_subplot(233)
_ = sm.graphics.tsa.plot_acf(x2, ax=ax3, lags=25)
ax3.set_title('Acf of MA(2) Series')

ax4 = fig.add_subplot(234)
_ = sm.graphics.tsa.plot_pacf(x2, ax=ax4, lags=25)
ax4.set_title('Pacf of MA(2) Series')

ax5 = fig.add_subplot(235)
_ = sm.graphics.tsa.plot_acf(x3, ax=ax5, lags=25)
ax5.set_title('Acf of ARMA(2, 2) Series')
```

```
ax6 = fig.add_subplot(236)
_ = sm.graphics.tsa.plot_pacf(x3, ax=ax6, lags=25)
ax6.set_title('Pacf of ARMA(2, 2) Series')
```

用 ARIMA 模型拟合例 7.1 税收数据并画图 (图 7.6.6).

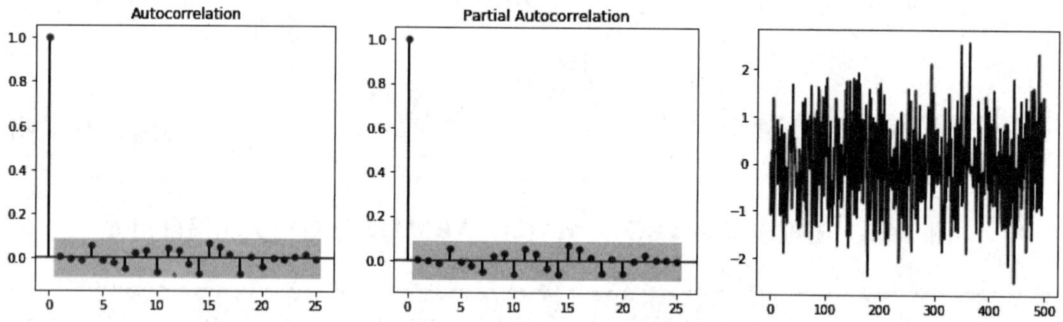

图 7.6.6 例 7.1 税收数据 ARIMA 模型拟合

```
ar2_model = sm.tsa.statespace.SARIMAX(ar2,order=(2,0,0),
                                      trend='n').fit(disp=False)
print(ar2_model.params)

fig = plt.figure(figsize=(15, 4))
ax1 = fig.add_subplot(1, 3, 1)
_ = sm.graphics.tsa.plot_acf(ar2_model.resid, lags=25, ax=ax1)

ax2 = fig.add_subplot(1, 3, 2)
_ = sm.graphics.tsa.plot_pacf(ar2_model.resid, lags=25, ax=ax2)

ax3 = fig.add_subplot(1, 3, 3)
ax3.plot(ar2_model.resid)
```

输出的模型参数为:

```
ar.L1     0.478377
ar.L2     0.406373
sigma2    0.864436
```

7.7 习题

1. 时间序列分析和一般的简单回归分析有什么不同?
2. 直观地说明时间序列中趋势和季节对序列的影响. 举出季节和趋势对你想象出来的任何时间序列的影响.

3. 举出实际中可能出现的时间序列.
4. 重复对书上例题的计算. 在选项上做一些变化, 试试自动选择模型的程序, 看结果有什么不同.
5. 讨论什么类型的问题不能用时间序列来预测. 举出例子.
6. 一些人企图用时间序列来预测股票, 他们能成功吗? 讨论.
7. 数数看时间序列有多少数学假定. 这些假定能不能核对? 如果它们不满足有什么后果?
8. 试着思考一下, 时间序列能不能做交叉验证? 如何做能够使人信服?

第 8 章　生存分析简介

很多人都可能会想过: “我到底能够活多少岁? ” 一些医生也会考虑: “到底这个新疗法能使得这类绝症患者多存活多久? ” 或者 “还有什么别的因素和存活长短有关? ” 之类的问题, 也可能会考虑, 一个病人在什么情况下的危险性最大等. 保险公司也要考虑各种人群的寿命, 以确保其人寿保险或医疗保险既具有竞争力又有利可图. 在工程上, 人们会考虑一个材料, 一个原件, 甚至一个设备的寿命是多少. 在经济活动中, 企业会关心员工在本公司能够工作多久而不跳槽, 什么因素会影响跳槽, 客户的忠诚状况能持续多久, 顾客的忠诚度会受什么因素影响. 在社会学中, 人们可能会考虑一个刑满释放人员, 能够持续多久不再犯罪, 或者在什么情况下最容易再次犯罪. 这些都属于统计中**生存分析** (survival analysis) 的研究范围, 是研究一个事件在发生之前以什么概率持续多久的问题, 或者是什么时候, 以什么概率一个事件会发生. 本章主要介绍生存分析的一些基本知识, 并通过数据例子来介绍如何处理生存分析数据.

大家都明白, 对于某一特定个体 “能够存活多久” 这一类的问题, 任何负责任的人都不会作出确定的回答. 但是对于具有某些特性的一类人群, 则可以通过对数据的分析来近似地得到活过一定时间的概率. 如果关心不同治疗手段的效果, 还可以通过数据分析来比较这些方法, 看它们的有效性, 还能建立可以预测的量化的模型. 为此, 需要引进下面一些基于数学模型的基本概念.

在生存分析中, 人们往往希望知道存活过时间 t 的概率, 这就是所谓的**生存函数** (survival function), 记为 $S(t)$, 显然它等于 1 减去生存时间不超过 t 的概率. 记 $F(t)=P(T\le t)$ 为寿命不超过时间 t 的概率, 则 $S(t)=1-F(t)$. 还要定义一个在 t 时刻处 (附近), 对死亡发生的可能性进行度量的函数, 称为**危险函数** (hazard function), 用 $h(t)$ 表示, 它实际上是 $-\ln S(t)$ 的关于 t 的导数, 代表了在活过了时间 t 的条件下, 在 t 时刻处死亡的 (条件) 概率密度函数, 或

$$
\begin{aligned}
h(t) &= \lim_{\Delta t\to 0}\frac{P(t\le T\le t+\Delta t|T\ge t)}{\Delta t}\\
&= \lim_{\Delta t\to 0}\frac{F(t+\Delta t)-F(t)}{[1-F(t)]\Delta t}\\
&= \frac{f(t)}{S(t)}=\frac{d}{dt}[-\ln S(t)].
\end{aligned}
$$

累积危险函数为 $H(t)=\int_0^t h(u)du$. 生存函数、危险函数、累积危险函数在数学上是等价的, 知道其中之一, 就可以推导出其他函数. 生存函数和危险函数可以形象地描述存活过某个时间的概率以及在各个时间段危险程度. 下面先看一个很有名的例子 (Box and Cox,

1964).

例 8.1 毒药数据 (poison.txt) Box and Cox(1964) [1] 通过该数据引入了回归中的 Box-Cox 变换. 该数据是一个生存分析数据. 这个数据源于一个两个因素, 3×4 水平的动物实验, 2 个因素 (自变量) 为 Poison (毒药, 3 个水平), Treatment (处理, 4 个水平), 因变量为 Time (动物的生存时间, 单位: 10 小时), 每种变量的搭配用于随机选择的 4 个动物 (共有 48 个观测).

从例 8.1 数据, 可以很容易算出在每个时间, 在不同条件下存活的动物比例, 这也就是对生存函数的估计. 类似地, 也可以估计危险函数. 由于数据的离散型, 这里估计出来的函数是阶梯状的. 图 8.0.1 是该数据对生存函数在各种情况下的估计的点图. 其中 (a) 为全部数据一起的图 (虚线为置信带), (b) 为按照不同的处理所做的图, (c) 为按照不同毒药所做的图. 这些图的横坐标为生存的时间, 而纵坐标是生存函数的大小. 显然, 随着时间流逝, 生存的概率应该递减, 因此这种曲线都是呈下降趋势. 从图 8.0.1 可以看出不同处理和不同毒药对生存函数的影响.

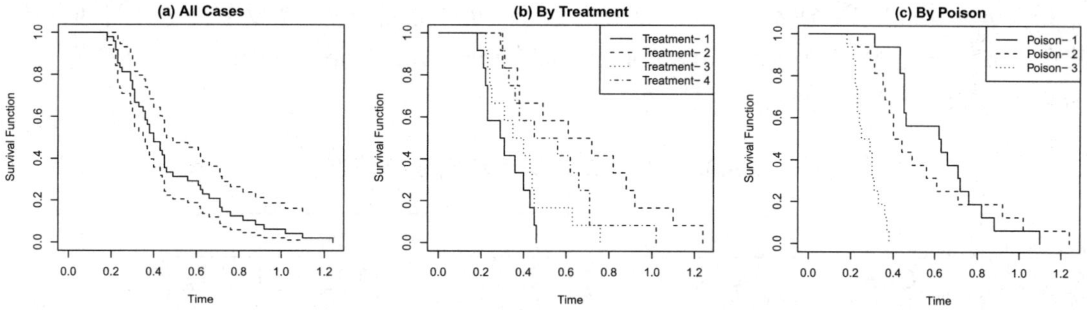

图 8.0.1 根据例 8.1 数据所产生的生存函数图, 其中 (a) 为全部数据一起的图 (虚线为置信带), (b) 为按照不同的处理所做的图, (c) 为按照不同毒药所做的图. 可以看出不同处理和不同毒药对生存函数的影响

图 8.0.1 是用程序包 `survival` [2] 的函数 `survfit()` 所绘, R 代码 (包括输入数据) 如下:

```
w=read.table("poison.txt",header=T) #读入数据
library(survival);k=rep(1,48)
par(mfrow=c(1,3))
fit0=survfit(Surv(Time,k)~1,data=w)
plot(fit0,xlab="Time",ylab="Survival Function")
title("(a) All Cases")
fit1=survfit(Surv(Time,k)~Treatment,data=w)
plot(fit1,xlab="Time",ylab="Survival Function",lty=1:4)
title("(b) By Treatment")
```

[1] Box, G. E. P., and Cox, D. R. (1964). An analysis of transformations (with Discussion). *J. R. Statist. Soc.* B, 26, 211-252.

[2] Therneau T (2015). *A Package for Survival Analysis in S.* version 2.38, <URL: `https://CRAN.R-project.org/package=survival`>. Terry M. Therneau, Patricia M. Grambsch (2000). *Modeling Survival Data: Extending the Cox Model.* Springer, New York. ISBN 0-387-98784-3.

```
legend("topright",paste("Treatment-",1:4),lty=1:4)
fit2=survfit(Surv(Time,k)~Poison,data=w)
plot(fit2,xlab="Time",ylab="Survival Function",lty=1:3)
title("(c) By Poison")
legend("topright",paste("Poison-",1:3),lty=1:3)
```

一般来说, 数据中可能会有所谓的**删失的** (censored) 观测值, 也就是说, 有些对象在实验过程中因为种种原因失去了记录 (在某个时刻后消失). 以医药界的动物实验为例, 这种删失可能源于动物死于与实验无关的原因, 以医院病人为例, 病人可能自行出院, 无法跟踪调查等等. 例 8.1 没有删失, 下面看一个有删失观测值的数据.

例 8.2 口咽癌数据 (pharynx.txt, pharynx1.txt). 这个来自 Kalbfleisch and Prentice (1980) 的数据[3], 是基于美国 Radiation Therapy Oncology Group 的几个机构针对口咽若干位置的鳞状细胞癌的临床试验. 试验分成两组, 一组仅使用放疗 (TX=1), 另一组放化疗皆用 (TX=2). 原始数据为 195×13 的方阵. 这个数据是典型的生存分析数据, 可以用生存分析的方法, 比如 Cox 比例危险回归模型 (Cox proportional hazards regression model), 也可以用其他回归方法. 表 8.0.1是变量情况.

表 8.0.1 例 8.2 口咽癌数据变量情况

变量名	描述	性质
CASE	编号	哑元型定性变量
INST	机构代码	哑元型定性变量
SEX	性别 (1,2)	哑元型定性变量
TX	实验代码 (1: 标准,2: 处理)	哑元型定性变量
GRADE	和正常细胞的区别度	哑元型定性变量
AGE	年龄	定量变量
COND	身体状况	哑元型定性变量
SITE	病变位置	哑元型定性变量
T.STAGE	癌症 T 分期	哑元型定性变量
N.STAGE	癌症 N 分期	哑元型定性变量
ENTRY.DT	进入试验日期	整数
STATUS	删失 (0: 右删失, 1: 死亡)	哑元型定性变量
TIME	如未删失, 则是存活时间, 否则是最后记录时间 (天数)	整数

读者可能发现, 这个数据中的 CASE 和 ENTRY.DT 不能参与建模, 应该删去. 在数据探索分析中还发现有两个观测值有缺失, 也予以删除. 此外, COND 有些水平记录太少, 予

[3]Kalbfleisch, J. D. and Prentice, R. L. (1980). *The Statistical Analysis of Failure Time Data*, John Wiley & Sons. 可从网站 http://www.umass.edu/statdata/statdata/stat-nonlin.html下载.

以合并. 这样整理过的数据就是 193 × 11 的方阵 (数据文件 pharynx1.txt). 除了 TIME 和 AGE 之外都是分类 (定性) 变量. 变量 TIME 是这里关心的因变量.

8.1 对生命数据的简单描述

生存数据往往都是按照一定格式记录的, 根据这些记录, 可以看出每个时间有多少死亡, 有多少存活, 各自的比例是多少等等, 这些记录被称为**生命表** (life table). 下面对生命表予以介绍.

生命表是对生存分析数据的一种数量和图形的描述. 通常, 生命表每一行代表一个时间段, 而该行的数据最少包括了在该时间段开始时有多少存活的对象, 有多少死亡的对象, 有多少删失的对象, 以及最基本的一些对生存函数和危险函数在该时间段的值的估计. 由于对于删失等观测值的处理方法不同, 对于简单的生命表有各种改进, 其中包括 Kaplan-Meier 方法、Fleming-Harrington 方法等.

表 8.1.1 是根据例 8.2 数据按照 Kaplan-Meier 方法所产生的生命表的前 10 行 (一共 180 行). 这里一共三个表: 第一个是对照组和处理组混合 (即全部) 数据的生命表, 第二个是对照组 (TX=1) 的生命表, 第三个是处理组 (TX=2) 的生命表. 生命表的描述则为如图 8.0.1 那样的图形, 对于例 8.2 数据相应的三个图形在图 8.1.1 中. 但在前计算机时代, 这种图形则按照生命表手工画成.

表 8.1.1 例 8.2 分三种情况的生命表的前 10 行

混合数据					TX=1					TX=2				
t	r	e	c	s	t	r	e	c	s	t	r	e	c	s
11	193	2	0	0.99	81	98	1	0	0.99	11	95	2	0	0.98
15	191	1	0	0.98	89	97	1	0	0.98	15	93	1	0	0.97
38	190	1	0	0.98	90	96	0	1	0.98	38	92	1	0	0.96
74	189	1	0	0.97	94	95	1	0	0.97	74	91	1	0	0.95
81	188	1	0	0.97	99	94	2	0	0.95	105	90	1	0	0.94
89	187	1	0	0.96	112	92	2	0	0.93	107	89	1	0	0.93
90	186	0	1	0.96	127	90	1	0	0.92	112	88	1	0	0.92
94	185	1	0	0.96	128	89	1	0	0.91	130	87	1	0	0.91
99	184	2	0	0.95	144	88	1	0	0.90	134	86	1	0	0.89
105	182	1	0	0.94	147	87	1	0	0.89	147	85	1	0	0.88

上表中的 t (time) 代表时间, r (risk) 代表在 t 时刻还没有死的人, e (event) 代表那个时刻 (时间段) 发现死亡的人, c (censor) 代表那个时间段删失的人数, s (survival function) 代表利用某种方法 (这里是 Kaplan-Meier 方法) 计算的生存函数.

图 8.1.1 是由下面代码画出:

```
u=read.csv("pharynx1.txt",sep=",")#读入数据
library(survival)
fit0=survfit(Surv(TIME, STATUS) ~ 1, data=u ,type="kaplan-meier")
fit=survfit(Surv(TIME, STATUS) ~ TX, data=u ,type="kaplan-meier")
par(mfrow=c(1,2));
plot(fit0,conf.int = F,mark.time=T,xlab="Time",ylab="Survival Function")
title("All Data")
plot(fit,lty=1:2,mark.time=T,xlab="Time",ylab="Survival Function")
title("Comparison");legend("topright",c("TX=1","TX=2"),lty=1:2)
```

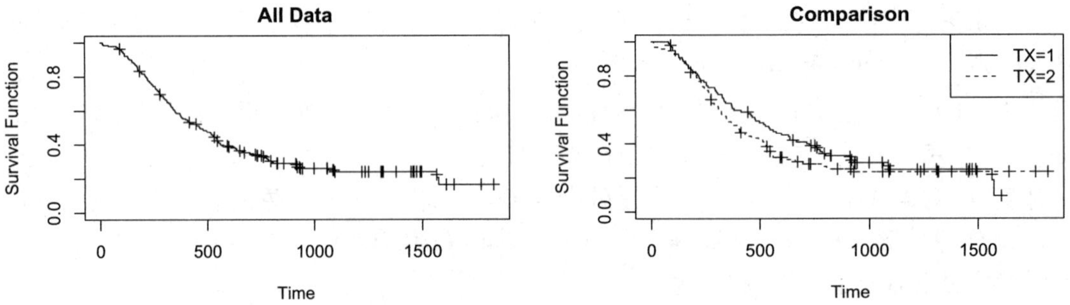

图 8.1.1 例 8.2 全部数据, 及比较 TX=1 和 TX=2 的生存函数图

生命表是数据分析的原始依据, 它仅仅给出了生存函数的估计. 从图 8.1.1 的右图可以看出, 化疗 (TX=2) 的生存函数在绝大部分时间中是在对照组的生存函数之下.

8.2 Cox 比例危险模型

回归的方法对于统计推断是十分重要的, 如何在生存数据的分析上建立类似于回归那样的模型呢? 人们一般希望生存函数能表示为某些相关的自变量的一个函数. 在例 8.1 中自变量就是处理和毒药, 例 8.2 中的自变量就是判别治疗组 (TX=2) 和对照组 (TX=1) 的哑元变量 TX 以及其他变量, 比如年龄、身体状况等等. 一般来说, 用 x 表示自变量 (变量可能是向量, 即有多个自变量), 用 $S(t|x)$ 表示在时间 t 的生存函数, 这里的 x 表示可能有关的自变量, 用 $S_0(t)$ 表示待估计的**基本生存函数** (baseline survival function), 它和自变量 x 无关. Cox 比例危险模型为:

$$S(t|x) = [S_0(t)]^{\exp(x^T\beta)},$$

这里的 β 为回归系数. 这里的线性部分 $x^T\beta$ 是在 $S_0(t)$ 的指数上面再取以 e 为底的指数. 当然该模型可以写成

$$\ln(-\ln S(t|x)) = x^T\beta + \ln H_0(t)$$

的线性形式. 这里基本累积危险函数 $H_0(t)$ 是基本危险函数 $h_0(t)$ 的积分:

$$H_0 = \int_0^t h_0(u)du.$$

这里下标为 0 的, 名字冠以 "基本" 的 $S_0(t), h_0(t)$ 和 $H_0(t)$ 都是和 x 无关的. 细节可参见本章后面的公式. 注意只要得到 $H(t), h(t)$ 和 $S(t)$ 中之一, 就可以得到其他的. $H_0(t), h_0(t)$ 和 $S_0(t)$ 的关系也类似. 由此可以得到比例危险模型的其他形式:

$$\ln h(t|x) = \ln h_0(t) + x^T\beta$$

或者

$$h(t) = h_0(t)\exp(x^T\beta)$$

根据统计软件, 可以很容易得到对回归系数 β 的估计. 下面是用 Cox 比例危险模型拟合例 8.1 数据的代码, 其中最后一行代码是估计基本累积危险函数 H_0 (图形在图 8.2.1中):

```
w=read.table("poison.txt",header=T)
for(i in 1:2) w[,i]=factor(w[,i])
k=rep(1,48)
fit=coxph(Surv(Time,k)~.,data=w)
summary(fit)
bh=basehaz(fit)
plot(hazard~time,bh,type="l")
```

部分输出为:

```
                coef exp(coef)  se(coef)      z Pr(>|z|)
Poison2      0.92862   2.53102   0.43310  2.144    0.032
Poison3      4.78337 119.50641   0.76088  6.287 3.25e-10
Treatment2  -3.52134   0.02956   0.60733 -5.798 6.71e-09
Treatment3  -1.17445   0.30899   0.45619 -2.574    0.010
Treatment4  -2.90340   0.05484   0.58878 -4.931 8.17e-07
```

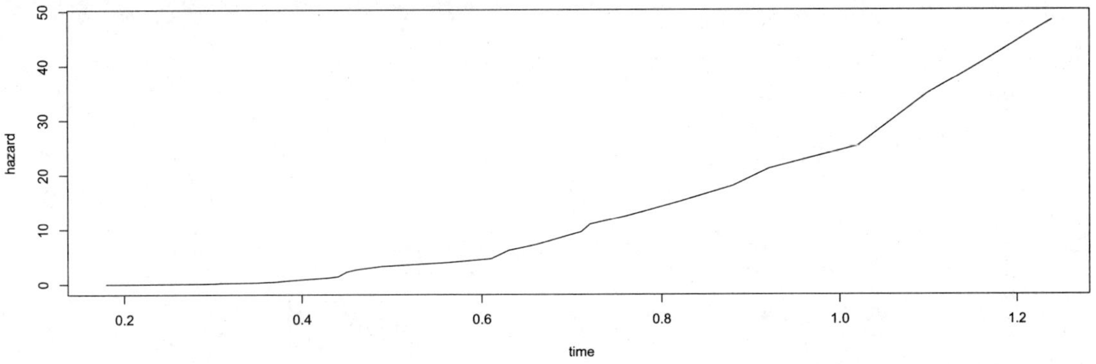

图 8.2.1　由例 8.1 根据 Cox 模型所估计的基本累积危险函数 $H_0(t)$

如果令 α_i $(i = 1,2,3)$ 表示毒药 (Poison) 的效应, 用 β_j $(j = 1,2,3,4)$ 表示处理 (treatment), 那么上面的输出表明我们的 Cox 模型为:

$$\ln(-\ln S(t|x)) = \alpha_i + \beta_j + \ln H_0(t),\ i = 1,2,3,\ \ j = 1,2,3,4,$$

这里 $\alpha_1 = 0, \alpha_2 = 0.929, \alpha_3 = 4.783, \beta_1 = 0, \beta_2 = -3.521, \beta_3 = -1.174, \beta_4 = -2.903$. 一共有 $3 \times 4 = 12$ 个方程.

8.3 本章的 Python 代码

首先输入可能用到的基本模块.

```
#导入包
import pandas as pd
import numpy as np
import matplotlib.pyplot as plt
from lifelines import KaplanMeierFitter, CoxPHFitter

import matplotlib as tplt
import lifelines as tfl

import os
os.chdir('E:/')
```

8.3.1 生存函数图

读入例 8.1 毒药数据, 绘制生存函数图 (图 8.3.1).

```
poison = pd.read_csv('poison.txt', sep='\s+')
poison

fig = plt.figure(figsize=(20, 4))

ax1 = fig.add_subplot(1, 3, 1)
all_kmf = KaplanMeierFitter()
all_kmf.fit(poison['Time'])
all_kmf.plot(ax=ax1, label='All Cases')
ax1.set_ylabel('Survival Function')
ax1.set_title('All Cases')

ax2 = fig.add_subplot(1, 3, 2)
for treatment, df in poison.groupby('Treatment'):
    treatment_kmf = KaplanMeierFitter()
    treatment_kmf.fit(df['Time'])
    treatment_kmf.plot(ax=ax2, label=f'Treatment-{treatment}')
```

```
ax2.set_title('By Treatment')

ax3 = fig.add_subplot(1, 3, 3)
for poi, df in poison.groupby('Poison'):
    poison_kmf = KaplanMeierFitter()
    poison_kmf.fit(df['Time'])
    poison_kmf.plot(ax=ax3, label=f'Poison-{poi}')
ax3.set_title('By Poison')
```

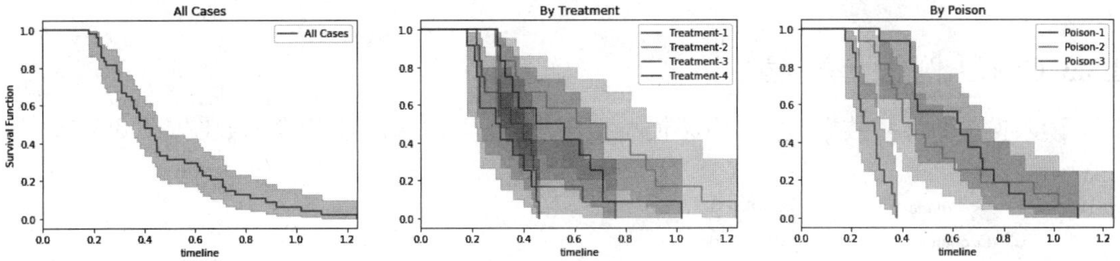

图 8.3.1　例 8.1 毒药数据生存函数图

8.3.2 生命表

读入例 8.2 口咽癌数据, 绘制生存函数图 (图 8.3.2).

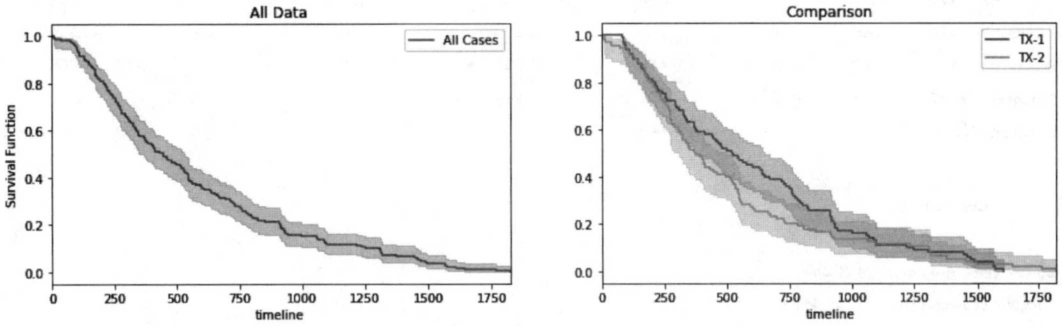

图 8.3.2　例 8.2 口咽癌数据生存函数图

```
pharynx1 = pd.read_csv('pharynx1.txt')
pharynx1

fig = plt.figure(figsize=(15, 4))

ax1 = fig.add_subplot(1, 2, 1)
all_kmf = KaplanMeierFitter()
all_kmf.fit(pharynx1['TIME'])
all_kmf.plot(ax=ax1, label='All Cases')
```

```
ax1.set_ylabel('Survival Function')
ax1.set_title('All Data')

ax2 = fig.add_subplot(1, 2, 2)
for TX, df in pharynx1.groupby('TX'):
    tx_kmf = KaplanMeierFitter()
    tx_kmf.fit(df['TIME'])
    tx_kmf.plot(ax=ax2, label=f'TX-{TX}')
ax2.set_title('Comparison')
```

8.3.3 Cox 比例危险率模型

读入例 8.1 毒药数据, 进行 Cox 模型拟合, 得到下面输出及危险函数图 (图 8.3.3).

model	lifelines.CoxPHFitter
duration col	'Time'
baseline estimation	breslow
number of observations	48
number of events observed	48
partial log-likelihood	-103.45
time fit was run	2021-02-09 06:49:40 UTC

	coef	exp(coef)	se(coef)	coef lower 95%	coef upper 95%	exp(coef) lower 95%	exp(coef) upper 95%	z	p	-log2(p)
Poison2	0.93	2.53	0.43	0.08	1.78	1.08	5.91	2.14	0.03	4.96
Poison3	4.78	119.50	0.76	3.29	6.27	26.90	530.95	6.29	<0.005	31.52
Treament2	-3.52	0.03	0.61	-4.71	-2.33	0.01	0.10	-5.80	<0.005	27.15
Treament3	-1.17	0.31	0.46	-2.07	-0.28	0.13	0.76	-2.57	0.01	6.64
Treament4	-2.90	0.05	0.59	-4.06	-1.75	0.02	0.17	-4.93	<0.005	20.22

Concordance	0.86
Partial AIC	216.90
log-likelihood ratio test	74.45 on 5 df
-log2(p) of ll-ratio test	46.23

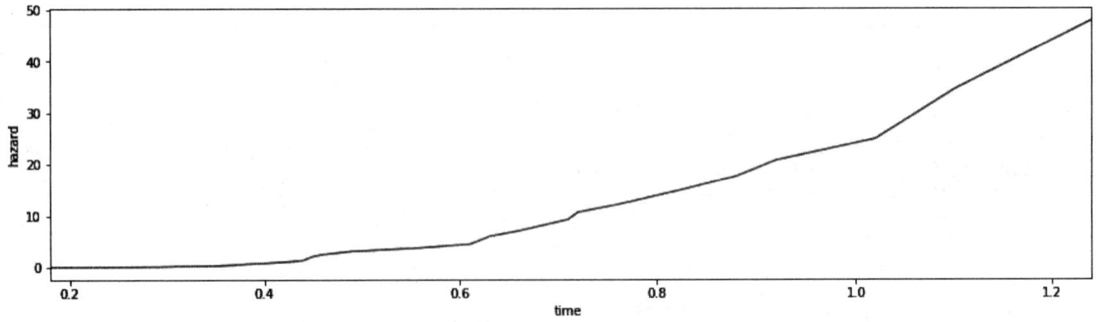

图 8.3.3 例 8.1 毒药数据 Cox 模型拟合的危险函数图

得到上面结果的代码为:

```
poison = pd.read_csv('poison.txt', sep='\s+')

df = pd.DataFrame(poison['Time'])
df = df.join(pd.get_dummies(poison['Poison'], prefix='Poison',
                            prefix_sep='').iloc[:, 1:])
df = df.join(pd.get_dummies(poison['Treatment'], prefix='Treament',
                            prefix_sep='').iloc[:, 1:])
cox_model = CoxPHFitter()
cox_model.fit(df, 'Time')
cox_model.print_summary()

cox_model.predict_cumulative_hazard(df)[0].plot(figsize=(15,4))
plt.ylabel('hazard')
plt.xlabel('time')
```

8.4 习题

1. 重复对例 8.1 数据的计算, 改动一些选项, 尽可能解释输出图表的含义.
2. 用 Cox 比例危险模型拟合例 8.2 数据, 并解释结果.

第 9 章　基本软件: R 和 Python

数据科学完全离不开计算机及各种做科学计算和数据分析的软件. 本书主要通过 R 和 Python 来实现数据分析的目标.

在本书中, 我们尽量对程序进行解释或在程序中加以注释, 但随着内容深入, 我们将会减少对代码的解释. 本书尽量使用简单易懂的编程方式, 这可能会牺牲一些效率, 相信读者会通过本书更好地掌握编程, 并写出远优于本书的代码.

警告: 所有的软件代码字符都必须用半角标点符号! 因此, 建议使用中文输入时也把设置中的全角改成半角. 笔者发现, 中国初学者最初的程序编码错误中, 有一半以上是因为输入了全角标点符号 (特别是逗号、引号、冒号、分号等), 发现这种错误不易 (系统有时连警告都不能给出), 往往完全依靠好的眼力和耐心来识别.

此外, 任何具有生命力的软件都在不断发展, 不时出台新的版本及各种更新, 因此, 要做好软件和代码变动的思想准备, 学会有问题时如何在网上寻求解决办法或者帮助.

我们需要培养泛型编程能力, 而不只是学会一两个特殊软件的语言. 虽然我们在数据分析中需要各个软件所具有的各种特殊函数和功能, 但是, 衡量泛型编程能力的一个标准是: 能够用任何语言都具备的基本代码来实现你的每一个基础目标, 包括用自编代码实现各个软件中一些固有简单函数的功能.

9.1　R 简介——为领悟而运行

9.1.1 简介

R 软件 [1] 用的是 S 语言. 熟悉 R 软件编程还有助于学习其他快速计算及处理各种数据的语言, 比如 Python, Java, C++, FORTRAN, Hadoop, Spark, NoSQL, SQL, 等等, 这是因为编程理念具有相似性, 对于应对因快速处理庞大的数据集而面临的巨大计算量有所裨益. 而熟悉一些傻瓜式商业软件, 对学习这些语言没有任何好处.

R 软件是免费的自由软件, 它的代码大多公开, 可以修改, 十分透明和方便. 大量国外新出版的统计方法专著都附带有 R 程序. R 软件有强大的帮助系统, 其子程序称为函数. 所有函数都有详细说明, 包括变元的性质、缺省值是什么、输出值是什么、方法的大概说明以及参考文献和作者地址. 多数函数的说明中都有例子, 把这些例子的代码复制并粘贴到 R 界面就可以立即得到结果, 学习使用有关函数十分方便.

反映 R 的各种功能及新方法的程序包 (package) 可以从 R 网站下载, 更方便的是联网

---

[1] R Core Team (2018). R: A language and environment for statistical computing. R Foundation for Statistical Computing, Vienna, Austria. URL `https://www.R-project.org/`.

时通过 R 软件菜单的 ''程序包''—''安装程序包'' 选项直接下载程序包, 或者从 Rstudio 的 "Packages"—"Install'' 选项中下载.

软件必须在使用中学, 仅依靠软件手册学习是不可取的, 正如仅仅用字典和语法书来学习外语不可能成功. 笔者用过众多的编程软件, 没有一个是从课堂或者手册学的, 全部都是在分析数据的实践中学会的. 笔者在见到 R 软件时, 已至 ''耳顺'' 之年, 但在一天内即基本掌握, 几天内就可以熟练编程和无障碍地实现数据分析目的. 昏聩糊涂之翁尚能学懂, 何况年轻聪明的读者!

9.1.2 安装和运行小贴士

1. 登录 R 网站 (`http://www.r-project.org/`)[2], 根据说明从你所选择的镜像网站下载并安装 R 的所有基本元素.
2. 打开 R 之后会出现一个 "Console'' 界面, 在提示码 ">'' 后逐行输入指令即可以实现 R 的运算.
3. 不一定非得键入你的程序, 可以粘贴, 也可以打开或新建以 R 为扩展名的文件 (或其他文本文件) 作为运行脚本, 在脚本中可以用 Ctrl+R 来执行 (计算) 光标所在行的命令, 或者仅运行光标选中的任何部分. 使用脚本文件是应该提倡的, 它可以使你对你的操作有一个完整的书面记录.
4. 有一个可以自由下载的软件 "RStudio'' 能更方便地用几个窗口来展示 R 的执行、运行历史、脚本文件、数据细节等过程. 在 RStudio 中的脚本文件和在 R 中的一样, 但根据计算机操作系统不同, 执行语句的快捷键可能不一样, 可能不用 Ctrl+R, 而用 Ctrl+ 回车或 Command+ 回车等.
5. 可以用 "='' 或者 "<-'' 向左边变元赋值, 还可以用 "->'' 向右赋值 (有人觉得最好不要向右赋值). 讲究美观的人通常用 "<-'' 而不用 "='' 来赋值, 因为这可以避免和函数中选择变元的符号混淆. 此外讲究的人在 "<-", "+", "-", "*" 及 "=" 等符号前后都加空格.
6. 运行时可以在提示码 ">'' 后逐行输入指令. 如果回车之后出现 "+'' 号, 则说明你的语句不完整 (须在 "+'' 号后面继续输入) 或者已输入的语句有错误.
7. 每一行可以输入多个语句, 之间用半角分号 ";'' 分隔.
8. 所有代码中的标点符号都用半角格式 (基本 ASCII 码). R 的代码对于字母的大小写敏感. 变量名字、定性变量的水平以及外部文件路径和名字都可以用中文, 但在某些情况下, 中文可能会导致运行困难或者输出图形不显示中文 (可能显示方框). 这是因为在不同的计算机和编辑器中, 中文的代码体系很多, 常用的有 GB2312, GBK 和 UTF-8 三种编码, 但对于各个系统 ASCII 码都相同. 因此, 为避免麻烦, 程序中尽可能用 ASCII 码.
9. 提倡使用工作目录. 可以在 ''文件''—''改变工作目录...'' 菜单确定工作目录, 也可以用诸如 `setwd("D:/工作")` 之类的代码建立工作目录. 有了工作目录, 输入存取数据及脚本文件的命令时就不用键入路径了.
10. 出现的图形可以用 Ctrl+W 或 Ctrl+C 来复制并粘贴 (前者像素高), 或者通过菜单存

[2]网上搜索 "R'' 即可得到其网址.

为所需的文件格式. 在 “RStudio’’ 中可以通过菜单来存储图形文件.

11. 输入代码 `history(n)`, 则会找回 n 行你输入过的代码 (无论对错).
12. 如果在运行时点击 `Esc`, 或在 “RStudio’’ 的 “session’’ 菜单中选择适当的选项 (如 “New Session”“Quit Session’’ 等), 则会终止运行.
13. 在运行完毕时会被问道 ‘‘是否保存工作空间映像?’’ 如果选择 ‘‘保存”, 下次运行时这次的运行结果还会重新载入内存, 不用重复计算, 缺点是占用空间. 如果已经有脚本, 而且运算量不大, 一般都不保存. 如果你点击了 ‘‘保存”, 又没有输入文件名, 这些结果会放在所设或默认的工作目录下名为 “`.RData`’’ 的文件中, 你可以随时找到并删除它.
14. 注意, 从 pdf, PPT 或 Word 文档之类非文本文件中复制并粘贴到 R 上的代码很可能存在由这些软件自动变换的首字大写、(可见及不可见的) 格式符号或者左右引号等造成的 R 无法执行的问题. 此外, 不要使用 (例如中文中的逗号、分号、冒号、引号等) 全角标点符号, 以免和 ASCII 码中类似的符号混淆.
15. R 中有很多常用的数学函数、统计函数以及其他函数. 可以通过在 R 的帮助菜单中选择 ‘‘手册 (PDF 文件)”, 在该手册的附录中找到各种常用函数的内容.
16. 在需要把程序包装入内存时, 以程序包 `MASS` 为例, 使用语句 `library(MASS)`; 而要撤除该程序包时, 用语句 `detach(package:MASS)` [3].
17. 可以一次下载及装入多个程序包, 比如使用程序包 `easypackages` [4] 的函数 `packages` 及 `libraries` 即可分别下载及装入多个程序包, 比如下面的代码同时下载并装入 4 个程序包:

```
packages("dplyr", "ggplot2", "rvest", "magrittr")#下载
libraries("dplyr", "ggplot2", "rvest", "magrittr")#装入内存
```

18. 你可以用问号加函数名 (或数据名) 的方式来得到某函数或数据的细节, 比如用 “`?lm`’’ 可以得到关于线性模型函数 “`lm`’’ 的各种细节. 另外, 如果想查看 `MASS` 程序包中的稳健线性模型 “`rlm`”, 如果该程序包已经装入内存, 则可用 “`?rlm`’’ 来得到该函数的细节. 如果 `MASS` 没有装入, 或者不知道 `rlm` 在哪个程序包, 可以用 “`??rlm`’’ 来得到其位置 (条件是软件中已经下载了这个程序包). 如果不清楚名字, 但知道部分字符, 比如 “`lm`”, 可以用 “`apropos("lm")`’’ 来得到所有包含 “`lm`’’ 字符的函数和数据.
19. 如果想知道某个程序包中有哪些函数或数据, 则可以在 R 的帮助菜单上选择 “Html 帮助”, 再选择 “Packages”, 即可找到你的 R 上装载的所有程序包. 这个 “Html 帮助’’ 很方便, 可以链接到许多帮助 (包括手册等). 在 “RStudio’’ 可以通过菜单 “Packages’’ 找到需要的程序包及有关的函数.
20. 有一些简化的函数, 如加、减、乘、除、乘方 (`+`, `-`, `*`, `/`, `^`) 等, 可以用诸如 “`?"+"`’’ 这样的命令得到帮助 (不能用 “`?+`”).

---

[3]通常为了节省内存以及避免变量名称混杂, 应该在需要时打开相应的程序包, 不需要时关闭.

[4]Jake Sherman (2016). easypackages: Easy Loading and Installing of Packages. R package version 0.1.0. `https://CRAN.R-project.org/package=easypackages`

21. 你还可以写关于代码的注释: 任何在“#”号后面作为注释的代码或文字都不会参与运行.
22. 你可能会遇到无法运行曾成功运行过的一些代码, 或者得到不同结果的现象. 原因可能是有关程序包经过更新, 一些函数选项 (甚至函数名称和代码) 已经改变, 这也说明 R 软件的更新和成长是很快的. 解决的办法是查看该函数, 或者查看提供有关函数的程序包来探索一下究竟.
23. 网页`https://vincentarelbundock.github.io/Rdatasets/datasets.html`提供 R 的各个程序包所带的大量数据, 可以由此搜寻所需要的数据.
24. 网络可以成为最及时的老师, 如果遇到一些问题, 或者看到一些错误代码, 在网上查询原因往往是最迅速的解决途径.

9.1.3 动手

如果你不愿意弄湿游泳衣, 即使你的教练是世界游泳冠军, 即使你在教室里听了几百个小时的课, 你也永远学不会游泳. 如果你不开口, 即使你熟记了字典中所有英文单词的音标, 即使你完全明白英语语法, 你也永远学不会说英语.

软件当然要在使用中学. R 软件的资源丰富、功能非常强大, 我们不可能也没有必要把每一个细节都弄明白. 软件中有很多功能很少用到, 或者是我们不知道, 或者是没有需要, 或者是有替代方法. 我们小时候开始读书时, 往往能看懂多少就看懂多少, 很少查字典, 后来学外语, 遇到大量单词不会才查字典. 实际上, 学外语时, 在有一定单词量的情况下, 能猜词义就不查字典可能是更好的学习方式.

下面提供了一些笔者为练习而编写的代码, 如果全部一次运行, 用不了一分钟, 但希望读者在每运行一行之后就结合输出思考一下. 一般人都能够在一两天内将这些代码完全理解. 如果在学习各种统计方法时不断实践, R 语言就会成为你自己的语言.

9.1.4 实践

最初几步:

```
x=1:100#把1,2,...,100这个整数向量赋值到x
(x=1:100) #同上, 只不过显示出来
sample(x,20) #从1,2,...,100中随机不放回地抽取20个值作为样本
set.seed(0);sample(1:10,3)#先设随机种子再抽样
#从1,2,...,200000中随机不放回地抽取10000个值作为样本:
z=sample(1:200000,10000)
z[1:10]#方括号中为向量z的下标
y=c(1,3,7,3,4,2)
z[y]#以y为下标的z的元素值
(z=sample(x,100,rep=T))#从x有放回地随机抽取100个值作为样本
(z1=unique(z))
length(z1)#z中不同元素的个数
xz=setdiff(x,z) #x和z之间的不同元素--集合差
sort(union(xz,z))#对xz及z的并的元素从小到大排序
```

```
setequal(union(xz,z),x) #xz及z的并的元素与x是否一样
intersect(1:10,7:50) #两个数据的交
sample(1:100,20,prob=1:100)#从1:100中不等概率随机抽样,
#上一语句各数字被抽到的概率与其值大小成比例
```

一些简单运算

```
pi*10^2 #能够用?"*"、?"^"等来看某些基本算子的帮助, pi是圆周率
"*"(pi,"^"(10,2)) #和上面一样, 有些烦琐, 是吧! 没有人这么用
pi*(1:10)^-2.3#可以对向量求指数幂
x = pi * 10^2 ; print(x)
(x=pi *10^2) #赋值带打印
pi^(1:5) #指数也可以是向量
print(x, digits= 12)#输出x的12位数字
```

关于 R 对象的类型等

```
x=pi*10^2
class(x) #x的class
typeof(x) #x的type
class(cars)#cars是一个R中自带的数据
typeof(cars) #cars的type
names(cars)#cars数据的变量名字
summary(cars) #cars的汇总
head(cars)#cars的头几行数据, 和cars[1:6,]相同
tail(cars) #cars的最后几行数据
str(cars)#也是汇总
row.names(cars) #行名字
attributes(cars)#cars的一些信息
class(dist~speed)#公式形式,"~"左边是因变量,右边是自变量
plot(dist~speed,cars)#两个变量的散点图
plot(cars$speed,cars$dist) #同上
```

包括简单自变量为定量变量及定性变量的回归

```
ncol(cars);nrow(cars) #cars的行列数
dim(cars) #cars的维数
lm(dist ~ speed, data = cars)#以dist为因变量,speed为自变量做OLS回归
cars$qspeed =cut(cars$speed, breaks=quantile(cars$speed),
include.lowest = TRUE) #增加定性变量qspeed, 四分位点为分割点
names(cars) #数据cars多了一个变量
```

```
cars[3]#第三个变量的值, 和cars[,3]类似
table(cars[3])#列表
is.factor(cars$qspeed)
plot(dist ~ qspeed, data = cars)#点出箱线图
#拟合线性模型(简单最小二乘回归):
(a=lm(dist ~ qspeed, data = cars))
summary(a)#回归结果(包括一些检验)
```

简单样本描述统计量

```
x <- round(runif(20,0,20), digits=2)#四舍五入
summary(x) #汇总
min(x);max(x) #极值, 与range(x)类似
median(x)   # 中位数(median)
mean(x)     # 均值(mean)
var(x)      #方差(variance)
sd(x)       # 标准差(standard deviation),为方差的平方根
sqrt(var(x)) #平方根
rank(x)     # 秩(rank)
order(x)#升序排列的x的下标
order(x,decreasing = T)#降序排列的x的下标
x[order(x)] #和sort(x)相同
sort(x)      #同上: 升序排列的x
sort(x,decreasing=T)#sort(x,dec=T) 降序排列的x
sum(x);length(x)#元素和以及向量元素个数
round(x) #四舍五入,等于round(x,0),而round(x,5)为留到小数点后5位
fivenum(x)  # 五数汇总, quantile
quantile(x) # 分位点 quantile (different convention)有多种定义
quantile(x, c(0,.33,.66,1))
mad(x) # "median average distance":
cummax(x)#累积最大值
cummin(x)#累积最小值
cumprod(x)#累积积
cor(x,sin(x/20)) #线性相关系数 (linear correlation)
```

简单图形

```
x=rnorm(200)#将200个随机正态数赋值到x
hist(x, col = "light blue")#直方图(histogram)
rug(x) #在直方图下面加上实际点的大小位置
stem(x)#茎叶图
x <- rnorm(500)
```

```
y <- x + rnorm(500) #构造一个线性关系
plot(y~ x) #散点图
a=lm(y~x) #做回归
abline(a,col="red")#或者abline(lm(y~x),col="red")散点图加拟合线
print("Hello World!")
paste("x 的最小值= ", min(x)) #打印
demo(graphics)#演示画图(点击Enter来切换)
```

复数运算、求函数极值、多项式的根

```
(2+4i)^-3.5+(2i+4.5)*(-1.7-2.3i)/((2.6-7i)*(-4+5.1i))#复数运算
#下面构造一个10维复向量，实部和虚部均为10个标准正态样本点:
(z <-complex(real=rnorm(10), imaginary =rnorm(10)))
complex(re=rnorm(3),im=rnorm(3))#3维复向量
Re(z) #实部
Im(z) #虚部
Mod(z) #模
Arg(z) #辐角
choose(3,2) #组合
factorial(6)#排列6!
#定义函数
test=function(x,den,...){
  y=den(x,...)
  return(y)
}
test(12,dnorm,10,1)
plot(seq(0,5,.1),test(seq(0,5,.1),dgamma,5,5),type='l')
#求函数极值
f=function(x) x^2+2*x+1 #定义一个二次函数
optimize(f,c(-2,2))#在区间(-2,2)内求极值
curve(f, from = -3,to=2)#在区间(-3,2)内画上面定义的函数f图
#求从常数项开始到5次方项的系数分别为1, 2, 2, 4, -9, 8的多项式的根:
polyroot(c(1,2,2,4,-9,8))
```

字符型向量和因子型变量

```
a=factor(letters[1:10]);a #letters:小写字母向量,LETTERS:大写
a[3]="w" #不行! 会给出警告
a=as.character(a) #转换一下
a[3]="w" #可以了
a;factor(a) #两种不同的类型
#定性变量的水平:
```

```
levels(factor(a))
sex=sample(0:1,10,r=T)
sex=factor(sex);levels(sex)
#改变因子的水平:
levels(sex)=c("Male","Female");levels(sex)
#确定水平次序:
sex=ordered(sex,c("Female","Male"));sex
levels(sex)
```

数据输入输出

```
x=scan()#屏幕输入, 可键入或粘贴, 多行输入在空行后按Enter键
1.5 2.6 3.7 2.1 8.9 12 -1.2 -4

x=c(1.5,2.6,3.7,2.1,8.9,12,-1.2,-4)#等价于上面代码
w=read.table(file.choose(),header=T)#从列表中选择有变量名的数据
setwd("f:/mydata")#建立工作路径
(x=rnorm(20))#给x赋值20个标准正态数据值
#(注:有常见分布的随机数、分布函数、密度函数及分位数函数)
write(x,"test.txt")#把数据写入文件(路径要对)
y=scan("test.txt");y#扫描文件数值数据到y
y=iris;y[1:5,];str(y) #iris是R自带数据
write.table(y,"test.txt",row.names=F)#把数据写入文本文件
w=read.table("test.txt",header=T)#读带有变量名的数据
str(w) #汇总
write.csv(y,"test.csv")#把数据写入csv文件
v=read.csv("test.csv")#读入csv数据文件
str(v) #汇总
data=read.table("clipboard")#读入剪贴板的数据
```

序列等

```
(z=seq(-1,10,length=100))#从-1到10等间隔的100个数组成的序列
z=seq(-1,10,len=100)#和上面写法等价
(z=seq(10,-1,-0.1)) #10到-1间隔为-0.1的序列
(x=rep(1:3,3))  #三次重复1:3
(x=rep(3:5,1:3)) #自己看, 这又是什么呢?
x=rep(c(1,10),c(4,5))
w=c(1,3,x,z);w[3]#把数据(包括向量)组合(combine)成一个向量
x=rep(0,10);z=1:3;x+z #向量加法(如果长度不同, R给出警告和结果)
x*z   #向量乘法
rev(x)#颠倒次序
```

```
z=c("no cat","has ","nine","tails") #字符向量
z[1]=="no cat" #双等号为逻辑等式
z=1:5
z[7]=8;z #什么结果? 注:NA为缺失值(not available)
z=NULL
z[c(1,3,5)]=1:3;
z
rnorm(10)[c(2,5)]
z[-c(1,3)]#去掉第1、3元素
z=sample(1:100,10);z
which(z==max(z))#给出最大值的下标
```

矩阵

```
x=sample(1:100,12);x #抽样
all(x>0);all(x!=0);any(x>0);(1:10)[x>0]#逻辑符号的应用
diff(x) #差分
diff(x,lag=2) #差分
x=matrix(1:20,4,5);x #矩阵的构造
x=matrix(1:20,4,5,byrow=T);x#矩阵的构造, 按行排列
t(x) #矩阵转置
x=matrix(sample(1:100,20),4,5)
2*x
x+5
y=matrix(sample(1:100,20),5,4)
x+t(y) #矩阵之间相加
(z=x%*%y) #矩阵乘法
z1=solve(z) #用solve(a,b)可以解方程ax=b
z1%*%z #应该是单位向量, 但浮点运算不可能得到干净的0
round(z1%*%z,14)  #四舍五入
b=solve(z,1:4); b #解联立方程

# 更多矩阵练习:
nrow(x);ncol(x);dim(x)#行列数目
x=matrix(rnorm(24),4,6)
x[c(2,1),]#第2和第1行
x[,c(1,3)] #第1和第3列
x[2,1] #第[2,1]元素
x[x[,1]>0,1] #第1列大于0的元素
sum(x[,1]>0) #第1列大于0的元素的个数
sum(x[,1]<=0) #第1列不大于0的元素的个数
x[,-c(1,3)]#没有第1、3列的x
diag(x)  #x的对角线元素
```

```
diag(1:5) #以1:5为对角线元素,其他元素为0的对角线矩阵
diag(5) #5维单位矩阵
x[-2,-c(1,3)]#没有第2行, 第1、3列的x
x[x[,1]>0&x[,3]<=1,1]#第1列>0并且第3列<=1的第1列元素
x[x[,2]>0|x[,1]<.51,1]#第1列<.51或者第2列>0的第1列元素
x[!x[,2]<.51,1]#第1列中相应于第2列>=.51的元素
apply(x,1,mean)#对行(第一维)求均值
apply(x,2,sum)#对列(第二维)求和
x=matrix(rnorm(24),4,6)
x[lower.tri(x)]=0;x #得到上三角阵,
#为得到下三角阵, 用x[upper.tri(x)]=0)
```

高维数组

```
x=array(runif(24),c(4,3,2));x
#上面用24个服从均匀分布的样本点构造4乘3乘2的三维数组
is.matrix(x)
dim(x)#得到维数(4,3,2)
is.matrix(x[1,,])#部分三维数组是矩阵
x=array(1:24,c(4,3,2))
x[c(1,3),,]
x=array(1:24,c(4,3,2))
apply(x,1,mean)    #可以对部分维做求均值运算
apply(x,1:2,sum)   #可以对部分维做求和运算
apply(x,c(1,3),prod) #可以对部分维做求乘积运算
```

矩阵与向量之间的运算

```
x=matrix(1:20,5,4) #5乘4矩阵
sweep(x,1,1:5,"*")#把向量1:5的每个元素乘到每一行
sweep(x,2,1:4,"+")#把向量1:4的每个元素加到每一列
x*1:5
#下面把x标准化,即每一元素减去该列均值,除以该列标准差
(x=matrix(sample(1:100,24),6,4));(x1=scale(x))
(x2=scale(x,scale=F))#自己观察并总结结果
(x3=scale(x,center=F)) #自己观察并总结结果
round(apply(x1,2,mean),14) #自己观察并总结结果
apply(x1,2,sd)#自己观察并总结结果
round(apply(x2,2,mean),14);apply(x2,2,sd)#自己观察并总结结果
round(apply(x3,2,mean),14);apply(x3,2,sd)#自己观察并总结结果
```

缺失值, 数据的合并

```
airquality #有缺失值(NA)的R自带数据
complete.cases(airquality)#判断每行有没有缺失值
which(complete.cases(airquality)==F) #有缺失值的行号
sum(complete.cases(airquality)) #完整观测值的个数
na.omit(airquality) #删去缺失值的数据
#附加, 横或竖合并数据: append,cbind,rbind
x=1:10;x[12]=3
(x1=append(x,77,after=5))
cbind(1:5,rnorm(5))
rbind(1:5,rnorm(5))
cbind(1:3,4:6);rbind(1:3,4:6) #去掉矩阵重复的行
(x=rbind(1:5,runif(5),runif(5),1:5,7:11))
x[!duplicated(x),]
unique(x)
```

关于 list

```
#list可以是任何对象(包括list本身)的集合
z=list(1:3,Tom=c(1:2,a=list("R",letters[1:5]),w="hi!"))
z[[1]];z[[2]]
z$T
z$T$a2
z$T[[3]]
z$T$w
for (i in z){
  print(i)
  for (j in i)
    print(j)
}

y=list(1:5,rnorm(10))
lapply(y, function(x) sum(x^2))#对list中的每个元素实施函数运算, 输出list
sapply(y, function(x) sum(x^2))#同上, 但输出为向量或矩阵等形式
```

条形图和表

```
x=scan()#30个顾客在五个品牌中的挑选
3 3 3 4 1 4 2 1 3 2 5 3 1 2 5 2 3 4 2 2 5 3 1 4 2 2 4 3 5 2

barplot(x) #不合题意的图
```

```
table(x) #制表
barplot(table(x)) #正确的图
barplot(table(x)/length(x)) #比例图(和上图形状一样)
table(x)/length(x)
```

形成表格

```
library(MASS)#载入程序包MASS
quine #MASS所带数据
attach(quine)#把数据变量的名字放入内存
#下面语句产生从该数据得到的各种表格
table(Age)
table(Sex, Age); tab=xtabs(~ Sex + Age, quine); unclass(tab)
tapply(Days, Age, mean)
tapply(Days, list(Sex, Age), mean)
detach(quine) #attach的逆运行
```

如何写函数

```
#下面这个函数是按照定义(编程简单, 但效率不高)求n以内的素数
ss=function(n=100){z=2;
  for (i in 2:n)if(any(i%%2:(i-1)==0)==F)z=c(z,i);return(z) }
fix(ss) #用来修改任何函数或编写一个新函数
ss() #计算100以内的素数
t1=Sys.time() #记录时间点
ss(10000) #计算10000以内的素数
Sys.time()-t1 #计算费了多少时间
system.time(ss(10000))#计算执行ss(10000)所用时间
#函数可以不写return,这时最后一个值为return的值
#为了输出多个值最好使用list输出
```

画图

```
x=seq(-3,3,len=20);y=dnorm(x)#产生数据
w= data.frame(x,y)#合并x,成为数据w
par(mfcol=c(2,2))#准备画四个图的地方
plot(y ~ x, w,main="正态密度函数")
plot(y ~ x,w,type="l", main="正态密度函数")
plot(y ~ x,w,type="o", main="正态密度函数")
plot(y ~ x,w,type="b",main="正态密度函数")
par(mfcol=c(1,1))#取消par(mfcol=c(2,2))
```

色彩和符号等的调整

```
plot(1,1,xlim=c(1,7.5),ylim=c(0,5),type="n") #画出框架
#在plot命令后面追加点(如要追加线可用lines函数):
points(1:7,rep(4.5,7),cex=seq(1,4,l=7),col=1:7, pch=0:6)
text(1:7,rep(3.5,7),labels=paste(0:6,letters[1:7]),
cex=seq(1,4,l=7),col=1:7)#在指定位置加文字
points(1:7,rep(2,7), pch=(0:6)+7)#点出符号7到13
text((1:7)+0.25, rep(2,7), paste((0:6)+7))#加符号号码
points(1:7,rep(1,7), pch=(0:6)+14) #点出符号14到20
text((1:7)+0.25, rep(1,7), paste((0:6)+14)) #加符号号码
#关于符号形状、大小、颜色以及其他画图选项的说明可用"?par"来查看
```

如何得到函数源代码

对于一般的函数, 比如线性模型 `lm`, 可以用语句 `edit(lm)` 或 `mylm=edit(lm)` 来查看或改写源代码. 对于某些函数, 比如函数 `mean`, 如果用 `edit(mean)` 则会出现下面的结果:

```
function (x, ...)
UseMethod("mean")
```

这时, 你要用`methods(mean)` 语句来查看, 并得到下面的结果:

```
> methods(mean)
[1] mean,ANY-method           mean,Matrix-method
[3] mean,sparseMatrix-method mean,sparseVector-method
[5] mean.Date                 mean.default
[7] mean.difftime             mean.POSIXct
[9] mean.POSIXlt
see '?methods' for accessing help and source code
```

这时, 你可以用代码`getAnywhere(mean.default)` 来得到源代码, 下面是输出.

```
A single object matching ‘mean.default’ was found
It was found in the following places
package:base
registered S3 method for mean from namespace base
namespace:base
with value

function (x, trim = 0, na.rm = FALSE, ...)
{
  if (!is.numeric(x) && !is.complex(x) && !is.logical(x)) {
```

```
    warning("argument is not numeric or logical: returning NA")
    return(NA_real_)
    }
    if (na.rm)
      x <- x[!is.na(x)]
    if (!is.numeric(trim) || length(trim) != 1L)
      stop("'trim' must be numeric of length one")
    n <- length(x)
    if (trim > 0 && n) {
      if (is.complex(x))
        stop("trimmed means are not defined for complex data")
      if (anyNA(x))
        return(NA_real_)
      if (trim >= 0.5)
        return(stats::median(x, na.rm = FALSE))
      lo <- floor(n * trim) + 1
      hi <- n + 1 - lo
      x <- sort.int(x, partial = unique(c(lo, hi)))[lo:hi]
    }
    .Internal(mean(x))
}
<bytecode: 0x1198b8e00>
<environment: namespace:base>
```

9.2 Python 简介——为领悟而运行

9.2.1 引言

一些人说 Python 比 R 好学, 而另一些人正相反, 觉得 R 更易掌握. 其实, 熟悉编程语言的人, 学哪一个都很快. 它们的区别大体如下. 由于统一的志愿团队管理, R 的语法相对比较一致, 安装程序包很简单, 而且很容易找到帮助和支持, 但由于 R 主要用于数据分析, 所以一些对于统计不那么熟悉的人可能觉得对象太专业了. Python 则是一个通用软件, 比 C++ 容易学, 功能并不差, 它的各种包装版本运行速度也非常快. 但是, Python 没有统一团队管理, 针对不同 Python 版本的模块非常多. 因此对于不同的计算机操作系统, 不同版本的 Python, 不同的模块, 安装过程多种多样, 首先遇到的就是安装问题. 另外, R 软件的基本语言 (即下载 R 之后所装的基本程序包) 本身就可以应付相当复杂的统计运算, 而 Python 相比之下统计模型不那么多, 做一些统计分析不如 R 那么方便, 但由其基本语法所产生的成千上万的模块使得它可以做几乎任何想做的事情.

大数据时代的数据分析, 最重要的不是掌握一两种编程语言, 而是泛型编程能力, 有了这个能力, 语言的不同不会造成太多的烦恼.

由于 Python 是个应用广泛的通用软件, 这里只能介绍其中和数据分析有关的一点简单操作. 如果读者有疑问, 可以上网搜索答案.

下面通过运行各种语句来领悟简单的语法, 我们尽量不做更多的解释.

9.2.2 安装

安装及开始体验

初学者可以使用 Anaconda 下载 Python Navigator [5], 以获得 Jupyter, RStudio, Visual Studio Code, IPython and Spyder 等软件界面, 可以选择你认为方便的方式运行 Python 程序. 使用 Anaconda 的好处是它包含了常用的模块 Numpy, Pandas, Matplotlib, 而且安装其他一些模块 (比如 Sklearn) 也比较方便.

这里不可能给出太多的安装细节, 因为这些都可能会变化, 相信读者会在网上找到各种线索、提示和帮助. 下面对 Python 的介绍是基于 Anaconda 的 notebook 运行 Python3 的实践.

运行 Notebook

安装完了 Anaconda 之后, 就可以运行 Notebook 了. 可以通过点击 Anaconda 图标, 然后选中 Notebook 或其他运行界面, 也可以通过终端键入 `cd Python Work` 到达你的工作目录, 然后键入 `jupyter notebook` 在默认浏览器产生一个工作界面 (称为 "Home"). 如果你已经有文件, 则会有书本图标开头的列表, 你的文件名以 `.ipynb` 为扩展名. 如果没有现成的, 可创造新的文件, 点击右上角 `New` 并选择 `Python3`, 则产生一个没有名字的 (默认是 Untitled) 以 `.ipynb` 为扩展名的文件 (自动存在你的工作目录中) 的一页, 文件名可以随时任意更改.

当你的文件页中出现 `In [ ]:` 标记, 就可以在其右边的框中输入代码, 然后得到的结果会出现在代码 (代码所在的框称为 "Cell") 下面的地方. 一个 Cell 中可有一群代码, 可以在其上下增加 Cell, 也可以合并或拆分 Cell, 相信读者会很快掌握这些小技巧.

你可以先键入

```
3*' Python is easy!'
```

用 CTrl+ 回车就会输出

```
' Python is easy! Python is easy! Python is easy!'
```

实际上该代码等价于 `print(3*' Python is easy!')`. 在一个 Cell 中, 如果有可以输出的几条语句, 则只输出有 `print` 的行及最后一行代码 (无论有没有 `print`) 的结果.

在 Python 中, 也可以一行输入几个简单 (不分行的) 命令, 用分号分隔. 要注意, Python 和 R 的代码一样是分大小写的. Python 与 R 的注释一样, 在 `#` 号后面的符号不会当成代码执行.

当前工作目录是在存取文件, 输入输出模块时只敲入文件或模块名称而不用敲入路径的目录. 查看工作目录和改变工作目录的代码为:

[5] `https://www.anaconda.com/distribution/`.

```
import os
print(os.getcwd()) #查看目录
os.chdir('D:/Python work') #Windows系统中改变工作目录
os.chdir('/users/Python work') #OSx系统中改变工作目录
```

查看你某个目录 (比如 “/users/work/”) 下的某种文件 (比如以 “.csv” 结尾的文件) 的路径名、文件名及大小, 可以用下面的语句:

```
import os
from os.path import join
for (dirname, dirs, files) in os.walk('/users/work/'):
    for filename in files:
        if filename.endswith('.csv') :
            thefile = os.path.join(dirname,filename)
            print(thefile,os.path.getsize(thefile))
```

9.2.3 基本模块的编程

对于熟悉 R 的人首先不习惯的可能是在 Python 中的向量、矩阵、列表或其他多元素对象的下标是从 0 开始, 请输入下面的代码并看输出:

```
y=[[1,2],[1,2,3],['ss','swa','stick']]
y[2],y[2][:2],y[1][1:]
```

从 0 开始的下标也有方便的地方, 比如下标 [:3] 实际上是左闭右开的整数区间: 0,1,2, 类似地, [3:7] 是 3,4,5,6, 这样, 以首尾相接的形式 [:3], [3:7], [7:10] 实际上覆盖了从 0 到 9 的所有下标; 而在 R 中, 这种下标应该写成 [1:2], [3:6], [7:9], 中间的端点由于是闭区间, 没有重合. 请试运行下面的语句, 一些首尾相接的下标区间得到完整的下标群:

```
x='A poet can survive everything but a misprint.'
x[:10]+x[10:20]+x[20:30]+x[30:40]+x[40:]
```

关于 append, extend 和 pop:

```
x=[[1,2],[3,5,7],'Oscar Wilde']
y=['save','the world']
x.append(y);print(x)
x.extend(y);print(x)
x.pop();print(x)
x.pop(2);print(x)
```

整数和浮点运算 del:

```
print(2**0.5,2.0**(1/2),2**(1/2.))
print( 4/3,4./3 )
```

关于 remove 和 del:

```
x=[0,1,4,23]
x.remove(4);print(x)
del x[0];print(x, type(x))
```

关于 tuple:

```
x =(0,12,345,67,8,9,'we','they')
print(type(x),x[-4:-1])
```

关于 range, xrange 及一些打印格式:

```
x=range(2,11,2)
print('x={}, list(x)={}'.format(x,list(x)))
print('type of x is {}'.format(type(x)))
print(f'x*10={[y*10 for y in x]}')
```

关于 dictionary(字典) 类型 (注意打印的次序与原来不一致):

```
data = {'age': 34, 'Children' : [1,2], 1: 'apple','zip': 'NA'}
print(type(data))
print('age=',data['age'])
data['age'] = '99'
data['name'] = 'abc'
print(data)
```

一些集合运算

```
x=set(['we','you','he','I','they']);y=set(['I','we','us'])
x.add('all');print(x,type(x),len(x))
set.add(x,'none');print(x)
print('set.difference(x,y)=', set.difference(x,y))
print('set.union(x,y)=',set.union(x,y))
print('set.intersection(x,y)=',set.intersection(x,y))
x.remove('none')
print('x=',x,'\n','y=', y)
```

用 id 函数来确定变量的存储位置 (是不是等同):

```
x=1;y=x;print(x,y,id(x),id(y))
x=2.0;print(x,y,id(x),id(y))
x = [1, 2, 3];y = x;y[0] = 10
print(x,y,id(x),id(y))
x = [1, 2, 3];y = x[:]
print(x,y,id(x)==id(y),id(x[0])==id(y[0]))
print(id(x[1])==id(y[1]),id(x[2])==id(y[2]))
```

函数 (包括 lambda 函数)

注意在 python 中, 函数、类、条件和循环等语句后面有冒号 “:”, 而随后的行要缩进, 首先要确定数目的若干空格 (和 R 中的花括号作用类似).

```
# 简单函数
def f(x): return x**2-x
g=lambda x: max(x**2,x**3)
print(list(map(lambda x: x**2+1-abs(x), [1.2,5.7,23.6,6])))
print(f(10),g(-3.4))
print(list(range(-10,10,2)),'\n',
      list(filter(lambda x: x>0,range(-10,10,2))))

# 在数组中的未命名函数
print([x**2-abs(1/x) for x in [2,-7.5,.1,-.9]])
print(['B'+str(x) for x in range(10)])

#一般函数
from random import *
def RandomHappy():
    if randint(1,100)>50:
        x='happy'
    else:
        x='unhappy'
    if randint(1,100)>50:
        y='happy'
    else:
        y='unhappy'
    if x=='happy' and y=='happy':
        print('You both are happy')
    elif x!=y:
        print('One of you is happy')
    else:
        print('Both are unhappy')
RandomHappy() #执行函数
```

循环语句和条件语句

```
for line in open("UN.txt"):
    for word in line.split():
        if word.endswith('er'):
            print(word)
```

循环和条件语句的例子

```
# 例1
for line in open("UN.txt"):
    for word in line.split():
        if word.endswith('er'):
            print(word)
# 例2
with open('UN.txt') as f:
    lines=f.readlines()
lines[1:20]
# 例3
x='Just a word'
for i in  x:
    print(i)
# 例4
for i in  x.split():
    print(i,len(i))
# 例5
for i in [-1,4,2,27,-34]:
    if i>0 and i<15:
        print(i,i**2+i/.5)
    elif i<0 and abs(i)>5:
        print(abs(i))
    else:
        print(4.5**i)
```

关于 list 的循环例子

```
x = range(5)
y = []
for i in range(len(x)):
    if float(i/2)==i/2:
        y.append(x[i]**2)
print('y', y)
z=[x[i]**2 for i in range(len(x)) if float(i/2)==i/2]
```

```
print('z',z)
```

9.2.4 Numpy 模块

首先输入这个模块, 比如用 `import numpy`, 这样, 凡是该模块的命令 (比如 `array`) 都要加上`numpy` 成为 `numpy.array`. 如果嫌字母太多, 则可以简写, 比如, 在输入 `numpy` 模块时敲入 `import numpy as np`. 这样, `numpy.array` 就成为 `np.array`.

数据文件的存取

```
import numpy as np
x = np.random.randn(25,5)
np.savetxt('tabs.txt',x)#存成制表符分隔的文件
np.savetxt('commas.csv',x,delimiter=',')#存成逗号分隔的文件(如csv)
u = np.loadtxt('commas.csv',delimiter=',')#读取逗号分隔文件
v = np.loadtxt('tabs.txt')#读取逗号分隔文件
```

矩阵和数组

```
import numpy as np
y = np.array([[[1,4,7],[2,5,8]],[[3,6,9],[10,100,1000]]])
print(y)
print(np.shape(y))
print(type(y),y.dtype)
print(y[1,0,0],y[0,1,:])
```

整形和浮点型数组 (向量) 运算

```
import numpy as np
u = [0, 1, 2];v=[5,2,7]
u=np.array(u);v=np.array(v)
print(u.shape,v.shape)
print(u+v,u/v,np.dot(u,v))
u = [0.0, 1, 2];v=[5,2,7]
u=np.array(u);v=np.array(v)
print(u+v,u/v)
print(v/3, v/3.,v/float(3),(v-2.5)**2)
```

向量和矩阵的维数转换和矩阵乘法的运算. 这里列出一些等价的做法, 请逐条执行和比较.

```
x=np.arange(3,5,.5)
y=np.arange(4)
```

```
print(x,y,x+y,x*y) #向量计算
print(x[:,np.newaxis].dot(y[np.newaxis,:]))
print(np.shape(x),np.shape(y))
print(np.shape(x[:,np.newaxis]),np.shape(y[np.newaxis,:]))
print(np.dot(x.reshape(4,1),y.reshape(1,4)))
x.shape=4,1;y.shape=1,4
print(x.dot(y))
print(np.dot(x,y))
print(np.dot(x.T,y.T), x.T.dot(y.T))#x.T是x的转置
print(x.reshape(2,2).dot(np.reshape(y,(2,2))))
x=[[2,3],[7,5]]
z = np.asmatrix(x)
print(z, type(z))
print(z.transpose() * z )
print(z.T*z== z.T.dot(z),z.transpose()*z==z.T*z)
print(np.ndim(z),z.shape)
```

分别按照列 (axis=0: 竖向) 或行 (axis=1: 横向) 合并矩阵, 和 R 的 rbind 及 cbind 类似.

```
x = np.array([[1.0,2.0],[3.0,4.0]])
y = np.array([[5.0,6.0],[7.0,8.0]])
z = np.concatenate((x,y),axis = 0)
z1 = np.concatenate((x,y),axis = 1)
print(z,"\n" ,z1,"\n",z.transpose()*z1)
z = np.vstack((x,y)) # Same as z = concatenate((x,y),axis = 0)
z1 = np.hstack((x,y))
print(z,"\n",z1)
```

数组的赋值

```
print(np.ones((2,2,3)),np.zeros((2,2,3)),np.empty((2,2,3)))
x=np.random.randn(20).reshape(2,2,5);print(x)
x=np.random.randn(20).reshape(4,5)
x[0,:]=np.pi
print(x)
x[0:2,0:2]=0
print(x)
x[:,4]=np.arange(4)
print(x)
x[1:3,2:4]=np.array([[1,2],[3,4]])
print(x)
```

行列序列的定义

这里 np.c_[0:10:2] 是从 0 到 10, 间隔 2 的列 (c) 序列, 而 np.r_[1:5:4j] 是从 1 到 5, 等间隔长度为 4 的行 (r) 序列.

```
print(np.c_[0:10:2],np.c_[0:10:2].shape)
print(np.c_[1:5:4j],np.c_[1:5:4j].shape)
print(np.r_[1:5:4j],np.r_[1:5:4j].shape)
```

网格及按照网格抽取数组 (矩阵) 的子数组

```
print(np.ogrid[0:3,0:2:.5],'\n',np.mgrid[0:3,0:2:.5])
print(np.ogrid[0:3:3j,0:2:5j],'\n',np.mgrid[0:3:3j,0:2:5j])
x = np.reshape(np.arange(25.0),(5,5))
print('x=\n',x)
print('np.ix_(np.arange(2,4),[0,1,2])=\n',
      np.ix_(np.arange(2,4),[0,1,2]))
print('ix_([2,3],[0,1,2])=\n',np.ix_([2,3],[0,1,2]))
print('x[np.ix_(np.arange(2,4),[0,1,2])]=\n',
x[np.ix_(np.arange(2,4),[0,1,2])]) # Rows 2 & 3, cols 0, 1 and 2
print('x[ix_([3,0],[1,4,2])]=\n', x[np.ix_([3,0],[1,4,2])])
print('x[2:4,:3]=\n',x[2:4,:3])# Same, standard slice
print('x[ix_([0,3],[0,1,4])]=\n',x[np.ix_([0,3],[0,1,4])])
```

舍入、加减乘除、差分、指数对数等各种对向量和数组的数学运算

```
x = np.random.randn(3)
print('np.round(x,2)={},np.round(x, 4)={}'.format(np.round(x,2),np.round(x, 4)))
print('np.around(np.pi,4)=', np.around(np.pi,4))
print('np.around(x,3)=', np.around(x,3))

print('x.round(3)={},np.floor(x)={}'.format(x.round(3),np.floor(x)))
print('np.ceil(x)={}, np.sum(x)={},'.format(np.ceil(x), np.sum(x)))
print('np.cumsum(x)={},np.prod(x)={}'.format(np.cumsum(x),np.prod(x)))
print(',np.cumprod(x)={},np.diff(x)={}'.format(np.cumprod(x),np.diff(x)))

x= np.random.randn(3,4)
print('x={},np.diff(x)={}'.format( x,np.diff(x)))
print('np.diff(x,axis=0)=',np.diff(x,axis=0))
print('np.diff(x,axis=1)=',np.diff(x,axis=1))
print('np.diff(x,2,1)=', np.diff(x,2,1))
print('np.sign(x)={}, np.exp(x)={}'.format(np.sign(x),np.exp(x)))
print('np.log(np.abs(x))={},x.max()={}'.format(np.log(np.abs(x)),x.max()))
print(',x.max(1)={},,np.argmin(x,0)={}'.format(x.max(1),np.argmin(x,0)))
print('np.max(x,0)={},np.argmax(x,0)={}'.format(np.max(x,0),np.argmax(x,0)))
print('x.argmin(0)={},x[x.argmax(1)]={}'.format(x.argmin(0),x[:,x.argmax(1)]))
```

一些函数的操作

```
x = np.repeat(np.random.randn(3),(2))
print(x)
print(np.unique(x))
y,ind = (np.unique(x, True))
print('y={},ind={},x[ind]={},x.flat[ind]={}'.format(y,ind,x[ind],x.flat[ind]))

x = np.arange(10.0)
y = np.arange(5.0,15.0)
print('np.in1d(x,y)=', np.in1d(x,y))
print('np.intersect1d(x,y)=', np.intersect1d(x,y))
print('np.union1d(x,y)=', np.union1d(x,y))
print('np.setdiff1d(x,y)=' , np.setdiff1d(x,y))
print('np.setxor1d(x,y)=',np.setxor1d(x,y))
x=np.random.randn(4,2)
print(x,'\n','\n',np.sort(x,1),'\n',np.sort(x,axis=None))
print('np.sort(x,0)',np.sort(x,0))
print('x.sort(0)',x.sort(axis=0) )
x=np.random.randn(3)
x[0]=np.nan #赋缺失值
print('x{}\nsum(x)={}\nnp.nansum(x)={}'.format(x,sum(x),np.nansum(x)))
print('np.nansum(x)/np.nanmax(x)=', np.nansum(x)/np.nanmax(x))
```

分割数组

```
x = np.reshape(np.arange(24),(4,6))
y = np.array(np.vsplit(x,2))
z = np.array(np.hsplit(x,3))
print('x={}\ny={}\nz={}'.format(x,y,z))
print(x.shape,y.shape,z.shape)
#删除x第一行
print(np.delete(x,1,axis=0))
#删除x第2,3列
print(np.delete(x,[2,3],axis=1))
#把x变成向量
print(x.flat[:], x.flat[:4])
```

矩阵的对角线元素与对角线矩阵

```
x = np.array([[10,2,7],[3,5,4],[45,76,100],[30,2,0]])#same as R
y=np.diag(x) #对角线元素
print('x={}\ny={}'.format(x,y))
print('np.diag(y)=\n',np.diag(y)) #由向量形成对角线方阵
print('np.triu(x)=\n' ,np.triu(x)) #x上三角阵
print('np.tril(x)=\n',np.tril(x))#x下三角阵
```

一些随机数的产生

```
#随机标准正态2x3矩阵
print(np.random.randn(2,3))
#正态 均值=3, 标准差=4 的 2x3矩阵
print(np.random.normal(3,4,(2,3)))
#给定均值矩阵和标准差矩阵的随机正态矩阵:
print(np.random.normal([[1,0,3],[3,2,1]],[[1,1,2],[2,1,1]]))
#均值为2,3标准差为3,1的2个随机正态数
print(np.random.normal((2,3),(3,1)))
#均匀U[2,3]随机数
print(np.random.uniform(2,3))
np.random.seed(1010)#随机种子
print(np.random.random(10))#10个随机数(0-1之间)
print(np.random.randint(20,100))#20到100之间的随机整数
print(np.random.randint(20,100,10))#20到100之间的10个随机整数
print(np.random.choice(np.arange(-10,10,3)))#从序列随机选一个
x=np.arange(10);np.random.shuffle(x);print(x)
```

一些线性代数运算

```
import numpy as np
x=np.random.randn(3,4)
print(x)
u,s,v= np.linalg.svd(x)#奇异值分解
Z=np.array([[1,-2j],[2j,5]])
print('Cholsky:', np.linalg.cholesky(Z))#Cholsky分解
print('x={}\nu={}\ndiag(s)={}\nv={}'.format(x,u,np.diag(s),v))
print(np.linalg.cond(x))#条件数
x=np.random.randn(3,3)
print(np.linalg.slogdet(x))#行列式的对数(及符号:1.为正-1.为负)
print(np.linalg.det(x)) #行列式
y=np.random.randn(3)
print(np.linalg.solve(x,y)) #解联立方程
X = np.random.randn(100,2)
y = np.random.randn(100)
beta, SSR, rank, sv= np.linalg.lstsq(X,y,rcond=None)#最小二乘法
print('beta={}\nSSR={}\nrank={}\nsv={}'.format(beta, SSR, rank, sv))
#cov(x)方阵的特征值问题解:
va,ve=np.linalg.eig(np.cov(x))
print('eigen value={}\neigen vectors={}'.format(va,ve))
x = np.array([[1,.5],[.5,1]])
print('x inverse=', np.linalg.inv(x))#矩阵的逆
x = np.asmatrix(x)
print('x inverse=', np.asmatrix(x)**(-1)) #注意使用**(-1)的限制
z = np.kron(np.eye(3),np.ones((2,2)))#单位阵和全1矩阵的Kronecker积
print('z={},z.shape={}'.format(z,z.shape))
print('trace(Z)={}, rank(Z)={}'.format(np.trace(z),np.linalg.matrix_rank(z)))
```

关于日期

```
import datetime as dt
yr, mo, dd = 2016, 8, 30
print('dt.date(yr, mo, dd)=',dt.date(yr, mo, dd))
hr, mm, ss, ms= 10, 32, 10, 11
print('dt.time(hr, mm, ss, ms)=',dt.time(hr, mm, ss, ms))
print(dt.datetime(yr, mo, dd, hr, mm, ss, ms))
d1 = dt.datetime(yr, mo, dd, hr, mm, ss, ms)
d2 = dt.datetime(yr + 1, mo, dd, hr, mm, ss, ms)
print('d2-d1', d2-d1 )
print(np.datetime64('2016'))
print(np.datetime64('2016-08'))
print(np.datetime64('2016-08-30'))
print(np.datetime64('2016-08-30T12:00')) # Time
print(np.datetime64('2016-08-30T12:00:01')) # Seconds
print(np.datetime64('2016-08-30T12:00:01.123456789')) # Nanoseconds
print(np.datetime64('2016-08-30T00','h'))
print(np.datetime64('2016-08-30T00','s'))
print(np.datetime64('2016-08-30T00','ms'))
print(np.datetime64('2016-08-30','W'))#Upcase!
dates = np.array(['2016-09-01','2017-09-02'],dtype='datetime64')
print(dates)
print(dates[0])
```

9.2.5 Pandas 模块

产生一个数据框 (类似于 R 的), 并存入 csv 及 excel 文件 (指定 sheet) 中.

```
import pandas as pd
np.random.seed(1010)
w=pd.DataFrame(np.random.randn(10,5),columns=['X1','X2','X3','X4','Y'])
v=pd.DataFrame(np.random.randn(20,4),columns=['X1','X2','X3','Y'])
w.to_csv('Test.csv',index=False)
writer=pd.ExcelWriter('Test1.xlsx')
v.to_excel(writer,'sheet1',index=False)
w.to_excel(writer,'sheet2')
```

从 csv 及 excel 文件 (指定 sheet) 中读入数据

```
W=pd.read_csv('Test.csv')
V=pd.read_excel('Test1.xlsx','sheet2')
U=pd.read_table('Test.csv',sep=',')
print('V.head()=\n',V.head())#头5行
```

```
print('U.head(2)=\n',U.head(2))#头两行
print('U.tail(3)=\n',U.tail(3))#最后三行
print('U.size={}\nU.columns={}'.format(U.size, U.columns))
U.describe() #简单汇总统计量
```

一个例子 (diamonds.csv)

```
diamonds=pd.read_csv("diamonds.csv")
print(diamonds.head())
print(diamonds.describe())
print('diamonds.columns=',diamonds.columns)
print('sample size=', len(diamonds)) #样本量
cut=diamonds.groupby("cut") #按照变量cut的各水平分群
print('cut.median()=\n',cut.median())
print('Cross table=\n',pd.crosstab(diamonds.cut, diamonds.color))
```

9.2.6 Matplotlib 模块

输入模块. 一般在 `plt.show` 之后, 显示独立图形, 可以对独立图形做些编辑. 如果想在输出结果中看到 "插图", 则可用 `%matplotlib inline` 语句, 但没有独立图形那么方便.

```
#如果输入下一行代码, 则会产生输出结果之间的插图(不是独立的图)
#%matplotlib inline
import matplotlib.pyplot as plt
```

最简单的图

```
y = np.random.randn(100)
plt.plot(y)
plt.plot(y,'g--')
plt.title('Random number')
plt.xlabel('Index')
plt.ylabel('y')
plt.show()
```

几张图

```
import scipy.stats as stats
fig = plt.figure(figsize=(15,10))
ax = fig.add_subplot(2, 3, 1)#2x3图形阵
y = 50*np.exp(.0004 + np.cumsum(.01*np.random.randn(100)))
```

```
plt.plot(y)
plt.xlabel('time ($\tau$)')
plt.ylabel('Price',fontsize=16)
plt.title('Random walk: $d\ln p_t = \mu dt + \sigma dW_t$',fontsize=16)

y = np.random.rand(5)
x = np.arange(5)
ax = fig.add_subplot(2, 3, 5)
colors = ['#FF0000','#FFFF00','#00FF00','#00FFFF','#0000FF']
plt.barh(x, y, height = 0.5, color = colors, \
edgecolor = '#000000', linewidth = 5)
ax.set_title('Bar plot')

y = np.random.rand(5)
y = y / sum(y)
y[y < .05] = .05
ax = fig.add_subplot(2, 3, 3)
plt.pie(y)
ax.set_title('Pie plot')

z = np.random.randn(100, 2)
z[:, 1] = 0.5 * z[:, 0] + np.sqrt(0.5) * z[:, 1]
x = z[:, 0]
y = z[:, 1]
ax = fig.add_subplot(2, 3, 4)
plt.scatter(x, y)
ax.set_title('Scatter plot')

ax = fig.add_subplot(2, 3, 2)
x = np.random.randn(100)
ax.hist(x, bins=30, label='Empirical')
xlim = ax.get_xlim()
ylim = ax.get_ylim()
pdfx = np.linspace(xlim[0], xlim[1], 200)
pdfy = stats.norm.pdf(pdfx)
pdfy = pdfy / pdfy.max() * ylim[1]
plt.plot(pdfx, pdfy,'r-',label='PDF')
ax.set_ylim((ylim[0], 1.2 * ylim[1]))
plt.legend()
plt.title('Histogram')

ax = fig.add_subplot(2, 3, 6)
x = np.cumsum(np.random.randn(100,4), axis = 0)
plt.plot(x[:,0],'b-',label = 'Series 1')
```

```
plt.plot(x[:,1],'g-.',label = 'Series 2')
plt.plot(x[:,2],'r:',label = 'Series 3')
plt.plot(x[:,3],'h--',label = 'Series 4')
plt.legend()
plt.title('Random lines')
plt.show()
```

9.3 习题

1. 用 R 或 Python 编写读取扩展名为 `txt`, `csv`, `xls` 及 `xlsx` 的文件的数据, 并且把读取的数据放到你自己的以这 4 种扩展名命名的数据文件中. 提示: 如果不会, 在网上查找方法.
2. 用 R 或 Python 编写求某范围 (比如小于 100000) 以内素数的程序, 定义为函数.
3. 用 R 或 Python 编写一个通过对话猜想年龄的程序: 使用者只需对你提出的诸如 ‘‘您是不是大于 30 岁”‘‘您是不是小于 50 岁’’ 之类的问题回答 ‘‘是’’ 或者 ‘‘不是”, 经过几次问答后, 使得程序猜测的年龄精确到 2 年以内.
4. 先挑选一些名词、动词、连接词, 把它们分别存成 `list` 形式, 然后用 R 或 Python 编写一个程序来用这些词语随机拼凑成 ‘‘主语 + 谓语 + 宾语’’ 形式的句子.
5. 用 R 或 Python 编写高斯消元法解方程的程序, 定义成函数, 并且和已有的 R 或 Python 的解方程函数比较.
6. 用 R 或 Python 编写代替 Excel 软件大部分功能的代码.

第 10 章　附录: 统计显著性: 假设检验和区间估计

10.1　引言

10.1.1 十字路口的统计学

2019 年 3 月 20 日的《自然》杂志 (Nature) 以标题 ‘‘科学家们起来反对统计显著性” (Scientists rise up against statistical significance) 报道了 “Amrhein, Greenland, McShane 以及 800 多名签署者呼吁终止骗人的结论并消除可能的至关重要的影响.” (call for an end to hyped claims and the dismissal of possibly crucial effects.)(Amrhein et al., 2019). [1]

2019 年 3 月 20 日的《美国统计学家》杂志 (The American Statistician) 发表了题为 ‘‘抛弃统计显著性” (Abandon Statistical Significance) 的文章 (McShane, et al., 2019). [2]

美国自然科学基金会资助了 2019 年发表的报告, 题为 ‘‘十字路口的统计学: 谁在应对挑战?” (Statistics at a Crossroads: Who is for the Challenge?). [3] 提出 “**统计领域正处于十字路口: 我们要么通过拥抱和引领数据科学而蓬勃发展, 要么拒绝并变得无关紧要. 从长远来看, 要繁荣发展, 我们必须重新定义、扩展和转变统计领域. 我们必须发展并成长为从数据中收集和提取有用信息的跨学科科学.**” 在该报告的一开始就引的统计先驱 Tukey(1962) 的话说明了该报告的动机:

> 什么是未来? 未来的数据分析能够涉及巨大的进步, 克服真正的困难, 并为科技的各个领域提供出色的服务. 会是这样吗? 这完全依赖于我们, 依赖于我们是愿意选择解决实际问题的坎坷道路, 还是选择由不真实的假定、武断的准则及脱离实际的抽象的结果构成的平坦的道路. 谁来应对挑战?

2019 年, 美国统计协会 (ASA) 主席成立了一个 15 个人组成的专责小组, 以解决人们担心 *The American Statistician* (ASA 期刊) 2019 年的社论可能被错误地解释为 ASA 的官方政策. (2019 年的社论建议在统计分析中取消使用 “$p < 0.05$’’ 和 ‘‘统计显著性”). 2021 年这个专责小组的报告 “ASA 主席关于统计显著性和可重复性的专责小组声明” (The ASA president’s task force statement on statistical significantce and replicability) 已经发表在 *The Annals of Applied Statistics* (《统计年刊》) 上. [4] 该报告仅有一页 (中文) 内容, 反映了 15 个

---

[1] `https://www.nature.com/articles/d41586-019-00857-9`.

[2] McShane, B.B., Gal, D., Gelman, A., Robert, C. and Tackett, J. L. (2019). Abandon Statistical Significance, *The American Statistician*, VOL. 73, NO. S1, 235–245: Statistical Inference in the 21st Century. `https://www.tandfonline.com/doi/full/10.1080/00031305.2018.1527253`.

[3] He, X., Madigan, D., Yu, B., Wellner, J. (2019) Statistics at a Crossroads: Who is for the Challenge? PREPARED FOR: The National Science Foundation. `https://www.nsf.gov/mps/dms/documents/Statistics_at_a_Crossroads_Workshop_Report_2019.pdf`. 发表在美国统计协会 (American Statistical Association, ASA) 官方网站 `https://www.amstat.org/ASA/News/Statistics-at-a-Crossroads-Recommendations-Are-Released.aspx`.

[4] `https://doi.org/10.1214/21-AOAS1501`, 以及 ASA 的 *Amstat News* 网 `https://magazine.amstat.org/blog/2021/08/01/task-force-statement-p-value/`.

作者观点的某种 ‘‘妥协”, 给人的印象是: 原则上声称 p 值和显著性很重要, 但是要具体使用, 必须有几乎不可能满足的条件 (至少过去没有人真正系统研究过):

- 报告反复强调的 “可重复性’’ 意味着仅仅用一个样本来得到具有普遍意义的关于假想总体的结论是不合适的
- 报告说: “p 值和显著性…… 不一定理解为具有实际显著性的度量指标. 如果认为有必要将阈值视为决策的一部分, 则应根据研究目标明确定义阈值, 并考虑错误决策的后果. 作为惯例的阈值 (显著性水平) 标准应依照学科和分析目标的差异而变化.”, 这意味着诸如 “p 值小于 0.05 就意味着显著’’ 惯例的终结.

统计显著性是传统数理统计的核心内容

统计显著性是传统数理统计核心内容**假设检验**及**区间估计**的基础. 其基本特点是:

1. 对数据的分布和变量之间关系做出数学上方便但完全无法核实的假定.
2. 根据这些假定通过数学推导和计算得到一些度量, 主要是涉及 p 值与显著性的.
3. 基于在数学或科学意义上都不严格的晦涩不清的逻辑, 得到有些随意的关于显著性的结论.
4. 这些含糊的结论通常片面聚焦于假定分布的固定参数 (特别是均值) 的性质. 并且往往用个别参数代表数据的性质.

在数据量不大, 计算能力不强的前计算机时代, 上述这些做法是可以理解的, 但这导致了对数据做出主观数学假定的**模型驱动** (model driven) 思维传统, 得出的结论并不可信, 因为结论中混杂了主观假定的影响. 与模型驱动思维相反, 数据科学家应该具有**数据驱动** (data driven) 思维, 也就是尽可能地让数据本身有最大的发言权.

10.1.2 内容选择的困难

在本书第 5 版的形成过程中, 关于显著性, 是原样介绍, 还是批判性地介绍, 还是完全抛弃? 这绝对不是一个容易的选择, 不仅涉及到科学, 而且涉及到信仰、习惯、传统、生存等非科学问题. 既不能由权威做决定, 也不能少数服从多数. [5] **传统统计的 “显著性” 与目前迅速发展的机器学习、人工智能、深度学习等数据科学领域根本不沾边**. 我们觉得, 不能妥协的是: **青年人的精力和时间应该服务于他们未来的发展及前途.**

著名统计学家 George Box 在 1976 年费舍尔讲座 (Fisher Lecture) 说 [6]:

‘‘一群人可以保持相当的快乐, 玩弄一个可能曾经有意义的问题, 并提出永远不会暴露在危险的实用性测试的解决方案. 他们喜欢在会议上互相阅读论文, 而且他们通常很不冒犯. 但是, 我们必定要遗憾的是, 宝贵的人才在历史上可以被善加利用的时期就被浪费了.” [7]

---

[5] 黑格尔说过: “Was vernünftig ist, das ist wirklich: und was wirklich ist, das ist vernünftig.” 我理解为凡是有理由存在的就会存在, 凡是存在的就有其存在的理由. 直译为 ‘‘合理的就是真实的, 真实的就是合理的.” 一种英文译法为 “What is reasonable is real: and what is real is reasonable”.

[6] Box, G. (1976), Science and Statistics, *Journal of the American Statistical Association*, 71, 791-799.

[7] 原文是: “A group of people can be kept quite happy, playing with a problem that may once have had relevance and proposing solution never to be exposed to the dangerous test of usefulness. They enjoy reading papers to each other at meetings and they are usually quite inoffensive. But we must surely regret that valuable talents are wasted at a period in history when they could be put to good use.

思考一下:

1. 应该把精力和资源集中在没有“显著性”的机器学习、人工智能、深度学习的数据科学的发展上,还是专注能够在过去很容易发表论文的“显著性”上?
2. 选择教学内容应该根据教师自己对内容的熟悉程度,还是对下一代的发展有益?

10.1.3 一个经典的例子

例 10.1 玉米生长例子. (ZeaMays.csv) 这是来自达尔文交叉授粉和自体授粉玉米[8]高度的配对数据[9]该数据包含在 R 程序包 `HistData` 中. 数据成对地描述了在相同条件下生长的两种玉米幼苗, 一种接受交叉授粉, 另一种通过自体授粉. 他的目标是证明交叉授粉的植物具有更大的活力. 记录的数据是每对植物的最终高度, 单位是英寸, 精确到 1/8. 表 10.1.1 展示了这个数据, 其中有 5 个变量, pair 代表配对编号 (一共有 15 对), pot (盆) 一共有 4 种, 为分类变量, cross 为交叉授粉植株的高度, self 为自体授粉植株的高度, diff 为交叉授粉高度与自体授粉高度的差.

表 10.1.1 达尔文玉米高度配对数据

pair	1	2	3	4	5	6	7	8	9	10	11	12	13	14	15
pot	1	1	1	2	2	2	3	3	3	3	3	4	4	4	4
cross	23.500	12.000	21.000	22.000	19.125	21.500	22.125	20.375	18.250	21.625	23.250	21.000	22.125	23.000	12.000
self	17.375	20.375	20.000	20.000	18.375	18.625	18.625	15.250	16.500	18.000	16.250	18.000	12.750	15.500	18.000
diff	6.125	-8.375	1.000	2.000	0.750	2.875	3.500	5.125	1.750	3.625	7.000	3.000	9.375	7.500	-6.000

在实验设计中, Fisher (1935) 使用这些数据来说明配对的 t 检验 (实际上是均值差的单样本检验).[10]

从例 10.1 数据可以得到两种植株的成对高度差的中位数是 3 英寸, 均值是 2.617 英寸, 而且可以得到高度差 diff 的图 10.1.1.

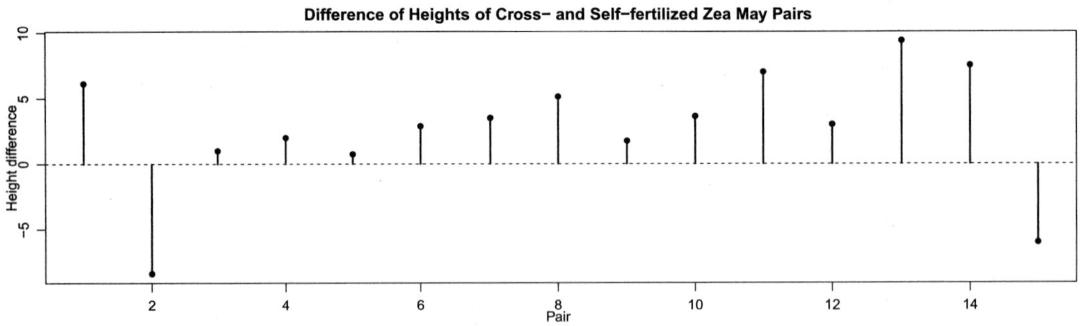

图 10.1.1 例 10.1 数据两种玉米植株的 15 对高度差

---

[8] 词组 zea may 和 corn 同义.

[9] Darwin, C. (1876). *The Effect of Cross- and Self-fertilization in the Vegetable Kingdom*, 2nd Ed. London: John Murray.

[10] Fisher, R. A. (1935). *The Design of Experiments*. London: Oliver & Boyd.

我们将主要通过例 10.1 来说明基于显著性的假设检验及置信区间等概念. 根据该例的数据构成, 将主要使用变量 diff, 即表 10.1.1 中第 3 行数据, 它是前两行数据的逐元素的差, 代表了两种授粉方式玉米的成对高度差.

10.2 正态总体假定下关于均值的假设检验和区间估计

我们不想浪费读者的时间去介绍显著性的每一个方面. 这一节仅通过例 10.1 来介绍 t 检验, 展示显著性检验和与其等价的置信区间的本质. 所有其他检验的逻辑与此例没有本质区别. 这里最多介绍经典统计如何得到 p 值, 但不给出 p 值多大才显著的主观结论.

10.2.1 通过例 10.1 理解关于正态均值 μ 的显著性检验的逻辑过程

1. 用数学假定来推广实验结果的动机

达尔文试图利用这个数据来说明交叉授粉的植株要高于自体授粉的植株. **但统计学家并不满足于使用表 10.1.1 的数字来表明他的盆中 15 对玉米中的差值大于零, 他们想要从这 15 个数目推广到一般情况:** *如果不断地从这* **15** *个环境中做类似的试验*, *差值的均值还大于* **0. 为此必须做出具有数学假定的模型. <u>这种推广是假定出来的而不是真实的</u>.**

2. 把植株高度差定义为随机变量

由于我们要从这 15 植株对高度差别进一步推导出一般结论, 必须假定这些高度是随机变量. 令交叉授粉的植株高度及自体授粉植株的随机高度分别为 Y_i 和 Z_i $(i = 1, 2, \dots, 15)$, 或者写成对: (Y_i, Z_i). 由于植株是成对的, 每一对在类似环境中成长, 因此我们所关心的是每一随机对的差 (也是随机变量), 记为 $X_i = Y_i - Z_i$, $i = 1, 2, \dots, 15$. 例 10.1 的观测数据向量 $(x_1, x_2, \dots, x_{15})$ 仅仅是随机向量 $(X_1, X_2, \dots, X_{15})$ 的一个具体实现而已. 为了得到合乎统计传统的结论, 需要更多的铺垫和考虑.

3. 为目标服务的考虑及数学假定

为了确定例 10.1 的植株高度差的确大于零, 我们需要下面的假定:

假定 10.1. 为实行 t 检验所需要的基本数据假定:

1. 假定样本量为 n, 所有观测值的度量是完全相同分布 $f(x)$ 的随机变量 $X_1, X_2, \dots, X_n$. 因此它们有同样的均值 $E(X_i) = \mu$. 注意: 均值是分布的参数, 是一个非随机固定的数目. (在例 10.1 中, $n = 15$, $X_1, X_2, \dots, X_{15}$ 为 15 个植株高度差的随机变量)
2. 随机变量 $X_1, X_2, \dots, X_n$ 相互独立.
3. 假定 $f(x)$ 是正态分布 $N(\mu, \sigma^2)$, 或者样本量很大, 目的是可以使用中心极限定理 (4.4.2 节) 使得 $\overline{X}$ 有正态渐近分布).
4. 假定在 $X_1, X_2, \dots, X_n$ 中不存在离群点 (凡是远离观测值主体的点, 可被主观认为是 "离群点", 但没有统一定义).

4. 形成基于 $\overline{X} - \mu$ 的统计量:

首先做出基于数学方便的决策: **对植株高矮是以假想分布的均值 μ 作为指标而不是其他诸如中位数那样的度量.** 这意味着需要 $\mu > 0$ 的结论. 注意: 用一个假想分布的参数

来代表所有其他可能的值是传统统计的习惯.

我们希望基于 (随机) 样本均值 $\overline{X}$ 来对总体均值 μ 是否的确大于 0 做出判断, 首先应该想到的是差 $\overline{X}-\mu$, 在样本方差 σ^2 (或等价地样本标准差 σ) 不知道时, 对差 $\overline{X}-\mu$ 的度量可以用下面 t 统计量来代表:

$$T(\boldsymbol{X})=\frac{\overline{X}-\mu}{S/\sqrt{n}}, \tag{10.2.1}$$

这里的 $S=\sqrt{\frac{1}{n-1}\sum_{i=1}^{n}(X_i-\mu)^2}$ 是关于均值的样本标准差 (对总体标准差 σ 的估计量). 根据前面的抽样分布结果, 在前面假定10.1下, 统计量 T 有自由度为 $n-1$ 的 t 分布, 即

$$T(\boldsymbol{X})=\frac{\overline{X}-\mu}{S/\sqrt{n}}\sim t(n-1). \tag{10.2.2}$$

5. 设立零假设和备选假设 (在假定 10.1 为真的基础上)

设立零假设

$$H_0:\mu=\mu_0.$$

设立零假设 H_0 的目的是为了利用样本均值大于 μ_0 (对于例 10.1, $\mu_0=0$) 的事实来否定它. 此外由于例 10.1 的样本均值 $\overline{x}=2.616667$ 大于 0, 我们可以有和零假设对立的备选假设 (这里列了两个):

$$H_{a1}:\mu>\mu_0\ (=0); \tag{10.2.3}$$

$$H_{a2}:\mu\neq\mu_0\ (=0). \tag{10.2.4}$$

人们会提出疑问: 明明我们的观测的样本均值实现是大于 0 的, 因此备选假设应该只有上面的 (10.2.3), 双边假设 (10.2.4) 没有多大意义. 这个问题是源于过去人们 (假装) 在没有试验或未看见试验结果时为显示 “客观性” 先做假设而导致的. 权且作为历史来理解吧.

6. 根据假定10.1、零假设及数据实现值通过 t 检验导出 p 值

在前面**假定 10.1 以及零假设** $\mu=\mu_0=0$ **之下,** 根据第 4 章关于导出分布的定理 10.1 的式 (10.7.2) 得到统计量的分布

$$T(\boldsymbol{X})=\frac{\overline{X}-\mu_0}{S/\sqrt{n}}\sim t(n-1). \tag{10.2.5}$$

问题是: 统计量 $T(\boldsymbol{X})$ 的实现值在基于 H_0 的分布 (10.2.5) 下能否造成逻辑上的矛盾? 什么算是矛盾呢? 数理统计学家定义了 p 值: p **值等于统计量 $T(\boldsymbol{X})$ 比其基于观测值 $\boldsymbol{x}$ 的实现值 $t\equiv T(\boldsymbol{x})$ (在备选假设方向) 取更加极端值的概率**, 对于本例即:

$$p\ 值=P(T(\boldsymbol{X})>t) \qquad 相应于\ H_{a1};$$

$$p\ 值=P(|T(\boldsymbol{X})|>|t|) \qquad 相应于\ H_{a2},$$

通过关于例 10.1 数据可以得到: 样本均值 $\overline{x}=2.616667$, 样本标准差 $s=4.718047$, 样本量为 $n=15$, 由此可算出统计量 (根据数据样本计算的) 的实现值:

$$t \equiv T(\boldsymbol{x})=\frac{\overline{x}-\mu_0}{s/\sqrt{n}}=2.148.$$

因而, 根据 $T(\boldsymbol{X}) \sim t(n-1)$ 相应于两个备选假设的 p 值为:

$$p\text{ 值}=P(T(\boldsymbol{X})>t)=0.02485 \qquad \text{相应于 } H_{a1}$$
$$p\text{ 值}=P(|T(\boldsymbol{X})|>|t|)=0.0497 \qquad \text{相应于 } H_{a2}$$

这关于备选假设 H_{a1} 的 p 值相应于 $t(14)$ 分布的 $t=2.148$ 右侧尾概率, 而关于备选假设 H_{a2} 的 p 值相应于 $t(14)$ 分布的 $t=\pm 2.148$ 左右两侧尾概率之和 (见图 10.2.1). 由于图的生成代码和本章内容关系不大, 感兴趣的读者可参看第 4 章类似图形的代码.

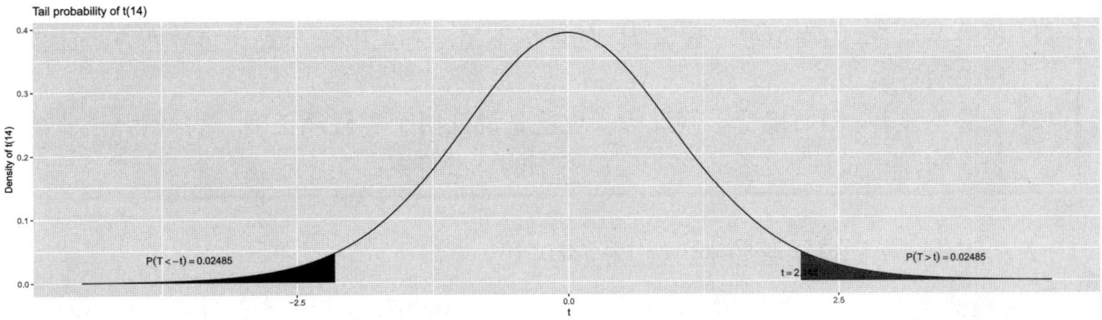

图 10.2.1　例 10.1 成对检验尾概率图: 密度曲线和两侧尾概率 (覆盖的面积)

上面包括 $t=T(x)$ 的值及 p 值等计算出来的 t 检验结论以及下面 10.2.3 节关于置信区间的结果都可以从下面代码得到 (这里不展示结果):

```
data(ZeaMays,package = 'HistData')
t.test(ZeaMays[,5],alt="greater")
t.test(ZeaMays[,5],alt="two.sided")
```

7. 主观判断是否显著

如果 p 值很小, 则传统数理统计认为: 在假定 10.1 外加零假设 H_0 下, 小概率事件发生了 (通过实际数据体现了), 导致真实数据和模型产生矛盾, 问题在哪里呢? **在假定 10.1 下 (这些假定被认为是 "真理"), 经典数理统计认为可怀疑的对象只能是零假设 H_0, 因此导致拒绝零假设, 称该检验显著.**

对于例 10.1, 已经得到了 p 值等于 0.02485 (对 H_{a1}) 或 0.0497 (对 H_{a2}). 剩下来的问题是 **p 值多小才算小概率?** 前计算机时代的经典数理统计发明了**显著性水平** (significant level) 作为判断小概率事件的阈值. 显著性水平通常用 α 表示. p 值小于 α 被认为显著 (小概率). 一些人还确定了标准, 比如 $\alpha=0.05, 0.01, 0.001$ 等等, 意味着 p 值小于 0.05 为 "显著", p 值小于 0.01 为 "很显著", p 值小于 0.001 为 "非常显著" 等等. [11] 实际上, 人们经常取 p 值作为 α, 称为**观测的显著性水平**, 而绕过多余的事先确定的显著性水平 α 及更加多余的 "临界值".

传统统计学家的显著性结论: 根据人们所通常所取的小概率标准 $\alpha = 0.05$, 无论对于单边检验 $H_0 \Leftrightarrow H_{a1}$ 还是双边检验 $H_0 \Leftrightarrow H_{a2}$, 我们检验的 p 值 (或者等于 0.02485, 或者等于 0.0497) 均小于 α. 因此得出拒绝零假设 ($\mu = 0$) 的结论, 说明交叉授粉的植株显著高于自体受粉的植株, 即参数 $\mu > 0$.

思考一下:

(1) 上面从原始数据经过如此复杂过程包装而得的结论比原始数据计算出来的增加了什么信息?

(2) 这些增加的部分是人们主观杜撰出来的, 还是真实世界的体现?

还有一个问题是: **如果 p 值不小于事先规定的显著性水平 α, 如何做结论?** 对于这个问题, 通常统计教科书有两个答案:

(1) **检验不显著. 因而拒绝零假设 H_0 的证据不足.** 这是 1980 年后大多数西方统计教科书的答案.

(2) **检验不显著. 因而接受零假设 H_0, 也就是说证明了零假设正确.** 这种解释是非常荒唐的. 不幸的是, 这是很多中国教科书的标准答案.

10.2.2 对例 10.1 的显著性检验过程的讨论

从植株高度差的样本均值 (的实现) 为 $\bar{x} = 2.616667$, 通过上面的复杂运作, 得到 15 个作为随机变量的植株高度差的 (假想) 总体均值 $\mu > 0$ 的结论. 统计学家可以声称: "我们成功地从一个特殊的试验结果得到了一个普遍性的结论."

上述貌似数学的过程被著名统计学家 George Box 命名为 "mathematistry" (伪数学), 他将其定义为: [12]

"为理论的缘故而发展理论, 由于很少涉及实践, 因而倾向于重新定义问题而非解决问题."

下面我们来剖析这个结论产生全过程.

1. 作为逻辑链前提的**假定 10.1 永远无法核对, 因此完全是人们主观意志的体现.**

   (1) 样本 $X_1, X_2, \ldots, X_{15}$ 独立同分布的假定无法核对.

   (2) 样本 $X_1, X_2, \ldots, X_{15}$ 的分布为正态分布也永远无法核对, 至于因变量多大算是大样本也没有人能够说清楚, 因此样本均值 $\overline{X}$ 为正态分布以及进一步的基于 t 统计量

$$T(\boldsymbol{X}) = \frac{\overline{X} - \mu_0}{S/\sqrt{n}} \sim t(n-1)$$

   的结论也无法导出. 所以, 作为尾概率的 p 值也永远无法算出.

[11] 显著性水平 α 是在人们很难算出 p 值的时代发明的, 那时人们只能算出 $t = T(\boldsymbol{x})$, 因此, 人们通过查看事先计算好的相应于某些 α 值的称为 "临界值" 的上 α 分位点 t_α 值 (也有文献记为 $t_{1-\alpha}$), 并把自己算出来的 t 和 $(\pm)\, t_\alpha$ 比较, 来确定是否 "显著".

[12] Box, G. (1976), Science and Statistics, *Journal of the American Statistical Association*, 71, 791-799. 原文是: "...the development of theory for theory's sake, which, since it seldom touches down with practice, has a tendency to redefine the problem rather than solve it."

(3) 样本 $X_1, X_2, \ldots, X_{15}$ 没有离群点的假定更加任意, 没有理由把不符合主观想象分布的真实观测值作为异常点.

2. **当假定 10.1 不可信的时候, 后面提出的 "零假设" 应该放到和假定同等地位. 如果发生矛盾, 则所有的假定和假设都应该怀疑, 而不能仅仅怀疑 "零假设"**
3. **显著性水平 α 等于多少才算是小概率完全是主观和任意的决定.** 0.05 是小概率吗? 你能容忍亲子鉴定的 100 个人中有 5 个鉴定错了的情况吗? 面对复杂的世界, 声称任何概率阈值为小概率是不负责任的. 这种任意性没有任何科学性.
4. **在 p 值不小于 α 时, 如果假定 10.1 都满足, 则得到 "不显著" 的结论, 但这个结论是什么意义则各种教科书都说不清楚.** 根据前面引用的《自然》杂志[13]文章附图 (见图 10.2.2) 中说: "**错误的解释:** 对 5 个杂志的 791 篇文章的分析发现, 有大约一半错误地认为不显著意味着无效"[14]. 这说明**在科学问题上的显著性结论和通过扔硬币来下结论差不多.**

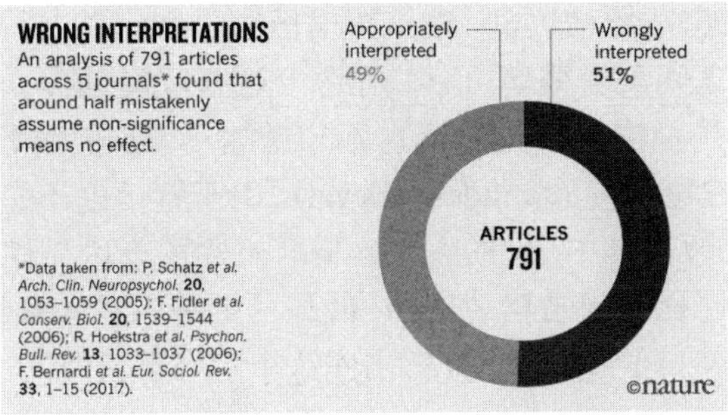

图 10.2.2 《自然》杂志文章插图之一: 对显著性解释有 51% 是错误的

10.2.3 通过例 10.1 理解关于正态均值 μ 的置信区间的逻辑过程

置信区间概念

记 t_α 是 $t(n-1)$ 分布的上 α 分位点[15] (类似地, $t_{\alpha/2}$ 是 $t(n-1)$ 分布的上 $\alpha/2$ 分位点). 在假定10.1成立的情况下, 根据 (10.2.2), 得到

$$1-\alpha = P\left(T(\boldsymbol{X}) < t_\alpha\right) = P\left(\frac{\overline{X}-\mu}{S/\sqrt{n}} < t_\alpha\right) = P\left(\overline{X} - \frac{S}{\sqrt{n}}t_\alpha < \mu < \infty\right); \tag{10.2.6}$$

$$1-\alpha = P\left(T(\boldsymbol{X}) > -t_\alpha\right) = P\left(\frac{\overline{X}-\mu}{S/\sqrt{n}} > -t_\alpha\right) = P\left(-\infty < \mu < \overline{X} + \frac{S}{\sqrt{n}}t_\alpha\right); \tag{10.2.7}$$

$$1-\alpha = P\left(|T(\boldsymbol{X})| > t_{\alpha/2}\right) = P\left(\left|\frac{\overline{X}-\mu}{S/\sqrt{n}}\right| < t_{\alpha/2}\right) = P\left(\overline{X} - \frac{S}{\sqrt{n}}t_{\alpha/2} < \mu < \overline{X} + \frac{S}{\sqrt{n}}t_{\alpha/2}\right). \tag{10.2.8}$$

上面的式 (10.2.6)-(10.2.8) 分别说明在假定 10.1 成立的情况下, 固定参数 μ 以概率 $1-\alpha$ 被**随机区间**覆盖, 上面这三个随机区间中, $\left(\overline{X} - \frac{S}{\sqrt{n}}t_\alpha,\ \infty\right)$ 和 $\left(-\infty,\ \overline{X} + \frac{S}{\sqrt{n}}t_\alpha\right)$ 是无穷

[13] `https://www.nature.com/articles/d41586-019-00857-9.`

[14] 原文为: "**WRONG INTERPRETATIONS:** An analysis of 791 articles across 5 journals found that around half mistakenly assume non-significance means no effect,"

[15] 即对于 $t(n-1)$ 分布, $P(T(\boldsymbol{X}) > t_\alpha) = \alpha$.

区间, 而 $\left(\overline{X}-\frac{S}{\sqrt{n}}t_{\alpha/2},\ \overline{X}+\frac{S}{\sqrt{n}}t_{\alpha/2}\right)$ 是以 $\overline{X}$ 为中心的有穷区间.

虽然在假定 10.1下, 式 (10.2.6), (10.2.7), (10.2.8) 中的三个随机区间包含总体均值 μ 的概率 $(1-\alpha)$, 但随机区间是无法求的. 于是人们用 $\overline{X}$ 的实现值 $\overline{x}$ 及 S 的实现值 s 来代替随机区间中的相应值, 得到三个 **(非随机) 固定区间**

$$\left(\overline{x}-\frac{s}{\sqrt{n}}t_{\alpha},\ \infty\right); \tag{10.2.9}$$

$$\left(-\infty,\ \overline{x}+\frac{s}{\sqrt{n}}t_{\alpha}\right); \tag{10.2.10}$$

$$\left(\overline{x}-\frac{s}{\sqrt{n}}t_{\alpha/2},\ \overline{x}+\frac{s}{\sqrt{n}}t_{\alpha/2}\right). \tag{10.2.11}$$

这些由一个样本得到的非随机区间被称为**参数 μ 的 $(1-\alpha)$ 置信区间**, 最常用的是相应于 $\alpha=0.05$ 的 $(1-\alpha=95\%)$ 置信区间. 这些置信区间是固定的 (非随机的), 而 μ 也是固定的, 由于在非随机数量之间没有概率可言. 因此, **"这些区间包含 μ 的概率为 $1-\alpha$" 的说法是错误的**. 这些区间是否包含 μ 是永远也不知道的. 为回避 "概率" 一词, $(1-\alpha)$ 被含糊地命名为**置信水平** 或**置信度** (confidence level). 由于置信度不是概率, 人们最多能够解释说: *在假定 10.1 成立的情况下, 如果从总体抽取无穷多个同样样本量 (n) 的样本所得到的区间, 会有大约 $1-\alpha$ 比例的区间包含 μ, 但目前由一个样本数据构造的这个区间是否包含 μ 则不可能知道*. 遗憾的是, 很多教科书连这个解释都没有.

数理统计教科书往往会根据置信区间包含 (或不包含) 某值 (比如 μ_0) 来判断均值是否为 μ_0, 而且往往说: **以 $(1-\alpha)$ 的置信度, 均值等于 (或不等于)μ_0**, 下面将说明这种判断和显著性检验同等荒谬. 实际上, **μ 的置信区间和关于 μ 的显著性检验对于 μ 的推断是等价的.**

10.2.4 置信区间和显著性检验的等价性

考虑在假定 10.1 成立的情况下对于均值 μ 的 t 检验及区间估计.

(1) 对于检验 $H_0:\mu=\mu_0 \Leftrightarrow H_a:\mu<\mu_0$ (只有样本均值 $\overline{x}<\mu_0$ 才使用):

$$p\text{ 值} < \alpha \text{ 等价于 } \mu_0 \notin \left(-\infty,\ \overline{x}+\frac{s}{\sqrt{n}}t_{\alpha}\right);\ \ p\text{ 值} > \alpha \text{ 等价于 } \mu_0 \in \left(-\infty,\ \overline{x}+\frac{s}{\sqrt{n}}t_{\alpha}\right).$$

如果取 $\alpha=p$ 值, 上述 $1-\alpha$ 置信区间为 $(-\infty,\ \mu_0)$.

(2) 对于检验 $H_0:\mu=\mu_0 \Leftrightarrow H_a:\mu>\mu_0$ (只有样本均值 $\overline{x}>\mu_0$ 才使用):

$$p\text{ 值} < \alpha \text{ 等价于 } \mu_0 \notin \left(\overline{x}-\frac{s}{\sqrt{n}}t_{\alpha},\ \infty\right);\ \ p\text{ 值} > \alpha \text{ 等价于 } \mu_0 \in \left(\overline{x}-\frac{s}{\sqrt{n}}t_{\alpha},\ \infty\right).$$

如果取 $\alpha=p$ 值, 上述 $1-\alpha$ 置信区间为 $(\mu_0,\ \infty)$.

(3) 对于检验 $H_0: \mu = \mu_0 \Leftrightarrow H_a: \mu \neq \mu_0$:

$$p\text{值} < \alpha \text{ 等价于 } \mu_0 \notin \left(\overline{x} - \frac{s}{\sqrt{n}} t_{\alpha/2},\ \overline{x} + \frac{s}{\sqrt{n}} t_{\alpha/2}\right);$$
$$p\text{值} > \alpha \text{ 等价于 } \mu_0 \in \left(\overline{x} - \frac{s}{\sqrt{n}} t_{\alpha/2},\ \overline{x} + \frac{s}{\sqrt{n}} t_{\alpha/2}\right).$$

如果取 $\alpha = p$ 值, 上述 $1-\alpha$ 置信区间有一个端点等于 μ_0.

考虑例 10.1 对于均值 μ 的 t 检验 ($H_0: \mu = \mu_0 = 0$) 及区间估计.

(1) 对于 $H_{a1}: \mu > \mu_0 = 0$, 则 95% ($\alpha = 0.05$) 置信区间为 (0.4710482, ∞), 如果取 $\alpha = p$ 值 $= 0.02485147$, 有 $1-\alpha = 0.9751485$, 这时, 97.51485% 置信区间为 (0, ∞).

(2) 对于 $H_{a2}: \mu \neq \mu_0 = 0$, 则 95% 置信区间为 (0.003899, 5.2294), 如果取 $\alpha = p$ 值 $= 0.04970294$, 有 $1-\alpha = 0.9502971$, 则 95.02971% 置信区间为 (0, 5.23333).

显然, 显著性检验和置信区间是完全等价的. 而且, 在显著性水平 α 下因不显著而 "接受零假设" 和 "$(1-\alpha)$ 置信区间包含 μ_0" 完全等价. 在显著性检验被科学家普遍抛弃的今天, 还有理由去浪费年轻人的时间去研究置信区间吗? 根据前面引用的《自然》杂志[16] 文章附图 (见图 10.2.3) 中说: "**谨防错误的结论** 目前被称为 '统计显著性' 和 '统计非显著性' 的研究不一定相互矛盾, 这种定名可能导致真正的效果被否定." [17] 在附图中还说: "两项研究中观察到的效果 (或点估计) 相同, 因此即使其中一项 '显著' 而另一项没有 '显著性', 它们也不冲突." [18] 这说明**在科学问题上, 置信区间并不能得出明确的结论.**

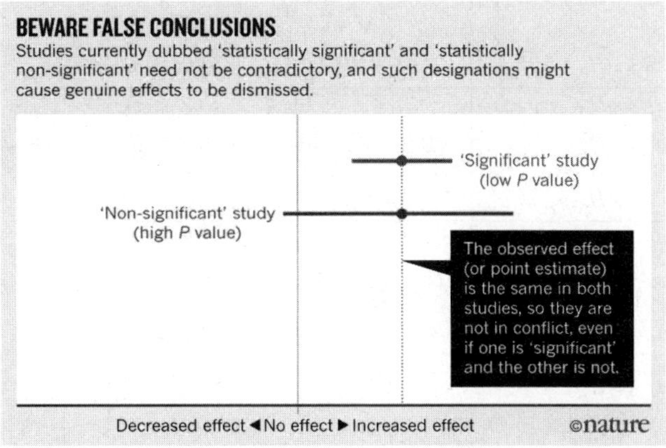

图 10.2.3 《自然》杂志文章插图之二: 不能简单根据置信区间大小得出结论

10.2.5 正态总体的显著性检验及置信区间的公式汇总

下面对一般统计教科书中正态总体的显著性检验及置信区间的各种情况做出汇总. 这里包括了各种正态检验、t 检验、χ^2 检验及 F 检验. 首先, 这些检验必须满足对数据的

[16] https://www.nature.com/articles/d41586-019-00857-9.

[17] 原文为: "**BEWARE FALSE CONCLUSIONS:** Studies currently dubbed 'statistically significant' and 'statistically non-significant' need not be contradictory, and such designations might cause genuine effects to be dismissed."

[18] 原文为: "The observed effect (or point estimate) is the same in both studies, so they are not in conflict, even if one is 'significant' and the other is not."

下面 (基于假定 10.1) 的数学假定 (以及一些附加假定).

假定 10.2. 分成单总体样本及两总体样本的 2 种情况:

1. 对单样本情况, 记随机观测值 $\boldsymbol{X} = (X_1, X_2, \dots, X_n)$ 满足前面假定 10.1, 其均值记为 $\overline{X}$, 标准差记为 S. 并记 $\boldsymbol{X}$ 的实现值为 $\boldsymbol{x} = x_1, x_2, \dots, x_n$, 其均值记为 $\overline{x}$, 标准差记为 s.
2. 对于两样本情况, 记随机观测值为 $\boldsymbol{X_i} = (X_{i1}, X_{i2}, \dots, X_{in_i})$ $(i = 1, 2)$, 它们都满足假定10.1, 而且 $\boldsymbol{X_1}$ 与 $\boldsymbol{X_2}$ 独立. 它们的均值分别记为 $\overline{X}_1$ 和 $\overline{X}_2$, 它们的标准差分别记为 S_1 和 S_2. 记 $\boldsymbol{X_1}$ 与 $\boldsymbol{X_2}$ 的实现值为 $\boldsymbol{x_1} = (x_{11}, x_{12}, \dots, x_{1n_2})$ 及 $\boldsymbol{x_2} = (x_{21}, x_{22}, \dots, x_{2n_2})$. 它们的均值分别记为 $\overline{x}_1$ 和 $\overline{x}_2$, 它们的标准差分别记为 s_1 和 s_2.

相信读者能够理解下面的记号和含义, 它们和 10.2.1 节的内容完全平行. 这里统计量用大写字母, 其实现值用小写字母, 置信区间是相应于被检验的参数的.

附加假定	假设	统计量及分布	p 值	置信区间
	$H_0: \mu = \mu_0 \Leftrightarrow H_a: \mu < \mu_0$		$P(Z < z)$	$\left(-\infty, \overline{x} + \frac{\sigma}{\sqrt{n}} z_\alpha\right)$
σ^2 已知	$H_0: \mu = \mu_0 \Leftrightarrow H_a: \mu > \mu_0$	$Z = \frac{\sqrt{n}(\overline{X} - \mu_0)}{\sigma}$	$P(Z > z)$	$\left(\overline{x} - \frac{\sigma}{\sqrt{n}} z_\alpha, \infty\right)$
	$H_0: \mu = \mu_0 \Leftrightarrow H_a: \mu \neq \mu_0$	$\sim N(0,1)$	$P(\lvert Z\rvert > \lvert z\rvert)$	$\overline{x} \pm \frac{\sigma}{\sqrt{n}} z_{\alpha/2}$
	$H_0: \mu = \mu_0 \Leftrightarrow H_a: \mu < \mu_0$		$P(T < t)$	$\left(-\infty, \overline{x} + \frac{s}{\sqrt{n}} t_\alpha\right)$
σ^2 未知	$H_0: \mu = \mu_0 \Leftrightarrow H_a: \mu > \mu_0$	$T = \frac{\sqrt{n}(\overline{X} - \mu_0)}{S}$	$P(T > t)$	$\left(\overline{x} - \frac{s}{\sqrt{n}} t_\alpha, \infty\right)$
	$H_0: \mu = \mu_0 \Leftrightarrow H_a: \mu \neq \mu_0$	$\sim t(n-1)$	$P(\lvert T\rvert > \lvert t\rvert)$	$\overline{x} \pm \frac{s}{\sqrt{n}} t_{\alpha/2}$
总体方差相等	$H_0: \mu_1 = \mu_2 \Leftrightarrow H_a: \mu_1 < \mu_2$		$P(Z < z)$	$\left(-\infty, \overline{x} + \sigma\sqrt{\frac{1}{n_1} + \frac{1}{n_2}} z_\alpha\right)$
$\sigma_1^2 = \sigma_2^2 = \sigma^2$	$H_0: \mu_1 = \mu_2 \Leftrightarrow H_a: \mu_1 > \mu_2$	$Z = \frac{\overline{X}_1 - \overline{X}_2}{\sigma\sqrt{\frac{1}{n_1} + \frac{1}{n_2}}}$	$P(Z > z)$	$\left(\overline{x} - \sigma\sqrt{\frac{1}{n_1} + \frac{1}{n_2}} z_\alpha, \infty\right)$
σ 已知	$H_0: \mu = \mu_0 \Leftrightarrow H_a: \mu \neq \mu_0$	$\sim N(0,1)$	$P(\lvert T\rvert > \lvert t\rvert)$	$\overline{x} \pm \sqrt{\frac{\sigma_1^2}{n_1} + \frac{\sigma_2^2}{n_2}} z_{\alpha/2}$
	$H_0: \mu_1 = \mu_2 \Leftrightarrow H_a: \mu_1 < \mu_2$		$P(Z < z)$	$\left(-\infty, \overline{x} + \sqrt{\frac{\sigma_1}{n_1} + \frac{\sigma_2}{n_2}} z_\alpha\right)$
σ_1^2, σ_2^2	$H_0: \mu_1 = \mu_2 \Leftrightarrow H_a: \mu_1 > \mu_2$	$Z = \frac{\overline{X}_1 - \overline{X}_2}{\sqrt{\frac{\sigma_1}{n_1} + \frac{\sigma_2}{n_2}}}$	$P(Z > z)$	$\left(\overline{x} - \sqrt{\frac{\sigma_1}{n_1} + \frac{\sigma_2}{n_2}} z_\alpha, \infty\right)$
已知	$H_0: \mu = \mu_0 \Leftrightarrow H_a: \mu \neq \mu_0$	$\sim N(0,1)$	$P(\lvert Z\rvert > \lvert z\rvert)$	$\overline{x} \pm \sqrt{\frac{\sigma_1}{n_1} + \frac{\sigma_2}{n_2}} z_{\alpha/2}$
总体方差	$H_0: \mu_1 = \mu_2 \Leftrightarrow H_a: \mu_1 < \mu_2$		$P(T < t)$	$\left(-\infty, \overline{x} + s_0\sqrt{\frac{1}{n_1} + \frac{1}{n_2}} z_\alpha\right)$
相等未知	$H_0: \mu_1 = \mu_2 \Leftrightarrow H_a: \mu_1 > \mu_2$	$T = \frac{\overline{X}_1 - \overline{X}_2}{s_0\sqrt{\frac{1}{n_1} + \frac{1}{n_2}}}$	$P(T > t)$	$\left(\overline{x} - s_0\sqrt{\frac{1}{n_1} + \frac{1}{n_2}} z_\alpha, \infty\right)$
	$H_0: \mu = \mu_0 \Leftrightarrow H_a: \mu \neq \mu_0$	$\sim t(n_1 + n_2 - 2)$	$P(\lvert T\rvert > \lvert t\rvert)$	$\overline{x} \pm s_0\sqrt{\frac{1}{n_1} + \frac{1}{n_2}} z_{\alpha/2}$
总体均值	$H_0: \sigma^2 = \sigma_0^2 \Leftrightarrow H_a: \sigma^2 < \sigma_0^2$		$P(X^2 < \chi^2)$	$\left(\frac{\sum_{i=1}^n (\overline{x} - \mu_0)^2}{\chi_\alpha^2(n)}, \infty\right)$
μ_0 已知	$H_0: \sigma^2 = \sigma_0^2 \Leftrightarrow H_a: \sigma^2 > \sigma_0^2$	$X^2 = \frac{\sum_{i=1}^n (X_i - \mu_0)^2}{\sigma_0^2}$	$P(X^2 > \chi^2)$	$\left(0, \frac{\sum_{i=1}^n (\overline{x} - \mu_0)^2}{\chi_\alpha^2(n)}\right)$
	$H_0: \sigma^2 = \sigma_0^2 \Leftrightarrow H_a: \sigma^2 \neq \sigma_0^2$	$\sim \chi^2(n)$	$P(X^2 > \chi^2)$	$\left(\frac{\sum_{i=1}^n (\overline{x} - \mu_0)^2}{\chi_{\alpha/2}^2(n)}, \frac{\sum_{i=1}^n (\overline{x} - \mu_0)^2}{\chi_{1-\alpha/2}^2(n)}\right)$
总体均值	$H_0: \sigma^2 = \sigma_0^2 \Leftrightarrow H_a: \sigma^2 < \sigma_0^2$		$P(X^2 < \chi^2)$	$\left(\frac{\sum_{i=1}^n (\overline{x} - \mu_0)^2}{\chi_\alpha^2(n-1)}, \infty\right)$
μ_0 未知	$H_0: \sigma^2 = \sigma_0^2 \Leftrightarrow H_a: \sigma^2 > \sigma_0^2$	$X^2 = \frac{\sum_{i=1}^n (X_i - \overline{X})^2}{\sigma_0^2}$	$P(X^2 > \chi^2)$	$\left(0, \frac{\sum_{i=1}^n (\overline{x} - \mu_0)^2}{\chi_\alpha^2(n-1)}\right)$
	$H_0: \sigma^2 = \sigma_0^2 \Leftrightarrow H_a: \sigma^2 \neq \sigma_0^2$	$\sim \chi^2(n-1)$	$P(X^2 > \chi^2)$	$\left(\frac{\sum_{i=1}^n (\overline{x} - \mu_0)^2}{\chi_{\alpha/2}^2(n-1)}, \frac{\sum_{i=1}^n (\overline{x} - \mu_0)^2}{\chi_{1-\alpha/2}^2(n-1)}\right)$
两总体	$H_0: \frac{\sigma_1^2}{\sigma_2^2} = 1 \Leftrightarrow H_a: \frac{\sigma_1^2}{\sigma_2^2} < 1$		$P(F < f)$	(a_α, ∞)
均值方差	$H_0: \frac{\sigma_1^2}{\sigma_2^2} = 1 \Leftrightarrow H_a: \frac{\sigma_1^2}{\sigma_2^2} > 1$	$F = d\frac{S_1^2}{S_2^2}$	$P(F > f)$	$(0, b_\alpha)$

均未知	$H_0: \frac{\sigma_1^2}{\sigma_2^2}=1 \Leftrightarrow H_a: \frac{\sigma_1^2}{\sigma_2^2}\neq 1$	$\sim F(n_1-1,n_2-1)$	$P(F>f)$	$\left(a_{\alpha/2}, b_{\alpha/2}\right)$

表中 $s_0 \equiv \sqrt{\frac{(n_1-1)s_1+(n_2-1)s_2}{n_1+n_2-2}}$

表中 $a_\alpha = \frac{1}{F_\alpha(n_1-1,n_2-1)}\frac{s_1^2}{s_2^2}, b_\alpha = F_\alpha(n_2-1,n_1-1)\frac{s_1^2}{s_2^2}$

浏览完上表中的各种结果, 读者可能已经厌烦了被莫名其妙的附加假定及这些繁琐的结果. 其实这些结果对数据科学没有多大的贡献. 人们完全可以跳过这一段仅有历史意义的部分, 轻装前进. 很多学者基于上面对总体分布的诸如假定 10.1 及假定 10.2, 以及假装 ''不知道'' 或 ''知道'' 某些参数的附加假定, 通过数学推导, 得到了大量的实际中并不一定有意义的结果, 但成就了不少学术论文.

所有各种其他的涉及显著性的检验 (或等价的区间估计) 都毫无例外地使用了对数据的大量主观假定, 这些主观假定方便了数学推导, 得出了人们难以理解的结论. 对于数学家来说, 这些结论根本不是数学, 对于实际工作者来说, 这些结论不仅难以理解, 而且并未产生比数据更多的结论 (除了主观假定的所谓普遍性).

正如 George Box 所说的 [19], 这种伪数学 (mathematistry) ''有将所有问题强嵌入一两种常规技术模板的趋势, 它既对探索的目标没有做充分考虑, 也忽略了对强加的方法所隐含的假设是否 (与目标) 相关.'' [20]

思考一下:

1. 谁能够核对假定 10.1 或 10.2 的合理性?
2. 谁能够说清楚为什么不能怀疑假定 10.1 或 10.2, 而只能怀疑指定的 "零假设"?
3. 聚焦于关于一个均值的结论是因为中心极限定理只对均值类矩统计量有效, 但均值不但不能代表总体, 而且可能误导., 比如收入的均值, 储蓄的均值等等.
4. 如此费周折, 得到关于假想分布的少数固定参数值的含糊结论, 究竟值不值得?

10.3 涉及 Bernoulli 试验成功概率 p 的显著性检验及置信区间

Bernoulli 分布被一个参数 ("成功概率") p 所决定, 对这个参数的了解就确定了整个分布, 但实际上概率 p 并不一定是个固定值, 可能随着对象的不同而改变, 理想的 Bernoulli 试验仅仅是数学假定而已, 在实验室之外的环境中可能根本不存在. 而且所有前面关于正态总体的显著性检验和区间估计的弊病在这里也存在. 前面第 5 章分类中 (的两分类) 方法是更好的科学解决方案.

例 10.2 我们通过下面例子对比例的统计推断做一简介. 对于电视节目, 收视率是个重要的指标. 一个对 $n = 1500$ 人的电话调查表明, 在某一节目播出的时候, 被访的正在观看电视的人中有 $\hat{p} = 23\%$ 的 ($x = 345$ 人) 正在观看这个节目. 现在想知道, 这是否和该节目的制作人所期望的 $p_0 = 25\%$ 有显著不足? 这涉及单样本的关于 (收视) 比例 p 的检验和估计问题.

[19] Box, G. (1976), Science and Statistics, *Journal of the American Statistical Association*, 71, 791-799.

[20] 原文为: "the tendency to force all problems into the molds of one or two routine techniques, insufficient thought being given to the real objectives of the investigation or to the relevance of the assumptions implied by the imposed methods."

对于例 10.2, 就是检验 $H_0: p = p_0 \Leftrightarrow H_a: p < p_0$ 的问题. 在零假设下, 这是二项分布 Binomial(n, p_0), 因此 (可利用代码 `binom.test(345,1500,.25,alt="less")` 或 `pbinom(345,1500,.25)`)

$$p \text{ 值} = P_0(X < x) = \sum_{i=0}^{x} \binom{n}{i} p_0^i (1-p_0)^{n-i} = 0.03837.$$

同时得到 95% 置信区间 $(0, 0.2486)$, 如果取显著性水平为 $\alpha = 1 - p$ 值 则置信区间为 $(0, p_0) = (0, 0.25)$. 这些检验和置信区间的关系都和正态总体假定下的情况一样. 如果用双边检验代码 `binom.test(345,1500,.25)` 可得到 95% 置信区间为 (0.2089, 0.2521).

思考一下:
Bernoulli 分布被一个参数 p 唯一确定, 因此, 这个参数比前面一节关于某不确定连续分布的均值 μ 的信息量要大得多, 但把任何一个有两种可能结果的问题归于一个固定参数的 Bernoulli 分布过于简单了. 只考虑一个变量或者一类分布的思维方式完全不能适应大量互相依存变量所构成的复杂世界.

10.4 非参数检验

非参数检验带有前一节提及的 p 值及显著性的固有问题, 但相对于正态总体的检验来说, 数学假定少了很多, 而且目标多是中位数而不是均值, 这使得非参数检验比正态总体的检验有更多的合理性, 但 p 值多小算是显著仍然是个问题, 这不能由统计学家来确定, 而应由实际工作者来判断.

虽然非参数检验还是使用 p 值及显著性等传统统计的一些做法, 但其出现是基于对传统统计过分依赖数学假定的一种对抗, 其基本思想有其独特之处, 很有启发意义.

10.4.1 关于非参数检验的一些常识

1. 什么是非参数检验, 有什么优越性?

前面很多检验都假定了总体的背景分布. 但也有些检验没有假定总体分布的具体形式, 这些检验多根据数据观测值的相对大小建立检验统计量, 然后找到在零假设下这些统计量的分布, 并且看这些统计量的数据实现是否在零假设下属于小概率事件. 这种和数据本身的总体分布无关的检验称为非参数检验.

非参数检验在总体分布未知时有很大的优越性. 在分布未知时, 如果还假定总体有诸如正态分布那样的已知分布, 在进行统计推断就可能产生错误甚至灾难. 非参数检验总是比传统检验安全. 非参数统计在总体分布未知时效率要比假定了错误总体分布时的传统方法要高, 有时要高很多.

2. 如何比较检验的效率?

这里所说的效率通常用两种检验方法的**渐近相对效率 (ARE)** 来度量. 当 ARE 等于 1 时表示两者效率一样. 用后面要介绍的 Wilcoxon 检验为例, 在与通常的 t 检验比较时, 如果已知总体是正态分布, Wilcoxon 检验相对于 t 检验的 ARE 为 0.864, 而当总体未知时, 它

相对于 t 检验的 ARE 在某些情况可以达到无穷大. 由此可见非参数检验的优点. 是否用非参数统计方法, 要根据对总体分布的了解程度来确定. 一般来说, 检验 T_1 对检验 T_2 的相对效率是这两个检验在拒绝零假设时所使用的最小样本量 n_1 和 n_2 的反比: n_2/n_1. 显然, 用的样本量越少, 效率越高. 渐近相对效率是在固定显著性水平 α 时, 保持两个检验的势 (即不犯第二类错误的概率: $1-\beta$) 不变时, 让 $n_1 \to \infty$, 这时, 为了保持势一样, 必然也有 $n_2 \to \infty$, 而 n_2/n_1 的极限就叫作检验 T_1 对检验 T_2 的渐近相对效率.

3. 秩的概念

非参数检验中**秩 (rank)** 是最常使用的概念. 什么是一个数据的秩呢? 一般来说, 秩就是该数据按照升幂排列之后, 每个观测值的位置. 以下面数据为例 (样本量为 10):

15	9	18	3	17	8	5	13	7	19

该数据按照升幂重新排列, 成为:

3	5	7	8	9	13	15	17	18	19

加上它们的大小次序号 (这就是它们的秩), 得到:

观测值	3	5	7	8	9	13	15	17	18	19
秩	1	2	3	4	5	6	7	8	9	10

这样, 按照原先的数据次序就是:

X_i	15	9	18	3	17	8	5	13	7	19
R_i	7	5	9	1	8	4	2	6	3	10

这下面一行 (记为 R_i) 就是上面一行数据 X_i 的秩. 如果数字有重复, 那么会有两个秩一样, 比如 1, 2, 2, 3 四个数字的秩为 1, 2.5, 2.5, 4.

利用秩的大小进行推断就避免了不知道背景分布的困难. 这也是大多数非参数检验的优点. 多数非参数检验明显地或隐含地利用了秩的性质, 但也有一些非参数方法没有涉及秩的性质.

一些非参数检验的计算往往有多种选择. 比如列联表分析中的许多问题都有精确方法、Monte Carlo 抽样方法和用于大样本的渐近方法等选择. 精确方法比较费时间, 后两种要粗糙一些, 但要快些.

10.4.2 关于单样本位置的符号检验

前面介绍过关于位置参数均值的 t 检验. 那里需要假定观测值的总体分布是正态分布. 如果人们对总体分布一无所知, 就不能假定正态分布, 也不能进行 t 检验了. 这时, 就可以用**符号检验 (sign test)**, 它是对位置参数中位数的检验, 而且不需要任何关于总体的假定. 这里仍然对例 10.1 的玉米植株数据对于较简单的狭义符号检验作一描述.

用 m 表示总体中位数. 容易计算出 (median(ZeaMays$diff)), 例 10.1 植株成对高度差的样本中位数为 3. 因此, 中位数应该大于 0. 我们不进行诸如正态等总体分布假定, 但假定这些植株高度差的正负号服从二项分布, 决定对其进行符号检验. 需要检验的是:

$$H_0 : m = m_0 = 0 \Leftrightarrow H_a : m > 0.$$

这个假设检验等价于二项分布 $Bin(15, p)$ 的检验 (可令 $p = P(X_i < 0)$)

$$H_0 : p = p_0 = 0.5 \Leftrightarrow H_a : p < 0.5.$$

按照零假设, 每个高度差大于中位数 $m_0 = 0$ 和小于 0 的概率都是 0.5. 这服从二项分布 $Bin(15, 0.5)$. 容易算出, 小于 0 的只有 2 对. 这样, 参数为 $n = 15, p = 0.5$ 的二项分布变量小于或等于 2 的概率为 0.003692627. 即 p 值. 这个计算的代码 (包括读入数据) 为:

```
data(ZeaMays,package = 'HistData');pbinom(2,15,.5)
```

或者等价的

```
binom.test(2,15,p=.5,alt="less")
```

小于零假设中位数 m_0 的个数等于所有观测值减去 m_0 之后所得的符号为负的差的个数, 而大于 m_0 的个数等于符号为正的差个数. 用语句 sum(ZeaMays$diff>0) 可得到数据中有 13 个正号, 负号的有 2 个 (sum(ZeaMays$diff<0)). 这就是这个检验之所以被称为符号检验的原因. 本例中没有高度差等于 0 的观测值. 如果有等于 0 的, 则既不属于正号, 又不相应于负号, 对判断没有贡献, 一般就把它删除了. 但对于连续型变量, 只要不过分四舍五入, 不大可能出现刚好等于某预先确定值的情况.

10.4.3 关于单样本位置的 Wilcoxon 符号秩检验

前面介绍的符号检验利用了观察值和零假设的中位数之差的符号来进行检验, 但是它并没有利用这些差的绝对值的大小所包含的信息. 不同的符号仅仅代表了在中位数的哪一边, 而差的绝对值的秩的大小代表了距离中心的远近. 如果把这二者结合起来, 自然比仅仅利用正负号的数目要更有效. 这也是下面要引进的 **Wilcoxon 符号秩检验** (Wilcoxon signed-rank test) 的宗旨. 它把差的绝对值的秩分别按照不同的符号相加作为其检验统计量.

注意, 和符号检验不同. Wilcoxon 符号秩检验需要对数据总体分布的进一步了解或假定, 它要求假定样本点来自连续对称总体分布, **这种假定往往很武断而不一定符合实际,** 而符号检验不需要知道任何总体分布的性质. 在对称分布中, 总体中位数和总体均值是相等的, 因此, 对于来自连续对称总体的数据来说, 对总体中位数的检验, 等价于对于总体均值的检验.

Wilcoxon 符号秩检验的原理是这样的. 假定 $x_1, \ldots, x_n$ 为来自连续对称总体的一个样本. 如果问题的零假设为中位数 (均值)$m = m_0$, 对于符号检验只要计算在 n 个差

$x_i - m_0$ $(i = 1, \ldots, n)$ 中有多少正负符号, 即可利用二项分布的概率来计算 p 值. 但对于 Wilcoxon 符号秩检验, 则要把那些 $|x_i - m_0|$ 排序, 得到 $|x_i - m_0|$ 的秩. 然后把 $x_i - m_0$ 的符号加到相应的秩上面. 于是, 可以得到既有带正号的秩, 又有带负号的秩. 对带负号的秩的绝对值求和, 即把满足 $x_i - m_0 < 0$ 的 $|x_i - m_0|$ 的秩求和, 并用 W^- 表示. 类似地, 对带正号的秩的绝对值也求和, 即把满足 $x_i - m_0 > 0$ 的 $|x_i - m_0|$ 的秩求和, 并用 W^+ 表示 [21]. 如果 m_0 的确是中位数, 那么, W^- 和 W^+ 应该大体上差不多. 如果 W^- 或者 W^+ 过大或过小, 则怀疑中位数 $m = m_0$ 的零假设. 令 $W = \min(W^-, W^+)$, 则当 W 太小时, 应该拒绝零假设. 这个 W 就是 Wilcoxon 符号秩检验统计量. 一般的书上都有其分布表. 当然, 用不着查表来得到 p 值, 计算机会做所有的繁琐事情.

下面用例 10.1 来说明 Wilcoxon 符号秩检验. 当然, 应该先假定例 10.1 的成对植株高度差样本来自对称的连续总体分布才行. 这里的检验和前面的符号检验的目的一样, 也是检验

$$H_0 : m = 0 \Leftrightarrow H_a : m > 0.$$

很容易得到例 1 数据中成对植株高度差的符号秩:

```
> with(ZeaMays, sign(diff) * rank(abs(diff)))
[1]  11 -14   2   4   1   5   7   9   3   8  12   6  15  13 -10
```

这些符号秩仅仅在打算用手算并查表才用得着. 现在用不着这么费事, 我们直接计算这个检验: 使用 R 语句 `wilcox.test(ZeaMays$diff,m=0,alt="greater")`, 得到 Wilcoxon 符号秩检验的 p 值为 0.02063.

10.4.4 关于随机性的游程检验

游程检验 (runs test) 方法的对象是两个值的变量, 目的是检验这两个值的出现是否是随机的. 假定下面是由 0 和 1 组成的一个这种变量的样本 (数据 run1.sav):

0 0 0 0 1 1 1 1 1 1 0 0 1 0 1 1 1 0 0 0 0 0 0 0 0

其中相同的 0(或相同的 1) 在一起称为一个**游程** (run), 单独的 0 或 1 也算. 上面这个数据中有 4 个由 0 组成的游程和 3 个由 1 组成的游程. 一共是 $R = 7$ 个游程. 其中 0 的个数为 $m = 15$, 而 1 的个数为 $n = 10$. 出现 0 和 1 的这样一个过程可以看成是参数为某未知 p 的 Bernoulli 试验. 但在零假设: "给定了 m 和 n 之后, 0 和 1 的出现是随机的" 之下, 游程数目 R 的条件分布就和这个参数无关了. 根据初等概率论, 在零假设下, R 的分布很容易得到 [22], 于是就可以算出在零假设下有关 R 的概率, 以及进行有关的检验了. 利用上面

[21] 对于假定的连续分布, $x_i - m_0 = 0$ 的概率为零, 因此不应该出现, 但由于四舍五入的原因, 的确会出现 $x_i - m_0 = 0$ 的情况, 而且在统计量的计算 p 值时, 也有大量的比较, 可能会出现本应不相等的两个连续变量的值相等的情况, 这时软件会自动转换成近似公式来检验了.

[22] 该分布可以写成 (令 $N = m + n$)

$$P(R = 2k) = \frac{2\binom{m-1}{k-1}\binom{n-1}{k-1}}{\binom{N}{n}}$$

$$P(R = 2k+1) = \frac{2\binom{m-1}{k-1}\binom{n-1}{k} + 2\binom{m-1}{k}\binom{n-1}{k-1}}{\binom{N}{n}}.$$

公式可进行精确检验, 也可以利用大样本的渐近分布和利用 Monte Carlo 方法进行检验了. 对于数据 (run1.txt), 利用程序包 tseries[23] 中的函数 runs.test(), 运行下面 R 语句 (包括读入数据):

```
library(tseries);x=scan("run1.txt");runs.test(factor(x))
```

得到 p 值为 0.01052.

当然, 游程检验并不仅仅用于只取两个值的变量, 它还可以用于某个连续变量的取值小于某个确定值及大于该值的个数 (类似于 0 和 1 的个数) 是否随机的问题. 看下面例子.

例 10.3 化妆品数据 (run2.txt) 从某装瓶机出来的 30 盒化妆品的重量如下 (单位: 克)

71.6	71.0	71.8	70.3	70.5	72.9	71.0	71.0	70.1	71.8
71.9	70.3	70.9	69.3	71.2	67.3	67.6	67.7	67.6	68.1
68.0	67.5	69.8	67.5	69.7	70.0	69.1	70.4	71.0	69.9

为了看该装瓶机是否工作正常, 首先需要验证大于和小于中位数的个数是否是随机的 (零假设为这种个数的出现是随机的). 如果把小于中位数的记为 0, 否则记为 1, 上面数据变成下面的 0 和 1 的序列

$$1\,1\,1\,1\,1\,1\,1\,1\,0\,1\,1\,1\,1\,0\,1\,0\,0\,0\,0\,0\,0\,0\,0\,0\,0\,0\,0\,1\,1\,0$$

这就归为上面的问题. 用下面语句

```
library(tseries);x=scan("run2.txt")
runs.test(factor(x>median(x)))
```

得到 p 值为 0.00295. 注意: 这里的 R 函数 runs.test() 不是精确检验. 可以很容易地编一个游程检验精确的程序.

10.4.5 比较两独立总体中位数的 Wilcoxon (Mann-Whitney) 秩和检验

前面说过的关于正态总体均值的检验需要知道或假定所感兴趣的总体是近似正态分布. 然而, 在许多情况, 这种正态总体的假定是不可靠的. 能否在总体分布不知道的时候有办法来检验两个总体的中位数是否相等呢? 这里介绍常用的 **Wilcoxon(或称 Mann-Whitney) 秩和检验**. 它的原理很简单, 假定第一个样本有 m 个观测值, 第二个有 n 个观测值. 把两个样本混合之后把这 $m+n$ 个观测值按照大小次序排序, 然后记下每个观测值在混合排序下面的秩. 之后分别把两个样本所得到的秩相加. 记第一个样本观测值的秩的和为 W_X 而第二个样本秩的和为 W_Y. 这两个值可以互相推算, 称为 Wilcoxon 统计量. 该统计量的分布和两个总体分布无关. 由此分布可以得到 p 值. 直观上看, 如果 W_X 与 W_Y 之中有一个显著地大 (或显著地小), 则可以选择拒绝零假设. 这个检验就称为 Wilcoxon 秩和检验, 也称 Mann-Whitney 检验. 之所以有两个名称是因为有两个分别由 Wilcoxon 和

[23] Adrian Trapletti and Kurt Hornik (2012). tseries: Time Series Analysis and Computational Finance. R package version 0.10-29.

Mann-Whitney 导出的检验统计量. 虽然这两个统计量不同, 但它们是等价的. 该检验需要的唯一假定就是**两个总体的分布有类似的形状** (不一定对称).

例 10.4 GDP 数据 (gdp.txt) 这是地区 1 的 10 个城市和地区 2 的 15 个城市城镇人口的人均 GDP(元). 现在要想以此作为两个样本来检验两个地区的城镇人口的人均 GDP 的总体中位数 m_1 和 m_2 是否一样, 即双尾检验 $H_0 : m_1 = m_2 \Leftrightarrow H_a : m_1 \neq m_2$. 由于地区 2 的样本人均 GDP 的样本中位数大于地区 1 的中位数, 因此也可以做单尾检验 $H_0 : m_1 = m_2 \Leftrightarrow H_a : m_1 < m_2$.

用下面 R 代码 (包括输入数据) 做单尾检验:

```
w=read.table("gdp.txt")
wilcox.test(w[w[,2]==1,1],w[w[,2]==2,1],alt="less")
```

得到 p 值为 0.008138.

思考一下:

1. 传统的检验是在产生数据的总体分布已知时所用的. 实际上, 人们没有任何办法来证明一个数据产生于某确定总体. 因此, 最多只能说, 用某个检验没有发现足够证据来否认一个数据来自某总体.
2. 除了本节所涉及的基于秩的非参数统计内容之外, 非参数统计还有另外一个领域, 即非参数密度估计和非参数回归等. 它和基于秩的非参数统计从目的到方法很不一样.

10.5 自助法抽样检验简介

对于例 10.1, 考虑检验对植株高度差 $X_1, X_2, \ldots, X_{15}$ 的均值 μ 的单边检验:

$$H_0 : \mu = 0 \Leftrightarrow H_a : \mu > 0.$$

如果把成对植株高度差的经验分布 (参看 4.3.11 节) 作为总体进行自助法 (有放回) 抽样, 对每一个样本求一个均值, 于是可以得到很多均值, 然后看均值小于 0 的比例, 也就是 p 值. 输入下面代码做自助法抽样及生成均值直方图 (图 10.5.1).

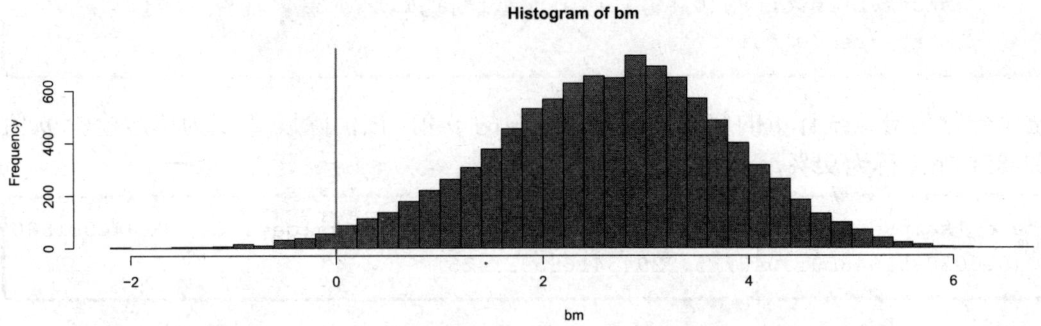

图 10.5.1 例 10.1 成对植株高度差的自助法抽样均值直方图

```
bm=NULL;B=9999;set.seed(1010)
for (i in 1:B) {
  bm=c(bm,mean(sample(ZeaMays$diff,replace = T)))
}
mean(bm <0)
hist(bm,breaks=55,col=4);abline(v=0,lwd=2,col=2)
```

得到 p 值等于 0.01610161. 从图 10.5.1 也可以看出, 绝大多数的均值都大于 0, 小于 0 的比例等于上面的 p 值.

自助法抽样对于数据科学的发展非常重要. 这里介绍的检验仅仅说明它可以轻易做到经典统计想做的任何事情, 而且做得更好. 比如, 这里的检验没有任何数学假定, 完全用数据本身说话, 得到的是整个分布. 这里用来得到一个 p 值是大材小用.

10.6 本章的 Python 代码

首先输入可能用到的基本模块.

```
#导入包
import pandas as pd
import numpy as np
import random
import scipy.stats as stats
import statsmodels.sandbox.stats.runs
from statsmodels.stats.proportion import proportion_confint
import os
os.chdir("E:/")
```

10.6.1 例 10.1 玉米成对高度差均值的 t 检验及置信区间

```
w=pd.read_csv("ZeaMays.csv")
print(stats.ttest_1samp(w["diff"],0),"\n",
      stats.t.interval(0.95,len(w["diff"])-1,np.mean(w["diff"]),
      stats.sem(w["diff"])))
```

输出第一行为检验统计量的实现值及双边检验的 p 值, 该值除以 2 则为单边检验 p 值 (0.02485). 第二行为 95% 置信区间.

```
test_1sampResult(statistic=2.1479874613311205, pvalue=0.0497029440218009)
 (0.0038991648001904 8, 5.22943416853314 25)
```

10.6.2 例 10.2 关于比例的检验及置信区间

对例 10.2, 输入下面的代码:

```
print(stats.binom.cdf(345,1500,.25),
      proportion_confint(345, 1500, alpha=0.05, method='binom_test'))
```

输出单边检验 p 值及双边 95% 置信区间.

```
0.038366489223689335 (0.20927701961697695, 0.2519530452524209)
```

10.6.3 例 10.2.3 的符号检验

```
stats.binom.cdf(2,15,.5)
```

输出为

```
0.0036926269531249999
```

10.6.4 随机游程检验: run1.txt 数据

```
x=pd.read_csv("run1.txt",header=None) #读入数据
x=np.array(x.iloc[:,0])  #取第一列
statsmodels.sandbox.stats.runs.runstest_1samp(x)
```

输出为:

```
(-2.345207879911715, 0.019016473672300527)
```

10.6.5 随机游程检验: 例 10.3 化妆品数据

```
x=pd.read_csv("run2.txt",header=None) #读入数据
x=np.array(x.iloc[:,0])  #取第一列
statsmodels.sandbox.stats.runs.runstest_1samp(x)
```

输出为:

```
(-3.06261528026166, 0.0021941194473449597)
```

10.6.6 比较两独立总体中位数的秩和检验: 例 10.4 GDP 数据

```
x=pd.read_csv("gdp.txt",header=None,sep=" ") #读入数据
stats.ranksums(np.array(x[x.iloc[:,1]==1].iloc[:,0]),
               np.array(x[x.iloc[:,1]==2].iloc[:,0]))[1]/2 #p-value
```

输出为:

```
0.008534667630922829.
```

10.6.7 例 10.1 自助法抽样检验

抽样检验及画图 (图 10.6.1) 程序如下:

```
w=pd.read_csv("ZeaMays.csv")
bm=[];B=9999;np.random.seed(1010)
for i in range(B):
    bm.append(np.mean(np.random.choice(w['diff'],size=15)))
bm=np.array(bm)
print(np.mean(bm <0))
plt.figure(figsize=(21,7))
plt.hist(bm,60)
```

输出为:

```
0.0174017401740174
```

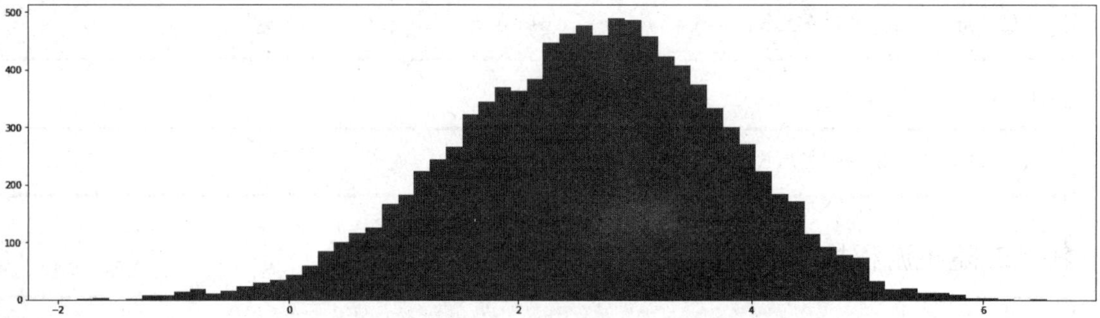

图 10.6.1 例 10.1 自助法抽样均值直方图

10.6.8 正态分布的三个导出分布

正态分布的三个导出分布: 自由度为 2, 3, 5 的 χ^2 分布、标准正态分布和 t(1) 分布、F 分布的密度图 (图 10.6.2). 生成图 10.6.2 的代码为:

```
x=np.arange(0,10,0.1) #产生序列
plt.figure(figsize=(20,6)) #设置图片大小
plt.subplot(131)
plt.plot(x,stats.chi2.pdf(x,2),linewidth=1,color='black',
         label=r"$\chi^2(2)$")
plt.plot(x,stats.chi2.pdf(x,3),linewidth=1,color='blue',
         linestyle="--",label=r"$\chi^2(3)$")
plt.plot(x,stats.chi2.pdf(x,5),linewidth=1,color='red',
```

```
        linestyle=":",label=r"$\chi^2(5)$")
plt.xlabel("z")
plt.ylabel("Density")
plt.title(r"Densities of $\chi^2$ distribution")
plt.legend() #绘制图例
plt.subplot(132)
x=np.arange(-4,4,0.1) #产生序列
plt.plot(x,stats.norm.pdf(x),linewidth=1,color='black',
        label=r"$N(0,1)$")
plt.plot(x,stats.t.pdf(x,1),linewidth=1,color='blue',linestyle="--",
        label=r"$t(1)$")
plt.title(r"Densities of $N(0,1)$ and $t(1)$ distributions")
plt.legend() # 图例
plt.subplot(133)
x=np.arange(0,4,0.01) #产生序列
plt.plot(x,stats.f.pdf(x,3,20),linewidth=1,color='black',
        label=r"$F(3,20)$")
plt.plot(x,stats.f.pdf(x,50,20),linewidth=1,color='blue',
        linestyle="--",label=r"$F(50,20)$")
plt.title(r"Densities of $F(3,20)$ and $F(50,20)$ distributions")
plt.legend() # 图例
plt.show()
```

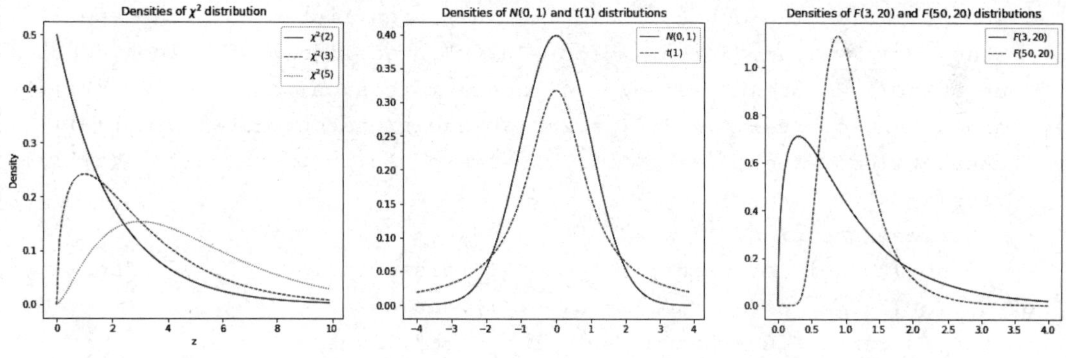

图 10.6.2 正态分布的三个导出分布密度图

10.7 参考资料

10.7.1 正态分布的三个导出分布 *

在以对数据做出严格数学假定为基础的传统统计推断过程中, 往往需要对正态分布变量进行变换. 这些变换之后的变量, 作为正态分布变量的函数, 就不一定是正态分布了. 只有正态分布变量的线性组合才会仍然是正态分布. 下面介绍由正态分布导出的三种分布: χ^2 分布、t 分布及 F 分布. **这三种分布并不是为了近似现实世界的分布而设计的, 而**

是在传统统计中在正态分布假定下所导出的, 目的是为了做以显著性为核心的推断.

定理 10.1. 正态分布的三个导出分布 [24]

1. χ^2 **分布**: 如果 $X_1, \ldots, X_n$ 互相独立, 而且都是标准正态分布 $N(0,1)$, 则 $\sum_{i=1}^n X_i^2$ 有自由度为 n 的 χ^2 分布, 记为:
$$\sum_{i=1}^{n} X_i^2 \sim \chi^2(n). \tag{10.7.1}$$
2. t **分布**: 假定有一个来自正态分布 $N(\mu, \sigma)$ 的样本, 样本标准差为 s, 样本均值为 $\overline{X}$, 样本量为 n, 那么 $(\overline{X}-\mu)/s/\sqrt{n}$ 具有自由度为 $(n-1)$ 的 t 分布 $t(n-1)$. 记为:
$$\frac{\overline{X}-\mu}{s/\sqrt{n}} \sim t(n-1). \tag{10.7.2}$$
3. F **分布**: 如果 X 是 $\chi^2(m)$ 变量, Y 是 $\chi^2(n)$ 变量, 而且 X 和 Y 独立, 那么比值 $(X/m)/(Y/n)$ 为具有自由度 (m,n) 的 F 分布, 记为:
$$\frac{X/m}{Y/n} \sim F(m,n). \tag{10.7.3}$$

图 10.7.1 为正态分布的三个导出分布密度图. 生成图 10.7.1 的代码为:

```
g1=ggplot(data = data.frame(x= c(0,10)),aes(x=x)) +
  stat_function(fun=dchisq, colour="red",args=list(df=2),linetype=1) +
  stat_function(fun=dchisq, colour="blue",args=list(df=3),linetype=2) +
  stat_function(fun=dchisq, colour="navy",args=list(df=5),linetype=3) +
  annotate(geom="text",x=1.5,y=.4,label=expression(paste(chi^2, (2))))+
  annotate(geom="text",x=2.2,y=.25,label=expression(paste(chi^2,(3))))+
  annotate(geom="text",x=6,y=.1, label=expression(paste(chi^2, (5))))+
  labs(x="x",
    title=expression(
    paste("Densities of three ",chi^2," distributions")), y = "Density")
g2=ggplot(data = data.frame(x= c(-4,4)),aes(x=x)) +
  stat_function(fun = dnorm, colour = "red",linetype=1) +
  stat_function(fun = dt, colour="blue",args = list(df=1),linetype=2) +
  annotate(geom="text", x=0, y=.35, label='N(0,1)')+
  annotate(geom="text", x=0, y=.2, label='t(1)')+
    labs(x="x",
    title=expression(
    paste("Densities of N(0,1) and t(1) distributions")), y= "Density")

g3=ggplot(data = data.frame(x= c(0,4)),aes(x=x)) +
  stat_function(fun = df, args=list(3,20),colour = "red",linetype=1) +
```

[24]这里不给出这些分布的密度函数的形式.

```
    stat_function(fun = df,args=list(50,20),colour = "blue",linetype=2) +
    annotate(geom="text", x=-0.1, y=.6, label='F(3,20)')+
    annotate(geom="text", x=1.3, y=.9, label='F(50,20)')+
      labs(x="x",
      title=expression(
        paste("Densities of two F-distributions")), y = "Density")
library(patchwork)
g1+g2+g3
```

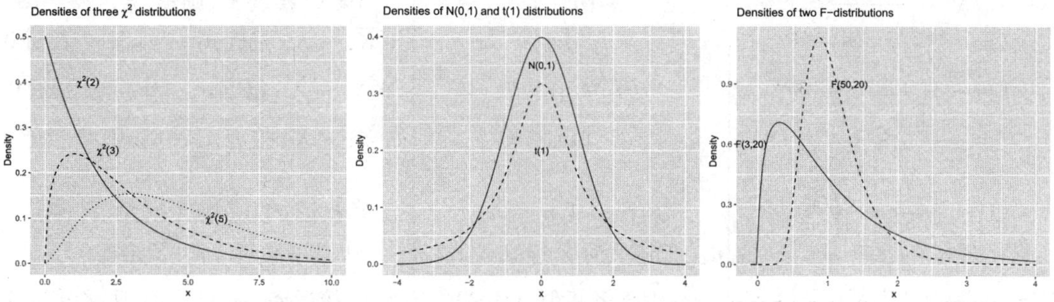

图 10.7.1　正态分布的三个导出分布密度图

这一章介绍了概率的概念以及得到概率的途径. 这包括利用等可能事件来得到概率、利用相对频数或频率来近似概率、主观概率等. 还给出了概率的一些运算规则. 最后介绍了一些常用离散和连续变量的分布、中心极限定理及抽样分布. 虽然后面各章都涉及分布和概率的概念, 但由于使用计算机, 直接计算概率的机会并不多.

10.7.2 统计量的一些变换

下表给出了几种变换, 这些变换的表达式在传统数理统计推断中经常出现. 表中各行的符号和假定的意义如下 (序号为行号):

1. 对于一个正态变量 X: 假定其总体均值为 μ, 总体标准差为假定的 σ. 它的样本量为 n 的样本均值为 $\overline{X}$.
2. 对于一个正态变量 X: 假定其总体均值为 μ, 总体标准差 σ 未知. 它的样本量为 n 的样本均值为 $\overline{X}$, 样本标准差为 s.
3. 对于一个正态变量 X: 总体标准差为假定的 σ. 它的样本量为 n 的样本标准差为 s.
4. 对于两个独立正态变量 X_1 和 X_2: 假定其总体均值分别为 μ_1 和 μ_2, 而总体标准差分别为假定的 σ_1 和 σ_2. 它们样本量分别为 n_1 和 n_2 的样本均值分别为 $\overline{X}_1$ 和 $\overline{X}_2$.
5. 对于两个独立正态变量 X_1 和 X_2: 假定其总体均值分别为 μ_1 和 μ_2, 而总体标准差 σ_1 和 σ_2 假定相等. 它们样本量分别为 n_1 和 n_2 的样本均值分别为 $\overline{X}_1$ 和 $\overline{X}_2$, 样本标准差分别为 s_1 和 s_2.
6. 对于两个独立正态变量 X_1 和 X_2: 假定其总体均值分别为 μ_1 和 μ_2, 而总体标准差 σ_1 和 σ_2 假定不相等. 它们样本量分别为 n_1 和 n_2 的样本均值分别为 $\overline{X}_1$ 和 $\overline{X}_2$, 样本标准差分别为 s_1 和 s_2.

7. 对于两个独立正态变量 X_1 和 X_2: 总体标准差为 σ_1 和 σ_2, 样本标准差分别为 s_1 和 s_2.
8. 对于一个二项分布变量 X: n 为样本量, π 表示假定的总体概率. $p=x/n$ 为样本比例.
9. 对于两个二项分布变量 X_1 和 X_2: 样本量分别为 n_1 和 n_2, 总体概率分别为 π_1 和 π_2. $p_1=x_1/n_1$ 和 $p_2=x_2/n_2$ 分别为样本比例.

变换的统计量	统计量的分布	性质
$Z=\frac{\overline{X}-\mu}{\sigma/\sqrt{n}}$	$N(0,1)$	如果 $\overline{X}$ 接近 μ, 则 Z 接近 0.
$t=\frac{\overline{X}-\mu}{s/\sqrt{n}}$	$t(n-1)$	如果 $\overline{X}$ 接近 μ, 则 t 接近 0.
$\chi^2=\frac{(n-1)s^2}{\sigma^2}$	$\chi^2(n-1)$	如果 s^2 接近 σ^2, 则 χ^2 接近 $n-1$.
$Z=\frac{(\overline{X}_1-\overline{X}_2)-(\mu_1-\mu_2)}{\sqrt{\sigma_1^2/n_1+\sigma_2^2/n_2}}$	$N(0,1)$	如 $\overline{X}_1-\overline{X}_2$ 接近 $\mu_1-\mu_2$, 则 Z 接近 0.
$t=\frac{(\overline{X}_1-\overline{X}_2)-(\mu_1-\mu_2)}{\sqrt{s_p^2(1/n_1+1/n_2)}}$	$t(n_1+n_2-2)$	如 $\overline{X}_1-\overline{X}_2$ 接近 $\mu_1-\mu_2$, 则 t 接近 0.
$t^*=\frac{(\overline{X}_1-\overline{X}_2)-(\mu_1-\mu_2)}{\sqrt{\frac{s_1^2}{n_1}+\frac{s_2^2}{n_2}}}$	近似 $t(\ell)$	如 $\overline{X}_1-\overline{X}_2$ 接近 $\mu_1-\mu_2$, 则 t^* 接近 0.
$F=\frac{s_1^2/\sigma_1^2}{s_2^2/\sigma_2^2}=\frac{s_1^2/s_2^2}{\sigma_1^2/\sigma_2^2}$	$F(n_1-1,n_2-1)$	当 s_1^2 接近 σ_1^2, s_2^2 接近 σ_2^2 时, F 接近 1.
$Z=\frac{p-\pi}{\sqrt{\pi(1-\pi)/n}}$	n_1 和 n_2 大时 Z 近似 $N(0,1)$	当 p 接近 π 时, Z 接近 0.
$Z=\frac{(p_1-p_2)-(\pi_1-\pi_2)}{\sqrt{\pi_1(1-\pi_1)/n_1+\pi_2(1-\pi_2)/n_2}}$	n 大时 Z 近似 $N(0,1)$	当 p_1 接近 π_1, p_2 接近 π_2 时, Z 接近 0.

其中 $s_p^2=\frac{(n_1-1)s_1^2+(n_2-1)s_2^2}{n_1+n_2-1}$, $\ell=\left[\frac{s_1^2}{n_1}+\frac{s_2^2}{n_2}\right]\Big/\left[\frac{s_1^2}{n_1^2(n_1-1)}+\frac{s_2^2}{n_2^2(n_2-1)}\right]$.

10.8 习题

1. 做下面两组数据的同样的 t 检验, 并查看和比较两个样本均值及检验的 p 值.
   (1) 对数据 $\boldsymbol{x}=(-3,-7,-1,-6)$, 做 t 检验: $H_0:\mu=0 \Leftrightarrow H_a:\mu<0$. 参考 R 代码: `x = c(-3, -7, -1, -6); t.test(x, alt="less")`.
   (2) 对数据 $\boldsymbol{y}=(-3,-7,-2,-15)$, 做和 (1) 同样的 t 检验: $H_0:\mu=0 \Leftrightarrow H_a:\mu<0$. 参考 R 代码: `y=c(-3, -7, -2, -15); t.test(y, alt="less")`.

   请根据对上面问题所得到的结果回答下面问题:
   (1) 如果选择显著性水平 $\alpha=0.05$, 按照经典统计思维, 你能够对上面两个检验分别做出什么结论?
   (2) 是不是样本均值越小, p 值越小, 就越 "显著"?
   (3) 你觉得有什么不对劲? 如何解释?
2. (本例完全是为娱乐而杜撰的) 某大学统计系有 A、B 两个班级, 班级 A 有几个 '戏精', 很会讨统计老师 Paranoïa 教授的喜欢, Paranoïa 总是在考试中给 A 班高分. 这次又是如此, 从他喜爱的 A 班抽取的 10 个学生成绩为如下:

   $$\boldsymbol{x}=(100,100,100,100,100,100,99.999999,99.999999,99.999999,99.999999)$$

   这个样本的平均分数为 99.9999996. Paranoïa 教授为了表示还存在 "差异" 及 "努力空间", 他没有全部都给 100 分.

   而 B 班有几个 '刺儿头', 时常对 Paranoïa 教授的讲课内容挑战, 经常使他下不来台,

Paranoïa 教授总给他们极低的分. 从他讨厌的 B 班抽取的 4 个学生成绩如下

$$\boldsymbol{y} = (-10^{50}, -10^{50}, -10^{50}, -10^{100})$$

这个样本的平均分数为 -2.5×10^{99}. 幸亏学校说不许有负无穷 $(-\infty)$, 否则 Paranoïa 教授真的会这样做.

3. 对这两个班分别做 t 检验:
   (1) 对 A 班样本的 t 检验. 零假设和备选假设是 $H_0 : \mu = 100 \Leftrightarrow H_a : \mu < 100$, 参考 R 代码:

```
x = c(100, 100, 100, 100, 100, 100,
     99.999999, 99.999999, 99.999999, 99.999999)
t.test(x,m=100,alt="less")
```

   (2) 对 B 班样本的 t 检验. 零假设和备选假设是 $H_0 : \mu = 10^{50} \Leftrightarrow H_a : \mu < 10^{50}$. 注意这里零假设是均值为 10 的**正** 50 次方! 参考 R 代码:

```
y = c(-10^{50}, -10^{50}, -10^{50}, -10^{100})
t.test(y,m=10^(50),alt="less")
```

   请根据对上面问题所得到的结果回答下面问题:
   (1) 对于显著性水平 $\alpha = 0.05$, 按照经典统计的想法, 得出显著性结论.
   (2) 如果在 p 值大于 α 时可以接受零假设 (按照国内很多教科书的说法), 你得到什么结论?
   (3) 比较样本均值和 p 值, 有哪些不对头的地方?
   (4) 讨论这个习题的全过程.
4. 考虑下面两则涉及均值的消息:
   2019 年 5 月 30 日, 北京市统计局发布 2018 年本市城镇非私营单位就业人员年平均工资为 145766 元; 根据央行统计数据, 全国平均家庭存款约 16.8 万元.
   考虑下面问题:
   (1) 均值能不能有效地代表一个真实的分布? 即使知道一个总体 (比如收入) 均值是多少, 又有多大意义呢?
   (2) 如果 9999 个没有任何财产 (0 元) 的人和一个身价 100 亿元的富翁在一起做平均, 人均财产是不是全部属于百万富翁之列? 而中位数是多少?
   (3) 你觉得为什么统计界喜欢用均值而不是中位数 (或其他分位数)?
5. 是不是 p 值小就说明小概率事件发生了? 考虑下面问题:
   (1) 应不应该有权威来定义多大的概率算是小概率?
   (2) 如果平均 100 个人中有 5 个人出车祸去世, 比例是 0.05, 能说这是小概率吗?
   (3) 如果平均 1000 个人做亲子鉴定, 有 5 个人鉴定错了, 比例是 0.005, 能说这是小概率吗?
   (4) "小概率" 的界定是精确的数学问题或科学问题吗? 它在统计中出现在如此多数

学铺垫之后不觉得奇怪吗?

6. 在假设检验的过程中, ‘‘假定’’ 和 ‘‘假设’’ 被放在不同的地位, 一个不能质疑, 一个可以怀疑, 其目的是什么? 有合理性吗?

参考文献

[1] Alfaro-Cortes, Esteban; Gamez-Martinez, Matias, Garcia-Rubio and Noelia (2011). adabag: Applies AdaBoost.M1, AdaBoost- SAMME and Bagging. R package version 3.0. http://CRAN.R-project.org/package=adabag.

[2] Alzahrani, A. and Sadaoui, S. (2018) Scraping and preprocessing commercial auction data for fraud classification. arXiv preprint [Web Link]. 2018 Jun 2.

[3] Alzahrani, A, and Sadaoui, S. (2020) Clustering and labeling auction fraud data. *In-Data Management, Analytics and Innovation*, pp. 269-283. Springer, Singapore. https://archive.ics.uci.edu/ml/datasets/Shill+Bidding+Dataset.

[4] Box, G. (1976), Science and Statistics, *Journal of the American Statistical Association*, 71, 791-799.

[5] Box, G. E. P., and Cox, D. R. (1964). An analysis of transformations (with Discussion). *J. R. Statist.* Soc. B, 26, 211-252.

[6] Breiman, L. (1996a), Bagging Predictors. Machine Learning 24(2), 123–140.

[7] Breiman, L. (1996b), Out-Of-Bag Estimation. *Technical Report* http://www.stat.berkeley.edu/~breiman/OOBestimation.pdf.

[8] Breiman, L. (1998), Arcing Classifiers. *The Annals of Statistics* 26(3), 801–824.

[9] Breiman, L. (2001) Statistical modeling: the two cultures, *Statistical Science*, Vol. 16, No. 3, 199-231.

[10] Bryant, P. G. and Smith, M. (1995) *Practical Data Analysis: Case Studies in Business Statistics*. Homewood, IL: Richard D. Irwin Publishing.

[11] Buehlmann, P. and Yu, B. (2002), Analyzing Bagging. *The Annals of Statistics* 30(4), 927–961.

[12] Darwin, C. (1876). *The Effect of Cross-and Self-fertilization in the Vegetable Kingdom*, 2nd Ed. London: John Murray.

[13] Diaconis, P. and Efron, B. (1983). Occam′s two razors: the sharp and the blunt. *In Proceedings of the Fourth International Conference on Knowledge Discovery and Data Mining* (R Agrawai and P. Stolorz, eds.) 37-43, AAAI Press, Menlo Park, CA.

[14] Dimitriadou, E., Hornik, K., Leisch, F., Meyer, D. and Weingessel, A. (2011). e1071: Misc Functions of the Department of Statistics (e1071), TU Wien. R package version 1.6. http://CRAN.R-project.org/package=e1071.

[15] Fisher, R. A. (1935). *The Design of Experiments*. London: Oliver & Boyd.

[16] He, X., Madigan, D., Yu, B., Wellner, J. (2019) Statistics at a Crossroads: Who is for the Challenge? PREPARED FOR: The National Science Foundation. https://www.nsf.gov/mps/dms/documents/Statistics_at_a_Crossroads_Workshop_Report_2019.pdf.

[17] Hosmer and Lemeshow (2000) *Applied Logistic Regression*: 2nd Edn. John Wiley & Sons Inc.

[18] Liaw, A. and Wiener, M. (2002). Classification and Regression by randomForest. *R News* 2(3), 18–22.

[19] Hyndman, R. J. with contributions from Slava Razbash and Drew Schmidt (2012). forecast: Forecasting functions for time series and linear models. R package version 3.25. http://CRAN.R-project.org/package=forecast.

[20] Kalbfleisch, J. D. and Prentice, R. L. (1980). *The Statistical Analysis of Failure Time Data*, John Wiley & Sons.

[21] Karatzoglou, A., Smola, A., Hornik, K., Zeileis, A. (2004). kernlab - An S4 Package for Kernel Methods in R. *Journal of Statistical Software* 11(9), 1-20. http://www.jstatsoft.org/v11/i09/.

[22] McShane, B.B., Gal, D., Gelman, A., Robert, C. and Tackett, J. L. (2019). Abandon Statistical Significance, The *American Statistician*, VOL. 73, NO. S1, 235 – 245: Statistical Inference in the 21st Century. https://www.tandfonline.com/doi/full/10.

[23] Peters, A. and Hothorn, T. (2019). ipred: Improved Predictors. R package version 0.9-9. https://CRAN.R-project.org/package=ipred.

[24] Roberts, H. V. (1990) Applications in business and economic statistics: some personal views, *Statistical Science*, Vol 5, No 4, 372-402.

[25] Shafer G. (1990) The unity and diversity of probability, *Statistical Science*, Vol 5, No 4, 435-462.

[26] Snee, R. D. (1974). Graphical display of two-way contingency tables. *The American Statistician*, 28, 9-12.

[27] Snow, G. (2012). TeachingDemos: Demonstrations for teaching and learning. R package version 2.8. http://CRAN.R-project.org/package=TeachingDemos.

[28] Therneau T (2015). A Package for Survival Analysis in S. version 2.38, `https://CRAN.R-project.org/package=survival`.

[29] Therneau, T.M., and Grambsch, P. M. (2000). *Modeling Survival Data: Extending the Cox Model*. Springer, New York. ISBN 0-387-98784-3.

[30] Therneau, T. and Atkinson, B. (2019). rpart: Recursive Partitioning and Regression Trees. R package version 4.1-15. `https://CRAN.R-project.org/package=rpart`.

[31] Trapletti, A. and Hornik, K. (2012). tseries: Time Series Analysis and Computational Finance. R package version 0.10-29.

[32] Yu, B. and Kumbier, K. (2020). Veridical data science, *Proceedings of the National Academy of Sciences of the United States of America*, 117 (6), Feb 13, 2020. `https://www.pnas.org/content/early/2020/02/11/2001302117`.

[33] Zeileis, A. (2012). ineq: Measuring Inequality, Concentration, and Poverty. R package version 0.2-10. `http://CRAN.R-project.org/package=ineq`.

[34] 吴建福 (2011). 统计学者的工作及风范: 灵感、抱负、雄心. 应用概率统计, 27 (2).